Gustav Rümelin

Reden und Aufsätze

Gustav Rümelin

Reden und Aufsätze

ISBN/EAN: 9783744694667

Hergestellt in Europa, USA, Kanada, Australien, Japan

Cover: Foto ©ninafisch / pixelio.de

Weitere Bücher finden Sie auf **www.hansebooks.com**

Reden und Aufsätze

von

Gustav Rümelin,

Kanzler der Universität Tübingen.

Tübingen, 1875.
Verlag der H. Laupp'schen Buchhandlung.

Vorrede.

An der Universität Tübingen besteht zufolge einer Stiftung des Königs Friedrich die Einrichtung, daß jedes Jahr in allen Fakultäten für wissenschaftliche Arbeiten und Leistungen der Studierenden Preise ausgesetzt und am 6ten November als dem Geburtstag des Stifters vertheilt werden. Es gehört zu den Obliegenheiten des Kanzlers, diesen Act vorzunehmen und durch eine öffentliche Rede über ein frei und ohne Rücksicht auf den Anlaß wählbares Thema einzuleiten. Hieraus ist eine Reihe von Vorträgen entstanden, welche auch einem größeren Publikum vorzulegen den Verfasser vielseitig geäußerte Wünsche aufmuntern konnten.

Diesen Vorträgen ist eine schon in der staatswissenschaftlichen Zeitschrift abgedruckte akademische Antrittsrede vorausgeschickt und ein correspondirendes, wenn auch um 25 Jahre auseinanderliegendes, Paar politischer Reden aus den am betreffenden Ort näher bezeichneten Gründen angefügt worden.

Es folgen sodann einige Abhandlungen, theils über die vielerörterte Frage nach dem Begriff der Statistik, theils über einige praktische Themata aus derselben, bei welchen der Verfasser noch unbeachtete Gesichtspunkte geltend machen zu können glaubte. Der erste dieser Aufsätze ist ein gekürzter Abdruck einer ebenfalls schon in der Staatswissenschaftlichen Zeitschrift erschienenen Untersuchung.

Diese Theile des Buches mögen sich selbst rechtfertigen, so gut sie es vermögen. Dagegen scheint der lezte Abschnitt schon um der Buntheit seines Inhalts willen ein entschuldigendes Fürwort zu bedürfen. Es ist eine Auswahl und Ueberarbeitung von kleineren Aufzeichnungen, die im Lauf der Jahre aus Anlaß von Gesprächen, Lectüre oder sonstigen Studien entstanden sind.

Dem Schriftsteller auf dem Gebiet des Wissens und Denkens kommt nicht wie dem Dichter der Spruch zu gute: wer Vieles bringt, wird jedem Etwas bringen. Während Diesem die Mannigfaltigkeit seiner Stoffe zur Empfehlung dient, erregt sie bei Jenem Mißtrauen und den Verdacht des Dilettantenthums. Man verzeiht heutzutag weit lieber große Bücher über kleine Gegenstände als kurzgefaßte Urtheile über große Fragen. Gleichwohl wagt es der Verfasser die kleine, aber wenigstens nicht leichtfertige, Waare vom Stapel laufen und ihr Glück versuchen zu lassen.

Der Verfasser.

Tübingen, 20. Februar 1875.

Inhalts-Verzeichniß.

Ueber den Begriff eines socialen Gesezes.

Eine akademische Antrittsrede.
1867.

Ich glaube dem Wissenszweig der Statistik, welchem ich an dieser Hochschule Freunde zu gewinnen bemüht sein werde, nichts zu vergeben, wenn ich, abweichend von dem sonstigen Brauch, bei solchem Anlasse den Umfang und die Bedeutung seines Faches in ein möglichst glänzendes Licht zu stellen, dießmal lieber von den Grenzen und Schranken spreche, welche dasselbe ungestraft nicht überschreiten darf.

Ich möchte nemlich über den Begriff eines socialen Gesezes reden, wobei Sie mir freilich werden gestatten müssen, das weitgreifende Thema nur in leichteren Umrissen zu behandeln.

Die Frage: was ist ein sociales Gesez? wäre leichter zu beantworten, wenn für die Vorfrage: was ist überhaupt ein Gesez? eine anerkannte Lösung feststünde. Dieß ist aber keineswegs der Fall. Ganz abgesehen von jenen Gesezen, die nicht ein Sein, sondern nur ein Sollen ausdrücken, wie die Staats= und Sittengeseze, wird das Wort nicht nur im populären, sondern auch im gelehrten Sprachgebrauch in dem allerverschiedensten, bald im vagsten, bald im strictesten Sinne angewendet. Ich will und kann es nun Niemand verwehren und möchte selbst nicht darauf verzichten, dem Ausdruck, wie es der Zusammenhang der Rede fordert oder zuläßt, bald eine weitere, bald eine engere Bedeutung zu leihen, aber ich meine, jeder Denker und Forscher, was auch immer der Gegenstand seiner Untersuchungen sein mag, sollte sich wenigstens des strengeren Wortsinns stets bewußt bleiben, in welchem die Sprache der wissenschaftlichen Technik von Gesezen allein zu reden gestattet. Diesen zunächst zu ermitteln erscheint mir weder überflüssig noch allzuschwierig.

Es ist nicht jede allgemeine Wahrheit von ausnahmsloser Geltung ein Gesez, also z. B. daß Gleiches zu Gleichem addirt gleiche Summen ergiebt, daß die Winkel des Dreiecks zusammen gleich zwei Rechten sind. Man liest und hört zwar unzähligemal von den Gesezen der Mathematik; die Mathematiker selbst aber bezeichnen ihre Wahrheiten nur als Säze, in dem richtigen Gefühl, daß das Wort Gesez nur auf die Ordnungen der realen Welt und nicht auf Theoreme anwendbar sei, die im Wege der Deduction aus Axiomen und selbstgesezten Prämissen abgeleitet werden.

Und doch ist auch nicht schon jede in den Erscheinungen der Wirklichkeit ausnahmslos wahrgenommene Gleichmäßigkeit als Gesez zu bezeichnen. Denn es ist kein Gesez, daß das Gold dehnbar und $19^1{}_2$mal so schwer ist als das gleiche Volumen Wasser, daß die Vögel Eier legen, die Fische mit Kiemen athmen, die Schafe und Rinder wiederkäuen. Es sind dieß nur stabile Bildungsformen, feste Typen der schaffenden Natur, Eigenschaften, charakteristische Merkmale von Gattungen und Arten. Jene Sätze sind schon logisch genommen nur analytische Urtheile, weil wir im Namen des Subjects die wesentlichen Prädikate schon mitdenken. Geseze beziehen wir aber nicht auf das Seiende, ruhig im Raum neben einander Liegende, sondern auf Vorgänge in der Zeit, auf ein Geschehen, eine Veränderung von Zuständen.

Und doch trifft auch die regelmäßige Succession der gleichen Erscheinungen noch nicht das Rechte. Denn es ist kein Gesez, daß Tag und Nacht, Sommer und Winter, Ebbe und Fluth einander alternirend folgen. Es sind dieß nur thatsächliche Vorgänge, abzuleiten aus anderen, cosmischen und tellurischen Thatsachen und aus eigentlichen Gesezen, für deren Wirkungen sie nur ein vereinzeltes, beliebiges Beispiel bieten. Tag und Nacht, Ebbe und Fluth stehen nicht zu einander im Verhältniß von Ursache und Wirkung.

Und nun sollte man denken: wenn wir sagen, Gesez sei der Ausdruck für constante Verbindungen von Ursache und Wirkung, so seien wir damit zu dem Kern der Frage gelangt. Wenigstens wird das Wort tausendfältig, alltäglich, vielleicht überwiegend in diesem Sinne gebraucht und mehrere Schriftsteller erklären geradezu constante Causalverknüpfungen und Geseze für synonyme Begriffe. Und doch welche Consequenzen ergeben sich, wenn man mit dieser Definition Ernst zu machen versucht! Kann man es denn ein Gesez nennen, daß das Wasser bei einem bestimmten Punkt der Erkaltung zu Eis erstarrt, bei einem bestimmten Grad von Erwärmung sich zu Dampf verflüchtigt, daß die

1*

Flamme erlischt, wenn man sie mit Wasser übergießt oder
den Luftzutritt abschneidet, daß der Absud von Zweigen der
Indigopflanze einen blauen Farbstoff giebt, daß der Mensch
stirbt, wenn man ihm Luft oder Nahrung entzieht, den Kopf
abschneidet oder eine gewisse Dosis von Arsenik oder Blau=
säure in den Magen bringt? Es sind dieß lauter unzweifel=
hafte Fälle einer unausbleiblichen Verknüpfung von Ursache
und Wirkung, aber wenn das Geseze wären, so besäßen
wir deren schon viele Millionen. Das Constante des Causal=
zusammenhangs kommt hier offenbar nur von der oben
schon erwähnten Constanz der Eigenschaften. Weil die Natur
in festen Typen schafft und bildet, weil Dinge der gleichen
Gattung stets von gleicher chemischer Zusammensetzung und
mechanischer Struktur sind, so reagiren sie auf den gleichen
äußeren Anstoß auch stets in gleicher Weise. Oder mit
anderen Worten: es giebt zweierlei Eigenschaften der Dinge,
solche, welche ruhig an ihnen zu haften scheinen, unserer
ständigen Wahrnehmung blos gelegt sind, und solche, welche
sich erst auf einen bestimmten Anlaß von außen hin be=
merklich machen; die leztern äußern sich als constante Causal=
zusammenhänge der secundären Art. Alle jene Beispiele
sind nur so oder so combinirte, mehr oder weniger com=
plicirte Einzelfälle für die Wirkung einer weit kleineren
Zahl allgemeinerer Ursachen.

Eben diese allgemeineren primären Ursachen aber sind
es, welche das Gesez suchen will. Denn wenn ich nun
sage: die Erwärmung eines Körpers verursacht eine Ver=
mehrung, die Erkaltung eine Verminderung seines Volumens,

so fühlen wir alsbald, daß wir damit wenigstens den richtigen Boden der Frage betreten haben, und zwar darum, weil jezt nicht mehr von concreten Naturerzeugnissen, von Wasser und Feuer, von Steinen, Pflanzen und Thieren die Rede ist, sondern von Kräften, diesem Schlußstein der sinnlichen Weltbetrachtung, dem ebenso räthselhaften als unentbehrlichen Grenzbegriff von Physik und Metaphysik. Das Object der Geseze sind die constanten Wirkungen von Kräften. Und doch kann uns eben das gewählte Beispiel zeigen, daß auch diese Fassung immer noch nicht bestimmt genug ist. Denn der Physiker wird uns sagen, für die Ausdehnung durch Wärme fehle gerade noch das Gesez. Wohl werden alle Körper durch Wärme ausgedehnt, aber es läßt sich von keiner Art von Körpern zum voraus und ohne besondere Beobachtung feststellen, wie ein bestimmter Grad von Erwärmung auf ihr Volumen wirken wird. Erst wenn wir sagen könnten: ein bestimmtes Maß von Steigerung der Wärme hat bei einem bestimmten Grad von Dichtigkeit oder Cohäsion der Theile ꝛc. eine Ausdehnung des Volumens um so und so viel Procent zur Folge, so besäßen wir ein Gesez. Das Gesez ist hienach der Ausdruck für die elementare, constante, in allen einzelnen Fällen als Grundform erkennbare Wirkungsweise von Kräften. Es ist nur aus Gründen der Zweckmäßigkeit üblich geworden, auch da, wo wir nur das Daß, noch nicht das Wie der Wirkungen von Kräften feststellen können, von Gesezen zu reden, diese aber im Unterschied von den ächten nur empirische, d. h. hier unvollkommene, gleichsam provisorische zu nennen.

Beispiele von ächten Gesetzen sind somit, daß alle Körper sich im Verhältniß ihrer Masse und im umgekehrten Verhältniß der Quadrate ihrer Entfernung anziehen, daß die Elemente sich nur in bestimmten Gewichtsmengen, nur in ihren Aequivalenten oder deren Vielfachen mit einander chemisch verbinden, daß sich Wärme und Bewegung mit einem stets gleichen Aequivalent von Wärme und mechanischer Kraft in einander umsetzen. Im Gesez erscheint die Kraft als eine begrenzte, an eine bestimmte, constante Wirkungsweise gebundene. Das Gesez ist die Definition von Kräften.

Es fragt sich nun, ob dieser zunächst den Vorgängen der leblosen Natur entnommene Begriff von Gesezen auch auf die der belebten anwendbar ist. Von den Wissenschaften, die sich mit den organischen Wesen beschäftigen, ist es die Physiologie, die nach Gesezen sucht, von Gesezen redet. Sie sezt die anatomische Seite ihrer Objecte, die typischen Gattungsformen, den Körper mit seinen Theilen als gegeben voraus — wenigstens sind die Lehren von der Entstehung der Typen und Gattungen selbst von noch allzujungem Datum — sie betrachtet die Theile des Körpers in ihrer Eigenschaft als Organe, in ihrer Thätigkeit, ihren Functionen; sie löst die mannigfaltigen Erscheinungen, die wir mit dem Gesammtnamen „Leben" bezeichnen, in einzelne Gruppen näher unter sich verbundener Vorgänge auf. Sie glaubt ein Gesez gefunden zu haben, wenn sie mit Ausscheidung des Wandelbaren, Zufälligen, Individuellen die constante Grundform für die Folge der Erscheinungen nach-

weist, wenn es ihr zu zeigen gelungen ist, wie ein unbe=
kanntes Agens, das auch die Gegner einer besonderen
Lebenskraft stets wieder irgendwie voraussezen, vermittelst
der in einander greifenden Functionen bestimmter Organe
eine Folge von physikalisch=chemischen Vorgängen erzeugt,
deren Effekt dem Lebenszweck dieser besonderen Gattung
selbst zu dienen scheint. Die Physiologie spricht in diesem
Sinne von Gesezen der Ernährung, des Wachsthums, der
Fortpflanzung und Zeugung, des Blutumlaufs, des Ath=
mungsprocesses und läßt dabei allerdings noch einen ge=
wissen Spielraum dafür offen, wie viele und welche solcher
besonderer Gruppen von Lebenserscheinungen man unter=
scheiden will. Wie abweichend aber auch diese Geseze schon
nach ihrer Fassung von den früheren Beispielen erscheinen
müssen, und wie man auch immer den Unterschied von
physikalischen und organischen Kräften bestimmen mag; das
physiologische Gesez ist dem physikalischen darin durchaus
gleichartig, daß es nicht von coexistirenden Erscheinungen,
nicht von Eigenschaften, nicht von secundären Causalver=
knüpfungen handelt, sondern uns Kräfte darstellt in der
elementaren Grundform ihrer Wirkungsweise, daß es die
Urphänomene aufsucht, aus deren Combinationen sich die
Fülle und Mannigfaltigkeit der concreten Wirklichkeit zu=
sammenfügt.

Wenn ich nun aber mit dieser Forderung an ein Gesez
hinübertrete in das Reich der psychischen Erscheinungen, so
geschieht es nicht ohne ein bängliches Gefühl des Zweifels,
ob auch dieß schwankende und ungreifbare Element ein so

festes Anfassen gestatten wird. Ein psychisches Gesez müßte uns hiernach psychische Kräfte darstellen in der einfachen, stets gleichen Grundform ihrer Wirkungsweise. Giebt es nun solche Geseze? Die Psychologie scheint erst noch mit den Vorfragen solcher Untersuchungen beschäftigt. Sie hat die alte Lehre von den Seelenvermögen umgestoßen, ohne dem unabweisbaren Bedürfniß der Wissenschaft nach Unterscheidung, nach Auflösung verwickelter Vorgänge in einfachere auf anderem Wege Ersaz zu leisten. Man ist noch im Zweifel darüber, ob es gesonderte psychische Kräfte giebt, die unter sich nur dadurch zusammenhängen, daß sich ihre Wirkungen in demselben Brennpunkt des Selbstbewußtseins sammeln, oder ob ein lebendiges Etwas anzunehmen ist, mit verschiedenen Functionen, Attributen, Eigenschaften. Und doch hat schon vor 2000 Jahren ein großer Denker des Alterthums den rechten Weg gefunden, indem er eine einzelne Klasse unter sich näher verbundener psychischer Erscheinungen, die Denkthätigkeit, herausgriff, allen Inhalt dabei, alles Veränderliche und Zufällige ausschied und nur auf die stabile Grundform der Thätigkeit selbst achtete. Er gelangte so zu jenen sogenannten logischen Grundgesezen der Identität und des Widerspruchs, des ausgeschlossenen Dritten, der Causalität, Sätzen, von welchen man zwar zweifeln kann, ob sie das Wesen des Denkens erschöpfend bestimmen, die aber offenbar unserem Begriff von Gesez vollkommen entsprechen, indem sie eine psychische Kraft in den constanten Grundformen ihrer Wirkungsweise erkennen lassen. Das Gleiche würde von den Gesezen der Ideenassociation gelten, wenn ihre Fassung ebenso feststünde, und wenn es der Philosophie gelingen würde, eine Kategorientafel aufzustellen, also z. B. zu beweisen, daß unser Denken vermöge der Urfunctionen seiner Organe jede neue Vorstellung unter den Gesichtspunkten der Qualität und Quantität, der Relation und Modalität in unser Bewußtsein einzureihen gebunden sei, so ergäbe dieß psychische Geseze im strictesten Sinne des Worts. Die Aufgabe der Psychologie scheint demnach darin zu liegen, daß, was für Eine psychische Kraft, die des Denkens, längst unternommen wurde, auch bei anderen einer ähnlichen Isolirung fähig scheinenden Klassen von Vorgängen, wie z. B. dem Selbstbewußtsein, der Phantasie, dem Gewissen, den einzelnen, gewöhnlich nur in einem unbestimmten Pluralis zusammengefaßten oder mit einem Und so weiter aufgezählten Grundtrieben unserer Natur versucht werde. In der Psychologie sind aber freilich die einfachsten Probleme noch die schwersten und gemiedensten.

Nach diesem langen Eingang nun, von dem ich hoffe, daß er sich nicht als ein Um= und Abweg erweisen wird, kehre ich zu der ersten Frage zurück: was ist ein sociales Gesez? was kann es sein? Es ergaben sich uns drei Arten von Kräften, physische, organische, psychische; und es ist keine vierte Art von coordinirter Stellung denkbar. Die socialen Erscheinungen sind eine Unterart der psychischen. Es giebt zwei Arten von psychischen Gesezen, die psychologischen und die socialen. Die Psychologie betrachtet die Seelen=Kräfte am typischen Individuum als Merkmale der Gattung; die socialen Wissenschaften betrachten dieselben

Kräfte in ihrer Massenwirkung, und zwar beschäftigen sie sich gerade mit den Effekten, Veränderungen und Modificationen, welche sich aus dem Moment der Massenwirkung selbst ergeben. Ein sociales Gesez müßte hiernach der Ausdruck sein für die elementare Grundform der Massenwirkung psychischer Kräfte.

Dieser Auffassung stellt sich zunächst die Einrede entgegen: wie soll man zu socialen Gesezen gelangen, wenn man außer jenen logischen Grundgesezen fast noch keine psychischen hat; wie will man Massenwirkungen erklären ohne Kenntniß der Factoren, deren Product sie sind? Diese Einwendung enthält zwar eine große und, wie ich glaube, wenig beachtete Wahrheit, aber doch übersieht sie auch wesentliche Momente der Sache.

In der psychischen Welt ist das Individuelle das Complicirteste, Unentwirrbarste. Die besonderen psychischen Kräfte treten uns deutlicher entgegen, wenn wir ihre Wirkungen im Großen, gleichsam aus der Vogelperspective betrachten. Oder wer wollte die psychischen Einflüsse der Altersstufen, des Geschlechts, der Abstammung, des Klimas und Bodens, der Staatseinrichtungen, an einzelnen Individuen erkennen und nachweisen? Die Psychologie und auch schon die Physiologie verdanken einer Beobachtung der Massenwirkungen die wichtigsten Aufschlüsse und Beweismittel. Die socialen Wissenschaften sind daher keineswegs blos abhängig von der Psychologie, sondern sie wirken in gleichem Maaße auf diese fördernd und befruchtend zurück.

Aber eine noch wichtigere Seite der Sache ist diese.

Wie uns der Geograph von Meeren und Strömen Vieles zu sagen hat, worauf uns die physikalisch-chemische Untersuchung des Wassers niemals führen würde, wie der Wald zu vielen Betrachtungen Anlaß giebt, die dem Botaniker ganz ferne liegen, so entstehen aus der Massenwirkung psychischer Kräfte Erscheinungen, zu welchen zwar wohl die Keime und Ansätze immer auch von der Psychologie nachweisbar sein werden, die aber doch über deren ganzen Gesichtskreis hinausliegen. Der Unterschied von Geschlecht und Alter, von dem der Einzelne nur disjunctiv oder successiv betroffen wird, ist in der Gesellschaft gleichzeitig und in allen Combinationen vertreten. Der Gesammteffect vieler Individualkräfte ist nicht, wie in der Mechanik, eine Summe oder ein Produkt. Diese wirken bald vereinigt auf denselben Punkt, bald neutralisiren und ergänzen sie sich. Der menschliche Grundtrieb, seinen Einzelwillen rücksichtslos und unbegrenzt geltend zu machen, findet in der gleichen Eigenschaft des Nachbarn jene mächtige Schranke, in welcher die Keime aller höheren Entwicklung der Menschheit zu suchen sind.

Giebt es nun solche sociale Geseze, welche für die Massenwirkung psychischer Kräfte die constante Grundform ausdrücken? Die Gruppe der socialen Wissenszweige ist bekanntlich noch sehr jung und unfertig; von vielen Seiten wird ihr das wissenschaftliche Zunftrecht überhaupt bestritten. Von den socialen Erscheinungen sind ganze Strecken noch unbekanntes Land oder nur von einzelnen Forschern flüchtig berührt worden. Eine dieser Wissenschaften aber ist den

Schwestern weit vorausgeeilt und längst von allen als eben=
bürtig anerkannt. Sie hat einen Grundstock fester Säze,
die nicht jeder neue Forscher wieder in Frage stellt; sie
befaßt sich nicht mit bloßen Theorien, sondern stellt Geseze
auf und vermag sich bereits in weitem Umfang eines de=
ductiven Verfahrens zu bedienen. Es ist die Nationalöco=
nomie. Sie verdankt, wie ich glaube, ihre raschen und
großen Erfolge nicht allein dem praktischen Interesse, das
sich an den Gegenstand ihrer Untersuchungen knüpft, sondern
noch mehr der Richtigkeit des von ihr eingeschlagenen Ver=
fahrens. Ihre Gründer bedienten sich nemlich ebenfalls
des Vortheils, ihr Object so viel als möglich zu isoliren;
sie giengen auf eine einfache psychologische Thatsache zurück
und verfolgten sie in ihren Consequenzen. Die National=
öconomie geht ausdrücklich oder stillschweigend von der Vor=
aussetzung aus, daß die Menschen von Natur eine ausge=
sprochene Neigung haben, sich die zu Befriedigung ihres
Trieblebens dienlichen äußeren Mittel möglichst reichlich
und mit der möglichst kleinen Gegenleistung zu verschaffen,
sowie daß vermöge der Gleichartigkeit der menschlichen Natur
dieselben Arten von Gütern stets vielen zumal begehrens=
werth, einige davon allen gleich unentbehrlich sind. Ob
jener Trieb, Güter zu erwerben, eine einfache psychische
Kraft oder schon ein Complex, eine chemische Verbindung
von Kräften sein mag, kann dabei immerhin außer Betracht
gelassen werden, so lang die Thatsache selbst von Niemand
in Zweifel gezogen wird. Indem die Wissenschaft nun die
Massenwirkung dieses Triebes beobachtet und zusieht, wie

sich derselbe auf dem Boden der Rechtsordnung bethätigt, d. h. unter der weiteren Voraussezung, daß man sich der fremden Güter nicht mit List und Gewalt, sondern nur mit der freien Zustimmung des Besizers bemächtigen darf, indem sie sodann empirisch gegebene Unterschiede, wie der von der Natur dargebotenen und durch menschliche Arbeit hervorgebrachten, der nur in beschränktem Maaß vorhandenen und der einer beliebigen Vervielfältigung fähigen Güter u.s.w. beachtet, ergeben sich ihr eine ganze Reihe einfacher Grund= begriffe von Werthen, Preisen, Löhnen, Arbeit, Kapital, Rente, Geld, Kredit und ein förmliches System wohlge= gliederter Lehrsäze. Ja die Nationalöconomie scheint mir in ihrem vollsten Recht, wenn sie ihre Fundamentalsäze von der Bewegung der Preise und Arbeitslöhne, von der Con= currenz, dem Geldumlauf geradezu Geseze nennt; denn sie entsprechen genau der obigen Forderung, indem sie uns die constanten Grundformen für die Massenwirkung psychischer Kräfte anzeigen. Die Säze ergeben sich mit der Sicherheit der Deduction aus ganz wenigen Prämissen.

Allein diese Präcision und Bündigkeit der wissenschaft= lichen Entwicklung beruht auf einer Abstraction, auf einer absichtlichen Isolirung des Objects. In Wahrheit wird der Mensch auch in seinem wirthschaftlichen Leben nicht aus= schließlich durch das Motiv, Güter zu erwerben, bestimmt; es wirken noch mancherlei andere psychische Kräfte und Triebe, z. B. ethische, politische, religiöse Motive herein. Für die Gütergemeinschaft der ersten Christen galt das Gesez der Preise nicht, und durch das ganze Mittelalter glaubte man, daß Bedürfnißlosigkeit und freiwillige Armuth eine Staffel zum Himmel sei. In demselben Maaße, in welchem sich der Nationalöconom von jener Abstraction losmacht und die Einwirkungen aller übrigen psychischen Kräfte in sein System einzufügen sucht, giebt er die eigenthümlichen Vortheile seiner Methode Preis. Er bedarf nun Lehnsäze aus andern socialen Wissenschaften, zum Theil aus solchen, die noch gar nicht existiren. Er holt und schafft sich diese Lehnsäze auf eigene Faust; er kann dabei immer noch anregend, fruchtbar, geistvoll sein, aber das feste logische Gefüge seiner Säze fällt ihm auseinander.

Ich komme nun zu einer mir näher liegenden Wissenschaft, die ebenfalls Geseze sucht und gefunden zu haben glaubt, der Statistik. Je nach der Auffassung vieler ihrer namhaftesten Vertreter ist sie eigentlich eine sociale Encyclopädie und Universalwissenschaft, und die Auffindung socialer Geseze ihre Domäne, ihr Monopol. Aber auch wer ihr, was ich für das Richtigere und praktisch Zweckmäßigere halte, die bescheidenere Aufgabe stellt, durch methodische Massenbeobachtung sociale Thatsachen festzustellen und aufzuhellen und hiedurch einer ganzen Gruppe anderer Disciplinen als ihre gemeinsame Hülfswissenschaft empirisches Material und Beweismittel zu bieten, der wird zugestehen müssen, daß der Begriff eines socialen Gesezes zu der Aufgabe der Statistik in einer sehr innigen Beziehung steht und daß jedes sociale Gesez, mag es gefunden sein, wie und von wem es will, eine Art Probe und Legitimation vor dem Richterstuhl der Statistik zu erstehen hat.

Die seitherige Entwicklung der Statistik hat mir nun immer den Eindruck von der Besizergreifung eines neuentdeckten fruchtbaren Landes gemacht. Die ersten Ansiedler, überrascht von dem Reichthum an neuen und werthvollen Producten, haben alle Hände voll zu thun, nur die reifen Früchte zu pflücken, die offen liegenden Schäze einzusammeln. Sie werden nicht auch gleich dazu Muße finden, das Land auszumessen, seine Grenzen gegen die Nachbarn auszustecken, die geographische Lage festzustellen, ihm seinen bestimmten Plaz auf der allgemeinen Weltkarte anzuweisen. In ähnlicher Weise hat die Statistik bereits ein reichhaltiges und werthvolles Material in allen Richtungen zusammengetragen, aber es ist nicht das gleiche Maaß von Fleiß, Talent und Scharfsinn darauf verwendet worden, die allgemeinen Grundbegriffe festzustellen, die eigenthümliche Aufgabe gegenüber von andern verwandten Wissenszweigen scharf abzugrenzen. Jener goldene Faden einer gemeinsamen logischen Gliederung und Technik, der alle Wissenschaften zu einem bunten, geschlossenen Kranze verbinden soll, ist noch keineswegs in alle Theile der Statistik eingeflochten. Dieser Mangel tritt an keinem Punkte so deutlich und störend hervor, als an dem Begriff eines Gesezes. Die Statistik handhabt diesen Begriff nicht nur, wie mir scheint, in einem von den übrigen Wissenschaften nicht zugelassenen Sinne, sondern sie glaubt sogar eine ihr eigenthümliche Theorie darüber aufstellen zu können. Sie vindicirt sich eine von den übrigen Gesezen abweichende neue Art von Gesez und nennt sie das Gesez der großen Zahl. Hiernach soll es auch solche Geseze geben, welche an wenigen Fällen überhaupt nicht erkennbar seien, sondern erst für die Massenbeobachtung, bei einer großen Zahl von Fällen hervortreten, und dann in einer numerischen Fassung, als vorherrschende, durchschnittliche, procentale Erscheinungen auszudrücken seien. Dieses Gesez der großen Zahl scheint mir nun ein unglücklicher Ausdruck für einen an sich richtigen Gedanken. Er erweckt die Vorstellung, als ob es neben den Gesezen, die für alle Fälle gelten, auch noch solche geben könnte, die nur $^2/_3$, $^3/_4$ u. s. w. der Fälle beherrschen. Die Ausnahmslosigkeit ist aber für den wissenschaftlichen Denker das erste und unerläßlichste Merkmal eines Gesezes. Wenn er auf einen einzigen Fall stößt, in dem sein Gesez nicht wirkt, obgleich ihn dessen Formel trifft, so wird ihm stets nur der Schluß auf die Falschheit dieser Formel übrig bleiben. Nur der populären und unwissenschaftlichen Auffassung erscheint es als eine Ausnahme, wenn die Wirkung einer Kraft in dem Schlußeffect einer Erscheinung darum nicht in gewohnter Weise zu Tage tritt, weil sie von einer hinzukommenden zweiten Kraft neutralisirt wurde. Die erste hat hier ganz ihrem Gesez gemäß gewirkt in dem Widerstand, den die zweite zu überwinden fand, und hat auch den schließlichen Effect mitbestimmt, da dieser ein anderer hätte werden müssen, wenn die zweite Kraft allein Plaz gegriffen hätte. Die Gründe, mit denen man das Gesez der großen Zahl gegen diesen Einwurf zu schüzen gesucht hat, sind mir immer als unklare und unerweisbare Postulate erschienen.

Gleichwohl weist dieser Ausdruck auf einen wahren

und richtigen Gedanken, auf das charakteristische Merkmal der Statistik hin. Diese bedient sich nemlich gleich den andern socialen Wissenschaften der Fiction, einen Collectivbegriff, eine Gruppe vieler und verschiedenartiger Individuen, also ein Volk, ein Geschlecht, eine Altersklasse, einen Stand wie ein einheitliches Ding oder Wesen zu behandeln. Um von diesem Collectivsubject Prädikate, Merkmale, Eigenschaften auf correcte Weise und nicht auf unbestimmte Total eindrücke und unzureichende Einzelerfahrungen hin auszusagen, ist es erforderlich, die Gruppe in ihre Individuen wieder aufzulösen und diese nach bestimmten gleichartigen Gesichtspunkten einzeln durchzuzählen. So entstehen die großen Zahlen, die zunächst lediglich nichts ausdrücken, als eine gesellschaftliche, historische Thatsache. Indem man dieselbe Durchzählung bei andern ähnlichen Gruppen und in verschiedenen Zeiten wiederholt, erweitern sich die Thatsachen zu charakteristischen Merkmalen von Gruppen und Zeiten; indem sich die Zählungen über die verschiedenartigsten Lebensverhältnisse allmälig ausbreiten, entsteht das reichhaltigste Material vergleichender Combination. Es zeigen sich Aehnlichkeiten, Unterschiede, Regelmäßigkeiten jeder Art; zwei Zahlenreihen steigen und fallen immer mit einander; bei zwei andern findet das Umgekehrte Statt; die eine steigt, wenn die andere fällt; wieder andere zeigen keinerlei Relation zu einander. Es ergeben sich neben Merkmalen, Eigenschaften und coexistirenden Prädikaten auch Causalzusammenhänge, einmalige, wiederkehrende, constante. Es erschließt sich so das innere Spiel und Getriebe des socialen

Lebens; es treten die Massenwirkungen psychischer Kräfte hervor, deren Zusammenhänge unter sich selbst, deren actives und passives Verhalten zu physikalischen und somatischen Einflüssen. Man kann und wird auf diesem Wege schließlich auch zu Gesezen gelangen; die Methode ist zwar nicht die einzige, aber vielleicht eine der fruchtbarsten, allein das Gesez, das so gewonnen wird, wird keine statistische Form, keine numerische Fassung mehr haben, es wird ausnahmslos und allgemein sein, wie jedes andere; mit der großen Zahl hat es lediglich nichts zu schaffen, als daß diese zu den Mitteln seiner Entdeckung gehört hat und zu seiner Beweisführung noch Dienste leisten kann. Es·scheint mir nun, wie wenn viele Statistiker und zwar gerade die Gründer und Vertreter der thätigsten und verdientesten Schule diesen natürlichen Stufengang wissenschaftlicher Erkenntniß übersprungen und den lezten und höchsten Begriff des Gesezes auch schon auf die Vorstufen, die bloßen Regelmäßigkeiten, Merkmale, Eigenschaften, Causalverknüpfungen angewendet hätten. Die französischen Statistiker namentlich, den hochverehrten Meister Quetelet nicht ausgenommen, sind allzugeneigt gewesen, da, wo sich nur die Zahlen constant um einen gewissen Schwerpunkt gruppiren, gleich auch eine loi sociale zu verkündigen. Es wird wie von einem Gesez oder einer constanten Ursache, die auch in der Erscheinung der Riesen und Zwerge noch mitwirken soll, gesprochen, daß im mittleren Europa der Mann durchschnittlich bis zu einer Körpergröße von etwa 168 Centimetern, zu einem Gewicht von 127 Zollpfunden wachse und die mittlere Ziffer des Weibes um 10 Centimeter und 14 Pfund übertreffe. Der Physiolog wird dem Statistiker sehr dankbar sein für solche Untersuchungen; eine Tabelle, welche uns in ähnlicher Weise den Wuchs und das Gewicht aller Hauptvölker angäbe, wäre für wissenschaftliche und praktische Zwecke höchst werthvoll; aber nach ihrem formellen und logischen Character muß ich diese Ergebnisse der verdienstlichsten Forschung ganz in die gleiche Linie stellen, wie wenn ich in einer Naturgeschichte meiner Kinder lese: „der indische Elephant erreicht eine Höhe von 14 Fuß und ein Gewicht von 70 Centnern; das Weibchen ist etwas kleiner." Es ist eine von den unzähligen Eigenschaften der unzähligen Gattungen und Arten von Naturgeschöpfen, und es führt zu unabsehbarer Verwirrung in der Wissenschaft, Gesez und Eigenschaft nicht aus einander zu halten.

Es gehört zu den interessantesten, das Nachdenken stets von Neuem anreizenden Ergebnissen statistischer Untersuchungen, daß nach Beobachtungen, die sich bereits über 70 Mill. Geburten aus fast allen europäischen Ländern und vielen Jahrzehenden erstrecken, jedes Jahr im großen Durchschnitt auf je 16 Mädchen 17 Knaben geboren werden, daß dieser Knabenüberschuß kleiner ist bei unehelichen Geburten als bei ehelichen, größer bei ländlichen als bei städtischen, daß er verschwindet und in das Gegentheil umschlägt, wenn die Mutter des Kindes den Vater im Alter erreicht oder über trifft. Allein gleichwohl haben wir darin weder, wie der erste Entdecker der Sache meint, eine ganz besondere göttliche Anordnung, noch, wie die neueren Statistiker sagen,

2*

ein Naturgesez zu erkennen; es sind nicht mehr und nicht
weniger als Thatsachen, zu welchen wir noch den Schlüssel
des Verständnisses suchen. Das was dabei fehlt, ist viel=
mehr gerade das Gesez. Dieses könnte nur das der Zeu=
gung sein und könnte nur von der Physiologie gefunden
werden, nicht von der Statistik.

Ebenso redet man allgemein von Mortalitätsgesezen
und versteht darunter den großen Durchschnitt der Absterbe=
ordnung einer Bevölkerung. Es kann beinahe komisch her=
auskommen, aber die Consequenz gebietet mir, selbst der
bestbeglaubigten und sichersten aller empirischen Thatsachen,
dem Saz, daß alle Menschen sterben müssen, den Namen
eines wissenschaftlichen Gesezes zu bestreiten, um wie viel
mehr jenen Tabellen, nach welchen bestimmte Procente gleich
bei und nach der Geburt, andere im Greisenalter, andere
zwischen diesen beiden Grenzen in verschiedenen Abstufungen
dem Tod verfallen sein, der Mensch aber im Gesammtdurch=
schnitt etliche und dreißig Jahre alt werden soll. Wenn
sich hierüber etwas Gesezmäßiges und Normales aufstellen
läßt, so dürfte man noch mit dem meisten Recht sagen, der
menschliche Organismus sei von der Natur darauf angelegt,
daß alle im Alter von 100 und ungeraden Jahren der
Euthanasia verfallen, so daß die Sterbetafeln der verschie=
denen Zeitalter und Völker nur die Sprosse der Leiter an=
geben, auf welcher die Menschheit in ihrem Weg zu jenem
idealen Ziele angelangt ist.

Es giebt sodann eine Menge constanter Causalver=
knüpfungen im socialen Leben, die sich statistisch beweisen

lassen, z. B. daß Alter und Geschlecht die Disposition für
gewisse Arten von Handlungen verstärken oder abschwächen,
daß Erschwerung des Nahrungsstands eine Verminderung
und Verspätung der Heirathen, und diese wieder eine Vermehrung unehelicher Geburten zur Folge hat, daß Miß-
eruten die Geburten und Ehen vermindern, die Krankheits-
und Sterbefälle vermehren, daß die Errichtung von neuen
Verkehrswegen den Handel befördert, die Preise ausgleicht,
den Werth der anliegenden Grundstücke erhöht u. s. w.
Der Causalzusammenhang liegt bei diesen Erscheinungen in
der Regel auf der Hand und war schon lange, bevor es
methodische Massenbeobachtungen socialer Vorgänge gab, gekannt. Die Statistik hat nur das große Verdienst, solche
Säze, die in vager Allgemeinheit wenig Werth haben, genau
festzustellen und zu begrenzen, die Bedingungen nachzuweisen,
unter welchen die Wirkungen stärker oder schwächer hervortreten und sie dadurch erst zu einem brauchbaren Material
wissenschaftlicher Erkenntniß zu erheben. Aber von socialen
Gesezen dürfen dabei nur diejenigen reden, die nach den
obigen Beispielen es auch ein Naturgesez nennen, daß der
Indigo eine blaue Farbe giebt, und Arsenik den menschlichen Organismus zerstört. Auch hier folgt die Constanz
der Wirkungen nur aus der Constanz der Begriffe und
ihrer Merkmale; und wenn die Statistik Erfahrungssäzen,
die so alt sind als die menschliche Erinnerung überhaupt,
blos um der genaueren Beobachtung und Begründung willen,
den anspruchsvollen Titel wissenschaftlicher Geseze beilegt,
so sezt sie sich der Gefahr aus, dem Spott zu verfallen,

mit dem der Dichter die Philosophen trifft, wenn er an bekannter Stelle sagt:

Der Schnee macht kalt, das Feuer brennt,
Der Mensch geht auf zwei Füßen:
Das kann, wer auch nicht Logik kennt,
Durch seine Sinne wissen;
Doch wer Metaphysik studiert,
Der weiß, daß wer verbrennt, nicht friert,
Weiß, daß das Nasse feuchtet,
Und daß das Helle leuchtet.

Den kühnsten Anlauf hat jedoch die Statistik genommen, als sie ihre Begriffe von Gesez und Gesezmäßigkeit auch auf ein Gebiet übertrug, in welchem wir von Gesez nur in ganz anderem Sinne zu reden gewöhnt sind, auf das der willkürlichen menschlichen Handlungen. Um nur Eines der Beispiele, die Statistik der Verbrechen, anzuführen, so wird zwar Jedermann bei verständiger Ueberlegung zum voraus vermuthen, daß in einem größeren Staat bei gleichen Gesezen, Sitten und Einrichtungen die Zahl aller zur gerichtlichen Behandlung gelangenden Verbrechen und Vergehen in gewöhnlichen Zeiten von einem Jahr zum andern nicht sehr bedeutend differiren müßte; er wird auch erwarten, daß jedes Jahr die leichteren Vergehen zahlreicher sein werden, als die schwereren, die Verbrechen gegen Personen seltener, als die Eingriffe in fremdes Eigenthum; er wird wahrscheinlich finden, daß stets mehr Männer vor den Schranken der Gerichte stehen werden, als Weiber, und mehr jüngere Personen als ältere u. s. w. Wenn man dann nun aber diese französischen und belgischen Tabellen der Kriminalstatistik zur Hand nimmt, so wird man doch

immer noch lebhaft überrascht sein von dem Grad der Regel=
mäßigkeit in Bewegung und Vertheilung der Ziffern. Die
Schwankungen sind, wo nicht besondere äußere Ereignisse,
wie Mißernten, Krieg, Revolution dazwischentreten, in der
That kleiner, als bei Geburten und Sterbfällen, und weit
kleiner als z. B. die der durchschnittlichen Monatswärme
in unserem Klima. Einige unserer bedeutendsten Statistiker,
die sich um diese Art von Untersuchungen besonders ver=
dient gemacht haben, waren von diesen Gleichmäßigkeiten
im Großen wie im Kleinen so überrascht, daß sie die weit=
gehendsten Folgerungen daran anknüpften. Bei dem Stand=
punkt der Vogelperspective, der der Statistik eigenthümlich
ist, erschien ihnen die Gesellschaft als Ein Ganzes ein be=
stimmtes Maaß von Disposition zu Verbrechen in sich zu
schließen, das an ihre einzelnen Glieder, an Alter und Ge=
schlecht, an Stadt und Land, an Stände, Besitzklassen, Pro=
vinzen, in festen Proportionen ausgetheilt, in gleichen Ge=
sammtergebnissen mit unerheblichen Schwankungen Jahr für
Jahr zur Verwirklichung gelangt. Der Antheil der Ein=
zelnen, die individuelle Freiheit tritt dabei ganz in den
Hintergrund; der Einzelne ist für die Statistik nur eine
Nummer, und sie fragt nicht darnach, ob der Hans oder
Kunz, der X oder die Y sich zu ihren Contingenten stellt.
Eine menschliche Willensfreiheit, vermöge welcher die Hand=
lungen rein aus dem innersten, aller Beobachtung entzogenen,
keiner Nöthigung der Motive unterworfenen Centrum des
Ichs hervorgehen, möge dabei immerhin noch bestehen, aber
sie gehöre, wie es Quetelet ausdrückt, für den Statistiker

zu den zufälligen Ursachen, die bei erweitertem Umfang
der Beobachtungen gegen die constanten Ursachen ganz ver=
schwinden. Jene stabilen Zahlen und Proportionen, wie=
wohl sie von Haus aus nichts sind als ein Product aus
thatsächlich gegebenen Faktoren, verwandeln sich bei dieser
Betrachtung allmälig in etwas Reales, in herrschende Mächte,
in sociale Geseze, die nun das sittliche Leben der Menschen
mit gleicher Gewalt regieren, wie Geburt und Tod, wie
Preise und Arbeitslöhne.

Es mag schwer sein, bedeutende Wahrheiten mit leich=
teren und gröberen Mißverständnissen in einen dichteren
Knäuel zu verschlingen, als in dieser Gedankenreihe ge=
schehen ist.

Man kann diesem Raisonnement zwar unbedenklich ein=
räumen, daß derjenige Begriff von Willensfreiheit, der darin
vorausgesezt und bekämpft wird, in der That unvereinbar
ist mit den Ergebnissen der Kriminalstatistik. Denn wenn
die freie Handlung so viel ist, als die nicht motivirte, gleich=
sam dem Causalitätsgesez entrückte, aus einem unerforschten
Urgrunde wie Schöpfungsacte hervorquellende, dann müßte,
wofern überhaupt Jemand im Stande ist, diese Vorstellung
auszudenken, jede beliebige Zahl freier Handlungen nur
einen ungeordneten Haufen unbekannter und unter sich un=
vergleichbarer Dinge darstellen und von einer constanten
Gruppirung der Ziffern könnte wirklich keine Rede sein.
Ich glaube aber nicht, daß auch der Extremste der Inde=
terministen heute noch sich zu einem Freiheitsbegriff dieser
Art bekennen wird. Durch das Gewicht der stärksten Motive

bestimmt zu sein, voraus erkannt und gesagt werden zu können, widerspricht so wenig der freien Handlung, daß es vielmehr zu ihren wesentlichsten Attributen gehört. Die innere Erfahrung sagt es uns jeden Tag, daß unsere freiesten Handlungen die motivirtesten sind; wir besinnen uns keinen Augenblick, von Personen, die wir genau zu kennen glauben, vorauszusagen, wie sie im gegebenen Fall handeln werden. Beim Blick auf die ungewissen Wechselfälle der Zukunft ist die Constanz der Charaktere der einzige feste Anhaltspunkt unserer Entwürfe. Wenn mir die Statistik sagt, daß ich im Lauf des nächsten Jahres mit einer Wahrscheinlichkeit von 1 zu 49 sterben, mit einer noch größeren Wahrschein- lichkeit schmerzliche Lücken in dem Kreis mir theurer Per- sonen zu beklagen haben werde, so muß ich mich unter den Ernst dieser Wahrheit in Demuth beugen; wenn sie aber, auf ähnliche Durchschnittszahlen gestützt, mir sagen wollte, daß mit einer Wahrscheinlichkeit von 1 zu so und so viel eine Handlung von mir der Gegenstand eines strafgericht- lichen Erkenntnisses sein werde, so dürfte ich ihr unbedenk- lich antworten: ne sutor ultra crepidam! Nachdem man erkannt hat, daß Freiheit und Nothwendigkeit schon logisch nicht richtig gestellte Gegensätze sind, daß dem Nothwendigen nur das Zufällige gegenübersteht, der Freiheit aber der Zwang oder die äußerliche Nothwendigkeit, während die innere Nothwendigkeit mit ihr verwandt wo nicht identisch ist, ist das große Mysterium, das sich an die Frage der menschlichen Willensfreiheit knüpft, zwar keineswegs ge- löst, aber es ist wenigstens in eine Sphäre gerückt wor-

den, zu welcher die Tabellen der Statistik nicht hinüber=
greifen.

Man hat aber überhaupt die Tragweite solcher Regel=
mäßigkeiten, wie sie sich für die Massenbeobachtung der
Verbrechen nach Zahl und Unterarten ergeben, weit über=
schäzt, schon darum, weil sich die Zählungen bis jezt nur
auf wenige Jahrzehende und Länder erstrecken, während
die Resultate nicht nur möglicher, sondern wahrscheinlicher
Weise ganz andere sein müßten, wenn sich die Beobach=
tungen über eben so viele Jahrhunderte und alte civilisirten
Völker ausbreiten würden. Alle jene Zahlen, man mag
sie stellen und ordnen wie man will, werden niemals etwas
Anderes sein, als der Ausdruck von Thatsachen, als ein
werthvolles Material zur Charakteristik von Völkern, Staaten
und Zeiten, als historische Zeugnisse der schäzbarsten Art,
als reichhaltige Aufschlüsse für den Gesezgeber und Staats=
mann, für alle socialen Wissenschaften, für jeden Denkenden.
Unwidersprechlich zeigen sie freilich, daß der Einzelne auch
in seinem sittlichen Handeln sich vielfältig bedingt findet
durch die Gesellschaft, durch religiöse Vorstellungen und po=
litische Einrichtungen, durch Bildung, Besiz, Stand, Ab=
stammung, Geschlecht und Alter; aber wer hat daran jemals
zweifeln können, wenn er mit unbefangenem Blick in das
Buch der Geschichte, in Welt und Leben blickt, und wer
hat aus der Mannigfaltigkeit der Motive, die auf uns ein=
wirken, schließen dürfen, daß nicht doch eine Kraft in uns
wohne, jedem einzelnen unter ihnen Widerstand zu leisten?

Ich will diese Rundschau nach socialen Gesezen nicht

weiter fortführen; die Ausbeute war nicht groß. Ich läugne aber, daß dieß dem Zweig der socialen Fächer zum Vorwurf dienen kann. Die jüngsten Wissenschaften sind immer die schwersten; denn sie behandeln Probleme, welche man früher ganz übersah oder gar nicht die Mittel hatte in Angriff zu nehmen. Ich habe von der Zukunft der Statistik, von dem wissenschaftlichen Werth, den eine fortgeführte und immer weiter ausgebreitete methodische Beobachtung socialer Thatsachen haben wird, die höchste Meinung; ja ich glaube, daß die Natur der Verhältnisse ihr für jezt eine Art Führerschaft unter den socialen Wissenszweigen, obgleich sie nur deren Hilfswissenschaft ist, zugewiesen hat, um nach allen Richtungen das Material beizubringen, ohne dessen Grundlage überall nur Luftschlösser gebaut werden können. Aber gerade, weil es eine so lohnende Aufgabe ist, die großen socialen Thatsachen festzustellen und aufzuhellen, Völker, Staaten, Gruppen und Gemeinschaften jeder Art in präciser Weise zu charakterisiren, eine Menge ganz neuer oder nie beachteter Causalverknüpfungen aufzudecken, so möge sie die Hände auch nicht vorschnell nach den lezten Kränzen ausstrecken, welche die Wissenschaft ihren Meistern bietet, der Entdeckung neuer Geseze. Die Natur liebt es, mit wenigen Kräften und Stoffen das Wunderwerk der Schöpfung zu bilden. In andern Wissenschaften ist die Entdeckung eines neuen Gesezes ein seltenes und stets Epoche machendes Ereigniß. Die Statistik soll sich nicht als das Sonntagskind unter ihren Schwestern betrachten, das die neuen Geseze duzendweise am Wege aufliest.

Jener Forderung an ein sociales Gesetz, daß es die
constante Grundform angebe für die Massenwirkung psychi=
scher Kräfte, schienen nur einige allgemeine Säze der Na=
tionalöconomie über die Ordnung und Gliederung des wirth=
schaftlichen Lebens zu genügen; aber auch diesen schien keine
unbedingte Geltung zuzukommen, sondern sie waren auf die
Voraussezung gegründet, daß die wirthschaftlichen Verhält=
nisse nur unter dem Einfluß der auf sie unmittelbar be=
züglichen Triebe stehen, und kein Herübergreifen der übrigen
psychischen Kräfte Statt finde. Sollte dieser hypothetische
Charakter vielleicht mehr als ein blos zufälliges, sollte er
ein allgemeines Merkmal aller socialen Geseze sein? Sollte
das Ineinandergreifen aller psychischen Kräfte sich vielleicht
immer und überall einer wissenschaftlichen Feststellung ent=
ziehen, und sich die psychischen Kräfte gerade darin von den
physikalischen und organischen wesentlich unterscheiden, daß
diesen ein ewig unwandelbares Maaß der Leistungsfähig=
keit zukommt, jene aber bei aller Beharrlichkeit ihrer Grund=
form hinsichtlich ihres Stärkegrads einer allmählichen inneren
Umbildung unterworfen sind? So klein auch das Bruch=
stück ist, das wir von der Geschichte unserer Gattung kennen,
so scheint es doch zu dem Schlusse zu berechtigen, daß dabei
ein allmähliges Sichheranarbeiten der höheren psychischen
Kräfte über die niedrigen, der humanen über die animali=
schen Statt findet. Die geistigen Errungenschaften eines
Zeitalters in Gesez und Sitte, in Religion, Wissenschaft
und Kunst sind Dämmen und Bollwerken zu vergleichen,
die hundertmal zerrissen, wieder erneuert und weiter ge=

führt, ein den Fluthen wilder Begierden abgewonnenes Land schützen und ausbreiten. Das nachfolgende Geschlecht hat immer den Vortheil, mit größerem Grundkapital zu arbeiten; wenn der Einzelne auch stets wieder mit gleichen Trieben und Anlagen zur Welt kommt, so bietet ihm doch der schon gesammelte Bildungsschaz der Gesellschaft eine stets wachsende Hilfe und Förderung für die Entwicklung seiner höheren Seelenkräfte. Und wenn dem so wäre, dann könnten in der That alle socialen Geseze, die sich nur mit der Massenwirkung einzelner psychischer Kräfte befassen, auch blos eine bedingte Geltung ansprechen, und es gäbe nur Eine Art von großen und absoluten Gesezen, die Entwicklungsgeseze der Menschheit, die noch für ungemessene Fernen der wissenschaftlichen Erkenntniß verschlossen und nur einem ahnungsvollen Glauben zugänglich sein werden.

Lassen Sie mich an diese vorgreifenden Fragen und Vermuthungen eine lezte Betrachtung anknüpfen.

Ich habe bisher von allen möglichen Arten von Gesez gesprochen, aber Eine Art als eine ganz heterogene und unvergleichbare Sache bei Seite gelassen, die Geseze des Sollens, das Sittengesez und dessen wandelbare, sociale Verwirklichung in den Staatsgesezen. Natur und Sittengesez erscheinen in ihrem innersten Wesen so grundverschieden, daß man sich wundern muß, wie die Sprache nur dazu kommen konnte, Etwas, was mit unfehlbarer Sicherheit und stets gleichmäßiger Kraft die reale Welt beherrscht und eine tausendmal unbeachtete, nie ganz befriedigte Forderung, also z. B. zwei Dinge wie die Pflicht der Elternliebe und das

Parallelogramm der Kräfte, mit Einem Namen zu bezeichnen. Allein das verbindende Mittelglied, der vage Gegensaz gegen das Willführliche und Ungeordnete, ist wohl nicht der einzige Rechtfertigungsgrund des anscheinend befremdlichen Sprachgebrauchs; es liegen ihm, wie so oft, noch tiefere und ahnungsreichere Beziehungen zu Grunde. Das Sittengesez ist auch ein Naturgesez; es ist kein ideales Phantom, kein leeres Gedankending, sondern die Aeußerung einer realen lebendigen Kraft. Und zwar sind es die höchsten psychischen Kräfte, die darin ihren Ausdruck finden, jener unbestimmte Drang, für unser Ich und das Ganze unserer Erfahrung ein leztes und höchstes Centrum zu suchen, das Bruchstück unseres individuellen Lebens einer harmonischen Weltordnung, einem Reich der höchsten Zwecke einzufügen. Der categorische Imperativ, das in seinem Inhalt so wandelbare und so oft fehlgreifende Gefühl eines unbedingten Sollens ist nur eine der eigenthümlichen Grundformen für die Wirkungsweise der edelsten unserer psychischen Kräfte. Das Sittengesez ist so ganz ein Gesez im Sinne der obigen Definition, und es ist nicht unberechtigt, das, was die Wirkungsweise der höchsten Kräfte ausdrückt, das Gesez schlechtweg zu nennen. Die Kraft, die ein ideales Ziel stets äußerlich vor unsern Weg hinzustellen scheint, die, von keiner Lebensform dauernd befriedigt, stets mit der Devise: plus ultra vorwärts schreitet, sie ist selbst von durchaus realer Natur. In ihrer Massenwirkung ruht das Gesez des Fortschritts. Die Menschheit gleicht nicht jenem Tantalus, der einst zu den Tafeln der Götter zugelassen, dann die Arme ewig vergeblich ausstreckt nach den labenden Früchten, sondern dem Sohn der Alkmene, der aus niedrigem Knechtesdienst, nach langen und gefahrvollen Kämpfen, in Schmerzen und Flammen geläutert, emporsteigt zu den Sizen der Himm= lischen. Das Sittengesez ist ein wahres Naturgesez als das Gesez unserer wahren Natur; es ist in seiner Massenwirkung nur ein scheinbar unkräftiges, auf die Dauer aber das mächtigste und höchste aller socialen Geseze.

Ueber Hegel.

Das Jahr 1870, in dessen Reige wir jezt stehen, schien
bei seinem Eintritt wie der Welt im Großen so unserer Hoch=
schule im Kleinen gerade nichts Besonderes und Ungewöhn=
liches zu versprechen. Nur eine einzige, den stillen und ge=
messenen Gang unseres akademischen Lebens unterbrechende
Feier durften wir in sichere Aussicht nehmen. Am 27. Aug.
1770 war der Philosoph Hegel geboren, und nachdem wir
in den lezten Jahren mehreren anderen unter den geistigen
Heroen unserer Nation bei ihrer Säcularfeier durch beson=
dere akademische Festreden den Tribut der Dankbarkeit er=
stattet hatten, konnte es nicht zweifelhaft sein, daß wir das
gleiche Gedächtniß dem geistvollen Landsmann nicht versagen
werden, der nicht nur hier seine Bildung empfieng, sondern
dessen Lehre an unserer Hochschule durch einen Kreis hoch=
begabter Schüler eine eigenthümliche, in der Geschichte der
deutschen Wissenschaft bedeutungsvolle Aufnahme und Fort=
bildung gefunden hat. Es war daher auch bereits die Ein=
leitung getroffen, daß am 27. August das Gedächtniß Hegel's
durch einen der ordentlichen Vertreter des Faches in einer
besonderen akademischen Festrede gefeiert werden solle.

Allein das Jahr 1870, reicher als irgend einer seiner
Vorgänger sowohl an getäuschten als an überbotenen Hoff=
nungen, hat uns gar Vieles gebracht, was die kühnsten
Träume überflog, aber das Eine, was wir mit Sicherheit
hätten erwarten dürfen, eine ordentliche und rechtzeitige
akademische Hegelfeier hat es uns nicht gegönnt. Die großen
Schlachtentage des Augusts ließen uns nicht an die Ge=
burtstage von Philosophen denken. Dieß Jahr ist vor
unserm staunenden Blick zu einem jener großen Marksteine,
zu einer der Leuchtfackeln der Weltgeschichte geworden, welche
die dunkeln und verschlungenen Pfade der Vergangenheit
mit Einem Male erhellen und uns für die Zukunft eine
breite, weithin sichtbare Hochstraße zeigen. Wenn die Ge=
schichtsauffassung Hegel's in ihrem Rechte ist, daß der Reihe
nach führende Volksgeister auf und wieder abtreten, welche
als die Träger der herrschenden Weltanschauung den Zeit=
altern das eigenthümliche Gepräge ihres Wesens aufdrücken,
so kann es in der Geschichte nicht wohl ein wichtigeres Er=
eigniß geben, als einen solchen Scenenwechsel auf dem Welt=
theater, wenn das bisher führende Volk hinter die Bühne
tritt und ein anderes, das bis dahin zur Seite gestellt war,
den Vordergrund in Besiz nimmt. Doppelt großartig aber
wird der Eindruck sein, wenn dieser Wechsel mit so glän=
zendem dramatischem Effekt erfolgt, in so gewaltigen Schlägen,
als die Strafe unerhörter Anmaaßung und Verblendung, als
ein Sieg der stillen und verkannten Kraft, als ein Gottes=
gericht wie kaum je ein zweites mit deutlicherer Flammen=
schrift in die Tafeln der Geschichte eingezeichnet worden.

Die deutsche Wissenschaft und auch das Leben der deut=
schen Hochschulen steht diesen großen Weltereignissen nicht
so fern, als es dem ersten Anblick scheinen mag. Ich denke
dabei nicht blos an die Tausende von Jünglingen, welche
die Hörsäle verlassen haben, um sich in die Reihen der
deutschen Krieger einzustellen, an die akademischen Lehrer,
die in den mannigfaltigsten Formen ihre Kräfte der Sache
des Vaterlandes zur Verfügung gestellt haben. Ich will
es auch nur flüchtig und fragend erwähnen, ob nicht jene
überlegene Kunst der deutschen Heeresordnung und Krieg=
führung, deren Erfolge die Welt jetzt mit Staunen erfüllen,
auch ein Stück deutscher Wissenschaft ist und in der soliden
Methode der Forschung wurzelt, welche, allen Phrasen und
allem Schwindel feind, immer wieder die Fragen trennt und
vereinfacht und die allgemeinen Sätze nur aus einer Menge
der gründlichsten Detailuntersuchungen abzuleiten gestattet.
Noch weit näher zeigt sich jener Zusammenhang bei einer
allgemeineren Betrachtung. Dem Zeitalter der Staats=
männer und Feldherrn ist das der Dichter und Denker voran=
gegangen; noch lange bevor das deutsche Volk auch nur
das Bedürfniß einer staatlichen Einigung empfand, hat es
aus tiefem Verfall, aus confessioneller und politischer Spal=
tung heraus in der Gemeinschaft seines geistigen Besitzthums
ein nationales Band gefunden; die deutschen Hochschulen
bildeten längst trotz aller Schlagbäume an den Landesgrenzen
Einen deutschen Bundeskörper. Allein wenn wir bisher
auf die Gründer unserer classischen Epoche, auf jene Meister
blickten, welche in der zweiten Hälfte des 18. Jahrhunderts

gewirkt oder die maßgebenden Keime ihrer Bildung em=
pfangen haben, so könnten wir noch sehr im Zweifel sein,
ob diese glänzende Erscheinung in der Entwicklung unseres
Volks nach rückwärts zu deuten sei oder nach vorwärts, ob
sie dem Abendroth eines sinkenden Tages oder dem Morgen=
roth eines aufsteigenden zu vergleichen sei. Man hatte ja
aus den Beispielen der antiken Völker die Regel abgeleitet,
daß das Zeitalter der geistigen Blüthe eines Volks nie mit
dem Höhepunkt seiner politischen Macht zusammenfallen,
auch ihm nicht vorausgehen könne, sondern nachfolgen müsse.
Erst in der Dämmerung beginnt der Vogel der Minerva
seinen Flug, so lautet eines von jenen geistreichen Schlag=
wörtern Hegel's. Das deutsche Volk sollte seine politische
Machtperiode schon im Mittelalter unter seinen großen
Kaisern gehabt haben; jezt sollte ihm nur wie einst dem
Griechenvolke die Mission übrig geblieben sein, als geistiges
Ferment, aber machtlos und zersplittert, das europäische
Völkerleben zu befruchten. Es ließ sich Vieles für und
wider diese Meinung sagen und auf dem Weg der Theorie
war zu keiner Entscheidung darüber zu kommen. Das Jahr
1870 hat uns diese Entscheidung gebracht. Die großen
Geister unserer classischen Kulturepoche sind nicht die späten
Nachzügler und Grabredner, sondern die Boten und Vor=
läufer unserer politischen Größe geworden; ihre Leistungen
erinnern uns nicht mehr an den Dämmerungsflug des Vogels
der Weisheit, sondern sie waren der herzerhebende Lerchen=
schlag, der unserm Volke einen neuen Frühlingstag an=
kündigte. Und so scheint es mir, fällt von den neuesten

3*

Großthaten unseres Volkes auch ein neues verklärendes
Licht auf jene Männer einer früheren Generation zurück,
die einst aus der stillen Tiefe ihres eigenen Gemüthes und
Geistes heraus dem deutschen Volk sein wahres Wesen auf=
geschlossen und die lang verhaltenen Siegel seines Genius
gelöst haben. Wir wollen ihrer mit verdoppelter Dank=
barkeit gedenken; wir wollen keinen vergessen und Jedem
seine Ehre gönnen. Und so wollen Sie mir erlauben, nach=
dem der erste Sturm des Kriegs die rechtzeitige volle und
würdigere Gedächtnißfeier Hegel's, wie sie von berufenerer
Seite beabsichtigt war, vereitelt hat, daß ich die lezte für
dieß Jahr noch gebotene Gelegenheit benütze, um wenigstens
noch als Laie und Dilettant von dem Philosophen Hegel
zu reden und das Versäumte sei es auch nothdürftig noch
nachzuholen. Ich denke dabei nicht daran, Ihnen das Leben
und die Persönlichkeit des Philosophen zu schildern, noch
weniger, Ihnen die Grundzüge seines Systems und die Stel=
lung, die dasselbe in der Reihe solcher Systeme einnimmt,
zu schildern. Gleichwohl glaube ich von einem andern Ge=
sichtspunkt aus doch auch einen gewissen Beruf zu haben
von der Sache zu reden. Meine eigene Studienzeit fiel
nemlich gerade in die Periode, in welcher die Hegel'sche
Philosophie an unserer Universität durch junge Docenten
der glänzendsten Begabung eingeführt und in den raschesten
Aufschwung gebracht wurde. Ich kann wohl sagen: meine
ganze Studienzeit stand förmlich unter dem Bann des Hegel=
thums; wer sich überhaupt mit Philosophie zu befassen hatte,
der mußte entweder selbst ein Hegelianer sein oder zu diesem

System wenigstens eine bewußte und feste Stellung einnehmen, und diese Herrschaftsperiode mag etwa vom Anfang
der dreißiger bis in die Mitte der vierziger Jahre gedauert
haben.

Wie bekannt nahm aber der Tübinger Zweig der Hegel'-
schen Schule bald eine eigenthümliche und oppositionelle Haltung in derselben ein. In Berlin stand diese Philosophie
zu den herrschenden Gewalten in Staat und Kirche in dem
Verhältniß der entente cordiale, des herzlichen Einverständ-
nisses. Insbesondere lebten Philosophie und Religion auf
dem besten Fuß mit einander. Die Metaphysik und die christliche Dogmatik hätten, so sagte man, den gleichen Inhalt; nur
werde, was im Dogma in der Form der Vorstellung, für
die Stufe der Einbildungskraft gefaßt sei, in der Philosophie
in das Element des Begriffes, des reinen Gedankens erhoben. In der Geschichte wurde aller Accent auf die Entwicklung und Bewegung von Ideen gelegt, woneben der
pragmatische Zusammenhang, die realistische Wahrheit der
einzelnen Begebenheit als durchaus bedeutungslos angesehen
wurde. Die jungen Führer der Tübinger Abzweigung waren
darüber ganz anderer Ansicht. Einmal vermochten sie wohl
überhaupt nicht in dem Grade, in welchem es die strenge
Schule verlangte, die damals sogenannte Verstandesauffas-
sung der Dinge in sich über Bord zu werfen; sodann
mußten sie bald finden, daß das große Arcanum und Zauber-
mittel des Systems, die dialektische Methode, sich ohne besondere Schwierigkeiten auch zu ganz andern Diensten und
in ganz andern Richtungen verwenden ließe, als wozu der

Meister sie gebraucht hatte. Und so entwickelte sich auf dem Boden der hiesigen Universität jener linke Flügel des Hegel'schen Systems, der zuerst die Fahne der historischen Kritik wieder entfaltet, der durch die damalige Vertrauensseligkeit über den Einklang von Wissen und Glauben einen dicken und groben Strich gemacht hat und der durch den hiemit gegebenen Anstoß, wie durch eine Reihe bedeutender Schriftwerke in der Kulturgeschichte des deutschen Volks für immer einen angesehenen Plaz behaupten wird. Und da nun in meine eigene Studienzeit gerade sowohl das erste Aufkommen der Hegel'schen Philosophie an unserer Universität als jener erste Abfall von der alten Schule trifft (der durch das Erscheinen des Strauß'schen Lebens Jesu bezeichnet wird) und da ich diesen Dingen wenn auch nicht mit vollem Verständniß, doch wenigstens mit vollem Interesse gefolgt bin, so erlaube ich mir aus meinen Erinnerungen Ihnen zu berichten, nicht was die Hegel'sche Philosophie war und lehrte, sondern wie sie auf uns wirkte. Ich wünsche kurz zu sagen, einmal was uns daran anziehend, bestechend, imponirend erschien, sodann was daran für uns unverständlich, unwirksam, befremdlich oder gar abstoßend war, und schließlich was nach Abwägung des Einen und Andern als bleibende Frucht jener Studien etwa in uns zurückgeblieben ist.

Wir kamen damals vielleicht mit einem idealistischeren Zug auf die Hochschule, als es heutzutag durchschnittlich der Fall sein mag, mit einem unklaren ahnungsvollen Enthusiasmus für eine unbekannte Weisheit; etwa wie der Schüler im Faust wenn er sagt:

Ich wünschte recht gelehrt zu werden
Und möchte gern, was auf der Erden
Und in dem Himmel ist, erfassen,
Die Wissenschaft und die Natur.

Wir hegten noch den harmlosen Glauben, daß es eine volle und unverhüllte Wahrheit gebe, daß die Lehrer an den Hochschulen sie wüßten und vortrügen und daß es nur an uns hänge, sie in uns aufzunehmen und zu begreifen.

Diesem Verlangen nach einer aus dem Vollen geschöpften Wahrheit konnte nun nichts Willkommeneres, nichts Imponirenderes begegnen als die Hegel'sche Philosophie. Denn sie ist ein System im eminentesten Sinne des Worts, von der universellsten Anlage und Construction; sie zieht alle Gebiete menschlicher Erfahrung in ihren Kreis; sie giebt Antwort auf alle Fragen. Ich glaube, daß man für alle Zeiten in der Hegel'schen Encyclopädie der philosophischen Wissenschaften das Werk eines großartig angelegten Geistes, einen logischen Aufbau des Kosmos von grandioser Architectonik und Symmetrie bewundern wird.

Und dieser das gesammte Weltall umfassende Gedankenbau war ein Werk aus Einem Guß wie kaum irgend ein zweites System. Fast alle andern Systeme sehen sich genöthigt, dem Denken irgend eine unübersteigliche, äußerlich gegebene Schranke gegenüberzustellen, die nicht aus dem Gedanken selbst abzuleiten ist, sei es eine ewige Materie, ein Chaos blinder Naturkräfte, oder ein Ding an sich, ein Wille, ein ewiger vorzeitlicher Ungrund oder was sonst, und das Denken war nur das formgebende, gestaltende Princip ohne eigene Schöpferkraft. Das Hegel'sche System hat allen

Dualismus beseitigt; es ist der reinste Monismus des Ge=
dankens. Es existirt lediglich nichts als Geist, als das
Absolute, die Idee, die ewige Vernunft in den verschiedenen
Stufen und Momenten ihrer Selbstentfaltung. Selbst die
starren, unlebendigen, Zeit und Raum erfüllenden Gestalten
der Natur, die den schärfsten Gegensaz zu allem Geistigen
zu bilden scheinen, sind doch auch nichts anderes als eine
besondere Art von Gedankenformen, die der Geist aus der
Bewegung seines innersten Wesens hervorgehen läßt. Man
hat daher mit Recht die Hegel'sche Lehre als das System
des Panlogismus bezeichnet. Rein aus eigenen Mitteln,
und scheinbar wenigstens, ohne nach rechts und links auf
die empirisch gegebene Wirklichkeit hinüberzublicken, baut
Hegel in einer unendlichen Reihenfolge von Denkbestim=
mungen, deren jede einzelne mit Nothwendigkeit aus der
vorangehenden folgen soll, die concrete Wirklichkeit vor un=
serm staunenden Blick auf. Das Wunder, wie einst Gott
die Welt aus Nichts geschaffen hat, wiederholt sich vor un=
sern Augen. Denn in der That nimmt auch der Hegel'sche
Gedankenbau seinen Ausgang von dem reinen Nichts und
erzeugt durch die angeblich immanente Bewegung des Den=
kens selbst immer höhere und beziehungsreichere Begriffe,
die aber zunächst alle immer noch in dem ätherischen Ele=
mente des reinen und abstracten Denkens liegen. Es sind
dieß gleichsam die Gedanken des in sich brütenden Gottes,
die dem Akte der Weltschöpfung vorausgehen. Denn nun,
nachdem die Idee jene Reihe der allgemeinen nothwendigen
Denkformen in sich durchlaufen hat, da tritt sie — durch

einen wunderbar kühnen Sprung ihres Auslegers — aus jenem luftigen Element der Abstraction, das ihr nicht mehr genügt, heraus, entläßt ihre eigenen Denkmomente aus sich zu gesondertem, ihr selbst entfremdetem Dasein; sie wird zur Natur. Die Natur ist der verhüllte Geist, der Gedanke in seiner Selbstentäußerung. Die Natur ist auch Gedanke, aber sie weiß es nicht. Sie spielt in einer unendlichen Fülle der mannigfaltigsten Gestalten, aber ihr Schaffen durchdringt ein Zug nach vorwärts, nach dem Lichte des Bewußtseins und der Erkenntniß. Von den blinden und leblosen Kräften steigt sie zu den organischen Wesen auf, von einer Stufe zur andern, dabei spielend, variirend, oft scheinbar rückschreitend, bis endlich in dem Bewußtsein des Menschen der Durchbruch gelingt. Damit beginnt die Philosophie des Geistes. Die ewige Vernunft kehrt aus ihrer Entfremdung im Naturleben zu sich selbst zurück; sie findet sich wieder, bereichert und verklärt, zur Stufe der Freiheit durchgedrungen. Aber alsbald beginnt wieder die neue Gliederung von Stufe zu Stufe; das individuelle subjective Seelenleben ist nur eine erste, mangelhafte Gestalt der Idee, die sich selbst wieder gefunden hat; reicher ist der Gedanke der Freiheit verwirklicht auf der Stufe des objectiven Geistes in den socialen Formen von Recht und Sitte, von Familie, Gesellschaft und Staat, wie in der stetigen fortschrittlichen Entwicklung der Weltgeschichte. Zur vollen Rückkehr in sich selbst, zum Abschluß ihres unendlichen Kreislaufes gelangt die Idee in den Stufen des absoluten Geistes, der Kunst, der Religion, der

Philosophie; hier beschaut der Geist in seliger Freiheit sein eigenes ewiges Thun in verklärten Formen der Anschauung, der Vorstellung, des Begriffs.

So viel Dunkles, Anfechtbares und Unzulängliches dieser Gedankengang auch im Einzelnen enthalten mag, daß er auf jugendliche, erkenntnißdurstige Gemüther anregend, bestechend, überwältigend zu wirken vermochte, daß wir glauben konnten, jener Isisschleier, der das Götterbild der Wahrheit verhüllt, sei hier wenn auch nicht weggezogen doch gelüftet und aufgedeckt, ist wohl begreiflich. Freilich blieb uns Vieles nur halb verständlich und oft genug mochte der Spruch Mephisto's anwendbar sein: Im Ganzen haltet euch an Worte.

Auf der andern Seite schien uns für die Wahrheit der Grundgedanken der Hegel'schen Lehre ihre Zusammenstimmung mit der unmittelbaren Erfahrung und Wirklichkeit ein starkes Zeugniß zu sein. Im Ganzen liegt ja bei allen philosophischen Systemen ihre eigentliche Ueberzeugungskraft weniger in dem logischen Zwang, mit dem sie uns gefangen nehmen, als in ihrer Bewährung im Großen und Ganzen, in der Rechnungsprobe, die schließlich im Vergleich mit dem unmittelbaren Eindruck des Weltlaufes und der Gesammterfahrung herauszukommen scheint, in der Kleinheit des Restes, der am Ende als unerklärt übrig zu bleiben pflegt.

Eine solche Bewährung durch die praktische Rechnungsprobe schien nun der Hegel'schen Lehre in zwei wichtigen Beziehungen zu Statten zu kommen.

Fast alle andern Philosophen waren zunächst nur darauf bedacht gewesen, in dem steten Wechsel und der Flucht aller Erscheinung das Beharrende und Bleibende aufzusuchen, die festen Pfeiler und Bögen zu bauen, zwischen welchen der ruhelose Strom des Weltlaufes unaufhaltsam hindurchbraust. Die Flucht der Erscheinungen selbst wußten sie nicht zu deuten; sie nahmen sie als eine gegebene Thatsache und Schranke hin, die gegenüber von der ruhig beharrenden Idee oder Wahrheit nur als ein Scheinbares, Unwesentliches, oder wie Plato sagt als das Nicht Seiende galt. Für Hegel dagegen gab es, wie für seinen Vorgänger im grauen Alterthum Herakleitos den Dunkeln, überhaupt kein Sein, sondern nur ein unendliches Werden. Nichts ist bleibend als die Bewegung selbst. Alles ist Proceß und Entwicklung, das Glied einer Reihe, die Stufe einer Treppe, die nach oben führt. Unaufhörlich und nach allen Richtungen wiederholt sich der Gang, daß ein Moment gesezt wird, diesem ein Zweites entgegentritt und es aufhebt, und daß aus diesem Conflict ein Drittes, bereichert und vertieft hervorgeht. Alles Einzelne ist einseitig, relativ, mangelhaft, vorübereilend; die Wahrheit liegt nie im Einzelnen für sich, sondern immer erst in der Reihe.

Wir waren damals gewöhnt, uns neben den Werken der Philosophen, die wir studiren sollten, eines kleinen metaphysischen Handbüchleins oder Catechismus zu bedienen, dessen Sprüche uns weit verständlicher und geläufiger waren als die oft abstrusen Formeln der Schule. Es war Göthes Faust. Und so übersezten wir uns die Hegel'schen Säze,

daß das Absolute nicht Substanz sondern Subject sei, und
in einem unendlichen dialectischen Proceß seine Momente
setze und aufhebe, leichter in die Worte des Erdgeistes,
der Faust zuruft:

> In Lebensfluthen, im Thatensturm
> Wall' ich auf und ab, webe hin und her.
> Geburt und Grab ein ewiges Meer,
> Ein wechselnd Weben, Ein glühend Leben,
> So schaff' ich am sausenden Webstuhl der Zeit
> Und wirke der Gottheit lebendiges Kleid.

Daß Hegel diese Flucht und Vergänglichkeit aller Erscheinungen nicht als einen irrationellen und unerklärt bleibenden Rest bei Seite stehen ließ, sondern gerade hierin
die nothwendige Form und Methode der Wahrheit, das
Wesen aller Entwicklung erkannte, durfte uns als ein un-
bestreitbarer Vorzug vor andern Systemen erscheinen und
war mit dem Eindruck, den eine unbefangene Betrachtung
des Weltlaufes machte, weit leichter in Uebereinstimmung
zu bringen.

Noch in einer andern Beziehung schien diesem System
der Vorzug der praktischen Bewährung zuzukommen. Andere
Philosophen beschäftigten sich mit den allgemeinsten, sublim-
sten Fragen der Erkenntnißlehre, der Logik, der Metaphysik,
der Ethik, welche, man mochte sie so oder anders lösen,
auf die unmittelbaren Forderungen und Probleme der Gegenwart, auf die concrete Wirklichkeit, in der wir zu leben
und zu handeln haben, nur durch Einschaltung vieler Zwischenglieder Anwendung finden konnten. Sie legten gleichsam die Schätze ihrer Weisheit weit von unsern Wohn-

pläzen an abgelegenen Stellen nieder, wohin nur wenige,
ungangbare und schwer findbare Wege führten. Hegel
führte, um bei diesem Bilde stehen zu bleiben, seine geistigen
Errungenschaften bis unmittelbar vor die Thüre unseres
Hauses. Er geht zwar auch immer von abstracten Denkbe-
stimmungen aus, aber er kommt stets, oft in überraschender
Weise und nach wenigen Zwischengliedern bei den Aufgaben
und Interessen des modernen Lebens, der gegenwärtigen
Gesellschaft an. Die Erscheinungen der Gegenwart waren
ihm überall nicht Zufälligkeiten, die dem Philosophen ferne
liegen, sondern nach seiner ganzen Grundauffassung der
Geschichte der Höhepunkt, der momentane Schlußstein einer
fortschrittlichen Entwicklung. Alles was wirklich ist, ist vernünftig, alles was vernünftig ist, ist wirklich; so lautet
jener vielberufene und vielgeschmähte Satz, der in Verbindung mit dem zweiten, vorhin erwähnten, daß jede einzelne Erscheinung einseitig und nur als Glied einer Ent-
wicklungsreihe zu beurtheilen sei, gegen die nächstliegenden
Einwände gedeckt, jedenfalls der prägnanteste Ausdruck von
Hegels tiefsinniger Originalität ist. Für Hegel war die
Gegenwart, wenn auch nicht die lezte, doch die neueste, relativ höchste Offenbarungsstufe des Weltgeistes; wenn Alles
Geist ist und außer ihm nichts existirt, so muß ja ein Glanz
der Verklärung auf die Wirklichkeit fallen. Das Ideal ist
nicht in weiter Ferne, das Gute nicht in einem ewig uner-
füllten Sollen zu suchen; sondern es ist da, als Errungenschaft der weltgeschichtlichen Entwicklung, als Gesez und
Sitte, als Familie, Gesellschaft und Staat. In diese gött-

liche gegenwärtige Ordnung sich einzuleben, an ihrer Fortbildung mitzuwirken, den nächsten Forderungen des Tages,
des Berufs, dem man sich widmet, dem Kreis, in dem man
lebt, dem Staat, dessen Bürger man ist, volles Genüge zu
thun, das ist für Hegel der Kern aller Ethik. Was man
uns in dem Religionsunterricht der Schule gelehrt, daß die
Welt mit Allem, was darinnen sei, ein Werk und Spiegel
göttlicher Güte und Weisheit sei, daß Alles was geschieht
nach Gottes Willen und weisem Rathschluß geschehe, das
schien uns jener Hegel'schen Lehre von der Vernünftigkeit
alles Wirklichen und der Wirklichkeit alles Vernünftigen
gar nicht so ferne zu stehen; es schien ja vielmehr hier nur
ein Ernst mit dieser Anschauung gemacht, den man sonst
nicht zu machen pflege; es schien blos der Widerspruch aus
ihr entfernt, daß der Mensch fortwährend im Stande sein
soll, einen Strich durch die Rechnung Gottes zu machen
und die Erfüllung der göttlichen Plane zu vereiteln.

Man hat der Hegel'schen Philosophie den doppelten Vorwurf gemacht, daß sie das Subject, den Einzelnen zu hoch
und zu niedrig stelle; zu hoch, nicht nur, weil sie, wie alle
pantheistischen Systeme, dem Menschen einen Antheil an dem
unmittelbaren göttlichen Leben leiht, sondern noch mehr,
weil sie in menschlichen Thätigkeiten, in Kunst, Religion,
Philosophie die höchste Wirkungsform des absoluten Geistes
findet; zu niedrig dagegen, weil sie rücksichtsloser als irgend
eine andere Theorie, die Individualität mit ihrem subjectiven Fühlen, Meinen und Wollen den allgemeinen socialen
und kosmischen Mächten unterordnet. Ich will hier nicht

untersuchen, was an dem einen und dem andern Vorwurf
wahr und begründet ist; aber das kann ich sagen, daß uns
jenes angebliche schwellende Gefühl eigenen Götterthums
völlig unbekannt war; eine Eigenschaft, die man nicht nur
mit allen andern Menschen, sondern am Ende auch mit den
Thieren, Pflanzen, Metallen zu theilen hat, könnte ja Niemand hochmüthig machen; und von unserem eigenen philosophischen Denken bildeten wir uns entfernt nicht ein, daß
wir damit dem ewigen Weltgeist zu seinem Selbstbewußtsein behilflich wären. Weit wirksamer und hervortretender
war die andere Seite der Sache, daß der Einzelne nur die
flüchtige Welle, das verschwindende Atom in dem unendlichen Weltproceß sei, ohne den Anspruch auf eine selbständige Geltendmachung seiner Individualität, ohne Bürgschaft für ihre Erhaltung und ihr Fortschreiten zu höheren
Offenbarungen. Diese Forderung einer unbedingten Resignation hat für den jugendlichen Geist einen verführeri-
schen Reiz, der sich für das gereifte Lebens- und Ichgefühl
wieder verliert. Es mag dieß dieselbe psychologische Ursache
haben, aus welcher der Jüngling die von Kraft und Gesundheit schwellenden Glieder, alle Hoffnungsträume einer
reichen Zukunft leichter und williger der Gefahr und dem
Kugelregen aussetzt, als der Gebrechliche, dem Gegenwart
und Zukunft nur Trübes bietet. Der Stolz der Entsagung
und opferwilligen Hingabe verleiht bei sicherem Besitz eine
angenehme Schwellung des Selbstgefühls.

Ich komme zu der unerquicklichsten und peinlichsten
Seite des Studiums der Hegel'schen Schriften und Lehren,

zu der eigenthümlichen Form der Beweisführung und Gedankenentwicklung oder zu der sogenannten dialectischen Methode. Wenn man sich nemlich etwa vermaß, an einen
strikten Hegelianer die Frage zu stellen: aber womit beweist
Ihr denn die Wahrheit Eurer Behauptungen, so erhielt
man eine vornehm abweisende, mit tiefen und dunkeln
Orakelsprüchen versezte Antwort, etwa folgenden Inhalts:
was man so gemeinhin unter Beweisen versteht, jenes Hin-
und Herwägen von Gründen und Gegengründen, jenes
Zurückführen der Säze auf gemeinsame bereits erwiesene
oder anerkannte Ausgangspunkte, das gehört nur in die
niedrige Sphäre des verstandesmäßigen Erkennens. Für
das philosophische Denken hat es keine Berechtigung. Die
Wahrheit erweist sich durch die Darlegung ihrer selbst;
dem Begriff kommt eine eigene, immanente Bewegung zu,
welcher sich das Subject nur darbieten und aufschließen
kann, indem es seine eigenen willführlichen Einfälle zurück-
hält, und diese Bewegung wird ihrem inneren Wesen nach
immer eine dreigliedrige sein. Die erste Stufe bildet dabei
stets die unmittelbare, der gemeinen Vorstellung entnommene
Auffassung eines Gegenstandes, wie er sich aus der Wahrnehmung, durch Aneinanderreihung verschiedener Eigenschaften oder Merkmale ergiebt. Diese Stufe gehört noch der
Verstandessphäre an. Nun bemächtigt sich aber ein höheres
Organ dieses Stoffs, die Vernunft, und übt daran eine
doppelte Function, einmal eine critische, negative, dialectische,
indem sie in jenen vom Verstand angenommenen Merkmalen
innere Widersprüche entdeckt und heraushebt und damit den

Begriff in sein Gegentheil verkehrt, so daß das was man fest zu haben glaubt, wie zwischen den Händen zerrinnt, sodann aber auch eine positive, speculative Thätigkeit, indem sie es bei diesem negativen Resultat nicht bewenden läßt, sondern zu einem neuen Begriff, der höheren Einheit oder Vermittlung jener Gegensätze fortschreitet, mit welchem nun zugleich der Ausgangspunkt für eine Wiederholung ganz derselben dreigliedrigen Bewegung gegeben ist; wie sich denn in der That das ganze System von A bis Z durch un- zählige Paragraphen in stets wiederkehrendem triadischem Rythmus fortwindet.

Ich kann nicht sagen, wie viel Mühe und Kopfzer- brechen es uns gekostet hat, diese sogenannte speculative Methode Hegels auch nur soweit in uns aufzunehmen, um zu begreifen, wie sie denn eigentlich von ihrem Urheber gemeint war. Es fragte einer den andern kopfschüttelnd: verstehst du es denn? bewegt sich der Begriff in dir von selbst und ohne dein Zuthun? schlägt er in sein Gegentheil um und springt daraus die höhere Einheit der Gegensätze hervor? Wem man dieß zutraute, der galt für einen spe- culativen Kopf. Wir andern standen nur auf der Stufe des Denkens in endlichen Verstandescategorieen. Denn das Prädicat verständigen Denkens, durch welches sich jezt Jeder- mann geehrt findet, galt damals sonderbarer Weise für einen Tadel. Wir suchten den Grund, warum wir diese Methode nicht recht verstehen konnten, in der Stumpfheit unserer eigenen Begabung und waren nicht so keck, ihn in der Unklarheit und den Mängeln der Methode selbst zu vermuthen. Immerhin aber war es nicht allzuschwer, sich jenen dreigliedrigen Schematismus anzueignen; und es fehlte in keinem der philosophischen oder theologischen Aufsätze, die wir zu fertigen hatten, die obligate Dreitheilung, wobei gewöhnlich der erste Theil die herkömmliche Auffassung, z. B. das kirchliche Dogma, darlegte, der zweite daran allerhand Bedenkliches und Widersprechendes nachwies, der dritte oder speculative Theil aber, so gut es gehen mochte, die soge= nannte höhere Einheit oder Vermittlung der Gegensätze vortrug.

Hätten wir damals schon jene „logischen Untersuchungen" eines neueren Forschers gekannt, die der dialectischen Me= thode Hegels den Todesstoß versezt haben, sie hätten uns vielleicht einen großen Dienst erwiesen. Ich kann aber freilich nur sagen, vielleicht. Denn es lebte und wirkte ja damals in Tübingen selbst ein Vertreter der alten und guten Logik, der das Blendwerk der neuen Dialectik, das Spiel mit dem Sein, Nichts und Werden, klar durchschaute und darlegte, der aber den jungen Adepten der neuen Weis= heit einer veralteten Schule anzugehören schien, zumal da er seine scharf gedachten Sätze in schmuckloser, von Schema= tismus nicht ganz freien Weise vorzutragen pflegte.

Außer einem kleinen Häuflein von dem alten Stamm der Schule befaßt sich heute Niemand mehr mit dieser dia= lectischen Methode; sie gilt als eine Verirrung, als ein mit allzugroßer Zuversicht·und Kühnheit unternommenes Atten= tat gegen die alte, weltgiltige, ewige Logik. Niemand glaubt mehr, daß der menschliche Intellect in zwei Vermögen,

Verstand und Vernunft, zerfalle, von denen das eine für
wahr halten kann und muß, was dem andern als falsch
erscheint. Seit Jahrtausenden hatte die Menschheit nach
dem ersten aller Geseze gedacht, daß Widersprechendes nicht
sein und nicht gedacht werden könne, daß niemals ein Urtheil und das ihm entgegengesezte zugleich wahr seien. Sie
wird auch nach und troz Hegel darnach die weiteren Jahrtausende fort denken, die ihr noch beschieden sein mögen.
Was Hegel gegen die Säze des Widerspruchs und des
ausgeschlossenen Dritten vorbringt, sind Mißverständnisse
oder bereits Verlezungen derselben. Fast auf jeder Seite
der Hegel'schen Schriften ist zu lesen, daß A auch non A
sei. Fast auf jeder Seite werden verwandte, aber scharf
zu scheidende Begriffe, wie Gleichheit, Einheit, Identität
auf der einen, Ungleichheit, Gegensaz, Gegentheil, Widerspruch auf der andern Seite unter sich verwechselt und ver-
schoben. Niemand wird ferner daran glauben, daß die
Begriffe selbst in ihm denken, daß es überhaupt ein Denken
oder ein Gedachtes geben könne, ohne ein Etwas, was denkt.

Wenn wir es uns begreiflich machen wollen, wie ein
so großer Denker dazu kam, an einer so eigenthümlichen
Verirrung sein Leben lang festzuhalten, so müssen wir uns
in die geistige Atmosphäre jener classischen Periode zurück-
versetzen. Unsere großen Philosophen von Kant an glänzen
wohl überhaupt mehr durch die Tiefe, den Scharfsinn, die
Kühnheit, als durch die Klarheit und Präcision ihres Denkens. Sie griffen gleich nach den höchsten Problemen, sie
tauchten in die untersten Tiefen der Metaphysik; den Unter-

4*

schied von Verstand und Vernunft steigerte man allgemein
in einer Weise, die wir nicht mehr verstehen. Auch Kant
hatte in den Antinomieen widersprechende Sätze als gleich
wahr nachzuweisen gesucht. Der verführerische Reiz der
mystischen Dreizahl, des Spiels mit Eins und Drei und
Drei und Eins macht sich vielfach geltend. Auch Kant
liebte die dreigliedrige Eintheilung. Fichte hat auf Thesis,
Antithesis und Synthesis sein ganzes System aufgebaut.
Die Philosophen waren fast alle ehemalige Theologen; die
exacten Wissenschaften und ihre Methoden standen weit nicht
so hoch wie jetzt. Dazu war man ohne viel Bedenken stets
bereit, die Merkmale des Seins auch auf das Denken zu
übertragen, sogar von einer Einheit des Seins und Denkens
zu reden. In der realen Welt, der physischen und socialen, ist es ja so, daß Alles fließt, daß Extreme in einander übergehen, daß polare Kräfte sich bekämpfen und aus
ihrem Streit ein neues Drittes hervorgeht. Dem Welt-
gang selbst läßt sich in der That ein Analogon jener dialectischen Methode beilegen. Beim Uebertragen auf den
Denkproceß konnte man dann leichter übersehen, daß Gedanken firirte Bilder sind, und daß, wenn man dem Denken,
den Begriffen, die Flüssigkeit der realen Dinge beilegt,
man denselben Fehler begeht, wie wenn man sagt, daß die
gemalte Rose mit der wirklichen verwelke, das Porträt mit
dem Original alt werde und sterbe.

Hegel hatte geglaubt, mit seiner dialectischen Methode
dem menschlichen Denken einen festen Gang von innerer
Nothwendigkeit zu leihen und hat sich darin gewaltig ge-

täuscht. Sie erwies sich vielmehr als ein Hauptschlüssel, ein Passepartout, der sich beliebig nach jeder Richtung verwenden ließ. Der eine seiner Schüler hatte vermittelst derselben die lutherische Dogmatik streng nach dem Richtscheit der symbolischen Bücher construirt; andere warfen damit das Christenthum und alle Religion über Bord. Hegel hatte in politischen Dingen eine streng conservative Richtung eingehalten, manche seiner Schüler huldigten den destructivsten Ansichten. Es ging zulezt Alles aus den Fugen und keine Schule hat sich in so radicale Gegensätze gespalten.

Auch für die Streitfrage über Hegel's Stil und Darstellung bildet diese Methode das entscheidende Moment. Niemand wird läugnen können, daß sich in Hegel's Schriften Stellen von großer Sprachgewalt finden, weittragende Gedanken in schlichtem monumentalem Ausdruck, die überraschendsten und geistvollsten Vergleichungen. Aber man wird solche Stellen doch fast nur da finden, wo sein Geist sich frei und ausgespannt von dem Joch der Methode bewegen kann, in den Vorreden, den Zusätzen und Excursen seiner Paragraphen. Wo das monotone Einerlei des dreitaktigen Stechschrittes beginnt, wird es dem Leser selten so wohl und wir vermissen oft schmerzlich genug jenes Lustgefühl, mit dem wir einer klaren, beflügelten, überwältigenden Gedankenentwicklung zu folgen pflegen.

Und so ist es auch zu wenig gesagt, wenn man die dialectische Methode nur die Achillesferse des Systems genannt hat. Dieß Bild sezt einen sonst makellosen und unverwundbaren Körper voraus, der nur eine einzige schwache

Stelle hat. Die Hegel'sche Methode gleicht aber mehr einem
schädlichen Stoff oder Aussaz, der den ganzen Körper bis
in die innersten Poren durchzieht und durchdringt, und
allen Theilen ein krankes Element beimischt. Die Nach=
welt wird Hegel's Schriften um dieser Methode willen un=
lesbar finden.

Dieß führt zu der lezten Frage: was bleibt überhaupt
demjenigen aus dem Studium der Hegel'schen Werke als
feste Errungenschaft übrig, der in jener dialectischen Me=
thode ein Blendwerk, ja eine Verlezung der unvergänglichen
logischen Grundgeseze erkannt zu haben glaubt, der dem
ganzen System jede Beweiskraft absprechen muß? Erlauben
Sie mir, darüber ein individuelles Botum noch in der
Kürze auszusprechen. Man kann die Aufgabe des mensch=
lichen Denkens nicht großartiger und universaler auffassen,
als es Hegel gethan. Denn ein höheres Ziel können wir
uns nicht vorstellen, als im Weltall die gegliederte Offen=
barung der ewigen Bernunft, des Einen und höchsten Geistes
darzulegen, wenn wir auch nie den Zweifel bewältigen
werden, daß sich Wirklichkeit niemals aus rein intellectuellen
Borgängen erklären lasse; und wenn irgendwo möchte hier
der Spruch gelten: in magnis voluisse sat est. Der
Stufengang dieser Offenbarungen durch die verschiedenen
Gebiete und Ordnungen des unbewußten und bewußten
Lebens ist von keinem Denker besser und eingehender nach=
gewiesen worden. Der Gedanke, daß nichts starr und fest,
sondern Alles in stetem Fluß und Werden begriffen ist, war
nicht neu, aber die Idee der Entwicklung wurde von keinem

der früheren Philosophen tiefer und fruchtbarer erfaßt.
Ebenso hat Hegel in einer Reihe einzelner Zweige der
Philosophie schöpferisch und bahnbrechend gewirkt. Seine
Leistungen sind hier allerdings von sehr ungleichem Werth.
Seine Logik wird nur als ein interessanter aber mißlungener
Versuch gelten, die alten Denkgeseze umzugestalten, die allgemeinen Begriffe und Denkformen, welche sich uns theils
aus der Natur unserer eigenen Denkorgane, theils aus dem
Stoff der Wahrnehmungen ergeben, so an einander aufzu-
reihen, daß von dem einfachsten zum reichsten Begriffe fort-
gegangen und jede neue Stufe rein aus den vorangegangenen abgeleitet wird. Hegel's Naturphilosophie steht den
heutigen Methoden der Naturforschung am fremdesten gegenüber; sie zeigte, wie gefährlich alles Construiren realer Erscheinungen aus allgemeinen Begriffen ist; denn Hegel hat
die falschen und die richtigen Ansichten seiner Zeit in gleicher
Weise als Denknothwendigkeiten deducirt. Gleichwohl hat
der Grundgedanke, die Natur als erstarrten, nach dem Licht
des Bewußtseins emporringenden Geist zu betrachten, eine
tiefere Berechtigung, die durch die Unvollkommenheiten der
einzelnen Deutungen nicht in Frage gestellt wird. Die
Psychologie ist das Feld, in welchem Hegel's Leistungen
am wenigsten original und schöpferisch sind. Sein Geist
bewegte sich zu ausschließlich in den ätherischen Schichten
der allgemeinen Begriffe, als daß er für die verschlungenen
Windungen und Regungen der individuellen Seele das
rechte Interesse und Verständniß hätte finden können. Er
sah hier nur die Sphäre des Zufälligen und warnt davor,

die Eigenthümlichkeiten des Menschen zu hoch anzuschlagen. Es bleiben drei Gebiete übrig, in welchen Hegel's Leistungen Epoche machend und von unvergänglicher Geltung sind, die Aesthetik, die Rechtsphilosophie, die Philosophie der Geschichte.

Seine Aesthetik ist ein bahnbrechendes Werk, das zum erstenmal den ganzen Stoff gestaltend und ordnend bewältigt hat. Die dialectische Methode war hier bei rein intellec= tuellen Vorgängen, „in den heitern Regionen, wo die reinen Formen wohnen," fruchtbarer und berechtigter als anderswo. Man wird heutzutag kaum irgend ein ästhetisches Buch oder Urtheil finden, in welchem nicht Hegel'sche Gedanken offen oder versteckt eine Hauptrolle spielten. Dieß Verdienst wird dadurch nicht geschädigt, daß die Gegenwart das Bedürfniß hat, die ästhetischen Begriffe nicht mehr aus den fernen Wolken der Idee herunterzuholen, sondern von unten, auf der Grundlage physiologischer und psychologischer Thatsachen aufzubauen.

Hegel's Rechtsphilosophie ist in formeller Beziehung nach Gliederung und Anordnung des Stoffs das schwächste unter seinen Werken, aber zugleich das reichste an neuen und fruchtbaren Gedanken. Man hatte das Gute bis dahin nur entweder aus dem Gewissen der Einzelnen oder aus einem nicht weiter erklärlichen göttlichen Gebote, den Staat ebenso nur entweder durch ein Zusammentreten vieler Einzel= willen oder durch besondere göttliche Anordnung zu erklären gewußt. Hegel stellte den neuen Begriff des objectiven Geistes, der substantiellen Sittlichkeit auf. Das Gute ist ihm nicht ein bloßes Ideal, das nie und nirgends zu er=

fassen ist, sondern es ist da, es ist realisirt in den socialen
Mächten und Ordnungen, die, nicht von menschlicher Will=
kühr abhängig, auf sich selbst ruhen und als die höheren
Offenbarungsstufen des Weltgeistes über der niedrigeren
Sphäre des subjectiven Geistes aufgelagert sind. Familie,
Gesellschaft und Staat sind die realisirte Sittlichkeit; der
Staatsidee selbst insbesondere hat Hegel die verlorene und
vergessene Hoheit und Majestät wieder zurückgegeben; er
unterwirft nicht den Staat dem Menschen, sondern den
Menschen dem Staat. Der Staat ist nicht, wie nach mo=
dernen Theorieen, einem in periodischen Abstimmungen be=
stehenden allgemeinen Volks= oder Mehrheitswillen unter
die Füße geworfen, sondern ruht auf seiner eigenen Au=
torität, die ihm Niemand leihen oder nehmen kann. Die
Freiheit ist nicht Willkühr und Belieben des Einzelnen,
sondern die Verwirklichung der sittlichen socialen Ordnung.
Auch wem diese Anschauungen Hegel's ganz aus dem Herzen
genommen sind, der wird doch immer noch etwas Wesent=
liches darin vermissen. Die socialen Ordnungen sind bei
Hegel über der Sphäre des individuellen Lebens wie ein
höheres Stockwerk ausgebreitet, ungefähr wie die Thierwelt
über der Pflanze, das Menschliche über dem Thierischen.
Unser moderner Naturalismus verlangt wenigstens, daß
ihm die Treppen aufgezeigt werden, die von einem Stock=
werk zum andern führen. Jener objective Geist, jene sitt=
lichen Substanzen sind uns nur verständlich als die Massen=
wirkungen der socialen und metaphysischen Triebe, welche

neben den animalischen und egoistischen zur natürlichen Ausstattung der individuellen Seele gehören.

Noch größer vielleicht ist das Verdienst Hegel's um ein
philosophisches Verständniß der Geschichte. Seine ganze
Methode, die Grundanschauung, überall Entwicklung, Proceß, Fortschritt zu sehen, hatte hier ihre eigentliche Heimath und Berechtigung. Die Aufgabe, in dem Gang
der Universalgeschichte festen Plan und Sinn zu finden,
war zuvor nur als ein Postulat behandelt oder in allgemeinen Phrasen abgefertigt worden. Hegel's Philosophie
der Geschichte, eine kleine, nur skizzenhafte Arbeit und in
der Deutung des Einzelnen vielfach nicht genügend, ist doch
der erste bedeutende Versuch, auch dieß unabsehbare, un-
faßbare Gebiet dem menschlichen Erkennen zu erobern. Der
Grundgedanke, in der Völkergeschichte eine Reihe von Weltanschauungen von steigender Vertiefung, von stetem Fortschritt im Sinn der Freiheit, der Herrschaft des Geistes
über das Natürliche, sodann die führenden Volksgeister als
die Träger und Darsteller dieser Weltanschauungen zu betrachten, ist bewußt und unbewußt in die ganze seitherige
Geschichtsbehandlung übergegangen. Der größte Historiker
unsers Volks und Zeitalters mag zwar mit Recht spotten
über alle philosophischen Constructionen von Thatsachen, doch
besteht seine eigene größte Leistung eben darin, dem Welt-
gang seine dialectische Methode abzulauschen und uns in
künstlerischer Darstellung vorzuführen.

Der Sinn für politische und historische Erscheinungen
war überhaupt nächst der immensen Befähigung zu abstrac-

tem Denken das stärkste Element in Hegel's geistiger Ausstattung. Er steht hierin über allen neueren Philosophen.
Vor Fichte's überfliegendem Idealismus hat er den Umfang und die Gründlichkeit empirischen Wissens voraus.
Es kam ihm darin vielleicht auch die praktische Schule zu
Statten, die dem Altwürtemberger unsere damals sehr be-
wegten Verfassungskämpfe boten. Am Anfang dieses Jahrhunderts hat Hegel den Entwurf einer deutschen Reichsverfassung ausgearbeitet, in welchem die militärisch-diplo-
matische Einheit und die Gemeinsamkeit des Rechts- und
Verkehrslebens für die unerläßlichen Hauptpunkte erklärt
werden, freilich mit dem Zusaz, daß etwas derartiges in
Deutschland mit friedlichen Mitteln niemals zu erreichen
sein werde. Dem preußischen Staat, in dessen jähem Sturz
durch die Jenaer Schlacht er eine gerechte Strafe politischer
Unfähigkeit erkannte, wendete er sich nach seiner Wieder-
geburt mit voller Wärme und einsichtsvoller Würdigung zu;
er sah in ihm die Keime und Elemente des Staats, welcher
der Idee entspräche. Ja ich sage nicht zu viel, wenn ich
in den großen Ereignissen unserer Tage auch einen Triumph,
eine Bewährung Hegel'scher Staatsweisheit sehe. Das
Volk, dem die Hoheit und Autorität der Staatsidee ganz
abhanden gekommen, das seit zwei Generationen den Staat
zum Spielball der Parteien und Leidenschaften machte, das
12mal seine Staatsform erneuert hat, und nie anders als
durch Gewalt und Meineid von oben oder unten, das in
den wechselnden Stimmungen haltloser Massen noch die
einzige Quelle aller öffentlichen Ordnung sieht, warf in

frevelhaftem Uebermuth dem Staate den Handschuh hin,
der vor Allem auf das Pflichtgefühl und die Hingabe Aller
an das Gemeinwesen aufgebaut ist, der allein sich das kost-
bare Gut eines ächten, nicht ungebundenen aber selbständigen Königthums zu bewahren wußte, dessen größter König
sich nur des Staates ersten Diener nannte, dessen Fürsten-
haus, wie kein anderes, von dem Bewußtsein eines Berufes,
einer geschichtlichen Mission durchdrungen blieb. Der Kampf
bot der erstaunten Welt das Schauspiel, wie wenn der ei-
serne Topf mit dem thönernen zusammenstößt; das eine
Volk liegt in Scherben zerschmettert am Boden, mit Einem
Schlage des höchsten socialen Gutes, des Staates selbst ver-
lustig, das Chaos, den Abgrund der Anarchie vor Augen;
das andere steht aufrecht, mit Siegeskränzen ohne gleichen
überdeckt, eine glänzende Epoche seiner Geschichte abschließend,
eine noch glänzendere eröffnend.

Noch in anderer Weise ist gerade jezt die Erinnerung
an Hegel eine beziehungsreiche. Er ist ein Vermittler zwischen Nord und Süd unseres Vaterlandes. Bei uns geboren und gebildet, hat er dort gelehrt und gewirkt. Dem
Norden hat er die neue Lehre von der selbständigen Hoheit
der Staatsidee verkündigt; Tausenden, die im öffentlichen
Dienst des preußischen Staates standen oder noch stehen,
hat er die selbstlose Hingabe an die Allgemeinheit, an die
sittlichen Substanzen, und den Maßstab der höchsten Gesichtspunkte für alles Wirken im Staat gelehrt. Ein schwä-
bischer Denker hat früh und zuerst in dem preußischen Staat
die Anlage zu einem höheren weltgeschichtlichen Beruf ge-

ahnt, hat über ihn gleichsam die Weihe und den Segen
des deutschen Gedankens ausgesprochen. Es handelt sich
heute um neue und dauernde Bande zwischen Süd und
Nord. Wozu unser großer Landsmann uns rathen würde,
womit wir sein 100jähriges Gedächtniß am würdigsten feiern
und ehren könnten — ich brauche es nicht auszusprechen.

Ueber das Rechtsgefühl.

6. Nov. 1871.

Wenn uns Jemand auf die Frage: was ist das Recht? die Antwort giebt: was im Staat gesezliche Geltung hat, jus est quod jussum est, so mag diese Auskunft immerhin für den Hausbrauch zureichen und der praktische Jurist, wofern er überhaupt ein Bedürfniß nach einer solchen allgemeinen Begriffserklärung empfindet, wird vielleicht mit dieser sein Lebenlang auskommen können. Gleichwohl zeigt schon ein kurzes Nachdenken, daß jene Definition an dem schlimmsten Fehler leidet, sich im Kreis zu drehen, und uns kaum etwas Weiteres sagt, als wenn sie einfach hieße: Das Recht ist das Recht. Denn die Geseze fallen ja nicht vom Himmel herab, sondern die Menschen müssen sie machen, und, damit die Geseze das Recht enthalten können, es vorher in sie hineinlegen, also sonst woher nehmen. Da wir uns auch niemals bedenken, manche Geseze als schlechte und ungerechte zu bezeichnen, so müssen wir offenbar in uns selbst einen Maßstab haben, um das Recht von dem, was nicht Recht ist, zu unterscheiden. Und wenn wir weiter nach diesem Maßstab fragen, so spricht man uns von einem ungeschriebenen Natur= oder Vernunftrecht, das wir in uns tragen, von einer Rechtsidee, einem Rechtssinn, Rechtstrieb, Rechtsbewußtsein, Rechtsgefühl. Und von einer solchen in dem Innern des Menschen enthaltenen Wurzel oder Quelle des Rechts sprechen nicht nur die Laien und die Philosophen, sondern auch die Juristen selbst können sich dieser Hypothese nicht entschlagen.

Einer der größten Meister des Fachs, der Stifter der historischen Rechtsschule, führt alles Recht in lezter Instanz auf das in einem Volk lebende gleiche Gefühl einer inneren Nothwendigkeit zurück, das sich nicht weiter erklären lasse; und es zeigt sich damit, daß dieselbe Wissenschaft, die sich ihrer logischen Stärke, ihrer klaren und präcisen Begriffe mit besonderem, nicht unberechtigtem Stolze zu rühmen pflegt, ihre letzte Stütze und Beglaubigung aus dem nebel= haftesten Elemente unseres Seelenlebens, aus einem Gefühle, welches sich einer weiteren Erklärung entziehe, ableiten soll.

Um also zu erfahren, was das Recht sei, werden wir von den Juristen weiter gewiesen an die Psychologen, um diesen die Fragen vorzulegen: was ist und wo steckt jenes eigenthümliche Etwas in uns, aus dem wir das Recht schöpfen und bemessen? ist es ein Gefühl oder ein Gedanke, ein Sinn oder ein Trieb, ein Einfaches oder ein Zusam= mengeseztes? was sagt es aus und wieweit reicht seine Wirkung und Bedeutung für Leben und Wissenschaft? Allein wenn wir nun die psychologischen Lehrbücher nachschlagen, so werden wir in den meisten gar keine, in den andern theils unzulängliche, theils unter sich verschiedene Antworten auf jene Fragen finden; insbesondere werden wir uns bald

in die Lehre von den Erkenntnißkräften, bald in die vom
Willen, bald in die von den Gefühlen verwiesen sehen.

Erlauben Sie mir, daß ich es in der Kürze versuche,
eine Antwort auf jene Frage zu geben, daß ich dabei
fremde Ansichten unerwähnt lasse, sowohl die, denen ich
beipflichte, als die, denen ich abgeneigt bin, und daß ich
dabei einige allgemeine Sätze als Postulate oder Lehrsätze
vorausschicke. Denn es ist unvermeidlich, etwas weiter aus-
zuholen. Ich wüßte aus der ganzen Psychologie keinen
einzigen hieher bezüglichen Satz zu nennen, auf welchen man
sich als auf einen allgemein zugestandenen berufen dürfte.

Spinoza sagt einmal: der Mensch erstrebt, will, verlangt oder begehrt nichts deßwegen, weil er es für gut
hält, sondern umgekehrt, weil er es erstrebt, will, verlangt
oder begehrt, hält er es für gut. Ich möchte diesem Satz
eine weit größere Tragweite zuschreiben, als die sein Autor
selbst ihm gab, und ihn gerade heutzutage, wo es eine so
vorherrschende Uebung ist, alle psychischen Vorgänge von
den Vorstellungen aus zu construiren und die Seele als
einen passiven Tummelplatz innerer Bilder zu deuten, an
die Spitze aller psychologischen Lehrbücher schreiben. Also:
der Mensch will nicht etwas, weil er es für gut hält, sondern weil er es will, nennt er es gut.

Der Intellect, um diesen neuerlichen und bequemen
Ausdruck für das Ganze unserer Erkenntnißkräfte zu gebrauchen, ist nicht das Primäre und Leitende in uns, sondern er nimmt nur eine secundäre und dienende Stellung
ein. Alle seine Thätigkeiten sind nur formeller Art, und

bestehen in einem fortwährenden Bilden und Umbilden, Verknüpfen und Unterscheiden nach stets gleichen Formen und Gesezen. Seine Richtung, sein Stoff wird ihm durch den Willen, oder wie ich lieber sage, da es kein Wollen im Allgemeinen geben kann, durch die Triebe gesezt. Er ist für sich interesselos und keines ursprünglichen Werthurtheils fähig; und so wenig er uns von einem Wein oder einer Speise zu sagen wüßte, ob sie wohlschmeckend sind, wenn sich nicht an die Reize unserer Zungen- und Gaumennerven eine angenehme Empfindung anknüpfte, eben so wenig vermöchte er uns anzugeben, was gut oder schön, ja selbst nicht was wahr ist, wenn seinen Gebilden nicht eine Scala von eigenthümlichen Gefühlen der Lust oder Unlust zur Seite gienge. Die Triebe, die als organische Reize oder nach Art derselben wirken und durch einen ununterbrochenen Strom von Gefühlen ihrer Befriedigung oder Nichtbefriedigung mit einem Centralpunkt unseres psychischen Lebens in Verbindung stehen, sind die Directiven des Intellects und die Kräfte, die das ganze, bunte und verworrene Spiel unserer inneren Vorgänge wie an unsichtbaren Fäden leiten und beherrschen.

Daß es sich bei den Thieren so verhält, die Triebe das Leitende, die intellectuellen Kräfte das Dienende sind, giebt Jedermann zu. Und auch für jene Millionen, die sich nach des Dichters Wort nur beschäftigen, daß die Gattung bestehe, die ihr Lebenlang über die Motive von Hunger und Liebe, von Erwerb und Bequemlichkeit nicht hinauskommen, dürfte es nicht allzuschwer sein, dieß Zugeständniß

zu erlangen. Aber für die höheren Gebiete menschlicher
Bestrebungen, wie Religion und Moral, Kunst und Wissenschaft, ist, obgleich es dem Sprachgebrauch ganz geläufig ist,
von sittlichen Trieben, von einem Wissens- und Erkenntnißtrieb, von einem religiösen Trieb zu reden, doch die Neigung
vorherrschend, sie aus intellectuellen Vorgängen oder, als
ob damit etwas erklärt wäre, aus der Erfahrung und geschichtlichen Entwicklung abzuleiten, gleichsam wie wenn die
Form eines Triebs für diese Dinge nur eine trübe und
unwürdige Quelle wäre. Ich muß gestehen, daß ich die
Einsicht in das Wesen der Triebe, in den Primat des
Willens als den eigentlichen Schlüssel zum Verständniß der
einzelnen Menschenseele wie der Geschichte unseres Geschlechts
betrachte, und daß mir jene höchsten Güter der Menschheit
wie in die Luft gestellt und der beständigen Gefahr ihres
Unterganges ausgesezt erscheinen würden, wenn ich ihre
Wurzel nur in dem schwankenden Elemente wechselnder Vorstellungen und zerfahrener Meinungen, nicht in festen An-
sätzen unseres Willens, in unabweisbaren und unverlierbaren
Forderungen unseres Gemüthes suchen dürfte. Und wenn
dem so wäre, wenn Triebreize von höherer Natur zur
menschlichen Mitgift gehörten, dann wären uns diejenigen,
welche nur eine beliebige Anzahl von Jahrtausenden zur
Verfügung fordern, um die Menschenseele aus der des Affen
und des Protamnion allmälig herauswachsen zu lassen,
vor Allem einen Beweis dafür schuldig, wie jemals durch
den Kampf ums Dasein und das Mittel der Zuchtwahl der
Trieb des Mitleids, das Gewissen, die Luft am Schönen,

der Drang nach Wahrheit, das Suchen der Gottheit habe entstehen können; sie müßten uns begreiflich machen, wie überhaupt in ein Geschöpf ganz neue Triebe, neue Quellen von Lust-
und Unlustgefühlen hereinkommen können, ohne von Anfang
an wenigstens in stillem Keim darin verborgen zu liegen.

Der Vorzug des Menschen vor dem Thier besteht für
diese Auffassung weit weniger in einer schon ursprünglich
höheren Intelligenz, als in dem reicheren, vielgestaltigeren
Triebleben, dessen mannigfache Combinationen und Conflicte
dem Intellect zahlreichere und schwierigere Aufgaben stellen,
ihn zu immer höheren Leistungen anspornen und durch Festhalten und allmäliges Ansammeln seiner Errungenschaften
im Lauf der Jahrhunderte weit über seine erste Stufe hin-
ausheben. Denn der Intellect ist das Element der Bildung
und des Fortschritts; während jede Generation wieder mit
den gleichen Trieben geboren wird, verfeinern sich nur die
Befriedigungsmittel des Trieblebens, weil der Intellect mit
jedem Geschlecht an einer neuen und höheren Stufe einsezt
und seine Arbeit beginnt. Im Menschen sind aber nicht
nur die animalischen Triebreize der Selbsterhaltung und
Selbsterweiterung, des Geschlechts- und Gattungslebens, der
geselligen Gruppirung in reichster Gliederung vereinigt, sondern zu diesem Complexe elementarer Grundkräfte gesellen
sich nun noch einige weitere Triebreize hinzu, die wir als
dem Menschen eigenthümliche die humanen zu nennen pflegen.
Sie treten nicht wie jene animalischen Triebe als unge-
stüme Forderungen unserer Natur auf, die sich bis zur
brennenden Leidenschaft steigern lassen, sondern als sanftere

5 *

und mildere Reize. Aber als Ersaz für ihr schwächer
sinnliche Triebgewalt haben sie ein von ihrem Auftreten
unzertrennliches begleitendes Gefühl, daß die Lustempfin
dungen, die sie bieten, von anderer, reinerer, höherer Art
seien, und sich den übrigen Lustreizen als die vornehmeren
als die Werthgefühle gegenüberstellen. Ich glaube, daß wir
drei solcher höheren Klassen von humanen Trieben unter
scheiden müssen, die sich über den animalischen Grundstock
unserer Kräfte noch wie höhere Stockwerke, die eine freiere
Aus- und Rundsicht gestatten, erheben. Die erste davon
ist das Mitgefühl, die Theilnahme an fremdem Wohl und
Wehe und das Bedürfniß dieser Theilnahme von anderen,
die Lust zu lieben und geliebt zu sein. Indem die Sprache
diesen Zug unserer Seele den der Menschlichkeit nennt und
von dem Mitleidlosen sagt, er sei kein Mensch und habe
kein menschliches Herz, spricht sie es selber aus, daß an
diesem Punkte das Grenzmerkmal unserer Gattung liegt.
Den zweiten dieser humanen Triebe möchte ich den intellec
tuellen Functionstrieb oder auch den Erkenntnißtrieb, den
Trieb der Beschaulichkeit nennen. Beim Thier ist der In
tellect nur der stumme Diener, dessen Thätigkeit ganz in
den Objecten der Begierden aufgeht; der Mensch aber be
trachtet die Dinge auch um der Lust willen, die ihm das
Betrachten selbst gewährt, ohne alle weiteren sachlichen
Zwecke; an die Function, an das Spiel des Intellectes selbst
knüpfen sich gewisse Reize, und zwar an den leichten, unge
hemmten, normalen Gang seiner Bewegungen, an die Klar
heit und Genauigkeit, an die Uebereinstimmung und den

Einklang der Vorstellungen Gefühle der Lust, an die Störungen seines Verlaufs, an das Verworrene, Dunkle, Widersprechende Gefühle der Unlust. Das glänzendste Erzeugniß
dieses intellectuellen Spieltriebs ist die Sprache, die dem
Thier nur darum fehlt, weil sein Intellect in der Dienstbarkeit aufgeht und die Betrachtung nicht um ihrer selbst
willen begehrt wird. Diese beiden zu den animalischen
Lustquellen hinzutretenden neuen Elemente würden, wenn
sie allein stünden, den Menschen in einen unversöhnlichen
hoffnungslosen Zwiespalt mit sich selber setzen; das Mitgefühl und die Selbstliebe würden immer Entgegengesetztes
begehren und der Intellect könnte seiner Dienstbarkeit und
jenem freien Spiel seiner Kräfte nie zugleich gerecht werden.
Vor dieser Gefahr eines unseligen Dualismus bewahrt uns
die dritte und lezte Klasse der humanen Triebe, die Krone
und der Abschluß unserer natürlichen Ausstattung. Sie
gibt sich kund in einem Verlangen nach Harmonie und Einklang unseres Lebens, nach Uebereinstimmung und Ordnung
in dem bunten Chaos unserer inneren Vorgänge, in dem
wechselnden Spiel von widerstrebenden Motiven. In der
Idee der Ordnung, der Harmonie treffen Wille und Intellect von verschiedenen Wegen aus wie in ihrem gemeinsamen Ziel und Brennpunkt zusammen. Denn wie schon
bei dem rein theoretischen Spiel unserer intellectuellen Kräfte
die höchsten Lustgefühle sich daran knüpfen, wenn das Viele
und Mannigfaltige, das isolirt Auseinanderliegende durch
Gliederung, zugleich gesondert und verknüpft, sich zu einem
Ganzen verbindet und in eine einheitliche Spitze ausläuft,

ebenso ergreift das Centrum unsers Seelenlebens, auf welches die Mannigfaltigkeit und der Gegensaz der Impulse
störend und schmerzlich wirkt, die Idee des Einklangs und
inneren Friedens als das höchste und lezte Mittel, seinen
heißen Drang nach Glückseligkeit zu stillen und einen Schluß-
punkt aller Lebenszwecke zu finden. Ich möchte diese lezte
Forderung unseres Willens den Ordnungstrieb, den Trieb
der Lebensharmonie nennen oder auch die Bezeichnung als
Vernunfttrieb zulassen. Denn indem der Intellect diese
lezte und höchste seiner Functionen übt, bei welcher seine
Dienstbarkeit zur Freiheit wird, legt er auch den niedrigeren
Namen des Verstandes ab und nimmt, obgleich die Form
seiner Thätigkeit sich nicht verändert, den höheren Namen
der Vernunft an.

Dieser Ordnungstrieb gliedert sich nun aber wieder in
verschiedene Triebformen, je nachdem er auf die Sphäre
des Willens oder des Intellects oder auf den Einigungs-
punkt beider, auf das Centrum der Seele gerichtet ist. Als
contemplativer Ordnungstrieb sucht er die Einheit und Harmonie für die Weltbetrachtung; er erzeugt die Idee des
Schönen und des Wahren, die Kunst und Wissenschaft.
Als praktischer, auf den Willen bezogener Trieb sucht er
die Einheit und Harmonie für die Bethätigung des Trieblebens; er erzeugt die Idee des Guten mit der Unterscheidung einer subjectiven und einer socialen Form, die Sittlichkeit und das Recht. Seine lezte Gestalt erreicht dieser
Ordnungstrieb, wenn er Intellect und Wille, das Ich und
die Welt zusammenfassend, unser ganzes individuelles Dasein

in eine lebendige Harmonie und Einheit mit dem Höchsten
und Besten, was wir noch zu denken und zu ahnen vermögen, zu sezen sucht; er erzeugt die Idee Gottes und die
Formen des religiösen Lebens.

Ich habe von einem sittlichen Ordnungstrieb gesprochen
und bin damit nach langem, wie ich hoffe, nicht vergeblichem
Umweg an die Stelle gekommen, die wieder zu unserem
Thema führt. Es ist ein Treibendes, eine Kraft in uns,
die gegenüber von dem bunten und wilden Spiel mannigfaltiger und widerstrebender Begierden in uns und um uns
etwas Festes und Ordnendes fordert, die neben den vielen
Dingen, die wir Güter nennen, weil sie einem unsrer Triebreize entsprechen, Ein Gutes, das Gute ergreift und allen
übrigen Motiven als das allein Berechtigte mit dem Gefühl
eines unbedingten Sollens entgegenstellt. Was dieß Gute
sei, darüber gehen zwar Völker und Zeitalter weit auseinander; aber überall ist es eine Ordnung und feste Norm;
überall enthält es eine Werthunterscheidung unserer Triebe,
bei welcher die humanen Triebe höher geschäzt werden, als
die animalischen, die socialen höher als die egoistischen.
Im Essen und Trinken, in der Feigheit, dem Wankelmuth,
der Lüge, in der Unempfindlichkeit für Ehre ist es niemals
gefunden worden.

Dieser sittliche Ordnungstrieb ist nun auch wieder in
zwei getrennte Formen gegliedert. Die eine derselben bezeichnen wir mit dem Namen des Gewissens. Es fordert
den Einklang und die Harmonie unseres inneren individuellen Wollens; es stellt jene Idee des Guten, wie es

diese selbst gebildet oder durch Autorität und Ueberlieferung empfangen hat, allen andern Motiven als das zur Herrschaft Bestimmte, als das Gesollte gegenüber, und hält daran auch unterliegend fest. Neben dieser bekannten und unbestrittenen Erscheinung steht noch eine zweite Gestalt jenes sittlichen Ordnungstriebs, in welcher sich dieser, mit unseren socialen Trieben verschmolzen, nach Außen kehrt und die Idee des Guten als die beherrschende Macht des gesellschaftlichen Lebens vertritt. In ihren einfachsten und elementarsten Aeußerungen erkennen wir diese Triebform, wenn wir den Schwächeren mißhandelt sehen von dem Stärkeren, wenn Rache genommen wird an dem Schuldlosen, wenn eine Macht nach Laune und Willkühr ausgeübt wird. Das Gefühl, das uns bei solchem Anblick ergreift, ist von der passiven Form des Mitleids deutlich unterschieden; es äußert sich als Entrüstung und Empörung des Gemüths und ist von dem unmittelbaren Drang nach einer einschreitenden Handlung begleitet. Wir gewinnen dieß Gefühl nicht erst aus der Erfahrung, bei reiferer Ausbildung unserer Verstandeskräfte, sondern es tritt mit frischer und voller Energie schon in den ersten Lebensjahren auf, wenn der Vater die Kinder, der Lehrer die Schüler ungleich behandelt, den leichten Fehler schwer, den schweren leicht oder gar nicht rügt und den gleichen Fall heute so und morgen anders entscheidet. Wiewohl dieser Zug unsers Seelenlebens alle Merkmale eines Triebs, eines constanten Willensansazes, einer drängenden inneren Kraft hat, so ist es doch üblich, ihn, da er sich als eine eigenthümliche Form von

Lust und Unlustgefühlen äußert, ein Gefühl und zwar nach dem Object, das er ins Leben ruft, das Rechtsgefühl zu nennen.

Gewissen und Rechtsgefühl sind die zwei einander coordinirten, verschwisterten Gestalten, in welche sich der sittliche Ordnungstrieb ausprägt. Beide äußern sich wie alle Triebe als ein dunkler unbestimmter Drang nach einer eigenthümlichen Art von Lust und Werthgefühlen, sie wirken als Druck auf den Intellect, dazu führende Vorstellungen zu erzeugen und leiten ihn hiebei durch die sein Thun, seine Annäherung oder Entfernung von seinem Ziel begleitenden Nuancen von Lust und Unlustgefühlen. Gewissen und Rechtsgefühl haben die Idee des Guten zu ihrem gemeinsamen Inhalt und Ziel; sie fassen es als ordnende Norm des Willens und wollen es zur Macht und Herrschaft bringen; sie sind Forderungen an das Gemüth, das Gute zu verwirklichen. Aber von dieser gemeinsamen ethischen Wurzel aus treiben sie verschiedene, deutlich gesonderte Zweige. Das Gewissen kehrt seine Forderung nur nach Innen; es wirkt auf das Gemüth der einzelnen individuellen Seele; das Rechtsgefühl wendet sich nach Außen; es will eine sittliche Ordnung verwirklicht sehen, nicht als ein ohnmächtiges inneres Wollen von zweifelhaftem Erfolg, sondern als eine herrschende, die Willkühr des Einzelnen überwältigende Macht, als eine sichtbare reale Erscheinung. Während das Gewissen nur die inneren Regungen und Vorgänge des Gemüths richtet und ordnet, sieht das Rechtsgefühl nur auf die That, die auf Andere Bezug hat und beachtet die Gesinnung nur, soweit sie zum Verständniß der gegebenen äußern That dient. Während das Gewissen den einzelnen Fall für sich in seiner concreten Besonderheit prüft und ordnet, sieht das Rechtsgefühl in der einzelnen That nur die Gattung; es muß jeden Fall als einen allgemeinen denken und fordert Normen von genereller Geltung. Und zwar liegt in diesem charakteristischen Zug des Rechtsgefühls nach Allgemeinheit sowohl ein ethisches als ein logisches Moment. Wie würde Dir der Fall erscheinen, wenn Du an der Stelle des andern wärst und wie wäre es, wenn Alle so handeln wollten; das sind die specifischen und ersten Fragen, die das Rechtsgefühl stellt. Jener erste unter den humanen Trieben, das Mitgefühl, welches uns fremdes Wohl und fremden Schmerz sympathisch mitempfinden heißt, verdichtet und verklärt sich im Rechtsgefühl zu einem allgemeinen Princip, zu dem Saz von der Gleichwerthigkeit aller Individuen; wenn der Fall der gleiche ist, so ist zwischen dem A und B, zwischen mir und dem andern kein Unterschied. Gleiche Fälle trifft die gleiche Regel. Dieß ist das eigentliche Grundariom des Rechtsgefühls und der erste fundamentalste aller Rechtssäze. Er enthält sowohl die logische Allgemeinheit als die ethische Gleichheit vor dem Gesez; er entspricht gleichmäßig der Forderung des Mitgefühls und des Denkgesezes. Hierin liegt nun aber auch, daß das Rechtsgefühl nicht, wie das Gewissen, auf die Verwirklichung der Idee des Guten in ihrem ganzen Umfang gerichtet ist, daß es die höchsten Ziele der Ethik zur Seite läßt und nur diejenigen Theile des Guten ergreift,

die sich in allgemeine, für Gleiches gleiche, auf äußere Hand=
lung bezügliche und erzwingbare Normen fassen lassen; es
strebt nicht nach dem idealen Ziel voller Verwirklichung
der individuellen und geselligen Lebenszwecke, sondern es
will nur die Grundlagen, den Unterbau schaffen und sichern,
auf dem diese zarteren und beweglicheren Gebilde sich ent=
wickeln mögen, aber diese Bestandtheile des Guten will es
dann auch den Schwankungen des individuellen Meinens
und Beliebens entrückt und in unantastbarer Kraft und
Majestät festgestellt sehen. Die Gerechtigkeit erschöpft den
Kreis des Guten nicht, aber sie ist die erste aller Tugenden.
Das Recht ist nicht eine bloße Vorbedingung, sondern ein
Theil und Stück des Guten selbst, und zwar sein Funda=
ment. In dieser Stellung von Recht und Sittlichkeit liegt
es nun auch, daß zwar in der Seele des Einzelnen Ge=
wissen und Rechtsgefühl niemals in Collision kommen, weil
das Gewissen den ganzen Inhalt des Rechtsgefühls in sich
aufnimmt und nur nicht volles Genüge daran findet, daß
aber in der Gesellschaft Recht und Moral wohl zeitweise
auseinandertreten und in Widerspruch gerathen können, sei
es, daß das Recht oder die Sitte einen Vorsprung in seiner
Entwicklung hat. In dieser Weise läßt sich, wie ich meine,
aus einer bloßen Beobachtung und Beschreibung des Rechts=
gefühls oder aus der Zusammenstellung der ersten und elemen=
tarsten Gebilde, die der Intellect unter seiner Leitung her=
vorbringt, auch das Wesen des Rechtes selbst entwickeln.
Denn ich möchte glauben, daß eine bloße Zusammenfassung
der bezeichneten Merkmale des Rechtsgefühls zu einer Defi=

nition des Rechtes führt, wenn ich sage: das Recht ist eine gesellschaftliche Lebensordnung, durch welche die Idee des Guten zur äußeren Macht gestaltet wird, um nach allgemeinen, für das Gleiche gleichen Normen der menschlichen Handlungen die Grundlagen für die Erfüllung der menschlichen Lebenszwecke sicherzustellen.

Um das Wesen des Rechtsgefühls noch einen Schritt weiter zu verfolgen und vom Recht zum Staat zu gelangen, kann vielleicht eine Vergleichung einige Dienste leisten. Wenn wir einen Bienenstock betrachten, so macht er unverkennbar den Eindruck eines einheitlichen gegliederten Ganzen. Gleichwohl denken wir nicht daran, die Entstehung dieses Ganzen auf den Akt eines intelligenten Willens zurückzuführen, und auch das halten wir nicht für geboten, in die Seele der einzelnen Bienen, sei es als unbewußte Vorstellung oder in der Form eines instinctartigen Thuns den Plan oder Entwurf jenes Ganzen voraus zu verlegen. Wir begnügen uns dem einzelnen Thier die Triebe beizulegen, mit seinesgleichen zusammen und um ein die Fortpflanzung verbürgendes Individuum geschaart zu leben, eine Zelle von bestimmter Art und Construction zu bauen, die Zuckersäfte aus den Blüthen zu saugen, Vorräthe für den Winter zu sammeln und Aehnliches, aber das Ganze des Stocks entsteht uns nun einfach aus der Massenwirkung dieser individuellen Triebe; das gleichartige Thun der Einzelnen scheint sich uns von selbst zu diesem gegliederten Ganzen zusammenzuschließen, und zufällige Momente, wie die Gestalt des Baumes oder Korbes spielen ihre Rolle mit; wenn dieß Ganze nun aber einmal vorhanden ist, dann wirkt es auf die einzelne Biene, die es hat machen helfen, doch wieder als ein neuer Factor zurück, bestimmt und modificirt im Einzelnen vielfach ihr Thun, giebt jenen Trieben eine besondere Form und Richtung und kann so schließlich fast als das Primäre erscheinen, obgleich es ursprünglich nur das Product vieler kleiner aber gleichartiger Kräfte war. Oder ich könnte an den Wald erinnern, der nichts ist als eine Vielheit beisammenstehender Bäume und doch ein Ganzes von eigenthümlichen Merkmalen wird und das Wachsthum des einzelnen Baumes mitbestimmt.

In gleicher Weise möchte ich nun behaupten, entsteht der Staat durch die natürliche Massenwirkung, als das spontane Gesammtproduct des in den einzelnen Gliedern einer gesellschaftlichen Gruppe vorhandenen Rechtsgefühls. Jener sociale Ordnungstrieb, der die Idee des Guten zur gesellschaftlichen Macht zu gestalten strebt, ruft, ohne daß in irgend einem Kopf schon die Vorstellung eines gesellschaftlichen Centralinstituts ausgebildet wäre, von selbst ein solches, wie durch den Massendruck vieler kleiner Kräfte nach Einem Punkte, ins Leben; es kann nun ein durch Zufall, ja durch Frevel entstandenes Gewaltverhältniß der Kristallisationspunkt einer sittlichen Ordnung werden, dem ein allgemeines Verlangen ein höheres Mandat von selbst entgegenbringt. Wenn dann aber diese sociale Macht einmal vorhanden ist und in einem individuellen oder collectiven Willen ihre einheitliche Spitze gefunden hat, dann löst sie sich von ihrer Entstehungsform ab; sie gestaltet

sich zu einem selbständigen socialen Eigenwesen und wirkt
ihrer eigenen Natur gemäß auf die Einzelnen zurück; und
jenem Rechtsgefühl, das in der Seele des Einzelnen gleich
dem Gewissen nur ein zartes Gebilde ist und stets einen
schweren Stand gegen den Andrang brennender Begierden
hat, stellt sich nun in der öffentlichen Ordnung eine sichtbare Verkörperung seiner Zwecke gegenüber, an deren festen
Pfeilern sich die Willkühr der Einzelnen bricht; und es ist
in diesem Sinn berechtigt, von einem objectiv gewordenen
Geist zu reden. Aber jener Massendruck des Rechtsgefühls
ist nur die Wurzel der Staatenbildung; die Verwirklichung
des Rechts ist nur die erste und wesentliche Function der
Staatsgewalt. Die im Staat zum Volk geeinigte Menge
führt ihm noch mancherlei geistige Interessen und Forderungen zur Beachtung zu; der Staat erweitert sich zu einem
Träger und Organ des Volksgeistes, zu einem Universal-
institut für die Sicherung und Förderung aller Lebenszwecke. Damit tritt zu jenem primären Zweck der Rechts-
verwirklichung ein weiteres Element von beweglichem, un-
begrenztem, zufälligem Charakter hinzu, das nach der Verschiedenheit der Zeiten und Völker von engerem oder weiterem
Umfang werden kann. Ich halte es für verwirrend, diese
beiden Gebiete des Rechts und des Wohls zusammenzuwerfen, dem Rechtsbegriff einen so weiten Umfang zu leihen,
daß er auch die ganze Wohlfahrtspflege in sich schließt,
und zu diesem Zwecke Rechte auf Arbeit und Muße, auf
Bildung, Gesundheit, Familienleben aufzustellen, die der
Staat durch Hilfe und positive Veranstaltungen zu ver-

bürgen verpflichtet sein soll. Es fehlt bei diesem Gebiet
der staatlichen Thätigkeit jenes Gefühl der inneren Noth
wendigkeit, das alle Erscheinungen des Rechtslebens zu begleiten pflegt. Mein Rechtsgefühl fordert nicht, daß der
Staat eine Universität gründet, oder daß er an derselben
akademische Preise für wissenschaftliche Arbeiten der Stu
dierenden aussezt, wohl aber fordert es, wenn er dieß einmal thut, daß er die Preise denen, welche die von ihm
aufgestellten Bedingungen erfüllen, auch wirklich ertheilt,
daß er den Verfasser einer preiswürdigen Arbeit, wenn er
nach dem Statut zur Bewerbung nicht befugt war, zurück-
weist, daß er die Preise der besten Arbeit ohne jede Neben-
rücksicht zuerkennt. Alles, was im Staat geschieht, soll mit
Gerechtigkeit aber nicht aus Gerechtigkeit geschehen. Wohl
fällt alles Recht schließlich unter den Begriff des Zweck-
mäßigen und einer Wohlfahrtspflege, schon weil es unter
den Begriff des Guten fällt und das Gute nur als das
wahrhaft Zweckmäßige, mit dem Ganzen der menschlichen
Lebenszwecke im Einklang Stehende gedacht werden kann.
Aber darum hat der Rechtsbegriff doch wieder innerhalb
dieser weiten Sphäre seine engere specifische Begrenzung
an jenen Aeußerungsformen des Rechtsgefühls, an der
ethisch-logischen Forderung der Allgemeinheit und Gleichheit.

Wenn nun die hier vorgetragene Auffassung Wahrheit
enthalten sollte, so würde das Recht mit den andern höchsten
Gütern der Menschheit, Religion und Moral, Kunst und
Wissenschaft in Einer Reihe stehen, aus Einer Quelle fließen,
nemlich aus einem an die Spitze unseres gesammten Trieb-

lebens stehenden höchsten Trieb, der auf den Einklang aller
unserer Seelenvorgänge, auf die Harmonie unseres Lebens
und der Welt gerichtet ist, und zwar würde das Recht in
einem bestimmten Zweig dieser Ordnungstriebe wurzeln,
den wir das Rechtsgefühl nennen, der mit dem Gewissen
zusammen die sittliche Anlage der menschlichen Natur bildet
und die Idee des Guten zu realer Gestaltung führt. Das
Recht ist hiernach wohl in seiner concreten Erscheinung etwas
empirisch und geschichtlich Gewordenes, aber es stammt aus
einem ursprünglichen Trieb und festen Willensansaz der
menschlichen Natur, der sich, wie die anderen höheren An=
lagen, erst allmälig im Lauf der Jahrtausende zur vollen
und selbständigen Entwicklung seines Wesens heranarbeitet.

Eine solche ideale Auffassung des Rechts liegt nun
allerdings weit ab von dem gemeinen und populären Be=
wußtsein. Diesem erscheint das Recht als etwas, was die
Juristen erfunden oder gemacht hätten und heute noch
machen können, als verkörpert in der Gestalt eines Processes,
der sich mit Hilfe von Advokaten vor dem Richter abspielt,
eines Schrift= und Redestreites, in welchem es sich um die
Ermittlung oder Vertuschung gewisser Thatsachen, um
die Anwendbarkeit oder Auslegung von diesem oder jenem
Paragraphen einer Vorschrift oder Urkunde handelt, bei
welchem der schlauere und sachkundigere Theil zu siegen
scheint, wo von sittlichen Zwecken, von einer Verwirklichung
der Idee des Guten kaum ein Anklang an den Tag tritt,
wo jenes Rechtsgefühl, das die Wurzel alles Rechtes sein
soll, um seine Meinung gar nicht gefragt wird, und auch,

wenn es gefragt würde, vielleicht nichts Brauchbares zu sagen wüßte.

Man kann im Hinblick auf die praktische Gestaltung des Rechtslebens wohl zu der Frage kommen, welchen Werth und welche Stellung denn jenes Rechtsgefühl noch für die Rechtswissenschaft hat, ob es ihr nur den ersten Anstoß giebt, von dem im weiteren Verlauf der Sache nicht mehr die Rede ist, oder ob es der leitende bestimmende Faktor, der Führer auf dem ganzen Wege, die wirkliche und einzige Quelle der Rechtsbegriffe sein könne? Hierüber scheinen mir Mißverständnisse zu bestehen, bei welchen jenem psychologischen Ausgangspunkt bald ein zu großer, bald ein zu kleiner Spielraum überlassen wird.

Niemand wird, wie ich glaube, aus dem bloßen Rechts= gefühl oder, was ich hier für gleichbedeutend halte, aus der Idee, dem Begriff des Rechts auch nur einen einzigen concreten Rechtssaz abzuleiten vermögen, und die Versuche, im Wege der Begriffsentwicklung, der Deduction aus Axiomen und elementaren Säzen ein Rechtssystem, ein sogenanntes Natur= oder Vernunftrecht herauszuspinnen, sind mit Grund stets ein Gegenstand des Spottes von Seiten der Rechts= gelehrten gegen die Philosophen gewesen. Das Recht ist ein Ordnungsbegriff; zu einer Ordnung gehören aber immer zwei Dinge, etwas, was ordnet und etwas was geordnet wird; dieß Leztere ist die Substanz der Sache, der Stoff, der durch seine Natur das Thun des Ordnenden bestimmt. Der Stoff des Rechtes aber ist nichts weniger als die ganze unabsehbare Fülle aller menschlichen Lebensverhältnisse.

Das Recht erzeugt und schafft nicht etwa aus seinen Mitteln die persönliche Freiheit, das Eigenthum, die Familie, den Vertrag, sondern es findet diese Verhältnisse als Wirkungen des natürlichen Trieblebens vor; es zeichnet nur seine ordnenden Linien hinein; es regelt sie nach dem Princip der Coexistenz, nach den Bedürfnissen und sittlichen Grundanschauungen der Gesellschaft, und auch diesen lezteren Faktor schöpft es nicht aus sich selbst. So liegt für alles Familienrecht der Ausgangspunkt in physiologischen Thatsachen, wie dem Unterschiede der Geschlechter, den Gesezen der Fortpflanzung, der Hilflosigkeit und dem allmäligen Wachsthum des Kindes. Diese physischen Grundlagen unterliegen nun einer sittlichen Gesammtauffassung, die durch die Gesittungsstufe des Zeitalters und Volkes bedingt ist, über die Stellung des Weibes, über den Umfang der väterlichen Gewalt, den Charakter der Ehe, die Grenze des Verwandtschaftsbands, die Beweglichkeit des Grundeigenthums u. s. w. Erst als drittes Element tritt nun das Recht hinzu, um diese Grundanschauung gegebener Thatsachen in die Gestalt fester, zwingender, allgemeiner Normen auszuprägen, dieselben nach allen Richtungen im Einzelnen durchzudenken, unter sich und mit den andern hereingreifenden Lebensverhältnissen in Einklang zu sezen, an den Kreuzungspunkten verschiedener Normen einen Ausgleich zu finden und so das gesammte Familienleben in die sociale Ordnung als ein homogenes Glied einzufügen. Das Rechtsgefühl wird nun zwar auf diesem ganzen Wege leitend oder begleitend, zustimmend oder abwehrend mitgehen, aber jene Kreuzungen der Rechtssäze sind so mannigfaltig, die Verschlingungen der Lebensverhältnisse so unabsehbar, zumal auf den höheren Gesittungsstufen, das Bedürfniß haarscharfer und präciser Unterscheidungen wird ein so dringendes, daß dem Rechts- gefühl auf dieser langen Bahn bald der Athem ausgeht und es von einem logisch-technischen Element abgelöst werden muß. Das gesammte Rechtsleben entwickelt sich zu einem Specialfach, in welchem der rothe Faden des Rechtsgefühls zwar nie ganz abreißen kann, aber in den dichtverschlungenen Knoten der Casuistik schwer noch herauszufinden sein mag. Noch weit mehr tritt dieß bei dem historischen Theil der Rechtskunde hervor. Mit der Frage: was ist oder war thatsächlich geltendes Recht, hat das Rechtsgefühl nichts mehr zu schaffen; sie steht ganz unter dem Bann einer wissenschaftlichen Technik, unter dem Gesez der Hermeneutik und historischen Kritik, wiewohl sich behaupten läßt, daß auch hier noch ein sympathisches Nachempfinden der Recht schaffenden Absicht des Gesezgebers die grammatikalisch logische Deutung der Worte ergänzen kann.

Wenn aber so die Rechtswissenschaft sich im Verlauf ihrer Entwicklung von der ersten psychologischen Wurzel alles Rechtes ablösen mußte, wenn sich jenes einfache Rechts- gefühl, wo es doch den Versuch macht, mitzusprechen, ge- fallen lassen muß mit einem taceat mulier in ecclesia (das Weib soll schweigen in der Gemeinde) abgewiesen zu werden, so sind doch auch die Mißstände und Gefahren des anderen Extremes nicht zu unterschäzen. Wenn das Recht, wie kaum irgend etwas Anderes, Alle angeht und den Wollenden

6 *

wie den Widerstrebenden berührt und erfaßt, wenn unser landsmännischer Dichter, der doch selbst zur Zunft der Rechtsgelehrten gehörte, sagen durfte: „das Recht ist ein gemeines Gut, Es lebt in jedem Erdensohne; Es quillt in uns wie Herzensblut", so sollte man erwarten dürfen, daß die Wissenschaft und Verwaltung des Rechts sich in stetiger Fühlung mit dem Rechtsgefühl des Volkes hielte und wenigstens nicht bis zur Unverständlichkeit davon entfernte. Eine noch nicht lange, ja kaum vergangene Zeit zeigt uns in einem abstoßenden Bild, wieweit hier die Verirrung gehen konnte, wie sich die Rechtsverständigen zu einer Gelehrten= zunft mit einem der übrigen Welt unzugänglichen Apparat von Formeln und Distinctionen, schlimmer als die altrömi= schen Pontifices, absondern durften. Die Gegenwart ist auf dem Wege, auch hier Wünschen, die lange vergeblich gehegt wurden, entgegenzukommen und jene verlorene Füh= lung mit dem Rechtsbewußtsein des Volkes wieder zu ge= winnen. Hiebei betrachte ich es nur als zweifelhaften Ge= winn, wenn die Laien in einem die Entscheidung einschlie= ßenden Umfang zur praktischen Rechtspflege berufen werden, da es immer ein Widerspruch und ein Mißtrauensvotum gegen die Wissenschaft bleiben wird, das unentwickelte und naive Rechtsgefühl dem geübten und ausgebildeten gleich= zustellen, und doch die Verwaltung des Rechts nicht zum pädagogischen Mittel der Volkserziehung dienen darf. Von ungleich größerem Werth ist die Oeffnung der Gerichtssäle, die Mündlichkeit und Vereinfachung des Verfahrens, die Fertigung zusammenfassender Gesezbücher in gemeinverständ=

licher Sprache, die Beseitigung eines verwirrenden Wustes
von Land- und Sonderrechten. Ein großer Schritt bleibt
aber in dieser Richtung zu thun übrig. Es muß jedem
unbefangenen Sinn im höchsten Grad unnatürlich erscheinen,
daß der praktisch eingreifendste, den Einzelnen am nächsten
berührende Theil des Rechts in einer fremden, nur dem
Gelehrten zugänglichen Sprache abgefaßt, einem längst hinter
uns liegenden Volk und Zeitalter entnommen, auf durchaus abweichende gesellschaftliche Verhältnisse berechnet ist.
Noch unbegreiflicher ist es aber, wenn gerade diejenigen,
welche das im Volk thatsächlich lebende Gefühl einer inneren
Nothwendigkeit zur Quelle und besten Stüze alles Rechts
machten, nur allein der Gegenwart den Beruf und die Be-
fugniß absprechen, ein verständliches und ihren Bedürfnissen entsprechendes Recht zu suchen. Es war ein unendlich großer Fortschritt, als zu einer Zeit, da das Latein
noch eine allgemeine Welt- und Kultursprache war, an die
Stelle zahlreicher, unzulänglicher Volksrechte, die auf vieldeutigen Symbolen und Sprüchen, auf wandelbarem Ge-
brauche ruhten, das römische Recht trat, das seinen universalen Charakter als thatsächliches Weltrecht schon durch
Jahrhunderte bewährt hatte, das Meisterwerk eines Volkes,
in welchem jenes der menschlichen Natur innwohnende Rechtsgefühl zuerst in der Welt einen selbständigen, von Religion,
Politik und Moral abgelösten Ausdruck gefunden, das die
Grundbegriffe des Rechts und dessen eigenthümliche Methodik für alle Zeiten festgestellt hat, das von nationaler Beschränktheit aus in sicherem und stetigem Gang, und mit

unvergleichlicher Schärfe und Consequenz zu einem System
weltgiltiger Sätze hindurchgedrungen ist. Trozdem konnte
die Aneignung eines fremden und fremdsprachigen Rechts
nur eine Nothhilfe, ein vorübergehendes Auskunftsmittel
sein, das in dem Grade unhaltbar werden mußte, in wel=
chem die lateinische Sprache selbst eine todte wurde und
eine neue Zeit neue Lebens= und Wirthschaftsverhältnisse
und eine neue Gesittungsstufe erzeugte. Wenn nicht alle
Zeichen trügen, so ist der Zeitpunkt für den Abschluß
dieser Lehrjahre herangekommen; die Wissenschaft vermag
die bleibenden und die vergänglichen Elemente jener werth=
vollen Ueberlieferung zu unterscheiden und die neuen Be=
dürfnisse und Anschauungen haben den alten Bau schon
von Innen und Außen nach allen Richtungen durchbrochen
und umgestaltet. Das deutsche Volk ist seit den Römer=
tagen das erste, in welchem das Rechtsgefühl einen neuen
Ausdruck von eigenthümlicher Kraft und Tiefe gefunden
hat; nachdem es seiner Art gemäß zuerst bei Fremden in
die Schule gegangen ist, mag es berufen sein, den Weg
von einem nationalen zu einem universalen Recht zum
zweitenmal zu finden, das innige Band von Recht und
Moral, von Humanität und Logik noch fester zu knüpfen,
als es einst dem römischen Volk gelungen war. Unser
Volk hat in unerreichter Waffenthat dem romanischen Ueber=
gewicht ein Ziel gesezt; es ist still und, wie wenn nichts
geschehen wäre, zu den Werken des Friedens zurückgekehrt;
nach verschiedenen Richtungen findet es hier die Aufgabe,
an römischen Ueberlieferungen das Bewährte und das seinem

Geiste Fremde zu scheiden; ich schließe mit der Hoffnung, eine nicht ferne Zukunft werde Ursache finden, nicht blos das deutsche Schwert, den deutschen Fleiß, die deutsche Wissenschaft zu preisen, sondern auch das deutsche Rechts- gefühl und das deutsche Recht.

Ueber den Begriff des Volkes.

6. Nov. 1872.

Wer das Bedürfniß hat, in klaren und einfachen Grund-
begriffen zu denken und dabei durch Beruf und Neigung
darauf hingewiesen ist, sich mit den sogenannten socialen
oder Gesellschaftswissenschaften zu beschäftigen, dem werden
bei seinen Studien auch trübe und unerquickliche Stunden
schwerlich ganz erspart bleiben. Denn diese Fächer, wiewohl sie weder an theoretischem Reiz noch in ihrer praktischen Tragweite hinter anderen zurückstehen, haben doch
noch immer, sei es nun blos in Folge ihrer Jugend oder
auch anderer Umstände, an einer eigenthümlichen Unsicherheit und Verschwommenheit ihrer ersten Begriffe zu leiden.
Schon der Begriff der Gesellschaft selbst will sich schwer
fest anfassen und scharf umgrenzen lassen; noch mehr scheint
mir dieß bei dem vieldeutigen Worte „Volk" zuzutreffen,
das uns doch auf Schritt und Tritt im Leben, wie in der
Wissenschaft entgegentritt. Denn gleich die ersten und
elementarsten Fragen der Logik und Grammatik, zu welcher
Art und Klasse von Begriffen der des Volkes zu stellen
sei, führen auf Schwierigkeiten. Ist es ein Gattungsbegriff, so daß der Einzelne sich zu seinem Volke verhielte

wie ein beliebiges Beispiel einer bestimmten typischen Form
und dem Ganzen keinerlei Merkmale und Wirklichkeit für
sich, sondern nur in den Einzelnen zukämen? Oder ist das
Wort zu den Collectivnamen, zu jenen bloßen Summirbe=
griffen zu stellen, wo unter sich selbständige und verschiedene
Dinge um Einer gemeinsamen Beziehung willen in eine
numerische Einheit zusammengefaßt werden, wie etwa die
Menge, der Haufen, das Publikum, die Zuhörerschaft?
Oder ist ein Volk als ein Ganzes zu denken, zu dem sich
die Einzelnen als seine Theile verhalten? und ist dieß
Ganze vielleicht, nach der jezt so beliebten Analogie als
ein Organismus zu fassen, dessen einzelne Glieder, für sich
unfähig zu existiren, erst in der unendlichen Wechselwirkung
unter sich und mit dem Ganzen sich zur lebendigen Einheit
ergänzen? Und ist so schließlich nicht das Volk, statt eine
Gattung zu bezeichnen, vielmehr selbst ein Individualbegriff,
ein Einzelwesen von einer höheren Ordnung, wie wir all=
täglich vorauszusezen scheinen, wenn wir vom Charakter,
vom Geist, ja von einer Seele des Volkes reden? Jede
von diesen Deutungen scheint etwas Richtiges zu sagen,
keine eine einfache Zustimmung zuzulassen, keine das Wesen
der Sache erschöpfend zu treffen. Aehnlich wie in früheren
Jahrhunderten ein langer Streit darüber war, ob die all=
gemeinen Begriffe etwas wirklich Seiendes, Reales be=
zeichnen, oder bloße Namen, bloße Gebilde der menschlichen
Denkprocesse seien, so scheinen sich jezt auf dem Gebiet der
socialen Wissenschaften die Ansichten über die Frage zu
spalten, ob die Gemeinschaften das eigentlich Reale und

Wirkende seien, oder die Einzelnen. Machen wir das Volk
oder macht das Volk uns? sind wir, indem Jeder der
Mittelpunkt des Weltalls zu sein glaubt, nicht vielmehr
nur die flüchtigen Producte eines socialen Einzelwesens,
eines Gesammtgeistes, der unabhängig von uns die Geseze
seines Blühens, Reisens und Absterbens in sich selber trägt?
Und ist es in diesem Sinne berechtigt, wie man neuerlich
versucht hat, neben die alte Seelenlehre, die von dem indi=
viduellen Geiste handelt, die Völkerpsychologie als eine neue
und unabhängige Wissenschaft zu stellen?

Aber noch von einer zweiten, ganz anderen Seite her
führt uns der Begriff des Volkes in Zweifel und Un=
sicherheit. Man hat es schon oft als einen Mangel der
deutschen Sprache bezeichnet, daß sie für zwei so grund=
verschiedene Dinge, wie die Gemeinschaft der Abstammung
und die des Staatsverbandes nur das Eine Wort, Volk,
besizt, während die anderen Sprachen beides genau aus=
einander zu halten wissen, und schon die Griechen das
Eine ἔθνος, das andere δῆμος, die Römer jenes natio
und dieses populus genannt haben. Wenn wir die Juden
ein Volk nennen, obgleich ihnen die Gemeinschaft des Staats,
der Sprache, ja selbst der Wohnräume fehlt, nur um der
Stammes= und Glaubenseinheit willen, die Schweizer, ob=
gleich sie ganz verschiedener Abstammung und Sprache sind,
nur um des Staatsverbandes willen, und dann wieder die
Polen, bei denen sich alles dieß gerade umgekehrt verhält,
was bleibt denn noch als gemeinsamer Grundgedanke des
Ausdrucks übrig? Und doch ist wenigstens die feinere und

besonnenere Redeweise auch wieder spröder und zurückhalten=
der in dem Gebrauch dieses Ausdrucks als andere Sprachen
mit den ihrigen. Jene Haufen von Individuen, welche
die Steppen Asiens, die libyschen Wüsten, die americanischen
Prairien weidend, raubend, jagend durchziehen, jene Ge=
nossenschaften von Negern und Polynesiern, deren Zusam=
menleben uns nur den Wechsel zwischen dumpf brütender
Trägheit und wilden Ausbrüchen der Sinnenlust und Leiden=
schaft zeigt, jene Barbarennamen, welche, ohne eine Spur
ihres Daseins zurückzulassen, in dem Dunkel der Jahr=
hunderte begraben liegen: wir nennen sie Horden, Stämme,
ja auch noch Völkerschaften; aber das Wort Volk scheint
uns zu gut für diesen Zweck, obgleich weder die Einheit
des Stammes noch der Staatsgewalt fehlt, und wir ge=
brauchen es nur widerwillig und durch den Mangel unserer
Sprache gezwungen. Denn das Wort geht uns nun ein=
mal in jener trockenen, ethnographischen und politischen
Bedeutung nicht auf; wir fühlen bei demselben einen warmen,
herzschwellenden Oberton mitklingen, als ob von einem
Vaterlande, einer geistigen Heimath die Rede wäre. Am
liebsten würden wir den Schmuck dieses Namens ganz jenen
Gruppen der Menschheit vorbehalten, welche eine eigen=
thümliche Anlage an Geist und Gemüth in festen und blei=
benden Formen auszuprägen vermochten und in dem Drama
der Weltgeschichte als Träger und Vertreter einer bestimm=
ten und unvergeßlichen Art, die Räthsel des Menschen=
lebens auszulegen, einen besondern Act oder Auftritt aus=
füllen. Wenn wir aber so eine gewisse Zuthat von geistiger

Bildung und Entwicklung mitdenken, so hat es doch das
freie Spiel des Sprachgeistes auch wieder gefügt, daß wir
das Volk in einen Gegensaz zu den höher gebildeten Klassen
der Gesellschaft stellen und in diesem Sinne von Volks-
schulen, Volksbüchern, Volksschriften reden. Noch weiter
und bedenklicher aber entfernt sich die Redeweise von den
Ausgangspunkten des Begriffs, wenn diese Unterscheidung
auf das politische Gebiet übergetragen und die numerische
Masse als das vorgeblich wahre und eigentliche Volk den
Trägern und Organen der Staatsgewalt, den Vertretern
besonderer Lebenskreise und gesellschaftlicher Interessen ent-
gegengestellt und in solcher Richtung von Volkswohl, Volks-
willen, einer Volksparthei gesprochen wird.

Dieser flüchtige Ueberblick hat wohl gezeigt, daß der
Begriff des Volkes, den die Wissenschaft so gut wie der
tägliche Sprachgebrauch stets nach allen Richtungen hin
verwendet, keineswegs so einfach und scharf umgrenzt ist,
als er dem ersten Anblick erscheinen mag, daß er vielmehr
jenem Chamäleon gleich in die verschiedensten Farben schillert,
je nachdem man von der einen oder andern Seite her an
ihn herantritt.

Ich beabsichtige nun nicht und wäre es wohl auch
nicht im Stande, alle die Fragen und Räthsel, die ich hier
angeregt habe, jezt der Reihe nach zu lösen, aber ich darf
vielleicht Ihre Aufmerksamkeit für einige Bemerkungen in
Anspruch nehmen, mit welchen ich versuche einige Klarheit
in die Sache zu bringen.

Die Entstehung der meisten Völker fällt in dunkle,

unserer Forschung entrückte Vorzeit, aber auch wo sie durch
geschichtliche Zeugnisse aufgehellt werden kann, zeigt man
uns nur, wie diese bestimmte Verhältnisse geworden sind
und pflegt den Grund, auf welchem alle Völkerbildung
beruht, stillschweigend vorauszusezen. Dieser kann nur in
der natürlichen Anlage und Ausstattung der menschlichen
Gattung liegen und ist nicht von dem Historiker, sondern
von dem Psychologen nachzuweisen. Ich glaube mir nun,
wie in einem früheren Fall, auch dießmal als Postulat
das Zugeständniß erbitten zu müssen, daß alle wesentlichen
Richtungen und Ziele menschlichen Denkens und Thuns ihre
Wurzel nicht in intellectuellen Vorgängen, sondern in dunkeln
Reizen und Trieben haben, welche als Quellen specifischer
Gefühle von Lust und Unlust auf uns wirken und unsern
Intellect nach bestimmten Richtungen hin in Bewegung
sezen. So ist es denn auch von jeher üblich gewesen, den
Menschen schon seiner ursprünglichen Anlage nach zu den
geselligen Geschöpfen zu rechnen und ihm ausdrückliche Triebe
der Geselligkeit beizulegen. Nur pflegt man es dabei zu
unterlassen, diese geselligen Triebe einzeln zu nennen und
nach Richtung und Wirkung genauer zu umgrenzen. Wie
es unter den Thierarten solche giebt, die immer einzeln
oder stets paarweise leben, solche, welche in kleinen Truppen
oder Rudeln, oder welche in großen Heerden und Schwärmen
zusammen sind, solche, welche sich nur für bestimmte Zwecke
der Jagd oder Wanderung, oder welche sich bleibend zu
einander gesellen, endlich solche, welche alle Lebenszwecke
in gemeinsamer Ordnung und ineinandergreifender Arbeit

verfolgen, so kommt auch der menschlichen Gattung schon
von Natur eine ganz bestimmte Form des gesellschaftlichen
Zusammenseins zu. Es ist nicht richtig und wenigstens
ungenau, diese einfach als einen Trieb der Geselligkeit zu
bezeichnen. Läge in uns nur das Verlangen, uns an andere
anzuschließen und folgerichtig an den größten Haufen am
liebsten, so müßte wohl die Weltgeschichte ein ganz anderes
Ansehen zeigen. Die menschlichen Wohnsitze wären möglichst
nahe zusammen gerückt und würden sich gleichmäßig nach
der Peripherie hin ausbreiten; es würde wohl Eine Sprache
und Eine Kultur, jedoch von niedriger Entwicklung, herrschen.
Es ist vielmehr ein Trieb der Gruppirung, der uns beseelt,
nicht der Geselligkeit. Unser Drang geht nicht dahin, uns
ins Unbegrenzte anzuschließen, sondern einer Gruppe anzugehören, in einen bestimmten Kreis einzutreten, der sich
geschlossen und abgegrenzt gegen andere zu behaupten strebt.
Dem Sich anschließen wollen ist untrennbar gleich das Sich
abschließen wollen beigesellt. Unser Selbstgefühl zu dem
einer Gruppe zu erweitern, in ihr aufzugehen, mit ihren
Interessen die unsrigen zu verschlingen, das ist der Inhalt
und die bestimmtere Form des menschlichen Geselligkeits-
triebs. Ihr ist es zuzuschreiben, daß die Menschheit nicht
Eine gleichförmige Heerde bildet, sondern in sich gegliedert
und abgegrenzt ein Ganzes von unabsehbarer Mannigfaltigkeit und Abstufung darbietet, daß die fließend immer
gleiche Reihe belebend abgetheilt ist, daß bestimmte Vorstellungskreise sich in ihrer vollen Kraft und Selbständigkeit zu festen und widerstandsfähigen Gestalten ausprägen.

In dem reichen Apparat von großen und kleinen Mitteln, durch welche die Weltordnung den Menschengeist ruhelos vorwärts drängt, nimmt diese Neigung, sich in eine Gruppe zu stellen, einen der ersten Plätze ein. Neue Ideen müßten sich in dem unabsehbaren Wogenschlag der Meinungen wie eine flüchtige Wellenfurche wieder verlieren, wenn dieser Drang nicht wäre, uns um ein aufgerichtetes Banner zu schaaren, und mit dem Aufgebot aller Kräfte für das gemeinsam ergriffene Ziel einzustehen, ja zuletzt den ursprünglichen Zweck fast vergessend, nur darum, weil das Panier einmal aufgepflanzt ist und wir zu ihm stehen, noch fortzukämpfen. Wir treten damit fast blind und unbewußt in die Dienst= barkeit allgemeiner Gedanken. Von jenen Tausenden, die einst auf Tod und Leben darum gekämpft haben, ob in Christus zwei Naturen waren oder eine und ob sein Wesen dem des Vaters gleich oder nur ähnlich war, wie Wenige mochten auch nur die Streitfrage näher kennen und wie noch wenigere sich von dem Interesse Rechenschaft zu geben im Stande gewesen sein, das es für sie haben könne, ob die Frage so oder anders gelöst würde? Auf allen Blättern der Geschichte und in allen Gestalten, erhebenden und ab= stoßenden, tritt uns dieser Eifer um die Gruppe entgegen, als Vaterlandsliebe wie als politischer Partheigeist, als Glaubenseifer wie als Religionshaß, als Martyrthum und Sektengeist, als Standesehre wie als Kastenstolz, als Fa= miliensinn und als Geschlechterhaß. Auch spielend noch sehen wir solchen Corpsgeist seine Ranken treiben, wenn die Jugend ohne sonst erkennbare Zwecke für den Namen ihrer

Gruppe, für ein farbiges Band mit ritterlicher Hingabe des Leibes und des Geistes Gaben einsetzt.

Denn das ist eben das Besondere und Folgenreiche, daß uns die Natur zwar die Neigung ins Herz gelegt hat, uns in eine geschlossene Gruppe unserer Mitgeschöpfe hinein-zustellen, daß sie aber diesen Kreis selbst nicht in fester und unabänderlicher Weise uns vorgezeichnet hat. Die Gruppirungsmotive sind uns offen gelassen und wir sehen sie wechseln durch alle Zeitalter: ja man könnte denken, der Faden der Weltgeschichte wickle sich eben in der Reihe jener wechselnden zur Herrschaft gelangenden Motive für die menschliche Gruppirung ab. Es giebt wohl Eine Ge-meinschaft, die als eine grundlegende, als die unerläßliche Vorbedingung für jede andere betrachtet werden kann; es ist das räumliche Zusammensein, die Möglichkeit des sprach-lichen Verkehrs und der nächsten Hilfeleistung, ohne welche keine Gruppirung wohl denkbar ist. Wir finden uns durch die Geburt einem bestimmten Kreis zugewiesen, in welchem wir die ersten Eindrücke und Vorstellungsreihen, die erste Entwicklung unserer Kräfte empfangen. Dieß Band ist jedoch keineswegs ein zwingendes; es begründet zunächst weit mehr ein Verhältniß der Abhängigkeit als der An-hänglichkeit. Die Familie ist gar nicht für sich schon, wie man so oft preisen hört, sondern erst durch Hinzutritt einer höheren allgemeinen Gesittung, der Heerd und die Quelle sittlicher Empfindungen; sie begründet bei allen roheren Völkern nur ein Verhältniß brutaler Herrschaft, der Männer über die Weiber, der Eltern über die Kinder, gegen welches uns das Familienleben der Thiere leicht als das Reinere und Höhere erscheinen kann. Und was ist für den Unterdrückten, den Leibeigenen, den Sclaven der Boden der Heimath, das Land der Väter, die Sprache des Gebieters, die er zu erlernen hat? Der Trieb der Gruppirung greift frei und nach allen Richtungen über die Grenzlinien dieser ersten Naturbande hinaus; wir haben noch weitere Bedürfnisse als das, in einer bestimmten Heerde heranzuwachsen.

Und hier ist eine andere Betrachtung einzureihen. Jene Neigung, einer geschlossenen Gruppe anzugehören, ist nicht die einzige Form unserer socialen Triebe. Es reiht sich ihr noch eine zweite an, die für unser Thema von gleich großer Bedeutung ist.

Es giebt eine sehr einfache und unscheinbare psychologische Thatsache, welche in ihren Wirkungen für das Verständniß aller gesellschaftlichen Erscheinungen von entscheidender Wichtigkeit ist. Wenn ich irgend einen Gedanken, eine Meinung, ein Urtheil gegen einen Andern ausspreche und sich hiebei die Uebereinstimmung dieses zweiten mit meiner Meinung ergiebt, sei es, daß er dieselbe schon unabhängig von mir in sich ausgebildet, oder auf meine Anregung willig in sich angenommen hat, so tritt in dem Vorstellungskreis von mir und von diesem Andern etwas Neues ein; es wird nicht blos eine Gleichheit und Uebereinstimmung constatirt, nicht blos für die Formel A · B und A + B = 2 A ein neues Beispiel ermittelt, sondern durch das bloße Bewußtsein der Uebereinstimmung tritt

für beide Theile eine Verstärkung und Befestigung jener
Vorstellungen ein. Der Akt erscheint uns nicht wie eine
bloße Addition, sondern könnte uns eher an ein Multipli=
ciren oder Potenziren erinnern; wir empfinden einen Zu=
wachs von Intensität, Klarheit und Sicherheit der Vor=
stellung, den wir zwar so wenig wie andere psychische
Erscheinungen unter einen numerischen Ausdruck bringen
können, aber deutlich genug im Bewußtsein als einen Grad=
unterschied empfinden. Mit der Zahl der Zustimmenden
wächst in jedem derselben, wenn auch nicht in stetigem
Verhältniß, die Zuversicht der gemeinsamen Gedanken.
Wenn wir uns etwa als Bild und Veranschaulichungsmittel
denken wollten, daß jeder unserer Vorstellungen und Vor=
stellungsgruppen auch ein bestimmtes Gebilde in unserem
Gehirne, sei es eine jener zarten Fasern oder eine Win=
dung und Verschlingung von solchen entspräche, so würden
wohl die isolirten Vorstellungen dünnere und lösbarere,
die gemeinsamen aber stärkere und widerstandsfähigere Ge=
bilde hervorbringen und die herrschenden und allgemeinen
Vorstellungen könnten wie feste und bleibende Geflechte
heraustreten. Die Köpfe der Einzelnen wären Instrumen=
ten zu vergleichen, auf welchen gewisse Saiten gleich ge=
stimmt sind und die Luftschwingung, die gerade dieser
Saitenstimmung entspräche, mit dem gleichen vollen Ton
beantworten würden.

Ich glaube, daß man es als einen der elementaren
Grundsätze für die Massenwirkung psychischer Kräfte be=
zeichnen darf, daß die Vorstellungen des Einzelnen durch

das bloße Bewußtsein der Uebereinstimmung mit Andern eine Verstärkung und Befestigung erleiden, welche dem isolirten Bewußtsein fehlt.

Bei näherem Hinsehen findet man jedoch noch eine Einschränkung oder Ergänzung dieser Regel geboten. Sie wirkt weit schwächer in der Sphäre des niederen Trieblebens als in der des höheren. Ob die Luft warm oder kalt, ob eine Speise wohlschmeckend ist oder nicht, darüber bedarf unser unmittelbares Gefühl keiner Bestätigung und würde auch durch fremden Widerspruch nicht irre gemacht. Auch über Fragen persönlicher Vortheile und Interessen fehlt uns die Zuversicht des eigenen Urtheils nicht. Wir fühlen uns hier von Andern nur insoweit abhängig, als uns ihr Urtheil über unsere Gesinnung und Handlungsweise nicht gleichgiltig läßt und unser Selbstgefühl ihren Haß oder ihre Mißachtung nicht leicht zu ertragen vermag, sondern sich erst in dem Wiederschein fremder Meinung selbst besitzt und genießt. Anders ist es auf dem Boden der idealen Güter, im Streben nach Wahrheit und Schönheit, nach Recht und Sitte, nach Gottesgemeinschaft. Hier trifft unser Blick nicht mit dem sicheren Instinct, wie bei jenen niedrigeren Interessen, das was unser Herz sucht und will; unsicheren Tritts steht der Einzelne vor den tausend Möglichkeiten, die sich vor ihm ausbreiten, und sucht zagend und meist vergeblich in sich selbst den sicheren Wegweiser. Wir empfinden einen Trieb nach Ergänzung und Anerkennung, nach einer geistigen Anlehnung; wir möchten für unsere Gefühle und Gedanken einen festen Halt suchen in

7 *

der Zustimmung derer, die mit uns leben und vor uns
gelebt haben. Je größer der Kreis der Zustimmenden ist
und jemehr der Inhalt zugleich den besonderen Bedürfnissen
und Richtungen des Einzelgeistes entgegenkommt, desto fester,
sicherer, ausgeprägter werden jene Vorstellungsreihen, desto
dominirender, um bei dem obigen Bild zu bleiben, die ihnen
entsprechenden Stränge oder Knoten der Gehirnfasern. Und
hier ist es denn, wo der Genius seine Stätte findet, der
einem weiten Kreis vorfühlt und vordenkt, der das, was
alle suchen und vermissen aber nicht finden, tiefer und klarer
empfindet und ihm den typischen Ausdruck zu leihen weiß,
in welchem alle die Lösung des Räthsels willig hinnehmen.
Zwar können sich auch diese lichtbringenden und bahn=
brechenden Geister jenes allgemeinen Triebs nach geistiger
Anlehnung nicht entschlagen; auch sie müßten an sich selbst
irre werden, wenn sie Niemandes Zustimmung fänden, aber
was ihnen die Gegenwart versagt, suchen sie in der Ver=
gangenheit oder erwarten von der Zukunft den Wiederklang
gleichgestimmter Geister.

Sollte es nun nicht aus einer einfachen Massenwirkung
dieses individuellen Triebes nach geistiger Anlehnung er=
klärbar sein, wie jene allgemeinen Ideen des Wahren und
Schönen, des Rechts und des Guten und der Gottheit in
allen den wechselnden, besonderen Gestalten, welche sie in
verschiedenen Kreisen und Zeiten angenommen haben, ent=
stehen konnten, wie insbesondere der Anschein erwachsen
mußte, als ob diese Ideen, obgleich sie ihren Ursprung nur
Einzelnen und einer unendlichen Wechselwirkung zwischen

Einzelnen verdanken, dennoch ihre Realität nicht in den Köpfen
dieser Einzelnen hätten, sondern zwischen und über denselben selbständig in den Regionen einer höheren Geisteswelt schwebten? Wie bei optischen Vorgängen und Visionen
lösen wir die festen Gebilde unseres Innern von uns ab
und projiciren sie nach Außen, daß sie uns wie Autoritäten
und geistige Mächte gegenübertreten. Man könnte das Bild
von einem großen See gebrauchen, der obgleich ihn nur
die tausend kleinen Quellen, die sich aus Regen, Schnee
und Gletscherwasser bilden, ursprünglich gefüllt haben und
fortwährend speisen müssen, dennoch uns als ein selbständiges
gewaltiges Phänomen von eigener Kraft und Schönheit
gegenübertritt, zu dem sich jene Bäche und Flüßchen, die
in ihn einmünden, nur wie ein schmückendes Anhängsel verhalten. Und doch würde dieß Bild zu wenig sagen, da
jene Bäche doch immer nur gebend und nicht empfangend
sind, während jene idealen Güter dem Einzelnen wie Offenbarungen geboten zu werden scheinen, die ihren subjectiven
Ursprung abgelegt und vergessen haben. Die große Lehre
vom objectiven Geist, welche die Wissenschaft als ein un-
verlierbares Gut betrachten darf, wird in dieser Deutung
vielleicht verständlicher als bei ihrem Urheber selbst, welcher
jene geistigen Mächte ganz abgelöst von allem subjectiven
Thun und ohne Vermittlung nur als höhere Offenbarungsstufen in der dialectischen Selbstentwicklung des absoluten
Geistes erscheinen läßt und ihnen damit allen realistischen
Zusammenhang entzieht. Ebenso läßt aber auch diese Ent-
stehungsweise begreifen, wie jene idealen Güter, Wissenschaft

und Kunst, Recht, Moral und Religion ihre Selbständigkeit
unter einander entwickeln und behaupten können, wie Eines
dem Andern voraneilen oder von ihm überholt und zurück=
gedrängt werden kann, wie diese Collisionen zwischen Religion
und Staat, Recht und Sitte, Wissenschaft und Glauben, durch
die Unlust und den Zwiespalt, den sie dem einzelnen nach Har=
monie und Einheit verlangenden Gemüthe bereiten müssen,
die Menschheit in fortwährende unruhige Bewegung versezen
und zu den wichtigsten Reizmitteln ihres Fortschritts gehören.

Wenn wir uns nun neben diesem Verlangen nach
geistiger Anlehnung noch jenes Triebes der Gruppirung
erinnern und als Drittes oder eigentlich Erstes die natür=
lichen Unterlagen aller menschlichen Geselligkeit, das räum=
liche Zusammensein, den sprachlichen Verkehr, den Aus=
tausch der Bedürfnisse und Genußmittel nebst den geogra=
phischen Einflüssen und der Vererbung der Eigenschaften
hinzudenken, welche zwar für sich kein Band der Gemüther,
aber eine Verflechtung der Interessen und Gewöhnungen
bewirken, an die sich leicht höhere Beziehungen anlehnen,
so haben wir, wie ich glaube, die Elemente beisammen,
welche die Psychologie als die ersten und wirksamsten Keime
der Völkerbildung aufzuzeigen vermag. Wir sehen wie
vielerlei zusammentreffen muß, um alle Vorbedingungen
des vollen Begriffes zu vereinigen, wie dieser aber auch
Abstufungen in sich zuläßt, je nachdem das eine oder andere
jener Elemente noch fehlt. Nicht jeder Ort, wo man ge=
boren ist, ist eine Heimath, nicht jedes Land der Väter
auch ein Vaterland. Ich kann durch die Gemeinschaft von

Staat und Recht an solche gekettet sein, deren Sprache ich
nicht verstehe, deren Sitte, Bildung und Glauben mir fremd
ist. Die menschliche Freiheit steht wieder über allen diesen
einzelnen Anziehungskräften; ich kann mich von Allem los-
reißen, zu den Fremden gehen und mit König Davids Ahn-
frau sprechen: Dein Volk sei mein Volk und dein Gott
sei mein Gott. Der Begriff des Volks ist nicht durch rein
objective Merkmale fest umgrenzt, sondern er erfordert auch
die subjective Empfindung. Mein Volk sind diejenigen,
die ich als mein Volk ansehe, die ich die Meinen nenne,
denen ich mich verbunden weiß durch unlösbare Bande.
Und hier ist eine Theilung, ein Zwiespalt der Empfindungen
möglich; das eine Motiv kann mich zu diesem, das andere
zu jenem Kreise hinziehen; der Glaube kann mich einer
Gruppe zuweisen, von der mich der Verband der Gemeinde,
des Staats, der Sprache, der Abstammung trennt. Aber
unser Gemüth wird jede solche Theilung und Gebrochenheit
seiner Stimmung als eine Störung empfinden und beklagen;
es wird stets von einer stillen Sehnsucht begleitet sein nach
einer vollen einheitlichen Lebensgemeinschaft. Es wird ihm
als ein ideales Ziel die centrale, alle Lebensziele umschlie-
ßende Gruppe vorschweben, in welcher alle die einzelnen
Gruppirungsmotive ihren Halt- und Sammelpunkt finden,
in der wir das volle Bewußtsein haben: dieß sind die
Unsern, die Angehörigen, zu denen wir stehen, mit denen
wir ausharren, deren Geschick wir theilen, von denen zu
scheiden ein unerträglicher Gedanke wäre.

Dieß ideale Ziel der Universal-Gruppe, der vollen

Lebensgemeinschaft ist es nun, was unser deutsches Wort Volk in seinem tieferen Sinn bezeichnen will, ohne sich darum auch jenen unvollkommeneren Formen, die durch die einzelnen Hauptmerkmale bestimmt werden, zu verschließen. Und so mögen wir es uns immerhin gefallen lassen, wenn im naturgeschichtlichen Sinn jede durch einen auf Abstammung und Sprache gegründeten Typus sich von ihren Nachbarn abgrenzende Gruppe, und im politischen Sinn jede durch Eine Staatsgewalt beherrschte Menge ein Volk genannt wird. Wir müssen dann, wenn auch mit widerstrebendem Gefühl, die verwirrenden Folgerungen dieses Sprachgebrauchs hinnehmen, daß der Einzelne zu zwei oder drei Völkern gehört und gesagt werden kann: das belgische Volk besteht aus zwei, das englische und schweizerische aus drei, das östreichische und russische aus — ich weiß nicht wie vielen — Völkern. In jenem volleren Sinn kann Niemand zu mehr als Einem Volk gehören, wohl aber auch zu gar keinem. Nicht jede natio. nicht jeder populus begründet in ihren Gliedern das Gefühl der vollen Zusammengehörigkeit; die einen werden nie zu einem Volk, die andern erst nach langen inneren und äußeren Kämpfen; die einen entschwinden aus der Erinnerung der Menschheit, wie wenn sie nie gewesen wären; die andern graben auch über die Dauer ihres physischen Bestandes hinaus das Gedächtniß ihres Wirkens für alle Zeiten in die Tafeln der Geschichte ein.

Es ist Vieles, was zusammentreffen muß, um jenem Ideal zu entsprechen und die Wirklichkeit bietet uns immer nur eine annähernde Lösung. Ein Land, groß und frucht-

bar genug, um eine dichte, zahlreiche, zum Selbstschuz gegen
alle Nachbarn befähigte Menge zu ernähren, von mannigfal=
tiger Gliederung, um eine vielseitigere Entwicklung des wirth=
schaftlichen und intellectuellen Lebens zu gestatten; auf diesem
Boden eine sprachgeeinigte Bevölkerung, die ihn bebaut und
erkämpft hat und sich durch gemeinsame Thaten und Leiden
verbunden weiß; diese Menge geschüzt und geordnet durch
eine einheitliche Staatsgewalt, die ihrem Schooß entsprungen,
mit ihren Interessen und Erinnerungen verwachsen ist, und
nun auf der Grundlage dieser gesicherten Staatsordnung
die Blüthe und Pflege aller jener idealen Güter der Mensch=
heit, des intellectuellen, sittlichen und religiösen Lebens in
freien und mannigfachen Formen, auch in Gegensäzen und
Kämpfen, über welche sich das befestigte Gemeingefühl über=
legen und versöhnend ausbreitet — dieß heißt, ein Volk
sein. Es ist ein Ziel, des Schweißes der Edlen werth, die
Sehnsucht von Jahrhunderten, von allen jenen bloßen
Stamm=, Sprach= und Staatsgenossenschaften gesucht und
erstrebt, von wenigen und meist nur auf kürzere Dauer
erreicht; ein Urbild menschlichen Daseins, das den Dichtern
und Denkern aller Zeiten vor der Seele stand. Mit kühnem
und vielleicht die Bedingungen der Wirklichkeit überfliegen=
dem Geistesschwung hat ein deutscher Denker, Fichte, ein
solches Ideal gezeichnet, in jener achten seiner Reden an die
deutsche Nation, welche die Ueberschrift trägt: was ein Volk
sei in des Wortes höherer Bedeutung, und worin er Volk
und Vaterland als Träger und Unterpfand der irdischen
Ewigkeit darstellt. Und der Dichter, dem der Vorwurf ge=

macht werden will, daß er nur dem individuellen Gefühl und Geistesleben, nicht auch dem der Gemeinschaften ein volles Verständniß entgegengebracht habe, läßt denjenigen seiner poetischen Helden, welchem er am meisten den Hauch des eigenen Geistes geliehen hat, sich vermessen, daß er niemals ruhen und ewig rastlos fortstreben, ja ewig verloren sein wolle, wenn er zum Augenblick sprechen würde: verweile doch, du bist so schön, und er läßt Faust seinen Einsaz verlieren, als er in gemeinnüziger That der Weisheit höchsten Schluß erkennt und jenen Augenblick als eingetreten erklärt bei dem Gedanken: Solch ein Gewimmel möcht ich sehen, Auf freiem Grund mit freiem Volke stehen.

Von dieser Unterscheidung niedrigerer und höherer Formen des Volksthums aus kann es nun vielleicht auch gelingen, auf jene am Eingang erwähnten Fragen über die logische und grammaticalische Natur dieses Begriffes eine Antwort zu finden. Jene ungeschichtlichen Horden und Stammgenossenschaften, denen jede innere Entwicklung zu fehlen scheint, wo seit Jahrhunderten bei stets gleicher Beschäftigung und engstem Vorstellungskreis jeder Einzelne in gleicher Weise als Typus des Ganzen dienen kann, mögen wir immerhin als bloße Varietäten einer Race oder Species betrachten, bei welchen das Ganze keinen weiteren Zweck erkennen läßt, als das stets gleiche Beispiel der Gattung immer von Neuem zu erzeugen, zumal da wir kleine Abweichungen und langsame Umbildungen ja auch bei den Organismen der Thier= und Pflanzenwelt nicht mehr als ausgeschlossen ansehen sollen. Eine Schilderung der Eigenschaften, Sitten und Gebräuche von Kamtschadalen und Papuanegern, von Karaiben und Jrokesen macht uns einen sehr verwandten Eindruck, wie wenn wir in der Naturgeschichte von Bibern, Känguruhs und Gorillas lesen, wenigstens insoweit als jeder Einzelne den Typus seiner Art in gleicher Weise vertritt. Wenn sodann in ganzen Staaten und Reichen ein auf rohe Gewalt und Willkühr gestütztes Regiment über eine träge, passive, auf die engen Beziehungen eines stabilen Privatlebens beschränkte Masse geführt wird, so wüßte ich nicht zu sagen, warum auf eine solche Volksmenge ein höherer Begriff als der eines Collectivnamens angewendet werden sollte. Wo dagegen ein Kulturvolk alle Kräfte und Anlagen der menschlichen Natur in eigenthümlichen Formen und in der lebendigsten Wechselwirkung der Theile und des Ganzen fortentwickelt, da könnte sich zwar vielleicht eine nüchternere Auffassung noch mit der Analogie eines Stromes, eines Waldes, eines Gebirges begnügen, wo auch dem Ganzen Eigenschaften zukommen, die das Einzelne nicht hat, und das Einzelne sich ebenso gebend als empfangend verhält, doch mag man, wenn man die Unähnlichkeiten dabei nicht ganz vergessen will, auch das höhere und in einzelnen Beziehungen zutreffendere Bild eines Organismus gebrauchen. Wenn man aber mit diesem Bild nun vollends soweit Ernst machen will, daß man das Volk zu einem Individualbegriff, zu einem beseelten Einzelwesen von einer höheren Ordnung der Geisteswelt steigert, dem gegenüber von den atomistischen wechselnden Individuen die wahre und eigentliche

Realität zukomme, dann gestehe ich mit meinen Gedanken
zu solcher Höhe nicht mehr nachfolgen zu können. Von
einem Volksgeist, Volkscharacter, einer Volksseele können
wir nur in demselben Sinn reden, in welchem wir dieß
auch vom Geist eines Zeitalters, vom Charakter einer Gegend,
Versammlung, von der Seele eines Gedichtes thun. Der
Gedanke, eine Völkerpsychologie als eine besondere und
coordinirte Wissenschaft neben die seitherige Seelenlehre zu
stellen, ist zwar von geistvollen Männern erfaßt und zu
begründen versucht worden, er wird sich aber schwerlich auf
die Dauer zu behaupten vermögen. Die Characteristik der
Kulturvölker wird der Historiker auch in Zukunft unter
seine Aufgaben stellen; die der ungeschichtlichen Horden
und Stämme wird er dem Anthropologen und Geographen
abtreten; die eigenthümliche Wechsel = und Massenwirkung
der psychischen Individualkräfte in der Gesellschaft ist das
besondere Gebiet, ja das Grundthema der socialen Wissen=
schaften. Psychologie wird es immer nur Eine geben.
Ein geistiges Einzelwesen ohne die einheitliche Spitze eines
Selbstbewußtseins wird aber allen denen ein phantastischer
Begriff bleiben, welche sich einen Willen ohne ein Wollen=
des, Gedanken ohne ein Denkendes nicht vorzustellen im
Stande sind. Wohl giebt es eine Form, in welcher sich
ein Volk zum lebendigen, denkenden und wollenden Einzel=
wesen zu entwickeln vermag; es ist dies die Institution des
Staats, in welcher ein einheitlicher, ordnender, intelligenter
Wille die Kräfte, Anlagen und Richtungen eines Volks zur
realen äußeren Gestaltung bringt, und das Volk zu einem

beseelten, persönlichen Wesen wird. Darüber hinaus liegt
nichts Faßbares mehr.

Gestatten Sie mir diese Bemerkungen über mein Thema
noch mit einigen flüchtigen Bildern aus dem Buch der Geschichte zu beleben. Der Gedanke, ein Volk zu sein in des
Wortes höherer Bedeutung, als geschlossene Gruppe sich
die höchsten Aufgaben vor Augen zu stellen und mit Unterordnung aller andern Zwecke zu verfolgen, ist niemals
ernster und großartiger erfaßt und ausgeführt worden,
als von den Kindern Israels. Hier war, wie Fichte will,
Volk und Vaterland Träger und Unterpfand einer irdischen
Ewigkeit, und das Volksleben wie ein permanenter Dienst
im Heiligthum betrachtet. Wenn es diesem Volk gleichwohl
zu keiner Epoche seiner Geschichte gelungen ist, sein theore-
tisches Ideal auch nur annähernd in die Gegenwart ein-
zuführen, wenn sich die Hoffnung dieser Verwirklichung früh
genug auf die unbestimmte Zukunft, auf die Erscheinung
eines Retters und Gesalbten des Herrn zurückzog, so lag
der Grund hievon wohl auch in äußeren Dingen, in der
Lage und Kleinheit des Gebiets, der Nähe mächtiger Nachbarn, in der allen Priesterstaaten eigenthümlichen Vernach-
lässigung kriegerischer Eigenschaften, aber doch noch weit
mehr in den inneren Mängeln jenes Ideals selbst, in der
Enge des Gesichtskreises, in der Unmöglichkeit, bei Ver-
achtung oder Unkenntniß von Wissen und Kunst, von höherer
Geselligkeit, von Mannigfaltigkeit der Beschäftigung, dem
Leben noch irgend einen concreten Inhalt zu geben, an
dem sich jene stetige Beziehung auf das Göttliche lebendig

beweisen konnte, so daß nach Befolgung all der vielen Ge=
bote und Verbote dem Einzelnen kein weiteres Ziel vor
Augen gestellt werden konnte, als ruhig unter seinem Feigen=
baum zu sizen und dereinst zu seinen Vätern versammelt
zu werden oder in Abrahams Schooße zu liegen. Den=
noch hat dieß Volk noch vor seiner Auflösung als Staat
der Welt die vollendetste Frucht menschlichen Gemüths und
Geistes zurückgelassen und bewährt nun seit langen Jahr=
hunderten der Zerstreuung die wunderbare Gruppirungs=
kraft seiner Stammes= und Glaubenseinheit.

In anderer Weise, mit helleren Augen, mit freierem
Geiste haben die Hellenen, der intelligenteste unter allen
Zweigen der Menschheit, die Aufgabe ergriffen, in den
Sammelpunkt des geschlossenen Volksstaats die Erfüllung
aller menschlichen Lebenszwecke zu verlegen. Niemals ist der
Einzelne mehr im Ganzen aufgegangen und nie hat er von
diesem Ganzen einen reicheren Gehalt und Schmuck seines
eigenen Lebens zurückempfangen als in jenen Städterepu=
bliken an den Ufern des Eurotas und Ilissus. In dauer=
hafteren, aber gebundeneren Formen bewegte sich diese
Hingebung in Sparta, wo die Aufgabe nur schien, einer
Kriegerkaste die bleibende Herrschaft im eroberten Land und
die politische Leitung der Nachbarstaaten zu sichern. In
flüchtigeren, aber reicheren und glanzvolleren Gestalten
drängte sich die athenische Volksherrschaft von rasch erstie=
gener Höhe noch rascher dem Abgrund ihrer inneren Wider=
sprüche entgegen, mußte aber im Sinken und Erlöschen noch
mehr zündende und leuchtende Funken des Geistes in die

Welt hinauszuprüben, als andere Völker in langen Jahr
tausenden zu erzeugen vermocht haben.

Wenn bei den Juden die Stammeseinheit Alles, bei
den Griechen noch Vieles galt, so war sie bei den Römern
schon von Anfang an nicht vorhanden; hier ist der Staat
nicht aus dem Wesen des Volkes, sondern das Volk erst
aus der Entwicklung des Staates herausgewachsen; sie sind
das erste Beispiel eines nicht ethnographischen, sondern
politischen Volks. Bei gleicher Bürgertugend aber größerer
Achtung vor der geschichtlich gewordenen und selbstgeschaf-
fenen Ordnung, mußten sie zuerst das Privatleben von dem
öffentlichen als eine Sphäre gleicher persönlicher Freiheit
scharf und streng abzugrenzen und der Logik allgemein an=
wendbarer Principien zu unterwerfen, aber trotz dieser
Scheidung und durch dieselbe ihrem Staatsgebäude eine
Stärke und Dauer zu geben, die niemals wieder erreicht
worden ist. Das Weltreich aber, das sie durch die kluge
und rücksichtlose Verwendung dieser gewaltigen Mittel grün=
deten, ist das Grab ihrer eigenen und aller Völkerfreiheit
geworden, und Jahrhunderte hindurch mußte sich jener un=
ausrottbare Trieb der Gruppirung auf die localen und
geselligen Zwecke, die Philosophenschulen, die geheimen und
offenen Kulte und Secten zurückziehen und hier um so
tiefere Wirkungen üben, je mehr ihm bei reichen Schätzen
der Bildung der natürliche Spielraum entzogen war.

Das Meiste und Beste aber von Allem, was unsere
bildungsstolze Gegenwart aufzuweisen hat, stammt immer

noch aus der Erbschaft jener drei Völker des Alterthums,
Juden, Griechen und Römer.

Das dunkle Jahrtausend, dessen vieldeutigen Inhalt
wir unter dem unbestimmten Namen des Mittelalters zusammenzufassen uns gewöhnt haben, führt zwar ganz neue
Völker auf die Weltbühne, aber doch zunächst nur, um sie
zu mischen, zu zersetzen und in die Dienstbarkeit der alten
Ueberlieferungen zu bringen. Wenn wir uns an den
Menschen jener Zeit die Frage gerichtet denken: wer bist
Du und zu wem gehörst Du, so würde er wohl zuerst
mit den Worten des lutherischen Catechismus geantwortet
haben: ich bin ein Christ, und hätte, wenn man noch
weiter fragte, hinzugefügt: ich bin der Dienst- und Lehens-
mann des Grafen oder Abtes So und So. Das weiteste
und allgemeinste Band der Religion, und wieder das
engste und nächste der localen Beziehungen waren die
herrschenden Motive der Gruppirung; in der großen Mitte
zwischen beiden lag nichts. Hiefür fehlte schon die nöthige
Vielseitigkeit unmittelbarer Berührungen. Für die meisten
Menschen war der Besuch des nächsten Jahrmarkts oder
Wallfahrtsortes das größte Reiseziel und bedeutendste Er-
lebniß. Nicht blos Sprachen, sondern schon Dialekte bildeten
die Grenzen des Verständnisses. Für die leitenden Klassen
war das Latein lebende und Welt-Sprache.

Aber langsam und in der Stille bereiteten sich neue
Anschauungen vor; gegen Ende des Mittelalters treten die
neueuropäischen Kulturvölker aus der verworrenen Masse
als geschlossene Gruppen heraus, zunächst die Spanier, die

Franzosen, die Engländer. Bei ihnen allen gieng die Bil=
dung eines neuen Volkes aus zuvor getrennten Stämmen
und Provinzen Hand in Hand mit der Ueberwindung
äußerer oder innerer Feinde und der Erstarkung einer ein=
heitlichen Staatsgewalt; die Grenzlinien der Stämme ver=
schwanden hinter der politischen Einheit. Aus dem weiten
Hintergrund gleichartiger Bildung hebt sich zuerst wieder
das besondere Volksthum in kräftiger Schattirung ab.

Auch die Deutschen, die damals an Macht, Wohlstand
und Bildung hinter keinem der Nachbarn zurückstanden,
nahmen um dieselbe Zeit, nachdem sie so lange bei äußerer
Herrschaft doch in allen geistigen Dingen die Schüler der
romanischen Völker geblieben, den Anlauf, diese Lehrjahre
abzuschließen und eine Gestaltung ihres religiösen und poli=
tischen Lebens zu suchen, die ihrem jetzt entwickelteren Eigen=
wesen entspräche. Welchen Erfolg dieser Versuch hatte,
wie wir uns daran verbluteten, wie wir in zwei große
Lager gespalten, zerrissen in Hunderte von Territorien, deren
meiste man nicht Staaten, sondern Zerrbilder von Staaten
nennen konnte, den Hohn und frechen Uebermuth des nur
durch seine Einigung stärkeren Nachbars ertragen mußten,
wie wir an uns selbst zu verzweifeln anfiengen, wie dann
langsam ein Stern der Hoffnung aufgieng, ein geistiges
Band der Sprache, Litteratur und Wissenschaft die getheilten
Stämme umflocht, wie das Verlangen, endlich ein Volk zu
werden und ein Vaterland zu haben, allgemeiner und bren=
nender wurde, wie zuletzt die Erfüllung eintrat in Formen
und Wegen, die Manchen unerwünscht, für Alle überraschend

und überwältigend waren, — wem brauche ich alles dieß zu sagen? Ein Volk für den Ethnographen sind wir ja schon längst und immer gewesen, sogar wenn man darauf Werth legen wollte, reiner und weniger gemischt, als die andern alle; ein politisches Volk hätte uns Jemand in den Zeiten unserer großen Kaiser auch nennen können, nur fehlte das Bewußtsein davon und die geistige Selbständigkeit; ein Volk im ächten wahren Sinn des Worts, dem wir uns angehörig wissen und empfinden, das uns ein Vaterland giebt, sind wir erst durch die neuesten Ereignisse geworden; es sind dafür nicht alle, aber die entscheidenden Bedingungen erfüllt worden.

Man sollte denken, daß unsere ganze bisherige Geschichte nur eine Einleitung, nur Wander= und Lehrzeit war und jezt erst die Meisterjahre angebrochen wären. Wir haben nicht Zeit rückwärts zu schauen und sehen uns gleich vor die größten Aufgaben gestellt. Vieles könnte uns hiebei ängstlich machen, aber Eine Bürgschaft des Erfolges muß ich nennen, da ihre Erwähnung zugleich den Abschluß meines Themas bildet.

Wie der Einzelne nichts Großes vollbringt ohne Vertrauen auf sich selbst und ein gewisses Gefühl seines Werthes, der Werth seiner Leistungen aber keineswegs von dem Maaß dieses Selbstgefühls abhängt, so ist auch bei den Völkern der Nationalstolz, das Hochgefühl der eigenen Größe nur ein unentbehrliches Mittel, aber nicht der Zweck der Sache. Nicht darin besteht die Bedeutung eines Volkes in der Entwicklung der Menschheit, daß es für sich etwas ganz

Besonderes und Unvergleichliches zu sein glaubt, sondern
daß es für eine bestimmte Seite und Form des allgemeinen
Menschenideales einen vollen und für alle Zeiten muster-
giltigen Ausdruck findet und den in der Natur unserer
Gattung begründeten Reichthum vielfacher und gleichwerthi-
ger Gestalten menschlichen Daseins zur Anschauung bringt.
Die Idee der Menschheit steht noch höher als alles Volksthum; in dem Geisterreigen ahnender Völker breitet die
Menschheit die Fülle ihres Inhaltes aus. Nun hat aber
noch nie die eigenthümliche Gemüthsart eines Volkes zu
dieser Idee der Menschheit eine directere Beziehung gehabt
als die der Deutschen. Andere Völker dienten ihr ohne es
zu wissen und zu wollen. Uns aber hat der besondere Gang
unserer Geschicke dahin geleitet, jenes Ziel unmittelbar und
mit Bewußtsein als unser Wahrzeichen aufzustellen. Man
hat uns so oft gescholten, daß wir das Eigene nicht zu
schätzen wissen und das Fremde bewundern; eine rechte
Dosis von Nationalstolz uns einzuimpfen, hat niemals
gelingen wollen, und nachdem wir die größten Thaten
fertig gebracht, lassen wir uns kaum für eine Erinnerungs-
feier daran erwärmen. Mit dem besten Willen bringen
wir es nicht dahin, das Fremde zu verachten, den Haß
der Feinde mit der gleichen Erregung zu erwiedern; wir
können nicht davon lassen, das Gute zu suchen und anzu-
erkennen, wo es auch sei. Vom Weltbürgerthum, von einer
Weltlitteratur aus sind wir zum Bewußtsein unserer nationalen Aufgabe geführt worden. Die Poesie keines Volkes
hat so direct nach den Höhen der Menschheit den Blick ge-

8*

richtet; die Wissenschaft keines andern hat einen so uni=
versellen und internationalen Charakter. Zur Nation euch
zu bilden, hat uns Schiller gesagt, ihr hofft es, Deutsche,
vergebens; bildet, ihr könnt es, dafür freier zu Menschen
euch aus. Manche unserer Eigenschaften halten uns auf
oder ziehen uns vom Ziele ab, aber dieser ideale Zug, die
Liebe zur Wahrheit und Gerechtigkeit und Humanität wird
uns immer wieder auf die rechte Straße weisen. Und bei
diesem eigenthümlichen Zug nach dem allgemein Mensch=
lichen hin dürfen wir vielleicht hoffen, daß wir in den
schweren Kämpfen und Aufgaben, die unserer warten, nicht
allein sein werden, ja daß der Genius der Menschheit als
stiller Bundesgenosse an unserer Seite stehen wird.

Ueber die Lehre von den Seelenvermögen.

6. Nov. 1873.

Man sollte denken, die Psychologie könnte und müßte die Königin aller Wissenschaften sein, und wer die höchste irdische Erscheinung, den Menschengeist zu deuten wüßte, für den würde auch Natur und Welt kein Räthsel mehr bieten. In Wirklichkeit aber ist bekanntlich die Seelenlehre noch gar weit entfernt, einen so hervorragenden Plaz unter ihren Schwestern einzunehmen. Wiewohl sie auch in diesem Stand der Erniedrigung noch allen andern Wissenszweigen die Ausgangspunkte und lezten Bürgschaften ihrer Erkenntniß zu bieten hat, so ist sie doch im Ganzen unter diesen wie der schwerste, so auch der unvollkommenste. Ich wüßte wenigstens keine Wissenschaft, die noch ärmer wäre an festen, allgemein anerkannten, und von jedem neuen Forscher ohne Weiteres vorausgesezten Wahrheiten. Und zwar trifft die Unsicherheit vielleicht noch weniger die einzelnen empirischen Erscheinungen, die uns im praktischen Leben vorkommen, als die Anfänge und die allgemeinsten grundlegenden Begriffe. Nicht nur die Fragen über das Wesen der Seele sind bestritten, ob überhaupt eine Seele als ein Ding und reales Etwas anzunehmen sei oder ob dieser Begriff nur als ein zusammenfassender Name für eine Reihe von Vorgängen und Erscheinungen einer inneren Wahrnehmung gebraucht werde, sondern schon die allerersten, auch nur summarischen Unterscheidungen und Eintheilungen dieser inneren Vorgänge machen uns die größten Schwierig= keiten. Ich denke hier an die bekannte Lehre von den Seelenvermögen. Die Meisten von uns haben wohl in der Schule gelernt oder in Büchern gelesen, daß der mensch= lichen Seele drei Grundvermögen beizulegen seien, die wir am häufigsten mit den drei kurzen Worten, Denken, Fühlen, Wollen bezeichnet hören, wobei jedoch für Denken auch Vor= stellen oder Erkennen, für Wollen auch Streben oder Be= gehren, seltener für Fühlen auch Empfinden gesagt wird. Diese Lehre macht den Anspruch, daß durch sie für alle Vorgänge unseres psychischen Lebens eine erschöpfende Ein= theilung geboten sei, so daß, was auch immer unser Be= wußtsein als einen Act innerer Erfahrung zu unterscheiden vermag, entweder ein Vorstellen oder ein Begehren oder ein Fühlen oder ein aus zwei oder allen drei solchen Ele= menten Gemischtes sein müßte. Sie will aber noch weiter damit sagen, daß jene drei Thätigkeiten einander gleichge= ordnet, daß somit keines aus dem andern abgeleitet sei, sondern alle drei auf einen gemeinsamen Ursprung, nemlich eben die Seele zurückweisen.

Es wäre nun in der That ein großer Schritt in der Entwicklung einer noch so unfertigen Wissenschaft, wenn diese Unterscheidung von drei Grundvermögen der Seele wirklich feststünde. Sie hätte dann wenigstens einmal festen Boden unter den Füßen, es wären die ersten Pfeiler eingeschlagen, das Fundament, auf dem sich weiter bauen ließe und die psychologischen Begriffe schwebten nicht mehr so haltlos und zerfahren in der Luft. Allein es fehlt noch gar viel daran, daß jener Saz von den drei Seelenvermögen bereits als ein sicheres Besizthum der Wissenschaft anzusehen wäre und es stehen ihr noch mancherlei und erhebliche Einwürfe gegen= über. Befremdlich ist es schon, daß er noch von so jungem Datum, kaum 100 Jahre alt und nach kurzer Herrschaft schon wieder lebhaft bestritten ist. Man sollte denken, daß eine einfache Grundwahrheit früher und allgemeiner erkannt und einmal erkannt nicht wieder bestritten worden wäre. Die Philosophen des Alterthums sprechen bald von zwei, bald von drei oder vier Grundkräften der Seele, wobei sie zwar wohl theilweise an das eine oder andere jener drei Vermögen anstreifen, aber doch im Wesentlichen von andern Gesichtspunkten ausgehen. Besonders beliebt und dem po= pulären Verständniß naheliegend erschienen immer Zwei= theilungen, sei es, daß man in der Erinnerung an den Gegensaz von Körper und Geist oder von Thierischem und Menschlichem die Sinnlichkeit und Vernunft unterschied und dabei zur Sinnlichkeit nicht blos die Wahrnehmungen, son= dern auch die Empfindungen und Begierden, zur Vernunft auch das vernünftige Wollen rechnete, oder daß man nur animus und mens, Sinn und Trieb, Verstand und Charak= ter, Herz und Kopf, Wille und Vorstellung auseinanderhielt. Das Gefühl wurde lange nicht als eine besondere eben= bürtige Seelenthätigkeit anerkannt, sondern lief wie ein blinder Passagier, ein zufälliges und beiläufiges Anhängsel, das einer besonderen Beachtung weder fähig noch werth erschien, mit nebenher.

Wenn auch nicht ohne anstreifende Vorläufer, war es zuerst Kant, der jene Trias von Seelenvermögen festgestellt und zur Anerkennung in den psychologischen Lehrbüchern gebracht hat, und sie liegt seinen drei Hauptwerken in der Weise zu Grunde, daß er in der Kritik der reinen Vernunft das Erkenntnißvermögen, in der Kritik der praktischen Vernunft das Begehrungsvermögen, in der Kritik der Urtheilskraft das Gefühlsvermögen darauf hin untersucht hat, welche unter den jedem dieser Vermögen zukommenden Begriffen der Erfahrung entnommen und welche als ein eigener, ursprünglicher, aprioriischer Besitz des Menschengeistes zu der Erfahrung hinzugebracht und in sie hineingelegt werden. Während nun diese Kantische Theorie im Allgemeinen sowohl in die deutsche Wissenschaft als in den Begriffsvorrath der gebildeten Klassen Eingang gefunden hat, begegnete sie auch mancherlei Anfechtungen, besonders einer scharfen und einschneidenden Kritik von Seiten Herbarts und seiner Schule. Der Widerspruch kehrte sich hiebei weniger dagegen, daß man überhaupt die verschiedenen Vorgänge des Seelenlebens in jenen drei Klassen zur Uebersicht und für den praktischen Gebrauch unterbringen könne, als daß an die Stelle der einheitlichen und einfachen Seele drei von einander unabhängige Grundkräfte gesezt werden, deren ineinandergreifendes Zusammenwirken nur wieder durch die Annahme weiterer, eben hiezu dienender Vermögen begreiflich gemacht werden könnte. Die positive

Deutung des Seelenlebens, wie sie in dieser Schule üblich
ist, stellt sodann die Vorstellungen und deren Bewegungen
an die Spize der Psychologie, so daß auch alles Fühlen
und Begehren nur als ein abgeleiteter, durch Druck und
Spannung, durch Steigen und Sinken von Vorstellungen
veranlaßter Zustand der Seele erscheint.

Da nun diese Auffassung eine weite Verbreitung und
großes Ansehen in der deutschen Philosophie der Gegenwart
gewonnen hat, und jedenfalls der kritische Theil der Herbart=
schen Säße noch Beachtung finden wird, wenn das, was an
die Stelle der alten Lehre gesezt werden soll, als Ganzes
wenige Anhänger mehr zählen dürfte, so erscheint die frühere
Theorie immerhin nicht mehr als eine sichere Errungenschaft,
wofür sie eine Zeitlang gelten konnte, sondern als ein frag=
licher und erschütterter Besiz der Wissenschaft, und es ist weder
eine überflüssige, noch, wie ich glaube, eines allgemeineren
Interesses entbehrende Aufgabe, die Berechtigung der Lehre
von den drei Seelenvermögen zu prüfen und zu besprechen.
Erlauben Sie, daß ich ohne jeglichen Anspruch, etwas Er=
schöpfendes oder Abschließendes über ein so weitgreifendes
Thema zu sagen, Ihnen einige Ansichten darüber vorlege.

Es schien mir immer für mancherlei psychologische
Fragen lehrreich und fruchtbar, darauf zu achten, welche
Methode wir anzuwenden und welcher Ausdrücke wir uns
zu bedienen pflegen, wenn wir ein menschliches Individuum
in Worten beschreiben und von andern unterscheiden wollen.
Wenn es sich nur um eine Schilderung der körperlichen
Eigenschaften handelt, so erscheint das Verfahren sehr ein=

sach). Jeder Steckbrief, den wir in der Zeitung lesen, jedes Signalement in einem Reisepaß giebt uns darüber Auskunft. Es werden, wie Sie wissen, dabei eine mäßige Zahl von Rubriken schablonenhaft aufgestellt, neben Geschlecht und Alter in der Regel die Größe, die Figur, die Haare nach Farbe und Fülle, Stirne, Nase, Augen, Wangen, Mund, Zähne und in jeder dieser Rubriken wird ein kurzes Prädikat beigefügt, das ein quantitatives Verhältniß, eine Dimension, eine Farbe oder Aehnliches ausdrückt, wie z. B. groß, dicht, breit, schwarz u. s. f. So grob nun auch die Umrisse eines so gezeichneten Bildes sind, so ist es doch überraschend, daß es durch so einfache Mittel mit einem Dutzend Worte gelingt, ein Individuum von Hundert Tausenden, ja Millionen auszusondern. Man sieht daran wie alle Individualität nur darin liegt, daß Merkmale, welche Allen zukommen, nur in verschiedenen Maaßen und Graden, sich bei dem Einzelnen in einer bestimmten Mischung und Combination dieser Maaße zusammenfinden. Unzählige junge Männer mögen eine untersezte Figur und dabei blaue Augen haben; wenn aber hinzugefügt wird, blonde und krause Haare, so sind es schon nur Wenige, die diese vier Merkmale theilen; und so geht es fort, wenn ein fünftes, sechstes, siebentes Kennzeichen hinzutritt; der Kreis wird immer kleiner, die Möglichkeit der Combination immer größer; jeder einzelne Zug für sich kommt Unzähligen zu, aber dieser bestimmte Complex von Zügen ist ein Unicum.

Sollte nun diese Methode, die für die körperliche Characteristik so praktische Dienste leistet, nicht auch für die

psychische oder geistige Seite anwendbar sein? Sollte die
Einzigkeit des Individuums hier in etwas Anderem be=
stehen als daß Gattungsmerkmale sich in dieser bestimmten
Mischung ihrer Arten und Maaße doch nur dieß Einemal
begegnen? Allein wenn wir dieß versuchen, so stoßen wir
gleich auf die Schwierigkeiten: wie heißen denn die Rubriken,
die in die Schablone einzutragen wären, die Prädikamente,
die jenen Signalements der Steckbriefe entsprechen würden?
Die Sprache bietet uns zwar eine Unzahl von psycholo=
gischen Begriffen, aber sie decken oder durchkreuzen oder
widersprechen sich und jede Auswahl erscheint willkührlich
und mangelhaft. Machen wir nun die Probe mit den drei
Grundkräften oder Seelenvermögen, so sehen wir uns sofort
enttäuscht. Wenn ich von irgend Jemand fragen wollte,
was hat er für ein Vorstellungs= oder Gefühls= oder Be=
gehrungsvermögen, so muß ich die Fragstellung als eine
falsche, wo nicht alberne erkennen. Denn welche Art von
Prädikaten ich auch gebrauchen will, groß oder klein, schwach
oder stark, eng oder weit, still oder bewegt, oder was sonst,
so entsteht ein Widersinn. Denn Niemand hat ja ein Be=
gehrungsvermögen nur im Allgemeinen, sondern Alle be=
gehren, aber der eine dieses, der andere jenes und Jeder
von dem, was er begehrt, das Eine wieder lebhafter und
heftiger als das Andere. Den Einen freut es, wie uns
der Dichter sagt, den Staub von Olympia aufzuwirbeln,
den Andern das Korn von der libyschen Tenne in seine
Scheune zu sammeln. Niemand begehrt Alles, Jedermann
Etwas und Vieles. Ebenso ist es mit dem Vorstellen und

Fühlen. Alle stellen vor, alle fühlen, aber ihr Vorstellen und Fühlen ist ein in so mannigfaltiger Weise abweichendes, daß wenn ich das Ganze mit einem einzigen Prädikat verbinden wollte, es ungefähr lauten müßte, wie wenn Jemand sagte: das Pflanzenreich ist gut oder es ist schlecht, es ist giftig oder wohlschmeckend, groß oder klein.

Um nun festere und brauchbarere Anhaltspunkte zu gewinnen, versuchte ich eine rein empirische, oder wenn man will, statistische Methode anzuwenden. Ich bemerkte mir alle Formeln und sprachlichen Ausdrücke, durch welche wir einzelne Menschen zu characterisiren pflegen, mochten sie nun in Büchern oder im Leben, bei Dichtern oder Geschichtschreibern, für hervorragende oder alltägliche Persönlichkeiten, in deutschen oder in anderen mir bekannten Sprachen begegnen, und ich sah jedes der Merkmale darauf an, was eigentlich damit gesagt, welche Seite des Seelenlebens dadurch bestimmt werden wolle. Man hat auf diesem Wege rasch Hunderte von Prädikaten zusammen, aber man ist bald überrascht zu bemerken, daß sie sich doch in nur wenige Klassen oder Gruppen ordnen lassen, denen auch die vereinzelten Nachzügler, auf die man später noch stößt, unschwer einzureihen sind.

Wenn wir von Jemand aussagen, daß er von den Gegenständen seiner sinnlichen Wahrnehmung sich die Gestalt, Größe und Farbe leicht und sicher einpräge, den Ort dieser Wahrnehmung oder einen einmal zurückgelegten Weg nicht wieder vergesse, oder daß er Sinn für mechanische Causalität habe, jede Maschine schnell begreife, oder daß

er gut erzähle oder seine Meinungen überzeugend darzulegen und gegen Einwürfe zu begründen wisse, daß er
leicht Sprachen lerne, daß er seine Vorstellungen vielfältig
unter einander in immer neue Combinationen bringe, oder
daß er Anlage für Mathematik habe, aber einer abstracten
Gedankenbewegung nur schwer zu folgen vermöge, so ist
leicht zu erkennen, daß wir mit diesen und hundert ähnlichen Prädikaten den Intellect eines Menschen kennzeichnen,
seine intellectuellen Anlagen und Kräfte, die Vorstellungsreihen, die sein Bewußtsein erfüllen, aber nicht nach ihrem
Inhalt, sondern nach ihren formalen Seiten, ihrem Fluß,
dem Grad ihrer Bestimmtheit, der Art ihrer Bewegungen
und Verknüpfungen.

Von einer ganz andern Art sind dagegen Prädikate
wie die folgenden. Wir hören von Jemand, daß es ihm
eine wichtige Herzensangelegenheit sei, gut und viel zu
essen, eine noch wichtigere, gut und viel zu trinken, oder
daß er für die Triebreize des sexuellen Lebens in hohem
Grade empfänglich sei, oder er sei sehr sparsam und auf
Nichts so sehr, wie auf die Vermehrung seines Vermögens
bedacht; er sei gesellig und könne keine Stunde allein sein;
für seine Handlungsweise sei es ein entscheidender Punkt,
was die Leute darüber sagen. Eben dahin gehören aber
auch die Urtheile, es sei Jemand gutherzig, mitleidig und
könne keine Fliege leiden sehen, oder er sei wißbegierig
und interessire sich für wissenschaftliche Fragen auf diesem
oder jenem Gebiet; er liebe die Musik und die Gaben der
Poesie, während ihn die bildenden Künste kalt lassen; sein

Rechtsgefühl sei stärker entwickelt als die Empfänglichkeit
für die Regungen des Gewissens, sociale und politische
Fragen beschäftigen ihn lebhafter als kirchliche und religiöse
Dinge. Alle diese und ähnliche Prädikate, so buntscheckig
und fremdartig sie sich neben einander ausnehmen, haben
doch den gemeinsamen Ausgangs- und Sammelpunkt, daß
sie angeben, auf was ein Mensch sein Interesse und seine
Aufmerksamkeit richtet, welche Motive ihn bestimmen, was
er für Güter hält, die er erstrebt, was für Uebel, die er
vor anderen vermeidet, oder mit andern Worten, sie sagen
uns, welche unter den verschiedenen in die menschliche Natur
eingepflanzten Triebreizen, auf denen alle unsere Vorstel=
lungen von Gütern des Lebens ruhen, auf ein Individuum
eine stärkere, und welche eine schwächere Wirkung ausüben;
sie bieten uns zusammen die Scala des menschlichen Trieb=
lebens mit Angabe der den einzelnen Trieben zukommenden
Stärkegrade; sie geben den Inhalt, die Ziele und Zwecke,
in welche wir den Werth des Menschenlebens zu sezen
pflegen.

Es giebt nun aber noch eine dritte Art von Unter=
scheidungsmerkmalen der Persönlichkeiten. Der eine er=
scheint uns lebhaft und leicht erregbar, der andere ruhig
und still, bei jenem wie bei diesem können die einzelnen
Eindrücke und Regungen flüchtig oder nachhaltig sein. Auch
die Empfänglichkeit für Lust und Unlustgefühle hat sehr
verschiedene Grade; und wie wir den Körpern eine ver=
schiedene Wärmecapacität beilegen, indem das gleiche Maaß
zugeführter Wärme bei dem einen Körper eine schwächere,

bei dem andern eine stärkere Erwärmung hervorbringt, so gelangt bei gleichem Anlaß der eine leichter, der andere schwerer zu einem Gefühl der Lust; der eine hofft immer das Beste und sieht den Weltlauf in rosigem Lichte; der andere fürchtet immer das Schlimmste und blickt in die Welt wie durch ein getrübtes Glas. Ebenso kann der Eine den vollen Schwerpunkt aller seiner psychischen Kräfte in sein momentanes Thun verlegen; er tritt muthig, mit gesammelter Gegenwart des Geistes für das ein, was ihn bewegt; der andere ist verzagt, unschlüssig, zerstreut oder zerfahren. Der eine giebt sich immer wie er ist und trägt sein Herz auf der Zunge; der andere ist verschlossen und schwer zu enträthseln. Diese und eine Menge ähnlicher Bezeichnungen mit allen dazwischenliegenden Nuancen des Maaßes drehen sich alle um Einen Punkt; sie drücken die Grade, die Formen und Arten jener inneren Erregungen aus, von welchen alle übrigen psychischen Vorgänge begleitet sind und durch welche sie erst die unsrigen, auf ein innerstes Centrum, das Ich, bezogen werden und die entweder angenehmen oder unangenehmen Zustände dieses Ichs bilden. Einen Theil dieser Prädikate pflegen wir unter dem schwankenden Begriff des Temperaments zusammenzufassen, den ganzen Complex der Eigenschaften aber, die sich auf die Art beziehen, in welcher das Centrum unseres inneren Lebens, das Ich, von den Vorgängen desselben berührt und afficirt wird, bezeichnen wir mit dem Namen der Gemüthsart oder des Naturells.

Neben diesen drei Grundformen von Bezeichnungen, durch welche wir Menschen zu characterisiren gewöhnt sind,

giebt es zwar noch mancherlei andere Prädikate, die in
praktische Anwendung kommen; sie sind aber alle entweder
Mischformen und Zusammensezungen aus jenen drei Klassen,
oder sind es überhaupt nicht rein psychologische Merkmale.
Wenn wir Jemand musicalisch nennen, so legen wir ihm
zweierlei bei, eine Neigung und eine Fähigkeit, die Freude
an der Musik und einen entwickelten Tonsinn, d. h. die
Fähigkeit, Töne und ihre Intervalle zu unterscheiden und
eine Reihe derselben zu einem Ganzen zusammenzufassen.
Wenn ich Jemanden das Prädikat eines Philosophen er=
theile, so seze ich bei ihm, was der Name besagt, Liebe
zur Weisheit und Befähigung für abstractes Denken voraus.
Im Ehrgeiz liegt Beides, ein hervortretender Trieb nach
Auszeichnung und eine Gemüthsart von tiefer Erregbarkeit.
Wenn wir Jemand einen tüchtigen, brauchbaren, ausge=
zeichneten Menschen, einen Andern einen Schlingel oder
Taugenichts nennen, so messen wir dabei das Ganze seiner
psychischen Eigenschaften an den allgemeinen oder besonderen
Zwecken des praktischen Lebens und ziehen nur das Schluß=
facit aus einer nicht näher ausgeführten, aber vorausge=
sezten Prüfung derselben. Wenn wir dagegen Jemand als
Orthodoxen oder Freigeist, als conservativ oder Democraten
bezeichnen, so wollen wir ihn damit überhaupt nicht im
psychologischen Sinn characterisiren, sondern wir drücken
damit nur seine Stellung zu allgemeinen Zeitfragen aus,
die noch durch ganz andere Factoren bedingt sein kann.
Im Uebrigen habe ich noch kein menschliches Prädikat finden

können, das nicht einem jener drei Elemente oder einer Combination derselben zuzutheilen wäre.

Wir hatten vorhin gesehen, daß sich die Lehre von den drei Seelenvermögen ganz unbrauchbar erwies, um durch irgend eine Art von Attributen derselben Individuen zu characterisiren, was dieselbe doch unzweifelhaft leisten müßte, wenn die menschliche Seele aus diesen drei Grundkräften zusammengesezt wäre. Dagegen hat sich uns eine andere Dreiheit ergeben, die ich mit den Namen Intellect, Triebleben und Gemüthsart bezeichnet habe, und ich brauche wohl kaum noch darauf aufmerksam zu machen, daß uns hier unter abweichender Form doch nichts Anderes als jene Trias von Vorstellen, Wollen und Fühlen entgegentritt, daß der Intellect dem Vorstellen, die Triebe dem Begehren, die Gemüthsart dem Fühlen entsprechen. Der Unterschied liegt nur darin, daß wir nicht auf drei Vermögen oder einheitliche Grundkräfte, sondern auf drei Gruppen unter sich gleichartiger Erscheinungen geführt wurden, auf drei Klassen von psychischen Vorgängen, Functionen, Lebensäußerungen, die zusammen unser Seelenleben ausmachen. Der Hauptgedanke jener alten Lehre, die Unterscheidung der drei Seelenthätigkeiten des Vorstellens, Wollens und Fühlens schien sich zu bewähren und nur eine etwas veränderte Gestalt anzunehmen.

Man kann nun zwar gegen die hier angewendete Methode den Einwurf erheben, daß sich auf diesem Wege eine vollständige Aufzählung der psychischen Thatsachen und Merkmale gar nicht gewinnen lasse und es sich in der

Psychologie überhaupt nicht um dasjenige handeln könne, wodurch sich ein Mensch vom andern unterscheide, sondern was allen gemeinsam sei. Und in der That giebt es mancherlei Prädikate, welche wir niemals für menschliche Charakteristik anwenden, obgleich sie nur etwas vollkommen Zutreffendes besagen würden. Denn wir werden wohl niemals über Jemanden bemerken hören, daß ihm der Schnee weiß, das Eisen hart, das Feuer heiß, der Himmel blau erscheine, oder daß er ein und dasselbe Urtheil nicht zugleich zu bejahen und zu verneinen vermöge, daß er die Gesundheit der Krankheit, die Lust dem Schmerz vorziehe, daß ihm die Befriedigung seiner Wünsche angenehm, deren Vereitlung unangenehm sei, daß für ihn sein Ich den Mittelpunkt seines inneren Lebens bilde. Dieß würde uns vorkommen, wie wenn in einem körperlichen Signalement von Jemand angegeben würde, daß sich seine Nase unterhalb der Augenlinie aber oberhalb des Mundes befinde. Es kann nun allerdings sehr lehrreich für den Psychologen sein, sich auch eine Sammlung von solchen menschlichen Prädikaten anzulegen, die wir niemals zu denken, zu lesen oder zu hören pflegen, weil die Sprache uns nicht dazu dient, das Selbstverständliche zu sagen. Er wird jedoch dabei im günstigsten Fall nicht mehr erreichen als durch die Sammlung der Unterscheidungsmerkmale. Denn eine nähere Betrachtung von diesen ergiebt, daß sie die gemeinsamen Merkmale der Gattung oder Art immer schon voraussezen und mit andeuten. Alle geistigen Signalements, wie sie auch lauten mögen, drücken immer ein Plus oder Minus

von einem allgemein menschlichen Merkmal aus und denken
ein Mittleres als den Nullpunkt hinzu, von dem aus die
Stärkegrade nach zwei Seiten hin bestimmt werden. Mögen
wir Jemand dumm oder gescheidt, lebhaft oder still, offen
oder verschlossen, geizig oder verschwenderisch, muthig oder
feig nennen, so denken wir immer einen Durchschnitt als
Maßstab mit und eine Liste aller Abweichungen enthält
daher zugleich auch alle psychischen Merkmale des typischen,
mittleren Menschen, dessen Seelenleben der Psycholog zunächst im Auge hat. Kein einzelner Mensch kann Eigenschaften haben, die nicht in der Gattung liegen, wozu ein
Keim und Ansaz nicht in Jedem zu treffen wäre, sei es
auch nur so, wie der Taube wenigstens Ohren, der Blinde
wenigstens eine Augenhöhle, Brauen und Lider hat.

Auch unter denjenigen, welche in der Anerkennung
jener drei Grundfunctionen übereinstimmen, bestehen übrigens noch große Meinungsverschiedenheiten über die weiteren
daran sich knüpfenden Fragen. Verhält sich die Seele in
jedem Augenblick vorstellend, strebend und fühlend zugleich,
oder thut sie bald das Eine bald das Andere, so daß jede
dieser Functionen auch unterbrochen werden und ruhen kann.
Wenn die Psychologen hierauf je nach ihrer Selbstbeobachtung verschiedene Antworten geben, so kann ich nicht glauben,
daß in einem Punkte von solcher Bedeutung ein Unterschied
zwischen dem einen und andern Individuum Statt findet,
sondern nur daß die Frage selbst verschieden aufgefaßt
und namentlich der Begriff des Wollens oder Begehrens
bald in einem engeren bald in einem weiteren Sinn ver-

9 *

standen worden ist. Wenn uns ein scharfer und besonnener Denker, wie Bona Meyer, versichert, daß nach seiner Selbst= beobachtung er viele Vorstellungen habe, denen weder ein Begehren noch ein Gefühl von Lust oder Unlust zur Seite gehe, und ebenso Gefühle und Empfindungen, die von keinem Vorstellen begleitet seien, so wird dieß in dem Sinne, wie es gemeint ist, wohl Jeder bestätigen. Wir sehen täglich Personen und Sachen und nehmen Vorstellungen davon in uns auf, die uns völlig gleichgiltig lassen, keine Spur von Streben, von Lust oder Unlust in uns erregen. Auch kann ich füglich in meinem Zimmer eine behagliche Empfindung von Wärme haben, ohne mir den Ofen oder das Feuer oder den Thermometer oder irgend etwas damit Zusammenhän= gendes vorzustellen. Allein das trifft nicht die Frage, die eigentlich gemeint ist. Nicht darum handelt es sich, ob ein einzelnes Vorstellen ohne ein ebendarauf bezügliches Streben oder Fühlen vorkommt, sondern ob ein Zustand der Seele nachweisbar ist, in welchem sie nur vorstellt oder nur be= gehrt oder nur fühlt ohne irgend ein Mitklingen oder Wirken der andern Functionen. Und dieß, glaube ich, ist zu verneinen. Wenn ich ein Haus, die Wiese, den Wald gleichgiltig ansehe, so geschieht dieß nur, wenn und solange ich diesen Dingen nur eine schwache und getheilte Aufmerk= samkeit schenke und zugleich an andere Dinge denke; sobald ich die volle, gesammelte Aufmerksamkeit dahin lenken würde, so könnte dieß nur in Folge eines Motivs, eines Interesses, also eines Strebens geschehen, und es würde diesem Streben ein seinem Erfolg oder Nichterfolg entsprechendes Gefühl zur Seite gehen. Man spricht von der Seele als einem einfachen Wesen und von der Enge des Bewußtseins, welche die Fixirung der Aufmerksamkeit stets nur auf Einen Punkt gestatte; ich will darüber hier keine Meinung aussprechen, aber jede unbefangene Selbstbeobachtung scheint mir zu bezeugen, daß wenigstens auf unsere normalen und alltäglichen Seelenzustände das Prädikat der Einfachheit nicht anwendbar, daß vielmehr stets Verschiedenes gleichzeitig nebeneinander in uns vorgeht und auch die Richtung der Aufmerksamkeit nur ausnahmsweise eine ganz ungetheilte ist. Wenn ich mich entschließe einen Spaziergang zu machen, um frische Luft zu schöpfen, so begleitet dieß Wollen, ohne noch weiter ins Bewußtsein zu treten, die ganze Ausführung des Vorsazes, und die Beine vollziehen diesen, zwar ohne besondere Weisung hiefür zu bedürfen, aber doch unter dem stetigen Druck jenes Wollens, da sie sonst sofort stille stehen müßten. Auf dem Wege drängen sich mancherlei Sinneswahrnehmungen auf von Flur, Wasser, Wald, von Menschen und Thieren; dabei ist Luft, Boden, Temperatur theils angenehm theils unerfreulich. All dieß wird vorgestellt und empfunden, aber doch nur nebenbei, mit schwacher Betonung. Die Gedanken selbst sind ganz wo anders; sie bewegen sich entweder um eine persönliche oder berufliche Angelegenheit oder um die Arbeit des Tages, oder gehen sie auch ihrerseits spazieren in freiem Spiel von Erinnerungen, Planen, Betrachtungen leichterer oder ernsterer Natur; die ganze Reihe dieser Vorstellungen ist begleitet von leichten Modulationen angenehmer oder unangenehmer

Gefühle, die von dem Inhalt und Verlauf dieser Vorstellungen
erregt werden. Diese wechselnden Gefühle selbst aber haben
wieder zu ihrer Unterlage eine mitgebrachte, sei es behag=
liche oder unbehagliche Grundstimmung des Gemüths, die
ihrerseits wieder theils durch dauernde Ursachen, theils durch
besondere Anläße, Tageserlebnisse, körperliches Befinden ꝛc.
bedingt ist. Alles dieß tritt nicht zusammen in Eine Be=
leuchtung des Bewußtseins, kann aber durch nachträgliche
Reflexion und Analyse aufgedeckt werden; als Niederschlag
des ganzen Complexes von inneren Vorgängen bleibt viel=
leicht nur eine leichte Modification der mitgebrachten Stim=
mung zurück, aber Vorstellen, Fühlen und Wollen laufen
immer gleichzeitig neben einander her, und ich muß glauben,
hiemit nicht eine blos individuelle Erfahrung gezeichnet zu
haben. Wenn meine Zuhörer meinen Worten folgen und
die durch dieselben angeregte Reihe von Vorstellungen an
sich vorübergleiten lassen, so scheint es, wie wenn hiebei
nur von einer rein intellectuellen Thätigkeit die Rede sein
könnte; aber es war ein Motiv, ein Interesse erforderlich,
um Sie in diesen Saal zu führen, sei es der Wißbegierde
oder der Unterhaltung oder um zu sehen oder gesehen zu
werden oder was sonst. Dieß Motiv bedingt Ihre Auf=
merksamkeit und kann sie allein festhalten; sobald es ent=
schwindet oder nachläßt, so werden auch die Gedanken so=
fort eine andere Richtung einschlagen. Diesem Streben
und Vorstellen geht nun aber eine Scala von Gefühlen,
angenehmen oder unangenehmen oder gemischten zur Seite,
je nachdem Sie meine Ansichten einleuchtend oder unklar

und zweifelhaft fanden, Sie leichter oder schwerer hören und folgen können u. s. f. Die Trias kehrt so überall wieder. Das Gefühl kann niemals pausiren, denn es ist das eigentliche und innerste Leben, die centralste unter den Functionen der Seele. Es hat eine unabsehbare Mannigfaltigkeit je nach dem Stärkegrad und den Quellen seiner Erregung, sowie durch das Zusammenwirken und die Mischung verschiedener Reize, aber es gewinnt bei jedem Menschen einen Grundaccord, den wir die Gemüthstimmung nennen, welcher als der gewohnte Mittelzustand mit dem Bewußtsein so verschmilzt, daß nur die größeren Abweichungen nach der einen oder andern Seite deutlicher heraustreten und speciell von uns bemerkt werden. Ebenso muß immer ein Interesse, ein Trieb in uns wirken, wäre es auch nur, wenn alle anderen Reize ruhen, der horror vacui. der Trieb, der Langeweile zu entgehen, die Leere des Daseins auszufüllen und sich den Intellect etwas vorträumen oder aufspielen zu lassen. Denn auch dieser kann nie zur Ruhe kommen; bald in Sinneswahrnehmungen, bald in Reproductionen, in Umbildung und Verknüpfung derselben zu inneren Bildern oder abstracten Zeichen und Formen zieht eine ununterbrochene Reihe von hellen oder trüben, bestimmten oder verschwommenen, einfachen oder combinirten Vorstellungen wie in einem Schattenspiel an der Leuchte des Bewußtseins vorüber; und ich weiß nur die einzige Ausnahme von der allgemeinen Regel, daß bei hoch gesteigerten Empfindungen von Schmerz oder Lust die intellectuelle Thätigkeit für Augenblicke wie gelähmt erscheint

und bei den heftigſten Erregungen das Bewußtſein ganz
entſchwinden kann.

Wenn aber das beſtändige Zuſammenſein dieſer drei
Seelenthätigkeiten die normale Grundthatſache iſt, ſo muß
auch in der gewöhnlichen Lehre der Ausdruck „Seelenver=
mögen" ſchon darum unhaltbar erſcheinen, weil es ſich
nicht um bloße Möglichkeiten oder Fähigkeiten handelt, die
der Menſch ausüben und auch wieder nicht ausüben kann,
je nachdem es ihm beliebt, etwa wie wir ein Sehvermögen
haben, deſſen Thätigkeit wir ſiſtiren können, wenn wir die
Augen ſchließen. Der Menſch kann nicht blos in jedem
Augenblick vorſtellen, fühlen und wollen, ſondern er muß
es thun; es iſt ihm gar nicht möglich, das Eine oder Andere
zu unterlaſſen, und jeder Verſuch, den wir hiezu machen,
iſt ſofort wieder ein Streben, ein Vorſtellen und ein Fühlen.

Den Vorwurf der Herbartſchen Schule gegen die Lehre
von den Seelenvermögen, daß ſie an die Spize einer Wiſſen=
ſchaft eine Dreiheit ſeze, ohne von derſelben einen Weg zu
der Einheit der Seele, die doch vorausgeſezt werden muß,
angeben zu können, müſſen wir nun freilich bei dieſer Auf=
faſſung in verſtärktem Grade auf uns nehmen. Denn nicht
nur drei, ſondern eine viel größere Zahl von Kräften oder
Eigenſchaften, deren keine auf die andere zurückzuführen iſt,
mußten wir gelten laſſen. Denn gerade wie im körper=
lichen Leben die blauen Augen neben ſcharfem oder ſchwachem
Sehvermögen, neben dichten oder dünnen, hellen oder dunkeln,
ſchlichten oder krauſen Haaren, neben guten oder ſchlechten
Zähnen u. ſ. f. vorkommen, ſo zeigt uns auch die Erfah=

rung eine Reihe von Eigenschaften psychischer Art, bei welchen jeder Stärkegrad mit jedem Stärkegrad aller andern vereinbar ist. Mit einem guten Ortsgedächtniß oder stark entwickelten Tonsinn kann viel oder wenig Einbildungskraft, ein scharfes oder stumpfes Denkvermögen, kann jede Art von Begierden oder von Gemüthseigenschaften verbunden sein. Die zarteste Mutterliebe kann mit Bosheit oder Herzensgüte, mit Geiz oder Verschwendung, mit Muth oder Verzagtheit, mit jedem Maaße von intellectueller Begabung zusammenbestehen. Zwei Erscheinungen aber, deren Steigen oder Sinken keinerlei Rapport zu einander zeigt, können auch in keinem Causalzusammenhang mit einander stehen und auf keine einheitliche Quelle zurückgeführt werden.

Wenn in einer Wissenschaft die Forschung auf eine Mehrheit oder Vielheit von Kräften oder Erscheinungen führt, die weder auseinander noch aus einer gemeinsamen Wurzel abzuleiten sind, so ist dieß Ergebniß zwar immer ein unvollkommenes, da es der Forderung einer systema= tischen Einheit nicht entspricht, aber es ist darum noch kein falsches. Denn alle Erkenntniß beginnt mit dem Unter= scheiden. Willst im Unendlichen dich finden, mußt unter= scheiden und dann verbinden, so mahnt uns der Dichter. So lange es uns nicht gelungen ist, das Unterschiedene auch wieder zu verknüpfen, müssen wir uns zwar bescheiden, dem Ziele noch fern zu sein, aber doch können wir, sobald nur die Unterscheidung eine richtige war, der Wahrheit näher stehen, als alle jene Versuche, von allgemeinen Be= griffen und Principien aus im Wege einer Construction, die doch immer nur durch verstohlenen Seitenblick auf die empirischen Thatsachen zu Stande kommt, zu dem Reichthum und der Mannigfaltigkeit der Erscheinungen, des wirklichen Seelenlebens gelangen zu wollen.

Uebrigens ist es ja gar nicht einmal so, daß um jener Vielheit von Kräften willen unser ganzes Wissen von der Menschenseele in Stücke auseinanderfallen müßte. Das Athmen und Verdauen, das Sehen, Hören, Riechen und Schmecken gehen auch nebeneinander her, ohne daß wir sie auseinander oder von einem dritten herzuleiten wüßten und doch erscheint es uns nicht als ein Widerspruch, dabei den einheitlichen Organismus des Menschenkörpers festzuhalten. Ebenso wenig hindert uns eine Mehrheit von coordinirten Kräften und Thätigkeiten, die Seele des Menschen als Einheit, als ein reales Etwas zu denken, und ich wüßte nicht, warum ich, etwa aus theoretischen Scrupeln über den Begriff des Dings und seiner Eigenschaften, mir die Seele nicht als eine lebendige Monade denken dürfte, die ihr Wesen in verschiedenen, von einander gesonderten aber in einander wirkenden Functionen bethätigt und auseinanderlegt. Ein Ich, das Glückseligkeit fordert, das nach dem höchsten Lustgefühl der Selbstbethätigung unabläßig hindrängt — darin scheint mir der innerste Kern und das Wesen der individuellen Seele zu liegen, das ist ihre centrale, alles Andere beherrschende Function. Worin aber dieß Glück, diese geforderte Lust zu suchen ist, das ist in diesem ersten aller Merkmale noch nicht enthalten. Es ist eine Reihe von Trieben, von angeborenen Willensansäzen

und Strebungen, in welchen dieß gesuchte Glück bestimmte
Formen und Gestalten gewinnt. Die Triebe sind die gesonderten, specifischen Quellen der Lustgefühle und des Begriffs von Lebensgütern; sie sind von der mannigfaltigsten
Art, sie erstrecken sich auf das animalische, gesellige und
geistige Leben und können durch diese Mannigfaltigkeit
unter sich in Spannung und Zwiespalt gerathen; sie wirken
als organische Reize; dunkel und unbewußt kennen sie selbst
die Objecte nicht, auf welche sie gerichtet sind, aber sie
üben einen Druck nach der Richtung hin, in welcher diese
zu suchen wären und kommen nicht zur Ruhe, bis sie gefunden sind. Der Intellect ist das Vollzugsorgan für dieß
Wollen; durch ihn tritt das Ich in Rapport mit der Außenwelt, erkennt und beleuchtet seine eigenen Zustände und
verwirklicht alle Lebensziele. Die Erfolge und Richterfolge
dieses Wollens und Vorstellens werden von dem Glück und
Lust fordernden Centrum als seine Zustände empfunden,
durch eine fortwährende, wechselnde, innere Erregung, die
wir Gefühl nennen, aber nicht näher beschreiben können,
begleitet und geleitet. Diese Gefühle sind das innerste
Leben der Seelenmonade selbst; sie vergleicht die Arten und
Grade der Lust und Unlust, die aus den verschiedenen
Trieben fließt, und giebt im Fall ihrer Collision den Ausschlag dahin, wo sie das höchste Gefühl von Lust und Werth
des Lebens erwartet. Im Trieb und Intellect tritt die
Seele in Beziehung zur Außenwelt und gewinnt den Inhalt des Glücks, das sie sucht; im Gefühl ist sie genießend
und leidend bei sich selbst. An der Spize des Ganzen

steht die Centralkraft des lustwollenden Ichs. Streben,
Vorstellen und Fühlen aber sind die ineinandergreifenden
Formen, in denen die Grundkraft sich bethätigt. Eine Lo=
cation derselben ist widersinnig, da jedes todt ist ohne das
andere, aber das Fühlen steht dem Centrum am nächsten,
das Vorstellen am fernsten, obgleich dieß erst Licht, Leben
und Wirklichkeit schafft und das Band zum Weltganzen
knüpft. Die Gefühle sind darum auch nichts weniger als
bloße Nebenproducte des Vorstellens und Wollens; viel=
mehr liegen in ihnen die feinsten und lezten Entscheidungen,
die Abmessung des Werths der Güter des Lebens; ja selbst
die Erkenntniß der Wahrheit, die zwingende Kraft einer
logischen Beweisführung hängt in lezter Instanz an einem
Gefühl von Befriedigung über den leichten und normalen
Ablauf einer Vorstellungsreihe.

Eine solche Auffassung des allgemeinsten Charakters
unsers Seelenlebens, so mangelhaft sie noch sein mag,
scheint doch dem Bilde, das Jedem die unbefangene innere
Erfahrung bietet, näher zu liegen als jene kunstvollen
Schultheorieen, bei welchen wir das Gefühl nicht loswerden
können, daß hier Nebendinge zur Hauptsache gemacht werden
und umgekehrt, und daß an die Stelle all der lebens=
warmen Empfindungen, in denen wir unser Selbst mit
seinem Wohl und Wehe und den Sinn und Zweck unsers
Daseins zu genießen glauben, ausgebeinte und abgeblaßte
Schemen und mechanische Bewegungen, die unserem Be=
wußtsein ganz fremd und gleichgiltig sind, gesezt werden.
Die Philosophen haben mit einer eigenthümlichen Schwierig=

keit bei der Beobachtung ihrer Seelenzustände zu thun; sie
sind ja gerade dadurch Philosophen, daß bei ihnen die auf
die intellectuellen Functionen selbst gerichteten Strebungen,
wie der Erkenntnißtrieb, der bei den meisten Menschen
hinter die praktischen Begierden ganz zurücktritt, in hervor=
ragender Weise zur Entwicklung gelangt sind und jedenfalls
stehen sie während der philosophischen Thätigkeit selbst ganz
unter der Herrschaft dieses Motivs und alle andern Triebe
bleiben solange im Hintergrund. Die Gefühle aber, welche
den Functionen der höheren und geistigen, namentlich der
beschaulichen Triebe zur Seite gehen, sind ihrer Natur nach
nicht stürmisch und lebhaft bewegt, sondern haben nur den
Charakter von zarten und sanften Modulationen der Stim=
mung, die den Gang der Meditation in kaum merklicher
Weise afficiren. Die Seele erscheint daher dem Philosophen
leichter als dem Dichter oder dem gewöhnlichen Bewußtsein
als ein erkennendes Wesen, in welchem die Vorstellungen
frei und nur nach ihren inneren logischen Beziehungen ihr
Spiel treiben. Es ist dieß aber ungefähr, wie wenn wir das
Leben und Treiben auf den Straßen einer Stadt nach der
Stille eines Sonntagsmorgens, oder das Klima eines nörd=
lichen Küstenstriches nach den halcyonischen Tagen beurtheilen
wollten. So nur kann ich es verstehen, wie ein so scharfer
und tiefsinniger Denker wie Herbart in der kühlen Stim=
mung der abstractesten Gedanken darauf verfallen konnte,
Fühlen und Wollen nur als beiläufige Nebenerfolge von
Stößen und Püffen, von Klemmungen und Verschmelzungen,
vom Steigen und Sinken seiner Vorstellungen anzusehen.

Es sieht nun zwar nur wie eine harmlose, theoretische
Frage aus, ob Wollen und Fühlen selbständigen Ursprungs
oder nur Folge von Bewegungen der Vorstellungen sind,
ob dem Denken der Primat in unserem Seelenleben zu=
komme, oder ob es andere gleichgeordnete oder stärkere
Kräfte neben sich gelten lassen muß, aber sie ist vielmehr
von eminenter praktischer Bedeutung und Tragweite. Die
ganze Lebensauffassung, die Frage, wie der Mensch auf
den Menschen wirken kann, in der Erziehung, in der Ge=
sellschaft, in der Leitung des Völkerlebens wird dadurch
eine andere. Es würde, wie ich glaube, bedenklich aus=
sehen um Moral und Religion und alle höhere Bildung,
wenn ihre Macht über die Gemüther nur auf logischen
Argumenten, auf der Unanfechtbarkeit des Zusammenhangs
in einer Reihenfolge von Vorstellungen beruhte, wenn sie
nicht ihre eigenen selbständigen Wurzeln in unserer Seele
tiefstem Grunde hätten. Glücklicher Weise verhält es sich
so und der Irrthum ist nicht so gefährlich, wie er scheint;
aber ein Geschlecht und Zeitalter, das von der Voraus=
sezung ausgeht, daß Wollen und Fühlen vom Vorstellen
stammt und von ihm aus zu leiten ist, kann dabei immer=
hin manche wundersame Irrfahrten und unerfreuliche Er=
fahrungen machen.

Ich wünsche Sie nun davon überzeugt zu haben, daß,
was Sie in der Schule oder sonst von den drei Seelen=
vermögen gehört haben, keine Irrlehre war, daß zwar der
Name eines Vermögens und die Vorstellung von drei ein=
heitlichen Grundkräften daraus fernzuhalten ist, unser

Seelenleben aber in Wahrheit sich beständig und ausschließlich in den drei Grundformen von Fühlen, Wollen
und Vorstellen bewegt, auch daß die Zumuthung, neben
dieser Dreiheit die Einheit der Seele festzuhalten, noch
keineswegs die Schwierigkeiten einer Trinitätslehre in sich
schließt. Es müßte nur die Mangelhaftigkeit meiner eigenen
Darstellung Schuld sein, wenn meine Polemik gegen den
Primat des Vorstellens den Eindruck gemacht hätte, als
ob ich überhaupt den Werth des Denkens herabdrücken
wollte, aber das glaube ich schließlich vor einer Zuhörerschaft, deren größter Theil mehr, als es in andern Lebenskreisen gefordert wird, auf die Pflege der intellectuellen
Thätigkeit hingewiesen ist, noch betonen zu dürfen, daß
selbst am Suchen und Finden der Wahrheit, die doch so
ganz im Reich der Vorstellungen zu liegen scheint, ein
richtiges Denken keinen größeren Antheil hat als ein richtiges Fühlen und Wollen.

Ueber das Verhältniß der Politik zur Moral.

6. Nov. 1874.

Ueber das, was wir zu thun und zu lassen haben, sind wir bekannter und glücklicher Weise nicht ausschließlich auf die Schärfe und Klarheit unsers Denkvermögens angewiesen, sondern wir haben einen inneren Führer an jenen natürlichen Gefühlen, die unbewußt sofort nach der einen oder andern Seite hindrängen, die, obwohl keineswegs unfehlbar, doch nicht leicht gänzlich irre gehen und nicht selten auch auf schwierige und verwickelte Fragen, lange bevor der Verstand der Verständigen eine Lösung gefunden hat, mit blindem Takt eine Antwort geben. Aber anders ist es, wenn man diese Gefühle dann zur Rede stellt und Rechenschaft verlangt über ihr Thun; da ergeht es ihnen wie dem Nachtwandler, der zuvor mit sicherem Tritt auf dunkeln und gefahrvollen Wegen geschritten ist, aber dann plözlich aufgeweckt, verwirrt und rathlos vor uns steht und nicht zu sagen weiß, wie er hieher gekommen ist. Etwas Aehnliches widerfährt uns bei dem Thema, für welches ich heute Ihre Aufmerksamkeit in Anspruch nehmen möchte. Ist die Politik, d. h. die freie Leitung des Staatsganzen dem Sittengesez untergeordnet oder hat

sie eigenen und unabhängigen Gesezen zu folgen und giebt
es demnach Handlungen, die in der Politik erlaubt, in der
Moral verboten sind und umgekehrt?

Unser natürliches Gefühl, wie es sich in den geläufigen
und vorherrschenden Meinungen und Anschauungen kund=
giebt, wird die erste Frage von der Unterordnung der Po=
litik unter das Sittengesez, ohne auch nur einen Augenblick
zu schwanken, mit einem entschiedenen Ja beantworten.
Aber es wird dann auch, sei es mit wirklichem oder nur
scheinbarem Widerspruch, die zweite Frage von den hier er=
laubten und dort verbotenen Handlungen zu bejahen ge=
neigt sein. Wenigstens preisen und verehren wir die
Männer, welche ihr Volk aus der Knechtschaft, aus Zer=
rissenheit und Ohnmacht befreit, und auf eine höhere Stufe
der Wohlfarth, Macht und Freiheit gehoben haben, ohne
zu verkennen und dadurch beirrt zu werden, daß es dabei
nicht ohne List und Gewalt, ohne Blut und Eisen, ohne
Mittel, die wir sonst verwerfen, abgegangen ist. Umge=
kehrt tadeln wir den Fürsten, der voll von Geist, edlem
Streben und sittlichem Zartgefühl, die Aufgaben, die sein
Volk und Zeitalter ihm zu stellen schienen, unerkannt und
unerfüllt gelassen hat. Wenn wir nun aber jene Gefühle
zur Rede stellen und befragen: wie kommt ihr dazu, die
unbedingte Verbindlichkeit des Sittengesezes zwar im All=
gemeinen zu behaupten, aber im Besonderen nicht gelten zu
lassen oder den Saz, daß der Zweck die Mittel heilige,
zwar als Princip zu verabscheuen, aber im Einzelnen dar=
nach zu verfahren, dann werden sie antworten: das wissen

wir nicht, das müßt ihr uns nicht fragen; wenn ihr Theorie haben wollt, so wendet euch an eure Gelehrten, schlagt in euren vielen Büchern nach, was sie davon sagen.

Wenn wir aber diesem Rathe nun folgen und bei den Theoretikern Umfrage halten, da zeigt sich, daß die Schwierig= keiten nun erst recht wachsen, statt abzunehmen und wir gerathen in ein Labyrinth der widersprechendsten Meinun= gen und Deutungen. Es ist dabei auch keineswegs so, wie man vermuthen möchte, daß auf der einen Seite die Poli= tiker und Staatsrechtslehrer, auf der andern die Philo= sophen und Moralisten stünden, daß jene für die Sonder= rechte der Staatskunst, diese für den Primat des Sitten= gesezes stritten, sondern es verhält sich eben so oft umgekehrt. Ein unübertroffener Meister der praktischen Politik, Friedrich der Große, hat mit dem wärmsten sittlichen Eifer gegen die Lehren Macchiavells und für die Alleinherrschaft der Moral gekämpft; freilich hat er dieß Buch noch als Kron= prinz geschrieben und die Politik des Königs ist, wenn auch nicht in den Fußstapfen Macchiavells, doch dunklere und verwickeltere Pfade gegangen, als der jugendliche Autor von Schloß Rheinsberg sich mochte träumen lassen; wobei wir uns nicht verhehlen können, daß Mit= und Nachwelt den Büchern des Königs geringere Bewunderung zollt als seinen Thaten. Um dieselbe Zeit hat ein edler Denker von unantastbarer sittlicher Reinheit, Christian Garve, von seinem Studier= und Krankenzimmer aus das unabhängige Recht der Politik mit Kühnheit und Scharfsinn verfochten und sich in seinen geschichtlichen Belegen am liebsten und

häufigsten auf die Thaten seines großen Königs berufen.
Auf der andern Seite ist einer der ersten Staatsrechts=
lehrer unserer Zeit, einst eine Zierde unserer Hochschule,
erst vor Kurzem noch mit der größten Entschiedenheit für
die Unterordnung der Politik unter die Moral eingetreten.
Auch unter den Geschichtschreibern alter und neuer Zeiten
finden wir die doppelte Richtung vertreten; die einen lieben
es, ihre Erzählungen mit einer fortlaufenden sittlichen Kritik
und mürrischen Strafpredigt zu begleiten; bei andern scheint
uns der sittliche Maßstab oft ganz zu entschwinden und sie
wissen auch für unverantwortliche Handlungen mehr und
bessere Motive aufzufinden, als die Handelnden selbst viel=
leicht sich nur gedacht haben mögen.

Ich will mich nun auf den Versuch beschränken, die
Fragen richtig zu stellen, jene Aussagen unsers natürlichen
sittlichen Gefühls näher zu deuten und zu prüfen und die
Mittelglieder aufzusuchen, die zwischen deren scheinbaren
Widersprüchen vielleicht eine Verbindung herstellen.

Die ersten Schritte auf diesem Wege sind nicht schwer.
Außer Frage steht wohl vor Allem die universelle Geltung
der sittlichen Anforderungen. Es kann überhaupt Niemand
und auch keine Gattung freier menschlicher Handlungen
geben, welche außerhalb oder gar über dem Sittengesez
stünde. Das Gewissen, jenes Gefühl eines unbedingten
Sollens begleitet schlechthin unser gesammtes Wollen und
unser Inneres kann an keiner Stelle einen blinden Fleck
bergen, der seiner Leuchte verschlossen bleiben könnte. Wenn
also alle Politik von Menschen gemacht wird und aus

10 *

deren freien Entschließungen hervorgeht, so muß sie auch
in ihrem ganzen Umfang unter die Controle des Gewissens
und unter die Herrschaft sittlicher Gesetze fallen. Der
Staatsmann kann nicht in zwei Menschen zerlegt werden,
von denen der Nichtpolitiker ein Gewissen hätte, der Politiker aber nicht. Vielmehr ist sehr leicht das gerade Gegentheil nachzuweisen. Wir halten in allen Dingen den für
stärker verpflichtet, der für Andere zu handeln hat, als
der nur seine eigene Sache führt. Meinen eigenen Vortheil außer Acht zu lassen, gereicht mir nicht zum Vorwurf;
als Vormund oder Verwalter fremden Gutes werde ich im
gleichen Fall strafbar. An den Entschließungen der Staats-
lenker hängt das Wohl von Millionen; wie ihr Mandat
das höchste ist, so ist auch ihre sittliche Verantwortung die
größte und schwerste.

Hiemit ist jedoch nur der Politiker unter das Sittengesetz gestellt, nicht auch seine Politik. Dem Staatsmann
wird nur der höchste Grad von Pflichtgefühl auferlegt,
aber der Inhalt seiner Pflichten ist ihm damit nicht bezeichnet. Es schließt sich an jenen ersten Satz sogleich ein
zweiter an, der nicht ebenso allgemein erkannt und zuge-
standen, aber im Grunde gleich unanfechtbar ist.

Wir pflegen in der Regel unter dem Sittengesetz nichts
anders zu verstehen, als den Inhalt der Pflicht- und
Tugendlehre, den Inbegriff der Normen, nach denen der
Einzelne sowohl seine eigenen inneren Gemüthszustände,
als sein Verhalten gegen seine Nebenmenschen zu ordnen
hat. Du sollst Gott lieben von ganzem Herzen und deinen

Nächsten wie dich selbst, das ist der Inbegriff des christ=
lichen Sittengesezes nach des Meisters eigenen Worten.
Aber auch alle philosophischen Systeme, auf welchen Wegen
immer sie die sittlichen Grundbegriffe finden und begrenzen,
kommen doch schließlich dahin, in irgend einer Form dem
natürlichen, egoistischen Willen des Einzelnen Schranken
zu sezen und ihm seine Stellung in der menschlichen Ge=
sellschaft als einem dienenden Glied eines Gemeinwesens
anzuweisen. Das Sittengesez ist, sei es in reinerer oder
trüberer Gestalt, für den Einzelnen ein Gesez der Liebe.

Es wäre nun aber ebenso unlogisch als unausführbar,
an das Gemeinwesen selbst die gleichen Anforderungen zu
stellen, wie an dessen dienende Glieder. Jenes „Du sollst“
und „Du sollst nicht“ in den zehn Geboten und in aller
Gesezessprache hat seinen guten Sinn nur, wenn der Staat
der gebietende, der Einzelne der angeredete Theil ist. Der
Staat selbst hat ja keine Eltern, die er ehren müßte; er
lebt in keiner Ehe, die er brechen könnte. Das „Du sollst
nicht tödten“ kann nicht an den gerichtet sein, der selbst
und allein das Schwerdt zu führen hat, um den Mörder
zu strafen, der Millionen dafür aufwenden muß, um die
wirksamsten Mordinstrumente für den Fall der Selbsthilfe
vorzubereiten. Ebenso muß der Staat, um seine Aufgaben
zu erfüllen, sich gelüsten lassen nach unsern Häusern und
Aeckern, nach Ochs und Esel und all unserer Habe, ohne
den Einzelnen zu fragen, wie ihm dieß gefalle.

Und wie sollte das, was von der Nächstenliebe gilt,
auch auf das Verhältniß des Staats zu andern Staaten

anwendbar fein? Keines von allen den Banden, welche
die Einzelnen unter einander umschließen, verknüpft die
Staaten unter sich. Wenn hier auch idealere Ziele offen
zu halten und zu erstreben sind, so stehen jene einander
doch thatsächlich wie im Naturzustand gegenüber, fremd,
zur Vorsicht und zum Mißtrauen genöthigt, wie Wanderer,
die sich in der Einsamkeit begegnen; sie haben keine höhere
ordnende und richtende Gewalt über sich. Der Spruch,
den andern zu lieben, wie sich selbst, kann hier gar keine
Anwendung finden. Demjenigen, der ihm einen Streich
giebt auf den rechten Backen, den linken auch darzubieten,
ist der Staat so weit entfernt, daß er vielmehr bemüht
sein wird und muß, auch schon dem nur drohenden Streich
mit einem möglichst energischen Gegenschlag zuvorzukommen.
Der Nachbarstaat kann in die äußerste Bedrängniß versezt
werden, durch Elementarereignisse, feindlichen Einfall, innere
Zerrüttung; ob unser Staat ihm beistehen wird, hängt gar
nicht von dem Grad jener Hilfsbedürftigkeit, sondern einzig
davon ab, ob wir dieß unserem Interesse entsprechend
finden; nach Umständen haben wir sogar Ursache, uns
über dessen Schwächung zu freuen oder daraus Vortheile
zu ziehen, wo nicht gar über ihn herzufallen. Mit Einem
Worte, das ganze Kapitel von den Liebespflichten und
damit das Hauptstück aller Moral fällt für die Staaten
aus. Nicht auf Liebe Anderer, sondern auf die Selbstliebe,
auf die Erhaltung und Entwicklung der eigenen Macht
und Wohlfarth sind sie angewiesen, und wenn man hie=
für den freilich wenig passenden Namen „Egoismus" ge=

brauchen will, nun so ist Egoismus das Grundprincip aller
Politik.

Wenn wir aber so den Staat von allen Liebespflichten
entbinden mußten, so sollte man denken, daß er um so
strenger und unverbrüchlicher seinen Rechtspflichten nach-
zukommen habe. Wenn er Niemanden Wohlthaten zu er-
zeigen schuldig ist, so müßte er um so sicherer sich aller
Rechtsverletzungen zu enthalten, seine Verträge, Zusagen
und Verbindlichkeiten zu erfüllen, sich als Glied einer großen
über ihm stehenden Rechtsordnung zu betrachten und verhalten haben. Und in der That, wer sollte die Geltung
des Rechtsprincips nicht als die oberste Norm alles Staats-
lebens anerkennen? Das Recht ist ja das Element, in
dem der Staat sich bewegt, das Rechtsgefühl ist die lezte
Wurzel seiner Existenz; die Mißachtung des Rechts ist die
Untergrabung seines eigenen Fundaments.

Gleichwohl ist das Verhältniß des Staats zum Recht
ein wesentlich anderes, als das des Einzelnen, des Staats-
bürgers. Ueber diesem steht das Recht als eine ihn beherrschende Macht, der er sich unter allen Umständen zu
fügen hat. Es liegt unvergleichlich mehr daran, daß das
Recht, auch das unvollkommene, Geltung habe als daß der
Einzelne Schaden leide oder gar zu Grunde gehe. In
diesem Sinn müssen wir uns sogar das fiat justitia, pereat
mundus gefallen lassen. Der Staat aber steht wohl unter
der Rechtsidee, die er als ein Höheres über sich anzuer-
kennen und zu verehren hat, aber das concrete, besondere
Recht der jeweiligen Gegenwart steht nicht über ihm; dieses

hat er überkommen oder gemacht; es ist sein Werk und
Product. Es ist auch nicht fertig und abgeschlossen, sondern
der Entwicklung und Vervollkommnung ebenso fähig als
bedürftig. Er hat das mangelhafte Recht zu ändern und
das bessere an seine Stelle zu sezen. Allerdings soll auch
diese Aenderung nur in den Formen erfolgen, welche im
Recht selbst hiefür vorgesehen sind, und wohl dem Staate,
dessen innere Einrichtungen so einsichtig und glücklich geordnet sind, um jede unabweisbar gewordene Veränderung
in den legalen Formen zu ermöglichen oder dessen Verträge
mit andern Staaten ihrer Form nach kündbar, in ihrem
Inhalt erträglich sind. Wie aber, wenn das Eine oder
Andere nicht der Fall ist, wenn eben diejenigen, deren
Vortheile bei der nothwendig gewordenen Aenderung eine
Einschränkung erleiden sollen, auch das Recht haben diese
Aenderung zu verhindern? Soll dann der Staat in ruhiger
Ergebung zusehen, wie sich die Uebel und Mißstände, um
deren Beseitigung es sich handelt, von Tag zu Tag dro-
hender und unerträglicher gestalten? Wenn der deutsche
Bund den veränderten Bedürfnissen eines anderen Geschlechts, den Forderungen eines gesteigerten Nationalge-
fühls nicht mehr genügte, der Bundesvertrag aber auf
ewige Zeiten abgeschlossen und unkündbar, zu seiner Veränderung Einstimmigkeit erforderlich, ein einstimmiger Beschluß aber niemals zu erwarten war, weil jeder denkbare
und wirksame Vorschlag dem Interesse irgend eines Theiles
zu nahe treten mußte, wie war da herauszukommen, was
sollte geschehen? Bei dem gordischen Knoten wäre für

Alexander neben der kunstmäßigen und der gewaltsamen Lösung noch die dritte Möglichkeit geblieben, ihn ungelöst liegen zu lassen wo er lag. Aber die politischen Verwicklungen lassen sich nicht bis auf Weiteres zu den Akten legen, sondern sie drängen wie lebendige Kräfte auf eine Entscheidung hin, die, wenn der friedliche Weg abgeschnitten ist, auf dem der Gewalt, durch Blut und Eisen erfolgen muß. Die tiefe Kränkung und Entrüstung, mit welcher die Verletzten, noch mehr das schmerzliche Gefühl, mit welchem auch die Zustimmenden und Gewinnenden einen solchen Act des Rechtsbruches begleiten, zeigen deutlicher als alles Andere, daß der Staat im Recht wurzelt und es zu den traurigsten Collisionen der Pflichten gehört, wenn das Nothrecht der Politik das anerkannte und gegenwärtige Recht auf die Seite drängt, aber an der Sache selbst wird mit allem Bedauern nichts geändert.

Die Begriffe und Grenzen von Nothstand und Nothwehr sind schon im gemeinen Recht schwer genug genau zu bestimmen, doch bildet hier wenigstens die unmittelbare, drängende Gefahr des Augenblicks ein festes Merkmal. Der Staat aber hat nicht blos der gegenwärtigen, sondern auch schon der drohenden Gefahr zuvorzukommen. Nur selten handelt es sich für ihn gleich um Sein oder Nichtsein, sehr oft aber um Schwächung seiner Macht oder Unabhängigkeit, um die Wahrung von Interessen, deren Preisgebung seine ganze künftige Entwicklung untergraben müßte. Für ihn kann ein Nothstand vorliegen, wo es uns gar nicht einfiele, ihn für den Privaten gelten zu lassen. Der überschuldete,

zahlungsunfähig gewordene Staat, dem eine weitere Stei=
gerung der Steuerlast seiner Unterthanen als unmöglich
erscheint, kann sich nicht wie der Bürger verganten lassen,
er kann nicht seine Festungen, Arsenale und Flotten, seine
Sammlungen und öffentlichen Gebäude, ja nicht einmal
seine Wälder und Eisenbahnen unter den Hammer bringen;
er kann sich auch nicht in das Armenhaus weisen und auf
seine Competenz beschränken lassen, sondern er muß im
Weg der Selbsthilfe die Forderungen auf das Maaß seines
Könnens nach eigenem Ermessen herabsezen, wobei fast nie=
mals die Theilfragen eine zweifellose Entscheidung zulassen
werden.

Oder, um ein anderes Beispiel zu wählen, wenn die
süddeutschen Staaten am Anfang dieses Jahrhunderts, nach=
dem sie zehn Jahre lang für Kaiser und Reich gekämpft
und seit dem preußischen Separatfrieden ihre Länder als
einzigen Schauplaz des Kriegs allen Drangsalen von Freund
und Feind preisgegeben hatten sehen müssen, dem siegreich
vordringenden, übermächtigen Gegner, der nur zwischen
Bündniß und Verderben die Wahl ließ, Heerfolge leisteten,
wenn sie sodann acht Jahre später, als der Glücksstern
des neuen Attila erbleicht war, wieder von ihm ab=
fielen und dabei noch den Gewinn des alten Bündnisses
in das neue hinüberzuretten vermocht haben, so war dieß
Verhalten zwar nicht schön und hochherzig zu nennen, die
Geschichtschreiber werden es nicht preisen, die Dichter können
es nicht verherrlichen, aber schön und edel sind auch die
Prädikate nicht, um welche die Staatskunst zu buhlen hat;

dafür war es richtig und pflichtgemäß, der Nothlage eines
zu eigenem Widerstand unfähigen Staates entsprechend;
und jene Fürsten oder ihre Rathgeber hätten eine weit
schwerere sittliche Verantwortung auf sich gezogen, wenn
sie, um für sich das Hochgefühl ritterlicher Treue und
Standhaftigkeit davon zu tragen, ihre Länder dem Verderben, ihre Staaten der Zerstücklung oder dem Untergang
ausgesezt hätten.

Eine unbedingte Pflicht des Staats, die von ihm ein-
gegangenen oder anerkannten Verträge zu halten, läßt sich
nicht behaupten. Wer kann läugnen, daß das Recht und
der Besißstand, wie ihn die in Geltung stehenden europäischen Verträge und Friedensschlüsse geschaffen haben, in
nicht wenigen Fällen nur verjährten Raub und ungerechten
Gewinn darstellt und jedenfalls in den Augen der Besiegten
niemals für Recht gelten wird? Der sonst übliche Begriff
der Verjährung ist überhaupt im Völker- und Staatenleben gar nicht zu brauchen. Es giebt Rechtsverlezungen,
die fast sofort, andere die niemals verjähren. Daß die
schönsten Länder des Erdkreises, die Wiege des christlichen Glaubens, die ersten Size und Pflanzstätten einer
edleren Menschlichkeit von einem Barbarenvolk, unter dessen
Rosseshufen das Gras verdorrt, unterjocht sind, daß zehn
Millionen Christen der edelsten Stämme als rechtlose Rajas
dem Uebermuth und der Habsucht türkischer Paschas verfallen sind, das ist für uns nach vier Jahrhunderten und
troz zahlreicher Verträge und Bürgschaften der Großmächte
immer noch nichts anders als eine brutale Thatsache ge-

worden und wird es bleiben, bis der Tag der Abrechnung gekommen sein wird. Dagegen war es auch eine unzweifelhafte Rechtsverlezung, daß und wie den geistlichen Souverainetäten in und außer Deutschland ein Ende gemacht worden ist, aber die Verjährung hatte begonnen, noch bevor die Tinte aufgetrocknet war, deren die Dekrete bedurften.

Ja es giebt ein Vernunftrecht neben dem geschriebenen, ein Recht der Zukunft neben dem der Vergangenheit, mögen nun auch diese Säze so gefährlich lauten, als sie wollen. Es ist die Aufgabe der Staatskunst, das geschichtlich gegebene Recht in das vernünftige überzubilden, wenn es sein kann, in den Formen des Rechts, wenn nicht, auch ohne sie.

Und so sind wir denn schließlich für die Rechtspflichten zu demselben Ergebniß gelangt, wie für die Liebespflichten. Wohl steht die Politik, wie alles menschliche Handeln, unter der Herrschaft eines sittlichen Sollens, aber die Moral, welche dem Einzelnen seine Tugenden und Pflichten vorzeichnet, ist für die Lenkung des Staatsganzen nicht zu gebrauchen. Diese Moral und die Politik gehen schon in der Wurzel auseinander. Für den Einzelnen im Staat gilt das Princip der Selbsthingabe, für den Staat das der Selbstbehauptung. Der Einzelne dient dem Recht; der Staat handhabt, leitet und schafft dasselbe. Der Einzelne ist nur ein flüchtiges Glied in dem sittlichen Ganzen; der Staat ist, wenn nicht dieses Ganze selbst, doch dessen reale ordnende Macht; er ist unsterblich und sich selbst genug. Wir müssen in d i e s e m Sinne die erste Frage, ob die Politik der Moral untergeordnet sei, mit Nein, die andere, ob sie

ein selbständiges und unabhängiges Princip ihres Handelns
in sich trage, mit Ja beantworten, und wir wiederholen
damit nur den wahren Sinn des alten Sazes: salus pub-
lica suprema lex esto, der Erhaltung und Wohlfarth des
Gemeinwesens ist jede andere Rücksicht untergeordnet.

Nun aber, wenn wir so die Politik von der Privatmoral völlig abgelöst haben, ist damit nicht überhaupt jeder
sittliche Halt und Boden verloren und stehen wir nicht schon
ganz auf der schiefen Ebene, die uns unaufhaltsam in den
Abgrund von Macchiavellis verrufenen Lehren führt, daß
für politische Zwecke auch Verbrechen zu den erlaubten
Mitteln zu rechnen seien? Man kann von unserem Thema
nicht wohl reden, ohne die Macchiavellifrage, sei es auch
nur im Vorübergehen, zu berühren.

Während sonst der Welt nachgesagt wird, daß sie das
Strahlende zu schwärzen liebt, zeigen viele moderne Schriftsteller, und vielleicht die deutschen vor allen andern, die
umgekehrte Neigung, das Schwarze weiß zu waschen oder
zu brennen, und die in der Geschichte mit irgend einem
Flecken oder Brandmal behafteten Personen in eine so
günstige Beleuchtung zu stellen, daß sich das überlieferte
Bild in das Gegentheil verkehren müßte. So ist es schon
lange und nach dem Vorgange großer Autoritäten üblich
geworden, den Verfasser des berühmten Buches vom Fürsten
zum nationalen Patrioten zu verklären, der nur Italiens
Heilung suchte, dessen Zustand aber so verzweifelt fand,
daß er kühn genug war, ihm Gift zu verschreiben. Man
kann zu einer solchen Auffassung allerdings durch jenes

glänzende Schlußcapitel von der Befreiung Italiens ver-
leitet werden, aber doch nur wenn man es isolirt betrachtet
und einseitig zum Ausgangspunkt seines Urtheils macht.
Ich vermag mich aber so wenig zu überzeugen, daß der
Gedanke an Italiens Einheit und Freiheit der Leitstern in
Macchiavellis Leben und Schriften war, daß ich vielmehr
jenen Abschnitt nur als ein rednerisches Ornament, als den
effektvollen und beschönigenden Abschluß einer so vielfach
anstößigen Schrift auffassen kann. Macchiavell war Politiker und Menschenkenner genug, um dem jungen Mediceer,
für den er sein Buch schrieb, um dem florentinischen Staat
nicht im Ernst die Aufgabe zu stellen, die spanischen und
französischen Heere aus Italien hinauszuwerfen; wohl aber
konnte es von psychologischer Wirkung und den persönlichen
Zwecken der Schrift dienlich sein, dem jungen Mann eine
solche Aussicht in blendende Beleuchtung zu rücken. Denn
das ist ja eben der Grundmangel aller dieser politischen
Rathschläge, daß von idealen Zielen, von Menschenwerth
und Menschenglück, von sittlichen Zwecken des Staats gar
nicht die Rede ist, sondern sich Alles stets nur um die Frage
dreht, wie gelangt man zur Herrschaft im Staat, sei es
eine Parthei oder ein Einzelner, wie behauptet man das
Errungene, wie macht man seine Gegner unschädlich, und
daß von all dem gesprochen wird, wie wenn eine Anweisung,
Festungen zu belagern oder Schach zu spielen, abzufassen
gewesen wäre. Ehrgeiz und Herrschsucht aber gehören in
die Privatmoral, nicht in die Politik, die vom Staatswohl
handelt. Bei aller Bewunderung, die man dem klaren und

scharfen Denker, dem classischen Schriftsteller zollen muß, kann man doch Macchiavellis Lehren das Prädikat der Ver= ruchtheit und seinem Charakter das der Unlauterkeit nicht ersparen. Einen Cäsar Borgia zu verherrlichen, nicht etwa abgesehen von seinen Frevelthaten, sondern eben weil er keine Scheu trug diese zu begehen, ist Lästerung und Ver= rath gegen alle sittlichen Ideen der Menschheit, für welche jeder Versuch einer Beschönigung zurückzuweisen ist. Es sind zwei sehr verschiedene Dinge, ob ich sage: der Staat als der Schlußstein aller sittlichen Ordnung kann nicht nach den Normen der den Einzelnen im Staat betreffenden Moral geleitet werden, oder ob es heißt: um die Herrschaft im Staat zu erringen oder zu behaupten, darf man auch vor Verbrechen nicht zurückscheuen.

Es ist scheinbar ein großer, in Wahrheit aber nur ein kleiner Schritt von Macchiavell zu der sogenannten Jesuiten= moral, wornach der Zweck die Mittel heiligen und eine sonst und an sich verwerfliche Handlung dann zulässig sein soll, wenn sie einem höhern Zweck, der Verherrlichung Gottes, in majorem Dei gloriam, dient. Groß scheint der Unter= schied, weil hier doch wenigstens von höheren Zielen die Rede ist und das Princip, daß Niederes dem Höheren zu dienen habe, nicht anzufechten wäre; aber er wird verschwin= dend klein, weil dieß angeblich Höhere in Wahrheit doch auch wieder nur die Herrschaft ist, blos die hierarchische statt der politischen. Ein wirkliches Reich Gottes auf Erden im Lichte des christlichen Glaubens, eine wahre Gesellschaft Jesu könnte doch nur ein Reich der Wahrheit, der Liebe

und Gerechtigkeit sein, und daß zu dessen Gründung und
Ausbreitung auch Lüge und Frevelthat sollte dienen können,
ist zu widersinnig als daß es Jemand auch nur im Ernst
behaupten könnte. Wenn man aber an die Stelle der Religion den Begriff der Kirche, und an die Stelle der Kirche
den einer gesellschaftlichen Beherrschungsanstalt sezt, die mit
dem Staat zu concurriren, ihn schließlich zu verdrängen
und zu ersetzen bestimmt ist, dann muß man allerdings, um
eine so unnatürliche und widerspruchsvolle Macht ins Werk
zu setzen, bei dem florentinischen Großmeister in die Schule
gehen und lernen, mit welchen Mitteln Herrschaft über
Menschen am sichersten gegründet und behauptet wird; nur
muß man des Scheines wegen, was Macchiavell selbst ja
auch gelegentlich empfiehlt, das was der Meister nackt und
unverblümt mit anerkennenswerther Ehrlichkeit herausgesagt
hat, mit dem Mantel frommer Redensarten und täuschender
Sophistik verhüllen und verbrämen.

Denn das ist ja unläugbar ein Kern von Wahrheit
oder vielmehr die richtige Fassung für die Heiligung der
Mittel durch den Zweck, daß die niedrigeren Güter und
Ziele menschlichen Strebens den höheren unterzuordnen und
aufzuopfern sind. Ohne diesen Saz kann man überhaupt
zu keinem Sittengesez gelangen; die Unterscheidung von
niedrigeren und höheren Trieben und Strebungen der Menschennatur ist der einzig mögliche Ausgangspunct aller Ethik.
Wenn nicht ein Maßstab in uns läge, um den Werth
menschlicher Handlungen und Eigenschaften gegen einander
abzuwägen, so wäre nicht einzusehen, wie wir jemals von

dem Begriff eines Gutes zu dem des Guten gelangen
könnten. Ja in die Metaphysik hinüber sind wir genöthigt
diese Unterscheidung zu verpflanzen; jeder Versuch einer
Theodicee hat stets darin seinen Ausgangspunkt genommen;
in die Gedanken des Weltenschöpfers selbst tragen wir sie
hinauf, wenn uns der Dichter von ihm sagt:

> Der Freiheit
> Entzückende Erscheinung nicht zu stören,
> Läßt er der Uebel grauenvolle Schaar
> In seinem Weltall toben.

Die Politik aber kann dieses Princip so wenig ent-
behren, daß sie vielmehr fast ausschließlich in der Anwendung und Durchbildung desselben besteht. Das Interesse
eines Einzigen oder Weniger ist dem Vieler oder Aller
unterzuordnen. Das Gut der individuellen Freiheit ist den
Einschränkungen unterworfen, welche das Gemeinwohl erfordert, aber die Möglichkeit eines Mißbrauchs rechtfertigt
keine allgemeinen Verbote. Die sittlichen Güter des Volkes
sind vor allem Andern zu wahren und hochzuhalten. Es
ist besser, daß das Gesez in der Anwendung auf einen einzelnen Fall zu materiellem Unrecht führt, als daß es ver-
lezt und mißachtet wird, aber große und allgemeine Interessen sind dem Buchstaben des Gesezes nicht aufzuopfern.
Das Interesse des fremden Staats kann nur insoweit Beachtung finden als es mit dem des eigenen vereinbar ist.
Die Erhaltung des Staats rechtfertigt jedes Opfer und steht
über jedem Gebot.

Ueberall wo der Staatsmann eine Entscheidung zu
treffen hat, steht er vor diesen oder ähnlichen Säzen; er

hat zwischen verschiedenen vorliegenden Möglichkeiten eine
Wahl zu treffen, das kleinere Uebel dem größeren, das
größere Gut dem kleineren vorzuziehen.

Eine Theorie des politischen Sollens, eine Staatssitten=
lehre oder politische Ethik könnte wohl nur in einer voll=
ständigen Zusammenfassung und tieferen Begründung eben
solcher Sätze, wie die angegebenen, bestehen; sie wäre eine
vergleichende Werthabmessung der menschlichen Güter und
Zwecke nach ihrer Bedeutung für das Wohl des Ganzen,
eine politische Güterlehre, an welche sich entsprechend eine
Pflichten= und Tugendlehre anzuschließen hätte. Das Ideal
einer sittlich gesunden Gemeinschaft stünde dem der sittlich
gesunden Menschenseele, das die Moral entwirft, zur Seite.

Es ist nun aber wohl auch einleuchtend, daß, wenn
wir die Politik von der Moral abgelöst und ihr ein eigenes
Princip des Sollens zuerkannt haben, sie damit noch keines=
wegs aus dem Kreis der sittlichen Ideen überhaupt heraus=
tritt oder gar in einen Widerspruch zum Moralischen treten
und zum Unmoralischen werden kann. Sie steht mit dem,
was wir gewöhnlich allein Moral zu nennen pflegen, als
ein ihr coordinirtes Glied gemeinsam unter dem höheren
Begriff einer Ethik oder Sittenlehre im weiteren Wortsinn.

Ob wir uns aber nicht überhaupt oft unnöthige Schwie=
rigkeiten machen, indem wir die in bestimmten Worten ein=
mal firirten Begriffe recht geflissentlich zu scharfen Gegen=
sätzen unter einander steigern und den fließenden und be=
weglichen Charakter der realen Erscheinungen, für welche
jene Worte doch nur ein Merkzeichen sein sollen, ganz aus

dem Auge verlieren? Politik, Recht und Moral, die wir
so gerne recht weit und scharf auseinanderrücken, sind nur
die eng verschlungenen Zweige Eines Stammes; ihr gemeinsamer Grundbegriff ist die Ordnung der menschlichen
Triebe und Handlungen nach einem in uns gelegten Maßstab ihres verschiedenen Werthes. Die Politik hat das
thatsächlich gegebene Recht theils zu wahren theils weiter-
zubilden; das Recht ist derjenige Theil des Guten, der
dazu geeignet ist oder erscheint, zu einer allgemein giltigen
und zwingenden Norm des menschlichen Zusammenlebens
gestaltet und erhoben zu werden. Das Gute selbst aber ist
schließlich nur wieder das wahrhaft Zweckmäßige und Vernünftige, das was ächtes und allgemeines Menschenglück
schafft und bedingt, was die Menschheit fördert und zur
Entwicklung ihrer edelsten und höchsten Kräfte führt. Und
damit weist auch der Begriff des Guten im Kreislauf wieder
zu den Aufgaben der Politik zurück.

Alle diese Begriffe sind nicht in sich fertig und abgeschlossen, sondern in den lebendigen Fluß der Geschichte
hineingestellt, und unter sich in ununterbrochener und innig-
ster Wechselwirkung. Wohl haben wir im Gewissen als
festen Ausgangspunkt das Gefühl eines unbedingten Sollens,
den Glauben an die Existenz eines an sich Werthvollen und
Guten; was aber dieß Gute wirklich und im Einzelnen sei,
weiß das Gewissen von sich aus nicht; die Antwort darauf
giebt dem Einzelnen die geschichtliche Entwicklungsstufe des
Zeitalters und Volkes, dem er angehört. Ihm verschlingt
sich Form und Inhalt in ein ungetrenntes Ganzes und

11 *

das Gebotene kleidet sich für ihn in das Ansehen einer höheren oder göttlichen Ordnung. Nicht weil es Jehova unter Blitz und Donner aus einer Rauchwolke vom Sinai verkündigt und mit eigenem Finger auf steinerne Tafeln geschrieben hat, sollen wir Vater und Mutter ehren, nicht tödten, nicht stehlen, nicht ehebrechen, sondern umgekehrt, weil wir in diesen Normen die ersten und bleibenden Grund=bedingungen menschlichen Zusammenlebens, die Anfänge jeder sittlichen Ordnung des Friedens und der Gerechtigkeit er=kennen, umgeben wir sie durch eine Uebertragung, die mehr ist als eine bloße Anbequemung an hergebrachte Vorstel=lungen, mit der Weihe göttlicher Befehle. Der Inhalt der Idee des Guten gelangt in der Geschichte zu wachsender Vertiefung und Befestigung; das Recht gleicht jenen Dämmen und Deichen, die das der Meeresfluth entrissene oder aus=gesezte Land zum festen und dauernden Besitz machen; die Politik errichtet, sichert, erweitert diese Dämme; die Haupt=arbeit dagegen, das neue Land zu gewinnen und das ge=wonnene anzubauen, ruht auf den Einzelnen, auf den in=dividuellen sittlichen Kräften, die an dem bereits Errungenen Uebung, Bildung und Ansporn zu weiterem Vordringen ge=funden haben. So dienen Politik, Recht und Moral nur Einem Ziele, dem Fortschritt der Menschheit.

Ich glaube jedoch hier die Einwendung zu hören, daß mit einer solchen Darstellung die Politik in eine ideale Höhe gerückt und den praktischen Schwierigkeiten und Fragen, an welche wir bei dem Verhältniß der Politik zur Moral zu denken pflegen, mehr ausgewichen als Genüge geleistet

scheine, daß es sich vor Allem darum handle, ob es zu=
lässig sei im Interesse der öffentlichen Wohlfarth Hand=
lungen zu begehen, welche Gesez und Moral unbedingt
verbieten. Es ist zuzugeben, daß solche Collisionen nicht
nur denkbar sind, sondern vielfach vorkommen und daß jede
Theorie schuldig ist, auch nach dieser Seite hin Rede zu stehen.

Die Frage, ob verbrecherische Handlungen in politischen
Motiven eine Rechtfertigung finden können, ist einfach durch
die Hinweisung auf die Strafgeseze zu beantworten. Diese
haben niemals unter den Bedingungen, welche die Straf=
barkeit ausschließen, wie Nothwehr, Unzurechnungsfähigkeit,
auch das Motiv politischer Zweckmäßigkeit oder Nothwendig=
keit aufgezählt; der Richter könnte diesen Beweggrund daher
nur wie andere besondere Umstände der That bei der
Strafausmessung in Betracht ziehen. Von ganz anderer
Art und Tragweite dagegen ist der Fall, wenn Jemand
im vollen Bewußtsein, etwas gesezlich Verbotenes zu thun,
aber auch entschlossen dem Gesez die schuldige Sühne zu
leisten, sich dem gemeinen Besten zum Opfer bieten zu sollen
glaubt. Hierüber wird unser sittliches Urtheil nicht im All=
gemeinen, sondern nur nach allen besonderen Umständen
des einzelnen Falls zu richten wagen; es wird dem muthigen
und verantwortungsvollen Entschluß eines General York
die vollste Anerkennung nicht versagen, die That eines
Stapf, einer Charlotte Corday von der eines Sand oder
Blind unterscheiden, den Brudermord Timoleons, die Rechts=
verlezung des Consul Cicero, die Thaten eines Brutus,
eines Harmodius und Aristogiton je wieder nach anderem

Maaß zu würdigen haben. Es kann sich hiebei nicht blos
darum fragen, wie die Sache etwa von dem Handelnden
gemeint war, sondern wie sie wirklich lag. Bei politischen
Handlungen von außerordentlichem Charakter, zu denen
Niemand verbunden ist, ist Einsicht und Verständniß unerläßliche Pflicht und Thorheit wird zur verbrecherischen Anmaaßung. Für den Politiker ist überhaupt Klugheit nicht
blos eine intellectuelle, sondern eine sittliche Eigenschaft
und wem sie fehlt oder wer gar nicht beurtheilen kann, ob
sie ihm fehlt, der versündigt sich schon dadurch, daß er nach
einem Berufe greift, dem er nicht gewachsen ist und in dem
er doch nicht blos seine eigene Sache zu führen hat.

Das Strafgesetz läßt nun aber freilich noch viele Handlungen ungeahnt, die gleichwohl als unsittlich gelten müssen,
so vor Allem das Lügen, das wir nach alten Traditionen
als eine fast unerläßliche Beigabe der Politik und Diplo-
matie anzusehen gewöhnt sind. Wie stellt sich die Politik
dazu? Ich möchte antworten: alle politische Thätigkeit beruht auf einem durch Geburt oder Wahl verliehenen Amt;
kein Amt oder Dienstverhältniß aber kann zu unehrenhaften
und sittlich unerlaubten Handlungen ermächtigen oder ver-
pflichten. Auch wird der Staatsmann im inneren Staatsleben sowie im friedlichen Verkehr der Völker keinen Anlaß
finden können, die Pflicht einer richtig verstandenen Offen-
heit und Wahrhaftigkeit zu verletzen. Die Kriegslage aber
und schon die nur drohende Kriegsgefahr gehören dem Nothstand an, dessen Mittel durch das Völkerrecht und die Rücksichten einer natürlichen Humanität begrenzt sind. Ueber

diese hinaus noch die Forderungen des Edelmuths und einer romantischen Rittermoral hinzuzufügen, ist zweckwidrig und widerspricht der Stellung desjenigen, der nicht für sich sondern für andere, für Alle zu handeln hat. Großherzig und edelmüthig kann man nur auf eigene Kosten sein, nicht auf fremde. Wo Gewalt erlaubt ist, kann List nicht verboten sein; wen man tödten darf, den muß man auch täuschen dürfen, und wenn man mit beidem den gleichen Erfolg erzielen könnte, so müßte die Täuschung als das humanere und schonendere Mittel den Vorzug verdienen.

Man gelangt auf diesem Gebiete allerdings bald in die Neze einer difficilen Casuistik wie in jenen Fragenspielen der Moralcompendien über die Nothlügen oder ob der Schiffbrüchige, welcher einen Balken ergriffen hat, der nur einen einzigen tragen kann, einen zweiten, der denselben erfassen will, zurückstoßen dürfe. Ein gefeierter Staatsrechtslehrer findet es unanstößig, aus einem freiwillig angebotenen Verrath Nuzen zu ziehen oder Vertreter unseres guten Rechtes durch Geschenke zu gewinnen, erklärt aber die Bestechung fremder Beamten zur Begehung einer Pflichtwidrigkeit für unstatthaft. Es wird sich in solchen Dingen immer Vieles für und wider sagen lassen. Unter der Voraussezung, daß es sich nicht um den friedlichen, sondern um den feindlichen Verkehr der Völker handelt, würde mein sittliches Gefühl eine so haarscharfe Grenzlinie an dem bezeichneten Punkt nicht fordern oder begründet finden. Wenn ein Heerführer, der eine belagerte Festung mit Anwendung der furchtbarsten Zerstörungsmittel und unter Aufopferung

zahlloser Güter und Menschenleben in seine Hand zu bringen
berechtigt und verpflichtet ist, die Möglichkeit, ihre Thore
durch einen goldenen Schlüssel zu öffnen, zurückwiese, so
würde diese Zartheit seines individuellen Gewissens doch
nur auf Kosten Anderer seine Befriedigung finden und es
lägen Gesundheit und Leben von tausenden seiner eigenen
Landsleute und der Feinde auf der andern Wagschaale.
Es wäre widersinnig im Krieg einseitig darauf zu verzichten,
durch Bestechung Spione unter den Unterthanen des feindlichen Staats zu gewinnen. Es handelt sich hier um außer-
ordentliche Lagen, in denen die höchsten Güter eines Staats
oder einer Nation auf dem Spiele stehen, und denen, welche
die Verantwortung tragen, nicht anzusinnen ist, über die
Zwirnfäden der Casuistik zu stolpern.

Daß aber Politik und Moral, so unabhängig ihre
Pfade in vielen Dingen neben einander herlaufen, doch
aus Einer Quelle fließen und schließlich in ein gemeinsames
Ziel einmünden, das sehen wir vielleicht am deutlichsten
daran, daß ihre historische Entwicklung in einer stetigen
gegenseitigen Annäherung besteht, daß die Moral immer
politischer, die Politik immer moralischer zu werden, wenigstens die Tendenz zeigt. Für die christlich mittelalterliche
Weltanschauung waren alle sittlichen Ideale das Monopol
der Kirche; der Staat galt als mit dem Brandmal der
Weltlichkeit geächtet und erniedrigt; er war auch darnach;
es gab in ihm nicht sowohl Pflichten und Rechte, als Lasten
und Forderungen. Auch die neuere Philosophie fand nur
schwer den Weg, der Idee des Staats gerecht zu werden;

man begriff ihn nur als einen Assekuranzvertrag zum Schuz
des Einzelnen; in der Moral war kaum von ihm die Rede.
Es ist ein bleibendes und glänzendes Verdienst von Hegel,
vielleicht sein größtes, den Staat als die objective Verwirklichung sittlicher Ideen, ja als deren höchste Form erkannt und das Verhältniß des Einzelnen zum Staat in
die Ethik selbst aufgenommen zu haben. Aber auch von
ganz andern Ausgangspunkten ist ein hervorragendes Werk
christlicher Ethik zu dem gleichen Ziel gelangt, die Erfüllung
der sittlichen Ideale der Menschheit nicht der Kirche, sondern
dem Staat zuzuweisen.

Andererseits ist aber ebenso in der Politik die wachsende
Richtung auf höhere Ziele nicht zu verkennen. Im vorigen
Jahrhundert bestand sie noch in einem Intriguenspiel der
Kabinette; sich gegenseitig auszulauern und zu überlisten,
wo möglich die Kammerdiener und Weiber am Hofe zu
gewinnen, gehörte zu den wichtigsten Aufgaben der Diplo-
maten; Länderschacher und Theilung, Streit um Rang und
Macht war das Hauptthema; das Wohl der Völker kam
nur in den Formen der Phrase zur Sprache. Bei den
freieren Staatseinrichtungen der Gegenwart werden die
Schicksale der Völker nicht mehr in den Kabinetten und
Vorzimmern der Fürsten, sondern in öffentlichen Berathungen ihrer Vertreter erörtert und entschieden; Plane, welche
das Licht der Oeffentlichkeit zu scheuen haben, sind zwar
noch lange nicht unmöglich, aber um Vieles schwieriger zur
Ausführung geworden. Nachdem zwei große Kulturvölker
aus kläglicher Zerrissenheit zu nationaler Einigung gelangt

sind, sind die wahren und natürlichen Grenzen der euro=
päischen Staatenfamilie wenigstens im Wesentlichen gefunden
und bleibend festgestellt. Die allgemeine Wehrpflicht macht
Kriege unmöglich, welche nicht auch von den Völkern als
gerecht oder unabweisbar erkannt werden. Die Kriege
selbst sind von kürzerer Dauer und werden menschlicher ge=
führt. Von demselben Staat, in dessen Heer vor 100 Jahren
noch die eigene Mannschaft lebend in die Festungsgräben
geworfen wurde, damit ihre Leiber sie ausfüllten und den
Sturmcolonnen als Brücke dienten, sind die neuesten Anre=
gungen zu weiteren Fortschritten in der Humanität der
Kriegsführung ausgegangen.

Unser deutsches Volk aber, jezt stark genug, um nicht
fremden Gutes zu begehren und doch das eigene gegen alle
Welt zu behaupten, hat aus der Hand der Geschichte die
Mission empfangen, in der Mitte des Welttheils ein Reich
des Friedens zu gründen, für dessen Politik die Pflege der
Wohlfarth, Freiheit und der Gesittung die oberste Richt=
schnur sind. Uns war es vergönnt die Erfolge einer Staats=
kunst zu sehen und zu genießen, welche eine Prüfung nach
dem höchsten Maßstab der Geschichte nicht zu scheuen hat.
Zum zweitenmal im Lauf des Jahrhunderts hat die Noth
und Verwirrung der Zeiten dem deutschen Volk einen Mann
gegeben, in welchem das gewaltigste Wollen sich mit dem
richtigsten verschmolz.

Aber die Bedingung einer sittlichen Politik der Staaten
ist der sittliche Geist der Völker selbst. Nur wenn im
deutschen Volke die Empfänglichkeit für die idealen Güter

das Uebergewicht über Erwerbsinn und Genußsucht, über
Gleichgiltigkeit gegen das Gemeinwesen, über beschränkte
Vorurtheile behauptet, kann in einem Staatswesen, das
auf dem gleichen Wahlrecht Aller ruht, auch dessen Politik
im gleichen Geiste geführt werden. Die Moral des Volks
und die seiner Staatsmänner gehen Hand in Hand. Es
kann in freien Staaten nur ein vorübergehender Glücksfall
sein, wenn die Regierung eines Volkes besser ist als seine
Sitten. Und nur in dieser stetigen und lebendigen Wechsel=
wirkung liegt die letzte Lösung des Räthsels, an dem diese
Betrachtung sich versucht hat.

Rede über die Reichsoberhauptsfrage.

Frankfurt 22. Januar 1849.

Vorbemerkungen.

Ueber das Frankfurter Parlament ist nur selten noch
ein gerechtes und verständiges Urtheil zu hören. Jeder
publicistische Grünschnabel ergeht sich mit Behagen in ab-
schäzigen Redensarten über die doctrinären und unprak-
tischen Professoren, die, statt das Eisen zu schmieden, so
lange es noch warm war, die beste Zeit mit langen Reden
über abstracte Freiheitsfragen hingebracht, die Begeisterung
des Volkes gelähmt, sein Vertrauen verscherzt und damit
schließlich die Macht verloren haben, den widerstrebenden
Regierungen gegenüber ihr Verfassungswerk durchzusezen.
Nach der andern Lesart war die Versammlung selbst bis
ins Mark von dem Gift umstürzender Ideen angefressen
und die von ihr festgestellte Verfassung ein revolutionäres,
für die Regierungen schlechthin unannehmbares Werk.

Nachdem nun vollends die deutsche Einheit auf ganz
anderen Wegen und in Begleitung weltgeschichtlicher Glanz-
effekte fertig gebracht worden ist, ist jene Versammlung von
1848 versunken und vergessen; man glaubt auf sie, wie
auf eine Kinderkrankheit zurücksehen zu dürfen, die einen

Augenblick gefährlich erschienen war, von der man aber nur ein ganz dunkles Bild in der Erinnerung bewahrt.

Das Urtheil der Geschichte und Nachwelt wird wohl anders lauten. Zwar dagegen wüßte ich nichts zu sagen, wenn man jene Erfahrungen als Beweis anführen wollte, daß eine große Versammlung gewählter Volksvertreter selbst bei einer Fülle von Talenten und beim besten Meinen und Wollen für sich allein unfähig ist zu praktischer und schöpferischer Politik, daß ihr, wenn sie nicht die Wege eines Konventes einschlagen will oder kann, nur übrig bleibt, an den vorhandenen Staatsgewalten Halt und Anlehnung zu gewinnen und daß zwischen diesen beiden Möglichkeiten keine andere mehr in der Mitte liegt.

Dagegen wird der Frankfurter Versammlung Ein großes und unvergängliches Verdienst nie bestritten werden können. Sie hat den Gedanken der nationalen Einigung aus der Region nebelhafter Träumereien und zerfahrener Meinungen herausgeholt, für denselben die politische Gestalt und Formulirung gefunden und unter unsäglichen Schwierigkeiten durch die Lösung des Räthsels, wie und wie allein die Sache gemacht werden könne, das Ziel und Programm für die weitere Entwicklung festgestellt. Daß ein deutscher Bundesstaat mit zwei rivalisirenden europäischen Großmächten undenkbar, daß für den östreichischen Ländercomplex in demselben kein Platz, daß Preußen zu einer bleibenden Führerstellung in demselben berufen sei, diese ganze Idee des kleindeutschen Reiches mit der erbkaiserlichen Spitze, die schließlich zum Sieg und zur Verwirklichung gelangte,

mußte zuerst als der Eck- und Grundstein des künftigen
Baues ausgemeißelt und eingegraben sein. Sie mußte in
der Verwirrung der Parteimeinungen allmälig Propaganda
machen bei den politisch denkenden Köpfen der Nation, und
wenn Bismark, der zuerst selbst zu ihren Gegnern gehört
hatte, sie nicht ergriffen und vorbereitet gefunden hätte,
so wären seine Politik und deren Erfolge unmöglich gewesen.

Man hat jezt aber keine Vorstellung mehr davon, wie
schwer es war im Jahr 1848 zu dieser Lösung zu gelangen.
Der Gedanke war wohl schon von Einzelnen ausgesprochen,
von Paul Pfizer, von der deutschen Zeitung, aber nur auf
literarischem und journalistischem Feld neben hundert andern
Projecten und ohne Premirung des Hauptpunktes, des
Ausscheidens von Oestreich. Auch der Dahlmannsche Entwurf im Siebzehnerausschuß hatte diesen Punkt unausge-
sprochen gelassen und darum die Zustimmung der östreichischen Vertrauensmänner selbst finden können.

Zu sagen, die Frankfurter Versammlung hätte gleich
in den ersten Wochen, noch getragen von dem Strom der
allgemeinen Begeisterung, gestüzt auf die Ohnmacht oder
den guten Willen der Regierungen, irgendwelche Verfassung des deutschen Bundes oder Reiches decretiren und
das Weitere dann der Zukunft anheimstellen sollen, ist, milde
ausgedrückt, nicht mehr als ein albernes Gerede zu nennen.
Als ob für das deutsche Volk irgend welche beliebige Verfassung getaugt hätte! Und doch wäre auch nicht einmal
für irgend welche Verfassungsform damals irgend welche

Mehrheit zu finden gewesen. Die Frage über eine concrete Reugestaltung der deutschen Dinge war viel zu neu und unvorbereitet vor die Nation und ihre Vertreter gebracht worden.

Ich darf hier wohl zum Beleg eine kleine persönliche Erinnerung anführen. Es sollten in den ersten Tagen die Mitglieder eines Verfassungsausschusses in den Abtheilungen gewählt werden. Da man sich gegenseitig noch gar nicht kannte, so wurde in der Abtheilung, welcher ich zugeloost war, beschlossen, daß vor der Abstimmung Jeder in der Kürze eine Art von politischem Programm und Glaubens= bekenntniß ablegen solle. Da hieß es in der That: so viel Köpfe so viel Meinungen. Die Buntscheckigkeit der Vota erregte allmählig Heiterkeit. Ich war unter etwa 36 Col legen der Einzige, der sich zu dem Pfizer=Dahlmann'schen Programm bekannte, freilich auch mit dem Zusaz, daß die nähere Gestaltung der Sonderstellung von Oestreich noch weiterer Berathung bedürfe. Das mitleidig wohlwollende Lächeln der Nachbarn und Zuhörer zeigte mir, daß dieses Votum als die absonderliche Meinung eines jugendlichen Träumers und Dilettanten in politischen Dingen erschien.

Hätte die Versammlung etwa gleich mit dem anfangen sollen und können, was ihr am Ende noch fast unmöglich erschien, den Collegen aus Oestreich, einem Drittheil ihres Bestandes, direct oder indirect die Thüre zu weisen?

Wenn man den ganzen Sommer hindurch die Be= rathung der Grundrechte und mancherlei Allotria in ihrer ganzen Breite und Weitschweifigkeit zuließ, so geschah es,

weil man noch rathlos vor der Hauptfrage stand und keiner
der Entwürfe auf eine Mehrheit rechnen konnte. Der
Schwerpunkt der Berathungen lag damals außerhalb der
öffentlichen Sitzungen. In den Klubs und noch mehr in
kleineren Kreisen wurden die verschiedenen Möglichkeiten,
das neun=, das sieben=, das fünfköpfige Directorium, die
Trias, die Wahlmonarchie, das Alternat, das Doppelprä=
sidium und was Alles sonst noch durchgesprochen. Nicht
aus vorgefaßten Meinungen, sondern durch die innere Kraft
und Dialectik seiner Argumente brach sich hier allmälig
der kleindeutsche Gedanke Bahn und gewann Tag für Tag
einzelne Anhänger aus dem Kreise der früheren Gegner.
Im Herbst trat er in der Gestalt des Gagern'schen Pro=
gramms an die Oeffentlichkeit.

Für die Abgeordneten aus Preußen und den nord=
deutschen Kleinstaaten war das Opfer dieses Entschlusses
nicht groß. Das Häuflein der Kleindeutschen in den Süd=
staaten aber hatte einen schweren Stand. In Würtemberg
war die öffentliche Meinung entschieden großdeutsch, theils
aus democratischen, theils confessionellen oder particularisti=
schen Motiven. Die alten bewährten Führer der liberalen
Partheien, das Haupt des Märzministeriums, die beiden
Kammern, die große Mehrzahl der Reichstagsabgeordneten
stand in diesem Lager. Von den Unsrigen waren die be=
kannten Namen, Mathy, R. Mohl, Wurm außer Landes
ansässig und außer Fühlung mit ihren Wählern; wir drei
andern, unbekannt und ohne Bedeutung, erschienen wie

Abtrünnige. Ich wurde überhäuft mit Kundgebungen des Mißfallens und persönlichen Bedrohungen.

In diesem Zusammenhang mag die nachfolgende, bei der Berathung über die Erblichkeit der Reichsoberhaupt= würde gehaltene Rede, wenn sie auch weder damals eine erhebliche Bedeutung hatte, noch dem heutigen Leser etwas Neues sagen kann, doch noch einiges Interesse bieten, auch abgesehen von der kleinen Genugthuung, die es dem Redner gewähren kann, vor 25 Jahren im Ganzen nicht so fehlge= griffen und auch die militärisch=politische Lage der Südstaaten dem Erfolg nach nicht unrichtig beurtheilt zu haben.

Die Rede ist aus den amtlichen stenographischen Sitzungsberichten, unter Weglassung der damals so zahl= reichen Zwischenrufe von Zustimmenden und Gegnern, ab= gedruckt.

Meine Herren! Ich bekenne mich offen zu denjenigen, welche den Eintritt Oesterreichs in den deutschen Bundes= staat, wie wir ihn nöthig haben, für unmöglich, welche die Lösung unserer Aufgabe nur in der Gründung von zwei selbständig neben einander stehenden, durch Sympathien, Interessen und Verträge an einander geketteten Bundes= staaten für erreichbar halten. Ich will in dem engeren deutschen Bundesstaate, den wir hier zu gründen berufen sind, den König von Preußen als erblichen König der Deutschen. Die allgemeinen politischen Gründe für diese Ansicht hier zu entwickeln, unterlasse ich; ich will dieses einflußreicheren und beredteren Stimmen dieses Hauses

Rümelin, Reden u. Aufsätze.   12

überlassen, die es nach mir thun werden oder vor mir gethan haben. Ich habe in dieser Frage nur das Wort er-
beten, weil ich einer von den wenigen Süddeutschen bin,
welche entschieden auf dieser Seite stehen, und weil ich
wünschte, daß auch aus meinem engeren Vaterlande ein
Zeugniß dafür abgelegt würde, daß es auch dort nicht an
solchen fehlt, die sich in das Unvermeidliche fügen, die bereit sind, mancherlei Sympathien und Interessen um den
Preis eines großen Vaterlandes hinzugeben. Ich bedauere,
daß es einem andern Manne aus meinem Vaterlande nicht
gegönnt, daß Paul Pfizer verhindert ist, in diesen Tagen
auf dieser Tribüne zu stehen und für eine Idee zu
sprechen, welche er ein Recht hat, sein Eigenthum zu
nennen, worin er schon vor Jahren mit staatsmännischer
Voraussicht die künftige Form der deutschen Einigung
gefunden hat. Allein so sehr wir alle ihn hier vermissen,
so wollte ich doch nicht, daß gar keine Stimme aus meiner
Heimath in diesem Sinne sich vernehmen ließe.

Es ist gegenüber einer bestimmten, so schwierigen
Frage, wie die über das Oberhaupt, nicht leicht, von
einer öffentlichen Meinung zu sprechen, zumal in einem
Lande, wo das politische Urtheil sich selbst noch erst aus
einer trüben und verworrenen Gährung herauszuarbeiten
hat. Ich weiß sehr wohl, daß auch bei uns die demokrati-
schen Vereine gegen jede monarchische Spize sind, ich weiß
und begreife es vollkommen, daß diejenigen Theile von
Würtemberg, welche in den lezten Kriegsjahren mit uns
verbunden wurden und bis heute noch nicht recht zu einem

Ganzen zusammengewachsen sind, theils im Hinblick auf
geschichtliche Erinnerungen, theils aus confessionellen Rück=
sichten nicht für ein preußisches Kaiserthum sein können,
ich muthe es ihnen auch nicht zu. Ich gebe ferner zu,
daß, wenn es uns gelingen sollte, diesen Plan durchzuführen,
er bei uns nicht mit Jubel begrüßt werden dürfte, daß
das Volk lange Zeit dazu brauchen würde, ehe es sich
hineinfinden könnte; ich muß aber auch die Ueberzeugung
aussprechen, daß diese Idee in unserem Lande bei ihrer
Ausführung wenigstens nicht auf wesentliche und unüber=
steigliche Hindernisse stoßen und daß das Urtheil des Volkes
vorzüglich von der Stellung abhängen wird, die die Re=
gierung gegenüber dieser Frage einnehmen wird. Die
Männer, die an der Spize unserer Landesverwaltung stehen,
genießen ein solches Vertrauen beim Volke, daß es ihnen
glauben wird, wenn sie ihnen sagen, dieses Opfer sei ein
nothwendiges für die Einheit des Ganzen.

Meine Herren! Wir Bewohner des südwestlichen
Deutschlands befinden uns dieser Oberhauptsfrage gegen=
über in einer eigenthümlichen und peinlichen Stellung. Es
hat Niemand, kein deutscher Stamm ein größeres Interesse
an der deutschen Einheit, als wir; aber keiner hat auch
das so schwer zu empfinden, wenn Deutschland entweder
nicht einig, oder kein Ganzes werden wird. Wir Schwaben
haben den Fluch der Zerstückelung und Schwäche Deutsch=
lands schwerer getragen, als irgend ein anderes Volk.
Wir, deren Herzöge einst des Reiches Fahne trugen und
vorangiengen bei den Römerzügen, wir sind im lezten

12*

Jahrhundert zu Söldlingen herabgesunken und zu jener
Politik genöthigt worden, die dem Glücke des Siegers zu
folgen hat, wir haben das zweideutige Lob, auf allen Schlacht-
feldern Europa's für und gegen alle großen Armeen des
Festlandes gekämpft zu haben. Es hat uns bei allen diesen
Kämpfen niemals an Muth und Tapferkeit gefehlt, aber
niemals haben wir für ein Vaterland gekämpft. Und wenn
es sich heute wiederholt, wenn heute die Franzosen über
den Oberrhein kommen, so haben wir abermals nur die
traurige Wahl, ob wir unser Land allen Trangsalen des
Kriegs, aller Willkür eines übermüthigen Feindes hingeben,
oder ob wir Verräther werden wollen am deutschen Volke.
Ich weiß gewiß, daß unser Volk und daß der Fürst, der
an der Spize desselben steht, keinen Augenblick im Zweifel
sein wird, welche Wahl sie zu treffen hätten; aber traurig
ist es, wenn ein braves und tapferes Volk keine Wahl hat,
als eine solche. Das können Sie also glauben, uns ist es
Ernst damit, daß es ein starkes Deutschland gebe. Wir
sind zu jedem Opfer bereit. Wir treten nicht mit Ansprüchen
auf eine selbständige Stellung, wie unsere östlichen Nachbarn, auf; „wir stehn zurück, wir sind die Flehenden, die
Hülfe heischen bei den mächtigen Freunden." Allein das
ist wahr, wenn man nun dem Süddeutschen sagt, die deutsche
Einheit sei ein preußisches Erbkaiserthum, so ist das eine
harte Lehre. Wer mag sie hören? Sie können sich darüber nicht wundern; es ist auch für den Vorurtheilslosesten
bei uns, gleichsam als wenn man ihn unter ein Sturzbad
kalten Wassers stellte. Es benimmt einem Anfangs den

Athem, und man braucht einige Zeit, bis man sich daran
gewöhnt hat und wohl dabei fühlt.

Ich bin daher mit demjenigen, was mein Landsmann
M. Mohl vor kurzem in Beziehung auf die Stellung der süd=
deutschen Staaten zur Oberhauptsfrage gesagt hat, in vielem
einverstanden, besonders in dem, was er über die Sympathien
und Stimmungen des Volkes gesagt hat. Dagegen bin ich
nicht einverstanden, wenn er uns bewiesen hat, daß es so sehr
gegen die Interessen der süddeutschen Staaten sei, in ein
solches deutsches Reich einzutreten. Der erste und größte
Grund, den er geltend gemacht hat, sind unsere materiellen
Interessen. Ich stehe in dieser Beziehung auch auf dem Stand=
punkte eines Süddeutschen, und fühle mich verpflichtet, die
Interessen meiner Wähler und meines Landes hierin nach
ihrem ganzen Umfange zu wahren. Die Norddeutschen,
die Herren vom Freihandelsverein, kennen unser Land nicht.
Sie sehen nur die schönen rebenbegränzten Berge und die
anmuthigen Thäler, aber sie wissen nicht, daß um diese
Berge und in diesen Thälern ein verarmendes Volk wohnt,
für das der Boden nicht mehr ausreicht, der es zu ernähren
hat. Sie wissen nicht, daß in diesen Thälern viel tausend
arbeitslose und fleißige Hände sind, die nichts weiter ver=
langen, als daß sie wenigstens an den Hemden und Kleidern,
die sie auf dem Leibe tragen, den Lohn der Arbeit selber
verdienen. Da sprechen Sie von künstlicher unnatürlicher
Industrie, die wir auf Kosten Anderer gründen wollen,
während wir nur das Natürliche und Nothwendige fordern.
Wir wollen nur eine kurze vorübergehende mäßige Nach=

hülfe, damit unserm Volke neue Erwerbszweige geschaffen
werden; wir wollen, wenn einmal die Maschinen viele Ge=
werbe zu Grunde richten, daß es wenigstens die eigenen
Maschinen seien, die dieß thun. Allein so sehr ich in Be=
ziehung auf das Materielle dieser Frage auf süddeutscher
Seite stehe, so kann ich doch nicht einsehen, inwiefern hierin
ein Motiv gegen die Gründung eines starken Deutschlands
liegen solle. Man befürchtet, wir Süddeutsche seien in
diesem neuen Deutschland in der Minorität. Ich glaube
das nicht. Herr Stahl hat uns schon bewiesen, daß es
sich hier überhaupt nicht um einen Gegensaz von Nord und
Süden handle. Ich glaube vielmehr, daß diejenigen Theile
von Deutschland, in welchen eine kräftige Unterstüzung der
vaterländischen Arbeit ein unabweisbares Bedürfniß ge=
worden ist, auch ohne Oesterreich einen größeren Theil von
Deutschland ausmachen, als diejenigen, in welchen es nicht
der Fall ist. Allein selbst wenn wir die Majorität hätten,
so verlange ich nicht, daß diese Frage einfach durch eine
Majorität, die sich für das eine Extrem entscheidet, mag
auch der andere Theil darüber zu Grunde gehen, abgemacht
werde. Es ist eine Sache, wo zwei verschiedene Interessen
einander gegenüber stehen und wir haben hier den ersten
Beweis zu liefern, daß wir im Stande sind, uns zu ver=
ständigen und zu einigen über abweichende Ansprüche. Eine
solche Verständigung wird erreicht werden, sobald einmal
alle Interessen sich hören lassen können, sobald die Fragen
nicht im Allgemeinen, sondern im Einzelnen besprochen
werden, sobald die Entscheidung nicht mehr vom Zustande=

kommen eines einstimmigen Beschlusses von einem Dutzend
einzelner Regierungen abhängt, sondern von den Beschlüssen
eines Reichstags, von den Vertretern der ganzen Nation.
Die Frage über die Verhältnisse zu Oesterreich in Beziehung
auf Zoll und Handel bleibt jedenfalls eine Sache für sich,
die von Unterhandlungen abhängt, mag es nun mit der
deutschen Verfassung werden wie es will. Ob wir mit
Oesterreich ein Zoll= und Handelsgebiet bilden werden, was
ich so sehnlich wünsche, als irgend Jemand, und wann, das
hängt nicht von der heutigen Abstimmung ab, sondern da=
von, was die Interessen beider Länder gebieten; denn diese
sind mächtiger, als alle politischen Rücksichten des Augen=
blicks. Wenn ich aber auch zugebe, daß ein Zustandekommen
einer solchen Zollunion durch unsere Entscheidung verzögert
werden könnte, so kann ich von ein paar Monaten oder
Jahren, um welche ein für uns günstiger Handelsvertrag
früher oder später in's Leben tritt, die Auferstehung eines
starken Deutschlands niemals abhängig machen.

Der andere Punkt, in Beziehung auf welchen uns
bewiesen werden will, daß es gegen das Interesse der süd=
westlichen Staaten sei, mit Norddeutschland inniger zu=
sammenzuhängen, als mit Oesterreich, ist der militärisch=po=
litische. Man sagt uns, bei unserer Lage zwischen Frankreich
und Oesterreich sei Oesterreich unser natürlicher Beschützer,
wir seien nur dann gesichert, wenn wir mit Oesterreich im
innigsten und nächsten Bunde stehen. Ich will Sie hier
nicht an die Kriegsgeschichte erinnern und mich nicht auf
ein Gebiet verirren, auf dem ich nicht zu Hause bin, allein

das scheint mir auf der Hand zu liegen, daß ein Land, dessen Beschützer hundert Stunden hinter ihm liegen, schlecht beschützt ist, daß ein Land schlecht beschützt ist, wenn es noth= wendig der Tummelplaz der feindlichen Heere, der Siz des Krieges sein wird; und in welcher Weise Oesterreich unser Land ansieht, davon möchte ich aus der jüngsten Zeit noch einen Beweis anführen und an eine alte Sünde des deut= schen Bundes erinnern. Man hat von deutschem Geld, nachdem es lange im Kasten gelegen ist, und ich weiß nicht, wem Zinsen getragen hat, nicht eine deutsche Festung an die schwache Grenze Deutschlands, sondern an die Ostgrenze unseres Landes eine bayerische und österreichische Festung gebaut. Man hat unsere Länder dadurch zum Voraus als eine Beute bezeichnet, die man dem vordringenden Feinde hinwirft und überläßt. Wir können nur recht geschützt werden dadurch, daß wir mit einem starken Norddeutschland verbunden sind; wir werden am besten dadurch geschützt sein, daß am mittleren Rheine Norddeutschland eine ebenso starke und drohende Stellung an der schwachen Seite Frank= reichs hat, wie Frankreich am Oberrhein gegen die schwachen Seiten von Deutschland; wir sind viel sicherer, wenn in erster Linie Norddeutschland für uns einzustehen hat, denn der Schuz Oesterreichs bleibt uns unter allen Umständen im Rückhalt, weil es in seinem Interesse liegt, daß kein neuer Rheinbund an seinen Grenzen entstehe. Wenn wir mit einem starken Norddeutschland verbunden sind, so wird der Kriegsschauplaz zwischen dem mittleren Rheine und der Maas sein, und ein Krieg zwischen Oesterreich und Frank=

reich wird entweder in Deutschland gar nicht geführt werden
können, oder es wird zugleich ein Krieg gegen Deutschland
sein. Dieser Bund macht nicht nur uns sicher, sondern er
schützt und stärkt zugleich Oesterreich. Oesterreich ist um
Vieles kräftiger, wenn es diese Vorlande nicht mehr zu
decken hat, wenn ein starkes Deutschland zwischen ihm und
Frankreich steht, es kann dann um so viel stärker nach
anderen Richtungen hin wirken, in welchen es seine geschichtliche Aufgabe hat und in denen es bisher so wenig
gethan hat.

In Beziehung auf diese zwei wichtigsten Punkte bin
ich also mit denjenigen meiner Landsleute nicht einverstanden, welche uns von einem Interesse des südwestlichen
Deutschlands gegen eine solche Gestaltung der deutschen
Verfassung reden; allein selbst wenn diese Gründe nicht
richtig wären, selbst auf die Gefahr aller dieser traurigen
Möglichkeiten hin würde ich dennoch sagen, wir wollen
lieber auf einem verlassenen, preisgegebenen Vorposten eines
deutschen Reiches stehen, wir wollen lieber die Stiefsöhne
eines deutschen Vaterlandes sein, als gar kein Vaterland
haben. Herr Welcker hat diesen Ausdruck hart, übertrieben
und ungerecht gefunden, allein ich kann es nicht anders ansehen, und ich möchte Ihnen die Worte wiederholen, die Herr
Dahlmann bei anderer Gelegenheit in Beziehung auf verschiedene Anträge über das Suspensivveto gebraucht hat:
alle diese Anträge sind gleichviel werth, ich will Niemand
zu nahe treten, aber sie sind alle gar nichts werth. Es
handelt sich bei allen darum, ob Sie einen Bundesstaat

mit zwei Großmächten machen wollen, von denen die eine
noch eine Stellung außerhalb Deutschland hat; wenn Sie
zwei Großmächte haben, so haben Sie auch 30 kleine Staaten,
das hängt aufs Innigste zusammen. Die beiden Großmächte werden entweder mit einander gehen und auf die
kleinen drücken, und sie werden dieß besonders dann thun,
wenn es sich darum handelt, die politische Entwickelung zu
retardiren, oder sie werden nicht zusammengehen (und das
wird in allen großen politischen Fragen sein), dann werden
sie sich gegenseitig neutralisiren und gegen einander intri-
guiren und die Folge wird sein, daß es weder vor unserem
Volke, noch in den Augen des Auslandes ein großes Deutschland geben wird. Dem können Sie nicht entgehen; mag
Herr Welcker sagen, was er will, ich kann es nicht anders
nennen, als es sind alle die großen Gebrechen des alten
Bundestages. Man beruft sich auf das Parlament, allein
das Parlament kann gegen solche unnatürliche Verhältnisse
nicht aufkommen, es wird entweder ganz ohnmächtig oder
der Heerd und Tummelplatz aller dieser Intriguen sein,
das Parlament wird nichts beschließen können, was entweder Preußen oder Oesterreich nicht will, und dann —
Herr Welcker hat es zwar eine Kinderei genannt, wenn
man einen Werth darauf legen wolle, daß Oesterreich neben
seiner Stellung im deutschen Bunde auch noch Gesandte für
Ungarn u. s. w. habe, daß es eine einheitliche, geschlossene
Armee halte re., allein, meine Herren, eben in diesen Kin-
dereien liegt das Wesen der Sache, und wenn in Peters-
burg, London und Paris neben dem deutschen Gesandten

ein Gesandter für Ungarn ist, so wird man wohl wissen daß hinter diesem Gesandten die 600,000 österreichischen Bajonette stehen. Die Folge würde dann sein, daß Preußen seine europäische Stellung aufgibt, nur eine Stellung in Deutschland hat, und hier seinen gesezmäßigen Drittelsein= fluß ausübt, während Oesterreich innerhalb Deutschland ganz dieselbe Berechtigung mit Preußen, daneben aber seine europäische Stellung beibehält. Sie mögen über das Machtgefühl und Machtverhältniß der beiden Staaten ur= theilen, wie Sie wollen, in ein solches Verhältniß wird Preußen niemals eintreten, und Niemand, der die Geschichte kennt, wird das erwarten und Preußen zumuthen.

Die Gegner unserer Ansicht sind in Einem sehr stark, nämlich darin, uns die Mängel unseres Planes vorzuführen, sie können das und machen auch redlichen Gebrauch davon, sie können alles das, was uns das Herz schwer gemacht hat, bis wir zu diesem Entschluß kamen, wieder an uns vorüberführen, sie können die Wunde jeden Tag wieder aufreißen, und ich meinerseits gestehe Ihnen, daß, so oft Sie mir die Worte zurufen: das ganze Deutschland soll es sein, wenn ich auch Alles weiß, was sich gegen diesen Vor= wurf einer Theilung sagen läßt, es mich doch jedesmal wieder trifft. Sie können unsere Sache schlecht machen, Eines aber können Sie nicht, Sie sind nicht im Stande, ihr etwas Größeres, etwas gleich Großes, ja Sie sind nicht im Stande, ihr nur irgend Etwas entgegenzustellen, was dem Auslande und dem Volke gegenüber einen kleinen Grad von Verständlichkeit, von Lebensfähigkeit hat. Unser Ge=

danke ist offen und klar, seine Mängel liegen zu Tage,
Niemand kann sie verdecken; aber es ist ein klarer, scharf
durchschneidender Gedanke der Einheit und der Macht, und
er ist allem dem Halben und Verworrenen, das Sie ihm
gegenüberstellen, weit überlegen. Ich gebe nicht zu, daß
man das eine Zerstückelung, eine Theilung von Deutschland
nennen darf, was gegenüber den früheren Zuständen nur
eine noch unvollkommne, nicht für Alle gleichmäßige, aber
jedenfalls weit größere Einigung von Deutschland ist.
Allein selbst wenn Sie Recht hätten, wenn es eine Ver-
stümmelung von Deutschland wäre, so sage ich Ihnen, ich
würde mir lieber einen Arm abhauen lassen und einarmig
durch die Welt gehen, als zwei gesunde Arme haben, wovon der eine auch noch einer zweiten Person angewachsen
wäre, die das gleiche Recht hätte, sich desselben zu bedienen,
wie ich. Es ist dieß keine Theilung, keine Trennung.
Ich sehe das Verhältniß so an, wie es bei den alten Römern
und Griechen war; wenn da ein Theil der Bürger auszog,
um eine Colonie zu gründen und die Macht des Mutter-
landes zu verstärken, so nahmen sie das Feuer von den
Altären der heimischen Tempel mit. Sie blieben auch in
der Ferne in dem gemeinsamen Bande der Liebe und der
Sprache, der Erinnerungen und Stammverwandtschaft, und
diese Colonie, von der hier die Rede ist, meine Herren, sie
ist nicht ferne, es liegt kein Ocean dazwischen, sie ist nicht
abhängig von uns, sondern ist stark und mächtig wie wir,
und es sind alle Bedingungen da, die eine einige, dauernde
Verbindung möglich machen. Man hat viel von Klein-

Deutschland und Groß=Deutschland gesprochen und gesucht, das kleine Deutschland recht klein zu machen. Ich habe aber nie gehört, daß man dort, woher diese Namen über=haupt kommen, das kleine Griechenland, daß man Athen, Sparta, Corinth und Argos jemals herabgesetzt hätte gegen das große Griechenland in Italien. Sie reizen uns mit Ihrem großen Deutschland und spiegeln uns einen Traum von einem einheitlichen unermeßlichen Coloß von 70 Mil=lionen vor, der zu gründen sei. Ich muß gegenüber von solchen Unmöglichkeiten sagen, mir ist dies Klein=Deutschland, von dem Sie so verächtlich reden, immer noch lieber als gar keines.

Man sagt ferner, diese Union mit Oesterreich werde nicht zu Stande kommen. Wie man denn denken könne, daß Oesterreich sich werde aus Deutschland herausdrängen lassen; ja man führt uns alle Schrecken des Bürgerkriegs vor, der an einen solchen Beschluß sich hängen werde. Ich kann das nicht glauben und unter den vielen Gründen, aus denen ich denke, daß kein Bürgerkrieg entstehen wird, möchte ich nur einen hervorheben. Das österreichische Mini=sterium hat in dem Programm von Kremsier eine offene und ehrliche staatsmännische Ansicht ausgesprochen, und wer über den Sinn derselben irgend noch im Zweifel war, den hat gewiß die Note über das Consulatwesen vollends über=zeugt. Das Ministerium hat nach der Ankunft des Herrn v. Schmerling eine andere Ansicht über die Sache gewonnen. Ich weiß nicht, was Herr v. Schmerling dem österreichischen Ministerium gesagt und gerathen hat, aber wenn es sich

nun herausstellen sollte, daß der Rath, den Herr Schmer=
ling dem Ministerium gegeben hat, doch nicht Stich hält
gegen die Ansicht, die das Ministerium bis zum 27. Decem=
ber gehabt, glauben Sie oder haben Sie jemals gehört,
daß Jemand deßhalb das Schwert gezogen hat, weil man
ihn überzeugt, seine frühere Ansicht sei doch die richtige
und der davon abweichende Rath doch ein irriger gewesen?
So hoch man auch die Ansichten des Herrn v. Schmerling
stellen mag, einen Bürgerkrieg und eine Theilung Deutsch=
lands in zwei feindliche Lager werden sie nicht veranlassen.
Man schreckt uns ferner mit einem Krieg und sagt in dem=
selben Athemzug, wenn Oesterreich von Deutschland ge=
trennt werde, entstehe ein slavisches Reich, was schwer zu
glauben ist. Glauben Sie aber, daß die Slaven einen
Krieg anfangen würden, um in einen deutschen Bundesstaat
aufgenommen zu werden, daß sie das Schwert ziehen,
damit Wien aufhöre, der Centralpunkt ihrer Politik
zu sein?

Eben so groß sind aber die Gründe von unserer Seite,
die das Zustandekommen einer solchen Union wahrscheinlich
machen. Preußen hat sich geschichtlich im Gegensaz zu
Oesterreich entwickelt. Aber das hat gerade dann ein Ende
gefunden, wenn es mit dem übrigen Deutschland zusammen=
wächst und in ihm aufgeht. Deutschland wird kein Preußen
sein und wir acht Millionen Süddeutsche sind gerade eine
Bürgschaft für Oesterreich, daß keine antiösterreichische
Politik in dem neuen Deutschland jemals gelten wird.
Schon in Preußen selbst hat das exclusive Preußen=

thum kaum eine Mehrheit; wie soll es sie haben im übrigen
Deutschland, wo das Gewicht aller kleinen Staaten dazu
kommt, die zusammen größer sind, als Preußen selbst?
Wenn man ferner sagt, Oesterreich werde dann auf Deutsch=
land keinen Einfluß mehr haben, so muß ich Ihnen gestehen,
ich fürchte eher, daß der Einfluß Oesterreichs zu groß als
zu klein sein wird.

Was zum Schluß die Erblichkeit betrifft, so möchte ich
dafür nur Einen Grund anführen, der für mich ein ent=
scheidender ist. Wir wollen einen preußischen Erbkaiser
eben darum, weil wir nicht preußisch werden wollen. Wir
wollen uns ganz hingeben, aber wir verlangen das Gleiche
auch von Preußen. Wir verlangen, daß es seinen staat=
lichen Organismus als ein fügsames Glied in die deutsche
Verfassung einreihe, daß es uns in Berlin nicht den Doppel=
gänger eines Reichstags hinstelle, daß es nicht die Stellung
und Gliederung einer Großmacht fortbehalte, daß der Unter=
schied unter den deutschen Staaten kein anderer werde, als
der zwischen mittelbaren und unmittelbaren Reichslanden.
Diese Forderung können wir aber nur dann stellen, wenn
die Verbindung keine zeitliche, sondern eine unauflösliche
ist. Wir können nicht erwarten, daß Preußen, wenn es
nach sechs Jahren wieder abzutreten hat, seine gesammte
Staatsverfassung so lange suspendire. Es muß bleiben,
was es ist, und wir kommen aus dem Gegensaz von großen
und kleinen Staaten nie heraus; denn, wenn Preußen seine
selbständige Stellung behält, so werden es die Anderen
auch thun. Ein vollkommenes Zusammenwachsen ist nur

unter dieser einen Bedingung möglich, von der ich gesprochen habe.

Man sagt ferner, man könne für keine Erblichkeit stimmen, so lange das Verhältniß zu Oesterreich im Unklaren sei. Meine Herren, das ist ein fehlerhafter Zirkel in der Logik; ich sage Ihnen, das Verhältniß Oesterreichs wird auf die Minute hin so lange im Unklaren bleiben, als Sie darüber im Unklaren sind, und es wird klar werden in dem Augenblick, wo Sie ein klares Wort gesprochen haben werden. Man ist in Olmütz und Wien nicht im Unklaren. Man wird dort die Verfassung machen, wie man sie in Oesterreich bedarf, wie sie für den Zusammenhalt des großen Ländercomplexes unentbehrlich ist. Unser Ministerium soll unterhandeln und hat die Grundlagen der Verfassung nicht, auf die hin es unterhandeln soll. Freilich, wenn Sie gar keinen Bundesstaat machen, dann kann Oesterreich wohl eintreten, dann wird Alles anders: aber Sie müssen von Ihrer Seite das entscheidende Wort sprechen, und die schwierige Frage lösen und das Weitere wird folgen. Ich gebe zu, die Erblichkeit ist ein großer und kühner Gedanke, es ist ein kühner Griff wie keiner; es wird etwas hingestellt, was den Ausgangs- und Zielpunkt der künftigen Geschichte Deutschlands bezeichnen wird. Allein alles Andere, was Sie dieser Erblichkeit gegenüberstellen, sind lauter Provisoria, bei allem Anderen, was Sie machen, schieben Sie die Entscheidung der Zukunft zu. Das deutsche Volk hat uns aber berufen, daß wir eine Verfassung und nicht daß die Ereignisse sie machen. Es wird zwar geschehen, was wir wollen, wenn Sie es auch nicht beschließen, ich möchte aber um unseres Namens in der Weltgeschichte willen, daß wir die Sache machten. Sie schieben die Sache der Zukunft zu; unser Wahlspruch ist umgekehrt. Nicht die Zukunft soll die Verfassung Deutschlands, sondern unsere Verfassung soll die Zukunft machen.

Rede zur Feier des Geburtstags des deutschen Kaisers.

Tübingen 22. März 1874.

Es sind heute drei Jahre, daß der 22. März zum erstenmal über die schwarz-weißen Grenzpfähle hinaus eine Bedeutung gewonnen hat, damals sogar in noch weiterem Umkreis als heute. Denn von den Pariser Forts, von einer Menge eroberter Festungen und besezter Städte donnerten die deutschen Kanonen den Franzosen das Geburtsfest eines neuen Kaisers als das Wahrzeichen eines neuen Zeitalters in die Ohren. Von denjenigen, welche zuvor lieber eine andere Lösung der deutschen Dinge gewünscht hatten, kamen die einen, überwältigt von dem Eindruck unerhörter Siege und des glorreichsten Friedens, selbst herüber zu uns auf den neuen Boden, die anderen enthielten sich wenigstens der auffallenderen Kundgebungen ihres abweichenden Standpunkts. Allein diese Flitterwochen der neuen Aera gingen bald vorüber. Weder die Einzelnen noch ganze Völker halten sich so lange auf der Höhe einer begeisterten Empfindung. An die Stelle der Festtagsfreude trat wieder die gedämpftere Stimmung der werktägigen

Arbeit. Man gewöhnte sich bald, Kaiser und Reich, wie andere Dinge, als das Gegebene und Selbstverständliche anzusehen, für welches man keine besondere Ursache hat, sich zu erwärmen, zumal da die Einführung der neuen Ordnung der Dinge nicht ohne einzelne Reibungen und Opfer hatte vor sich gehen können. Indessen rüsteten in der Stille die alten, nur für den Augenblick verstummten Gegner zu neuem Kampf.

Was ist es nun, das an dem diesmaligen Jahrestag uns zahlreicher als je und ich glaube auch, in erregterer Stimmung und gehobenerem Muthe hier zusammengeführt hat? Im ruhigen und ungestörten Besiz pflegt der Mensch den wahren Werth seiner Güter nicht zu schäzen; erst wenn eine Gefahr an sie herantritt, wenn etwa eine Krankheit die uns theuren Personen niederwirft, fühlen wir alsbald an dem stärkeren Klopfen unseres Herzens, wie viel für uns auf dem Spiel steht. So ist es uns nun bei den lezten Wahlen mit Kaiser und Reich gegangen; wir waren betroffen von den unerwarteten Gefahren, die es bedrohten. Und es ist in der That eine sehr schwere und ernste That= sache, über deren Tragweite sich Niemand einer Täuschung hingeben darf, daß das deutsche Volk bei seinem zweiten Wahlgang ein volles Drittheil von gefährlichen und ge= schworenen Feinden der neuen Ordnung in den Reichstag geschickt hat.

Es ist jezt nicht mehr an der Zeit, die Hände in den Schooß zu legen; wir müssen brechen mit der deutschen Art oder Unart, daß der Bürger meint, er dürfe nur von

13*

Zeit zu Zeit, nach Laune, nach geringfügigen Gesichts= punkten, ja aus den unverantwortlichsten Motiven einen Wahlzettel in eine Urne werfen oder auch nicht werfen, um dann als kritisirender, raisonnirender oder gleichgiltiger Zuschauer den weiteren Verlauf der Dinge abzuwarten und die Verantwortung Andern zu überlassen.

Es kann jetzt und für die nächste Zukunft nur noch zwei Lager in Deutschland geben, solche, welche das Reich bekämpfen und untergraben, und solche, welche es beschützen und befestigen wollen. Und es muß der Spruch gelten: wer nicht für mich ist, der ist wider mich.

Wenn unsere Gegner, deren Standpunkte doch himmel= weit aus einander liegen, dennoch in geschlossenen Reihen kämpfen, warum sollten wir es nicht können, die wir Alle den Kaiser ehren wollen, aber es doch nicht unterlassen, so oft nur um den Bart des Kaisers mit einander zu streiten?

Sehen wir uns diese Gegner doch näher an, wer sie sind und was uns in Aussicht stünde, wenn sie, ich will nicht einmal sagen, siegen, sondern nur noch festeren Fuß und größeren Zuwachs gewinnen sollten. An der Spize der Einen zieht nur eine lange Reihe schwarzer Röcke, die Anderen aber folgen unheimlichen Gestalten mit der Jako= binermüze und rothen Fahnen. Ich weiß in der That keine gröbere und keckere Unwahrheit, als die Behauptung, die wir täglich hören und von hohen und höchsten kirchlichen Würdenträgern in Erlassen und Hirtenbriefen in den stärksten Ausdrücken wiederholt finden, daß in deutschen Landen die katholische Religion verfolgt und unterdrückt werde, daß

das neue Reich gleich nach seinem Entstehen nichts Besseres
zu thun gewußt habe, als einen Hader mit der katholischen
Kirche vom Zaun zu brechen. In keinem europäischen Lande
hatte diese eine so maßlose Freiheit genossen, wie in Preußen,
und so verfehlt und schädlich auch diese Zugeständnisse waren,
so würde man doch nicht ohne die zwingendsten Gründe zu
einem anderen System übergegangen sein, da man ja einer
konfessionellen Minderheit ohne Gefahr etwas mehr einräumen kann als der Mehrheit. In den übrigen deutschen
Ländern, und zwar in den vorherrschend protestantischen
noch mehr als in den katholischen selbst, hat man der katholischen Kirche nicht nur die volle Achtung ihrer ver-
fassungsmäßigen Rechte, sondern die entgegenkommendste
Rücksicht und Liberalität erwiesen. Auch muß man zur
Steuer der Wahrheit anerkennen, daß es nicht die deutschen
Bischöfe gewesen sind, welche von sich aus den Frieden ge-
brochen hätten. Drüben über den Bergen jene Gesellschaft
mit dem unbefugtesten Namen, welche die Geschichte als die
schlimmste Feindin aller menschlichen Bildung und Gesittung brandmarken muß, sie war es, die unter dem Schuz
der individuellen Freiheiten des modernen Staates und mit
Hilfe des allgemeinen Wahlrechts, das leider bis jezt der
Finsterniß und dem Unverstand mehr Früchte getragen hat,
als dem Licht und der Vernunft, die Zeit wiedergekommen
glaubte, um die alten Plane und Ziele unter neuen Formen
wieder aufzunehmen. Syllabus und Encyklika, wiewohl
sie den Genius des Jahrhunderts keck genug ins Gesicht
schlugen, waren nur die Vorläufer, aber wir in unsern

Tagen sollten das Unglaubliche erleben, dessen Vorhersagung ein Jahrzehnt vorher noch als der Einfall eines Thoren erschienen wäre: die päpstliche Unfehlbarkeit. Mag auch das noch zur Glaubensfreiheit gerechnet werden müssen, daß eine so ungeheuere, alles frühere Recht umstoßende Neuerung den Katholiken verkündigt, ein solches Joch ihnen auferlegt werden durfte, so gehört es dann doch auch ebenso zu den unveräußerlichen Rechten jedes freien und denkenden Menschen, es auszusprechen, wie ihm und wie allen anderen Christenmenschen diese That erscheinen muß, als die unerhörteste Anmaßung, als ein Frevel gegen alle gesunde Vernunft, gegen alles religiöse Gefühl, dessen erste Regung die Demuth und Erkenntniß menschlicher Schwachheit ist, gegen alles Gewissen, dessen erste Forderung die innere Wahrhaftigkeit ist, die es verbietet, sich selbst oder irgend einen seiner Nebenmenschen in menschlichen oder göttlichen Dingen für unfehlbar zu halten. Seitdem die römischen Imperatoren des Alterthums sich haben Altäre errichten und Opfer darbringen lassen, hatte sich in der gebildeten Welt nie wieder ein lebender Mensch vermessen, sich ein Attribut der Gottheit beizulegen. Eine Kirchengesellschaft, die sich mit dem Anspruch auf die übermenschliche Autorität ihres unumschränkt gebietenden Oberhauptes auf dem Staatsgebiet niederläßt und nach ihrem Gefallen die Grenzen ihrer Zuständigkeit abmessen will, ist ja schlechthin unvereinbar mit jeder Art von Staatsbegriff und unverhüllte Priesterherrschaft, die schlechteste und für ein freies und edles Volk unerträglichste aller Staatsformen.

Mögen sich das die romanischen Völker, Franzosen, Italiener, Spanier bieten lassen! Dort, wo die Masse der Gebildeten auf dem Standpunkt steht, daß Religion nur für die Weiber und die unteren Volksklassen gut und nöthig sei, mag man sich freilich darüber wundern, daß man bei uns so viel Wesens daraus mache, wenn zu hundert veralteten und unannehmbaren Glaubenssäzen noch ein hundert und erster hinzutrete, der noch etwas weniger vernünftig wäre. Der Geist der germanischen Völker aber, welchem zu allen Zeiten die Religion eine ernste und heilige Angelegenheit gewesen ist, weist solche Zumuthungen mit Entrüstung zurück, und alle Zweige derselben drängen in dieser Sache nach Einem Ziele hin. Zollen wir unseren Dank und unsere Anerkennung den braven Brüdern in der Schweiz, die in diesem Kampfe als die Tapfersten und Vordersten fechten und uns zeigen, wie die Sache praktisch anzufassen wäre. Unsere Stammgenossen in Oestreich haben muthig begonnen, die allzulang getragenen Fesseln abzustreifen. Das freie England begleitet unsere Kämpfe mit den wärmsten Sympathieen. Der Sieg in dieser Sache kann nicht zweifelhaft sein; der Staat wird und muß seine unverlierbaren Hoheitsrechte behaupten und dann, wenn der Sieg erstritten ist, wird es auch an einem billigen Friedensschluß und an einer Verständigung nicht fehlen, wie man sie einer Minderheit irregeleiteter Brüder und Mitbürger nicht versagen wird.

Man könnte vielleicht darüber streiten, und es wäre schwer, sich zu entscheiden, was mehr zu fürchten wäre, ein

Sieg der Ultramontanen oder der Socialdemokraten, ob etwa die Inquisition, die ja auch von Einem der Unfehlbaren eingeführt und niemals wieder außer Geltung gesezt worden ist, schlimmer wäre als eine neue Auflage der Pariser Kommune. Im einen Fall wird ein finsteres Gespenst des Mittelalters, im andern ein problematischer Gedanke der Zukunft in häßlichster Entstellung heraufbeschworen.

Es sei fern von mir, hier von Socialismus und Arbeiterfrage reden zu wollen; ich kann nur kurz meine und Vieler Ueberzeugung aussprechen, daß für die Gegenwart und nächste Zukunft keine schwerere und ernstere Pflicht und Aufgabe besteht, als die: eine zahlreiche und achtungswerthe Klasse, welcher bis jezt die Bürgschaften einer festbegründeten und gesicherten bürgerlichen Existenz mehr als den andern Ständen fehlen, zu einem friedlichen, geordneten, nach ihrer Bedeutung in das Ganze eingefügten Glied der Gesellschaft zu erheben, und daß wir, um dies zu erreichen, werden lernen müssen, Manches, was uns bisher als unumstößliche Wahrheit galt, zu den Vorurtheilen zu werfen und Opfer zu bringen, die uns heute noch als unannehmbar erscheinen. Aber ein Anderes ist der Kern und Untergrund von Wahrheit und Berechtigung, den diese Forderungen in sich bergen mögen, ein Anderes die Art und Form, in der sie uns jezt gegenübertreten. Wenn eine Enteignung der Besizenden der Zweck, Gewalt, Umsturz, Petroleum die Mittel sein sollen, wenn katilinarische Existenzen, verkommene Literaten, Leute, die es bequemer finden, auf Vereinskosten als von der eigenen Arbeit zu leben, von Stadt zu Stadt umherziehen, um in braven und fried= lichen Männern durch Lügen und Vorspiegelungen die ge= fährlichste aller Leidenschaften, den Klassenhaß, anzuschüren, wenn in der Parteipresse täglich die Greuel der Pariser Kommune gerechtfertigt, ja als Heldenthaten gepriesen und gefeiert werden, wenn Religion als Unsinn, Eigenthum als Diebstahl erklärt wird, wenn weitverzweigte Vereine in internationale Verbände treten und von auswärtigen Obern Befehle empfangen, dann bleibt in der That nichts übrig, als die Staatsanwälte und Polizeibehörden anzurufen, und wenn sich die bestehenden Geseze als unzureichend erweisen, sie so zu ergänzen, daß einer so schweren Gefährdung der öffentlichen Wohlfahrt Schranken gesezt werden können; und zwar müßte man dies thun, bevor es zu spät geworden ist. Inzwischen mag es immerhin von einigem Werth sein, wenn etliche der Agitatoren, statt sich in dem Zuruf und Beifall unkundiger Gesinnungsgenossen zu steigern und zu berauschen, im Reichstag Gelegenheit finden, auf die Sprache von Recht und Vernunft zu hören und die Bedeutung der realen Mächte des Lebens und des Staats abzuwägen, die sie über den Haufen werfen zu können meinen.

Ich komme zu einer andern Klasse von Feinden des Reichs, die zwar auch eine rothe, aber nicht die blutrothe Fahne schwingen, die nicht alle Bildung und sittliche Ord= nung, sondern nur die bestehende Staatsform bekämpfen. Wenn es nach ihrem Kopf gegangen wäre, so hätte Deutsch= land in einen Haufen föderirter Winkelrepubliken theils

zerschlagen, theils zusammengefaßt werden müssen, etwa
wie die Kantone Murcia und Granada nach dem Recept
der Herren Figueras und Pi y Margall; und da ihnen
die Weltgeschichte diesen Gefallen nicht gethan hat und auch
gar wenig Neigung an den Tag legt, dies bald nachzu=
holen, so sind sie zwar so gnädig, dem Reich die formelle
Anerkennung seines Bestehens nicht länger zu versagen; sie
suchen es aber in jeder Weise herabzusezen und schlecht zu
machen, indem sie die hohle Phrase von Cäsarismus und
Militarismus zu Tode hezen und unseres Volkes beste
Männer von Tag zu Tag mit Koth bewerfen. Nach ihrer
Meinung hätten die deutschen Heere nach dem Siege von
Sedan aus heiligem Respekt vor dem Namen Republik Halt
machen und Frieden schließen müssen, ohne die dem Reich
früher entrissenen deutschen Länder wieder in Anspruch zu
nehmen und eine wirksame Deckung der militärischen West=
grenze zu erreichen; ja heute noch, wurde uns erst kürzlich
gesagt, müßten wir die Elsäßer und Deutsch=Lothringer
darüber abstimmen lassen, ob es ihnen denn wirklich auch
gefällig ist, zu uns zu gehören, und wenn sie dies verneinen
sollten, die Länder mit den Festungen wieder an Frank=
reich zurückgeben.

Das Beste ist, daß diese Art von Demokraten nur ein
kleines Häuflein bildet, wiewohl sie gerade für unser Land
eine nicht zu unterschäzende Bedeutung hat. Denn wie
man früher schon nicht ganz mit Unrecht den Schwaben
einen potenzirten Deutschen im Guten wie im Schlimmen
genannt hat, so können wir in der That eine gewisse Nei=

gung, eigensinnig auch an dem unmöglich Gewordenen oder dem stets Unmöglichen festzuhalten und daran das Hoch= gefühl von angeblicher Konsequenz und Charakterstärke zu knüpfen, sowie eine leichte Anlage zur Querköpfigkeit nicht ganz in Abrede stellen.

Vor noch nicht langer Zeit hätte ich auch noch von einer vierten Klasse von Gegnern des Reiches sprechen müssen, ich halte es aber neben so vielem Unerfreulichen für eine der erfreulichsten neueren Thatsachen, daß wenig= stens in unserem Lande die Partikularisten und die Ratio= nalen in einen heilsamen Prozeß gegenseitiger Verschmelzung eingetreten sind. Vor einigen Jahren noch schien es Vielen, wie wenn die Einzelstaaten in ihrem Verhältniß zum Reich jenen Schiffen in der Fabel glichen, die in die Nähe des Magnetberges geriethen, der ihnen die eisernen Nägel und Klammern aus den Rippen zog, daß sie auseinanderfallen mußten. Diese Meinung, die freilich von Anfang an eine verfehlte war, wird heute nur noch wenig einsichtige Ver= treter finden. Die Auseinandersetzung zwischen dem Bund und seinen Gliedern ist in der Hauptsache abgeschlossen und es kann sich nur noch um kleine Grenzberichtigungen handeln, wie sie zwischen anstoßenden Gebieten niemals ganz aufhören. Es hat sich gezeigt, daß die meisten Einzelstaaten vollkommen lebensfähig geblieben sind und bleiben werden. Weitaus die meisten und die den Einzelnen am nächsten und un= mittelbarsten berührenden öffentlichen Funktionen sind auf ihrer Seite geblieben und an der Regelung der den Bundes= organen vorbehaltenen Angelegenheiten nehmen das Volk und die Regierung in einer Art und in einem Umfang Antheil, die jedem billigen Anspruch genügen müßten. Unsere Regierung hat die Bahn einer loyalen und reichs= treuen Politik betreten. Sollte es vielleicht auch hie und da an kleinen Reibungen nicht fehlen, so sind sie doch un= erheblich und bergen keine Gefahr. Unsere inneren Zu= stände sind, wenn man nicht einen idealen, sondern den praktischen Maßstab eines etwas geschichts= und weltkun= digen Beurtheilers anlegt, im Großen und Ganzen befrie= digende und wohlgeordnete zu nennen; wir haben in frei= sinnigen Institutionen, in sorgfältiger, ehrlicher und humaner Rechts= und Wohlfahrtspflege den Vergleich mit andern Ländern nicht zu scheuen; um Einzelnes können uns die= selben beneiden und thun es auch. Nach meiner Erfahrung und Ueberzeugung kann man mit ungetheiltem Herzen ein guter Württemberger und ein guter Deutscher sein; man kann ohne Gewissensnöthen nach dem Spruche leben: Gebet dem Kaiser was des Kaisers ist und dem König was des Königs ist.

Aber das kann doch kein Einsichtiger sich verhehlen, daß wir dies Gefühl befriedigender und befestigter Zustände nicht uns allein, daß wir es wesentlich mit dem Reichs= verbande danken, auf welchem dieselben wie auf ihrem Fundament, ihrer Grundmauer ruhen. Wären wir noch wie früher der europäische Kleinstaat, der nicht wüßte, ob er im nächsten Krieg zu Oestreich, Preußen oder Frankreich zu halten gezwungen oder veranlaßt sein wird, der das französische Ausfallthor am Rhein sich im Nacken wüßte, wie prekär und schwankend wären nicht nur die politischen, sondern auch die wirthschaftlichen Verhältnisse! Man konnte jenen Zustand etwa einem gefälligen, bequemen, auch nicht allzu kostspieligen Anzug vergleichen, der nur einen einzigen Fehler hätte, daß er nicht naß werden, daß es nicht regnen und nicht schneien durfte.

Und wie mit der äußeren, so verhält es sich auch mit der inneren Sicherheit. Wir stehen in einem großen Kultur=kampf der Staatsgewalt mit der Hierarchie, der modernen Gesellschaft gegen auflösende und zerstörende Elemente. Wiewohl weder die eine noch die andere Gefahr gerade unser Land so nah und unmittelbar bedroht, wie manche andere Länder, so ist doch kein Zweifel, daß, wenn jene feindlichen Gewalten ihre Erfolge anderwärts errungen hätten, sie nicht an unsern Grenzpfählen Halt machen, daß sie auch uns Verwirrung und Zersezung bringen würden.

Denn das liegt ja zu Tage; gegen das Reich kehren jene Mächte für jezt nur deswegen vorzugsweise ihre Spize, weil dort die größten Widerstandskräfte liegen, weil dahin die ersten Stöße zu richten sind und ohne einigen Erfolg an diesem Punkte anderwärts nichts zu hoffen ist. Aber ihrer innersten Natur nach sind sie ja um nichts feindlicher gegen das Reich, als gegen den Staat überhaupt, gegen alle sittliche und gesellschaftliche Ordnung, gegen alle Bil=dung und wahre Freiheit.

Und dies ist der eigentliche Zweck und das Ziel von Allem, was ich bisher gesagt habe. Ich wollte in Ihnen die Ueberzeugung erwecken, oder zur vollsten Lebendigkeit

und Klarheit steigern, daß Kaiser und Reich nicht blos ein
dem Einzelnen fern liegendes Institut sind, das etwa zum
Schuz nach Außen, für den Verkehr, für Münze, Maß
und Gewicht und ähnliche Dinge dient, sondern der Grund=
pfeiler und Eckstein für die Vertheidigung und Befestigung
aller nationalen und höheren Güter, für das ganze wirth=
schaftliche Leben, für Bildung und Freiheit, für die ächte
Religion wie für die freie Wissenschaft, für Alles, was
dem menschlichen Leben Schmuck und Werth zu leihen ver=
mag. Fiele oder sänke das Reich, so stünden wir vor dem
Abgrund, vor einem neuen Chaos der Verwirrung und
Auflösung.

Und nun gestatten Sie mir noch einige direkt auf den
Gegenstand der heutigen Feier bezügliche Worte beizufügen.
Wenn es zu den schlagendsten Zeugnissen für die Treff=
lichkeit der konstitutionell monarchischen Staatsform gehört,
daß sie auch den mittelmäßigen, ja den schwachen und un=
bedeutenden Herrscher zu ertragen vermag, so giebt es doch
keine erfreulichere und glänzendere Erscheinung, als wenn
die Persönlichkeit und die Hoheit des Amts in Einer Linie
stehen, wenn, wie bei Kaiser Wilhelm, die Eigenschaften
des Fürsten sich decken mit den Bedürfnissen des Zeitalters
und seiner Nation. Ohne eigenwilliges Eingreifen und doch
mit selbständigem Urtheil und Entschluß hat er im Krieg
und Frieden zu rechter Zeit das Rechte gefunden. Wo
hat er in großen Dingen etwas gethan, was er hätte unter=
lassen sollen, wo etwas unterlassen, das er hätte thun
müssen? Wie hat er gerade in dem abgelaufenen Jahr

in den Briefen an den Papst und den Grafen Ruſſell, in einfacher und edler Form, kein Wort zu viel und keins zu wenig, den vollſten Gehalt der Sache zum erſchöpfenden Ausdruck gebracht! Wahrlich, nie hat eine glänzendere Krone ein würdigeres Haupt geſchmückt.

Der Kaiſer tritt heute in ſein 78. Lebensjahr und die Bürde dieſer Jahre hat ſich zuletzt nicht mehr in dem Grade, wie früher, verläugnet. Wer wünſcht nicht, daß dies theure Leben dem Reich noch lange erhalten bleibe, daß der hohe Fürſt ſich der großartigen Früchte ſeines Wirkens noch lange erfreuen möge? M. H.! Der Hort und Schirmherr aller unſerer nationalen Güter, der glorreiche Führer des deutſchen Volkes in ſeinen äußeren und inneren Kämpfen, der deutſche Kaiſer Wilhelm lebe hoch!

Zur Theorie der Statistik.

I. 1863.

Nachdem R. Mohl die zahlreichen und weit auseinander laufenden Definitionen der Statistik als eine „psychologische Merkwürdigkeit" und „wunderliche Literatur" bezeichnet hat, da doch die Frage an sich einfach und schon von den Gründern jener Wissenschaft gelöst worden sei, ist es eine mißliche Sache geworden, sich an jenem Problem von Neuem zu versuchen. Wenn dies nun dennoch hier und dort immer wieder geschieht, wenn also selbst die Gefahr der Lächerlichkeit nicht als hinreichendes Abschreckungsmittel wirkt, so muß doch wohl irgend ein verborgener Stachel und Reiz in der Sache liegen und man möchte an die Freier in Gozzi's Mährchen denken, die uneingeschüchtert durch die blutigen Köpfe unglücklicher Vorgänger sich stets von Neuem wieder zu Turandot's Räthsel herandrängten. Der Verfasser nun ist wenigstens nicht aus Fürwitz, nicht, um etwas Neues vorzubringen, auf diese Frage geführt worden; die Veranlassung lag für ihn in praktischen Berufsarbeiten von statistischer Art, die mit Nothwendigkeit auf principielle Untersuchungen hinwiesen und ohne Klarheit über die Grenzen und Aufgabe des Fachs als unlösbar erschienen. Als er nun in der Literatur dieser Disciplin Aufschlüsse suchte und jenes Labyrinth von Meinungen durchirrt hatte, mußte sich ihm die Ueberzeugung aufdrängen, daß auch die besten und anerkanntesten Begriffsbestimmungen immer noch Etwas als Statistik bezeichnen, was mit der Praxis des Fachmannes nicht recht harmoniren will, was diesem die Grenzen seiner Kunst in viel zu vage und nebelhafte Regionen rückt. So lange die Statistik im Wesentlichen doch noch als die Wissenschaft von den menschlichen Zuständen bezeichnet wird, die zwar vorzugsweise die staatlichen und gesellschaftlichen Verhältnisse ins Auge zu fassen, aber doch auch noch manches Andere zu berücksichtigen habe, die zwar vorzugsweise beschreibender und darstellender Natur sei, aber doch nach Umständen auch Ursachen und Geseze zu erforschen habe, die zwar vorzugsweise mit der Gegenwart beschäftigt, aber doch auch an der Behandlung früherer Zeitperioden nicht behindert sei, die zwar gerne und vorzugsweise ihre Ergebnisse in Zahlen ausdrücke, aber doch auch anderer Darstellungsmittel sich zu bedienen habe, so lange also die ziemlich unwissenschaftliche Formel: vorzugsweise dieses, aber doch auch Anderes, noch eine so bedeutende Rolle in den Definitionen spielt, darf man die Akten in der That noch nicht für geschlossen erklären. Der Verfasser wurde nun durch ein von mannigfaltiger statistischer Praxis begleitetes und unterbrochenes Nachdenken zu einer Auffassung geführt, die ihm über manche Zweifel und Bedenken hinweghalf und von der er sich, wie es zu gehen pflegt, schließlich glauben machte, daß sie auch andern, namentlich den Fachmännern, wenigstens als ein Versuch, auf einige neue Seiten der Sache aufmerksam zu machen, von Interesse sein könnte. Er erlaubt sich daher, dieselbe in kürzester Weise hier darzulegen und glaubt von jeder weiteren Einleitung, namentlich von einer vorausgehenden Uebersicht und Kritik anderer Ansichten um so mehr Umgang nehmen zu dürfen, als hierüber Mohl bereits in seiner gediegenen Weise Bericht erstattet hat und auch Andere, wie z. B. Jonak, klare und gründliche Aufschlüsse geben.

Auf die Gefahr hin, jenes Prädikat der Wunderlichkeit gleich vornherein zu provociren, müssen wir den Leser bitten, den Ausgangspunkt in einem beliebigen Compendium der Logik, nicht der speculativen, sondern der vulgären zu nehmen, und zwar in dem nach der üblichen Eintheilung zweiten Abschnitt derselben, der Methodologie oder Lehre von der allgemeinen wissenschaftlichen Technik. Wir denken uns, daß daselbst Deduction und Induction oder der Schluß vom Allgemeinen aufs Einzelne und vom Einzelnen aufs Allgemeine, als die beiden Grundformen aller wissenschaftlichen Gedankenentwicklung vorangestellt sind, daß sodann in dem Kapitel der Induction näher von den Bedingungen einer richtigen Induction die Rede war und unter diesen wieder die richtige Beobachtung der einzelnen Erscheinungen, aus welchen Inductionsschlüsse abgeleitet werden wollen, genauer erörtert wird. Hier unterscheidet man nun die natürliche Beobachtung und die methodische. In der natürlichen betrachtet der Mensch mit seinen natürlichen Wahrnehmungsorganen das Object in eben dem Zustand, in welchem die Wirklichkeit es ihm darbietet. Diese Beobachtungsweise hat aber einen doppelten Mangel, einmal an der Unzulänglichkeit und Unzuverläßigkeit der menschlichen Wahrnehmung selbst, sodann an der großen Complicirtheit aller realen Erscheinung. Beide Mängel sucht die methodische Beobachtung zu beseitigen oder zu vermindern, den ersten, indem sie durch wissenschaftliche Werkzeuge die menschlichen Wahrnehmungsorgane ergänzt und verschärft, wie durch den ganzen Apparat von Maaßen, Waagen, optischen, akustischen, meteorologischen ꝛc. Instrumenten, den zweiten, indem sie das Object selbst für die Beobachtung präparirt durch den wissenschaftlichen Versuch oder das Experiment. Dieses hat wieder zwei Grundformen; die eine besteht darin, daß das Object der Beobachtung durch möglichste Beseitigung aller störenden oder unwesentlichen Coefficienten auf seine einfachste Gestalt, auf ein Urphänomen zurückgeführt wird; das andere, daß das Object in seinem Verhalten zu absichtlich hinzugefügten Coefficienten betrachtet wird. Auf die leztere Form sind die Wissenschaften, welche organische Wesen zum Gegenstand haben, weil hier schon das Urphänomen selbst immer noch eine sehr complicirte Erscheinung bleibt, vorzugsweise angewiesen.

Die gewöhnlichen Compendien der Logik, wenigstens diejenigen, die dem Verfasser zur Hand waren, behandeln die Lehre von den Mitteln der wissenschaftlichen Beobachtung ziemlich kurz und würdigen nur etwa das Experiment eines näheren Eingehens. Der Gegenstand erscheint uns aber für die Eintheilung, sowie für die Einsicht in den ganzen Charakter der verschiedenen Wissenschaften, mit denen unser Gegenstand sich berührt, wichtig genug, um eine weitere Fortführung dieser Betrachtung zu rechtfertigen.

Der Kosmos, die Welt zerfällt für unsere Betrachtung in die zwei großen Hälften, das Reich der Natur und die Menschenwelt. Natur nennen wir Alles, was sich uns als ein ohne Zuthun des menschlichen Willens Wirkendes darstellt. Sowohl die Wissenschaften von der Natur als die vom Menschen sind Erfahrungswissenschaften, d. h. sie beruhen in lezter Instanz auf Induction und Beobachtung, mag nun im Uebrigen der Antheil des deductiven Verfahrens größer oder kleiner sein. Allein die beiden Hauptgattungen von Wissenschaften sind sehr verschieden von einander in Beziehung auf die Mittel der wissenschaftlichen Beobachtung.

Wenn in den Naturwissenschaften durch die obigen Mittel der natürlichen und methodischen Beobachtung so Großes geleistet wird, wenn sie sich mit Stolz neben der Mathematik als die einzigen exacten, d. h. die Anerkennung ihrer Lehrsäze erzwingenden Wissenschaften nennen, so beruht dies nur auf der Einen großen Regel, daß in der Natur das Einzelne typisch ist, daß schon eine einzige genau constatirte und correct beobachtete Thatsache zu einem Inductionsschluß berechtigt und die Wiederholung der Beobachtung in der Regel nur zur Controle des menschlichen Verfahrens erforderlich ist. Wenn der Physiker in Einem unzweifelhaften Falle bemerkt hat, daß ein gewisser Körper zu den electrischen Leitern gehört, so weiß er, daß dieser und alle andern Körper der gleichen Art jetzt und allzeit und überall unter denselben äußeren Umständen electrische Leiter waren, sind und sein werden. Wenn der Chemiker das Verhalten eines neuentdeckten Grundstoffes zum Sauerstoff durch Ein richtiges Experiment ermittelt hat, so zweifelt er nicht, daß sich dies Experiment in Amerika so gut wie in Europa, in 1000 Jahren so gut wie jetzt wiederholen läßt. Wenn uns der Zoolog aus Einer Beobachtungsreihe schildert, wie die Grasmücke ihr Nest baut, ihre Eier ausbrütet, ihre Jungen füttert, so ist er sicher, uns damit einen typischen Vorgang geschildert zu haben. Allein schon wenn wir zu den unter menschlicher Einwirkung stehenden Pflanzen und Thieren übergehen, vermindert sich die Zuversicht, mit der wir die einzelne Erscheinung als eine typische betrachten, und wenn wir zuletzt vollends hinüberschreiten in das Reich der menschlichen Psyche, so erlischt sie ganz.

Im Reich der Natur ist das Einzelne typisch, in der Menschenwelt individuell. Unmöglich kann aber hiebei individuell so viel heißen als indeterminirt, außerhalb des Causalitätsgesezes stehend, jeder Erklärung und Zurückführung auf constante Ursachen sich entziehend. Sonst wäre auf diesem Gebiet überhaupt keine Wissenschaft denkbar und alle Erfahrung werthlos. Wie die Wirklichkeit überhaupt keine Sprünge und scharfe Grenzlinien kennt, so ist auch jener Unterschied nur ein fließender. Auch kein Sandkorn, kein Grashalm, kein Holzwurm gleicht genau dem andern, noch weniger ein Hund oder Affe; aber das Ab-

weichende erscheint uns hier verschwindend klein gegen das
Uebereinstimmende und erklärt sich meist aus erkennbaren
Verschiedenheiten der äußeren Bedingungen. Und doch tritt
schon innerhalb jener Beispiele eine Abstufung deutlich her=
vor. Je höher wir heraufsteigen in der fortschreitenden
Reihe der Organisationen, desto zahlreicher werden die
Factoren des organischen Lebens, desto mannigfaltiger ihre
Combinationen, desto weiter eben damit der Spielraum in=
dividueller Abweichungen. Und wie man zwar 6 Zeichen
schon auf 720 Arten zusammensezen kann, 12 Zeichen aber
nicht etwa doppelt so viel mal, sondern gleich 490 Millionen
mal, so steigern schon wenige neu hinzutretende Elemente
im organischen Leben die Mannigfaltigkeit der Erscheinungen
in unendlicher Progression. Das Individuelle entwickelt
sich genau im Verhältniß des zunehmenden Reichthums der
Lebensformen. Auch innerhalb der Menschenwelt sezt sich
der gleiche Stufengang noch fort; der Wilde ist typischer
als der civilisirte Mensch; der Neger und Mongole ist es
mehr als der Kaukasier; der Mensch des Alterthums mehr
als der des Mittelalters; und dieser mehr als der moderne.
Der Mann ist individueller als das Weib; der Erwachsene
als das Kind, der Gebildete als der Ungebildete, der edle
Mensch als der gemeine. Aber diese lange Reihe vom
Sandkorn bis zum großen Denker oder Dichter zerfällt
uns in zwei Hälften; sie zeigt Einen Sprung, den größten,
den wir überhaupt in dem Stufengang der Natur wahr=
nehmen, den vom Thier zum Menschen. Im Ganzen und
Großen sind wir berechtigt, Natur und Menschenwelt als

das Reich der typischen Einzelheiten und der Individualitäten zu unterscheiden. Gesezmäßig ist die Entwicklung
des genialsten Menschen um nichts weniger, als die der
dürftigsten Kryptogame; das sind wir durch den Causalitäts-
begriff geneigt a priori vorauszusezen; aber in der Betrachtung des Menschen verbirgt sich das Gesez unter der
unabsehbaren Menge von störenden oder modificirenden
Coefficienten der Erscheinung. Mit andern Worten: der
Inductionsschluß, die Conclusion von Einem oder mehreren
Einzelnen auf die Gattung verändert sich, zwar nicht seiner
Natur, aber seiner Gestalt nach und verliert die Leichtigkeit
und Sicherheit seiner Anwendung, wie sie den Naturwissenschaften zu Statten kommt. Wenn die einfache Beobachtung
der einzelnen Erscheinung, wenn Instrument und Experiment
ihre Dienste versagen, wie gelangen nun die mit der Welt
der Individualitäten beschäftigten Wissenschaften gleichwohl
zu Erfahrung, welcher Ersaz findet sich für die verlorenen
Beobachtungsmittel der Naturwissenschaften? Hier bieten
sich nun zunächst zwei eigenthümliche Vorzüge dieser Wissenschaften vor den mit der Natur beschäftigten dar.

Das Nächste und Wichtigste ist, daß für die Beobachtung von Menschen und menschlichen Verhältnissen zu der
äußeren Erfahrung die innere hinzutritt. Der Mensch erkennt den Menschen von innen heraus; der Andere tritt
uns nicht, wie die Naturobjecte, als eine verschlossene Erscheinung entgegen, sondern das eigene Selbstbewußtsein
gibt uns den Schlüssel zu seinem Verständniß. Der zweite
Unterschied, der weniger die Mittel als das Feld der Beo-

bachtung betrifft, ist zwar nur relativ, aber doch immer
noch von größter Bedeutung. In der Natur beschränkt
sich die Beobachtung auf die Gegenwart, wenn auch das
Gegenwärtige vielfach zu Schlüssen auf Vergangenes berechtigt; es gibt zwar eine Bildungsgeschichte des Planeten
und der Erdrinde, ja, auch abgesehen von Darwin's Lehren,
der Gattungen und Arten; allein innerhalb der historischen
Zeit sind solche Veränderungen jedenfalls verschwindend
klein gegenüber von der Stabilität und Unveränderlichkeit
der Naturerscheinungen. Die Jahrzehnte der Menschheit
entsprechen kaum den Jahrtausenden der Natur. In den
Wissenschaften vom Menschen wächst der Stoff selbst von
Geschlecht zu Geschlecht. Die Menschheit hat eine Geschichte
und wälzt deren Nachwirkung und Erinnerung lawinen-
artig mit sich fort. Die Beobachtung des Menschen beschränkt sich daher nicht auf die Gegenwart, sondern erstreckt
sich rückwärts auf Jahrtausende und findet daselbst einen
unabsehbaren Reichthum der heterogensten Erscheinungen.
Jedes Geschlecht tritt unmittelbar in eine Erbschaft von
Sprache und Vorstellungen, Erfahrungen, Fertigkeiten und
angesammelten Gütern, materiellen und geistigen, aller Art
ein, und außerdem bewahren zahlreiche sprachliche und
andere Denkmäler die Erinnerungen längst verschwundener
Ereignisse und Lebensanschauungen.

Allein von so unendlicher Bedeutung jenes Hinzutreten
der inneren Erfahrung und die Ausdehnung des Beobachtungsfeldes auf die Vergangenheit ist, so vermag beides
doch vom methodologischen Standpunkt aus den Vortheil,

den die Naturwissenschaften durch den typischen Charakter
der einzelnen Erscheinung haben, bei Weitem nicht auszu=
gleichen. Weder das Eine noch das Andere kann über
unmaaßgebliche Individualfälle hinausführen. Es mag
genialen Geistern in der überraschendsten Weise gelingen,
ihr Inneres zu einem Spiegelbild ihrer Zeit, ihres Volkes,
der Menschheit zu läutern; es wird andere geniale Geister
unter anderen Verhältnissen geben, deren Inneres von den
gleichen Erscheinungen ein ganz abweichendes Bild zurück=
wirft, ohne daß sich ein Maaßstab fände, eine wissenschaft=
liche Entscheidung zu treffen. Die Geschichte berichtet uns
von Personen und Dingen, die nur einmal in einem nicht
wiederkehrenden Complex von Umständen gerade so ge=
worden sind, und die sich uns überdies nur durch das un=
glaublich trübe Medium einer beschränkten Beobachtung und
befangenen Beurtheilung darstellen. Die Wissenschaften
vom Menschen aber, soweit sie nicht blos beschreibender
oder erzählender Art sind, suchen nicht Aufschlüsse über
einzelne Individuen, sondern über collective Begriffe, sei
es von Menschen oder menschlichen Lebenskreisen, sie fragen
nicht nach dem Einmal Geschehenen, sondern nach den Ge=
sezen alles Geschehens. Dessen aber, was von allen Men=
schen ausnahmslos gesagt werden kann, ist sehr wenig und
mußte sich schon den ersten Generationen der Menschheit
aufdrängen. Wenn wir sagen, daß der Mensch vom Manne
erzeugt, vom Weibe als Kind geboren wird, mit einem
thierisch organisirten Leib ausgestattet ist, der Nahrung und
des Schlafes bedarf, dem Irrthum unterworfen, dem Tod

und der Verwesung des Leibes verfallen ist, so müssen wir
fürchten, für den Theologen bereits zu viel gesagt zu haben.
Um ganze Zeitalter, Staaten und Völker zu charakterisiren,
muß die Geschichte mit mehr oder weniger Takt und Recht
einzelne Personen und Thatsachen als typische behandeln,
wiewohl an sich schon ein Widerspruch darin liegt, das
Hervorragende typisch zu nennen. Die Geschichte kann es
nur zum nothdürftigen Begreifen abgeschlossener Erscheinungen bringen; sie hat aber noch kein einziges erwiesenes
und unbestrittenes Gesez der menschlichen Entwicklung im
Großen aufgefunden, wenn man etwa von solchen Säzen
absieht, die sich ohne Geschichtskenntniß auf dem Wege der
Deduction erweisen lassen oder fast tautologisch sind, wie
z. B., daß nichts Menschliches von beständiger Dauer und
in der Entwicklung der Völker kein Sprung denkbar sei.
So lange die Wissenschaften vom Menschen auf der Grundlage vereinzelter Beobachtung, sei es des Gegenwärtigen
oder Vergangenen, stehen, können sie nicht über den Standpunkt der Weisheit der Sprüchwörter hinauskommen. Die
deutsche Sprache zählt allein Tausende von Sprüchwörtern,
in denen die gemeine Erfahrung von Jahrhunderten nieder-
gelegt ist; es ist aber nicht eines darunter, dessen Gedanken
nicht durch den Inhalt von einem Duzend anderer wieder
eingeschränkt, modificirt und völlig verneint würden. Jene
Wissenschaften könnten sich daher über die Stufe der Kindheit, auf der sie noch vor wenigen Generationen standen
und theilweise noch stehen, niemals erheben, wenn es nicht
für sie Beobachtungsmittel gäbe, durch welche die Unzu-

länglichkeit der vereinzelten und individuellen Erfahrung
vermindert und die Erfahrung als ein Ganzes ergriffen
wird. Dieses methodische Mittel, das jenen Wissenschaften
den Mangel der Instrumente und des Experiments zu er-
sezen, ein vollständiges und zuverläßiges empirisches Material zu liefern hat, ist die Erweiterung der vereinzelten
und zufälligen Beobachtung zur universalen und methodisch
organisirten. Man kann es kurz die methodische Massenbeobachtung nennen. Sie besteht darin, daß über ganze
Gruppen von Individuen ein Rez von Observatorien ausgebreitet wird, um nach Einer Methode alle gleichartigen
Erscheinungen zu beobachten und zu registriren. Da diese
Beobachtungsweise menschliche Collectivbegriffe, wie Volk,
Stamm, Kirche, Bezirk, Gemeinde, Stände rc. in die Individuen, die sie zusammenfassen, wieder auflöst und von
jedem Einzelnen zu beobachten hat, ob eine gewisse Erscheinung bei ihm Statt findet oder nicht, so begreift es
sich, daß es sich dabei stets zugleich um ein Zählen handelt
und daß die Zahl ein charakteristisches Merkmal dieser
Beobachtungsmethode ist. Je zahlreicher nun die Objecte
solcher Beobachtungen werden, je umfassender die einzelnen
Gruppen, und auf je mehr Gruppen sich gleichförmige Beobachtungen erstrecken, desto vollständiger und gründlicher
wird die Charakteristik der betreffenden Collectivbegriffe
werden, und desto reicher das Material zu Inductions-
schlüssen und zur Erkenntniß des Zusammenhangs der
menschlichen Erscheinungen. Man wird ganz in ähnlicher
Weise, wie in den Naturwissenschaften, Schlußfolgerungen

ziehen können, wie z. B. daß zwei Erscheinungen, die stets
verbunden oder stets getrennt sind, oder die, wo sie zusammentreffen, stets noch eine dritte, aber niemals eine gewisse andere, vierte Erscheinung zur Begleitung haben u. s. w.,
unter sich oder mit dieser dritten und vierten in einer gewissen Causalbeziehung stehen müssen.   Damit ist ein Weg
gewonnen, um Gruppen, Collectivbegriffe in correcter Weise
zu charakterisiren, Geseze der menschlichen Lebenserscheinungen wissenschaftlich zu finden und zu erweisen, mit
Einem Worte, die Erfahrungswissenschaften vom Menschen
zu eracten, ihr Beweisverfahren zu einem zwingenden zu
erheben, die durch ihr Vielerlei verwirrenden Erscheinungen
der Menschenwelt methodisch zu bewältigen und der wissenschaftlichen Behandlung zu unterwerfen.   Dieses Mittel
der universellen Observation, dessen Gedanke ein alter und
nahe liegender ist, konnte erst in sehr vorgerückten Bildungs-
zuständen zur Ausführung kommen; es ist bis jetzt nur in
schwachen Anfängen ausgebildet und hat auch so schon eine
Reihe von Wissenschaften theils geschaffen, theils reformirt,
theils befruchtet.   Es erlaubt Fragestellungen an das Object
gleich dem Experiment und ergänzt die Unzulänglichkeit der
subjectiven Wahrnehmung, gleich den wissenschaftlichen Instrumenten.   Der mögliche Umfang seiner Ausdehnung und
Wirkung ist unabsehbar.

Die Analogie der Naturwissenschaften, welche keine
besondere Empirologie unterscheiden, sondern von welchen
jede ihre Beobachtungsmittel selbstständig in Anwendung
bringt, würde darauf führen, daß auch unter den Erfah-

rungswissenschaften vom Menschen jede jenes Mittel der
universellen Observation für sich selbst und nach ihren
eigenen Bedürfnissen als einen integrirenden Theil ihrer
Forschungsmethode handhabe, und vielleicht wird auch in
nicht allzuferner Zeit das Princip der Theilung der Arbeit
auf eine solche weitere Specialisirung der wissenschaftlichen
Thätigkeit hinführen. Bis jetzt aber haben sehr erhebliche
innere und äußere Gründe auf einen abweichenden Gang
der Sache geleitet. Es hat sich für alle Wissenschaften vom
Menschen eine gemeinsame Hilfswissenschaft gebildet, welche
jeder von ihnen das Material einer universellen Empirie,
dessen sie bedarf, zur Verfügung stellt. Der äußere Grund
zu dieser Entwicklung der Dinge lag darin, daß es zuerst
der Staat war, welcher für practische Zwecke das Bedürf=
niß einer methodischen Massenbeobachtung empfand, und
durch besondere Veranstaltung, insbesondere die Errichtung
staatswissenschaftlicher Observatorien befriedigte, nach und
nach aber diese Institute auch für allgemeinere wissenschaft=
liche Zwecke, an denen er kein so unmittelbares Interesse
hatte, verwenden ließ. Dazu kam, daß die Handhabung
dieses Beobachtungsmittels einen äußeren Apparat und
Aufwand von Mitteln, eine gewisse Organisation erfordert,
die zumal bei bureaukratischen Einrichtungen am leichtesten
der Staat in die Hand nimmt und die, wenn sie einmal
vorhanden ist, leicht auch für verschiedenartige Zwecke be=
nützt werden kann. Der innere Grund für jene Gruppi=
rung aber ist, daß eine solche wissenschaftliche Fragestellung
an die Gesellschaft und die weitere formelle Behandlung

ihrer Ergebnisse bei aller Verschiedenheit der Gegenstände doch eine gewisse gleichartige Technik und Methodik erfordert; noch mehr aber, daß die Erfahrungswissenschaften vom Menschen, wenn sie auch nicht ohne unnatürlichen Zwang in Eine Disciplin zusammengedrängt werden können, doch eine Gruppe aneinandergränzender und verwandter Disciplinen bilden und sehr häufig, ja in der Regel Eine und dieselbe Ermittlung von Thatsachen in verschiedene Fächer einschlägt. Als die Aufgabe dieser Hilfswissenschaft bezeichnen wir nun kurz: die Ermittlung von Merkmalen menschlicher Gemeinschaften auf der Grundlage methodischer Beobachtung und Zählung ihrer gleichartigen Erscheinungen, und fassen dabei unter dem allgemeinen Namen von Gemeinschaften sowohl natürliche Gruppen von Individuen, wie Völker, Staaten, Provinzen ꝛc., als die einer gesonderten Betrachtung fähigen Lebenskreise, wie die politischen, wirthschaftlichen, geselligen, kirchlichen ꝛc. Verhältnisse zusammen.

Man hat eingewendet: die bloße Anwendung eines formellen Verfahrens, die Handhabung eines gewissen Beobachtungsmittels könne nicht den Inhalt einer besonderen Wissenschaft bilden, so wenig, als man sich z. B. die Microscopie als eine Wissenschaft denken könne. Allein die große Bedeutung und Tragweite einer universellen, organisirten Observation für eine Gruppe zusammengehöriger Wissenschaften dürfte im Obigen hinreichend nachgewiesen sein, um eine solche Vergleichung abzulehnen. Ueberdies aber gibt es noch andere längst anerkannte Hilfswissen-

schaften, die ebenfalls nur in der Handhabung eines for=
mellen und methodischen Verfahrens bestehen. Wir wollen
die Philologie unerwähnt lassen, deren Begriff selbst ein
noch bestrittener ist, nennen aber um so mehr die philo=
logische Kritik und Hermeneutik, denen das wissenschaftliche
Zunftrecht Niemand bestreitet, und deren Aufgabe doch nur
darin besteht, literarische Denkmale in der Gestalt und mit
der gelehrten Ausstattung herzustellen, worin sie den Zwecken
der verschiedenen Wissenschaften dienen können. Sie sind
Hilfswissenschaften aller auf literarische Mittel angewiesenen
Disciplinen und haben das Gleiche zu leisten, ob der Autor,
mit dem sie sich beschäftigen, ein Dichter oder Geschicht=
schreiber, Philosoph oder Naturforscher ist. Solche heuri=
stische Disciplinen, die den objectiven Wissenschaften den
unentbehrlichen Stoff in methodischer Bearbeitung liefern,
haben das gleiche Verdienst, wie etwa der gelehrte Reisende,
der ein unbekanntes Land erforscht hat und die Ergebnisse
der Reise gleichsam auf den Tisch der Wissenschaft nieder=
legt, so daß der Naturforscher, wie der Philosoph, der
Sprachgelehrte oder der Historiker, der Nationalökonom
oder auch der practische Kaufmann davon Gebrauch machen
kann. Ob die speciellen Fachmänner, welche sich die Re=
sultate einer solchen wissenschaftlichen Reise aneignen, die
Mittel und Eigenschaften gehabt hätten, jene Reise für die
Zwecke ihrer Wissenschaft noch fruchtbringender zu machen,
ist keineswegs zum Voraus gewiß, da dieser Weg, wissen=
schaftliches Material zu sammeln, selbst schon wieder Spe=

cialitäten, eine Vereinigung seltener Eigenschaften und Erfahrungen zu erfordern scheint.

Und nun endlich, wie heißt diese gemeinsame Hilfsdisciplin aller Erfahrungswissenschaften vom Menschenleben?
Man könnte an allerhand mehr oder weniger bezeichnende
Namen, an Observationistik, Empirologie, Empiristik des
Menschen, sociale Heuristik und Aehnliches denken, aber
die Bemühung ist überflüssig; der Name ist schon da; sie
heißt — Statistik. Sie führt diesen Namen jedoch nicht
bei den Theoretikern, sondern nur in der Auffassung der
Praktiker und im gemeinen Sprachgebrauch. Sie hat auf
denselben auch kein unzweifelhaftes historisches, noch weniger
ein etymologisches Recht. Die oben erwähnte Thatsache,
daß jene Hilfswissenschaft zuerst und lange blos im Dienst
des Staats und der Staatswissenschaften gestanden ist, war
die Ursache, daß ihr eigenthümlicher, methodologischer Charakter verborgen blieb und nur als unwesentliche Beigabe
einer bestimmten staatswissenschaftlichen Disciplin, der
Staats- oder Zustandskunde, erschien. So bezeichnet Statistik etymologisch, wie historisch ursprünglich eine Staats-
wissenschaft. Allein die Anwendung jenes fruchtbaren Beobachtungsmittels der universellen Zählung dehnte sich bald
auf eine Menge weder den Staat noch die Gesellschaft be-
treffender Objecte, wie physiologische, pathologische, psychologische ꝛc. Fragen aus, und mußte den Gedanken an eine
Trennung von Methode und Materie bald nahelegen. Da,
wo die Statistik am sorgfältigsten und umfassendsten ausgebildet wurde, wie in Belgien und Frankreich, mußten

die Fachmänner zuerst bemerken, daß eine gewisse, stets mit Zahlen in Berührung stehende Methode das Eigenthümliche ihrer wissenschaftlichen Thätigkeit sei und suchten daher ihr Fach zuerst aus den fremden Banden zu emancipiren. Die Lehrer der Staatswissenschaften aber, zumal in Deutschland, behaupteten ihren Besitzstand aufrecht und suchten die auseinander drängenden ungleichartigen Elemente dadurch beisammen zu halten, daß sie den Umfassungsreif immer dünner und weiter machten, d. h. den Begriff der Statistik immer mehr ausdehnten und verflüchtigten und so am Ende aus den ursprünglichen Staatsmerkwürdigkeiten eine allgemeine Zustandswissenschaft, eine Darstellung des Lebens der Menschheit als ruhenden Daseins machten. Jener merkwürdige logische Instinct aber, der die Massen bei der Sprachbildung leitet, und ohne den bei der Denkschwäche der meisten Einzelnen die Wunderwerke der menschlichen Sprachen nicht begreiflich wären, folgte der deutschen Wissenschaft in diesem Punkte nicht in die Nebelregion ihrer luftigen Abstractionen, sondern hielt sich einfach an die charakteristische Außenseite der Sache und entschloß sich kurz, im Sinne der praktischen Fachmänner alles das eine statistische Mittheilung zu nennen, wo auf Grund umfassender Zählungen von Einzelfällen allgemeine Thatsachen oder Merkmale des menschlichen Zusammenlebens dargestellt werden, mochte nun der Gegenstand den Staat, oder die Gesellschaft, mochte er die Schließung von Ehen, die Verbreitung von Bibeln, den Häringsfang, oder das Schlachten von Kälbern betreffen. Wir haben uns die Mühe genommen, seit längerer Zeit auf alle Fälle zu achten, wo das Wort Statistik und statistisch in Büchern und Zeitschriften aller Art beiläufig gebraucht wird und haben dabei den obigen Sinn des Wortes so constant¹vorgefunden, daß wir sagen möchten, es lasse sich „statistisch" beweisen, was man unter Statistik versteht. Wenn man in der Inhaltsangabe eines Zeitungsblatts die Ueberschrift liest: Statistisches, so darf man darauf rechnen, an dem betreffenden Ort das Ergebniß irgend einer Zählung angeführt zu sehen; wäre Statistik Staaten- oder Zustandskunde, so müßte ja der größte Theil von dem Inhalt aller Zeitungen statistischer Art sein. R. Mohl wird selbst nichts Unlogisches darin finden, wenn wir an seinem Württembergischen Staatsrecht, das doch an sich seinem ganzen Inhalt nach unter die Rubrik der Staatenkunde und Zustandswissenschaften fallen müßte, noch besonders die werthvollen „statistischen" Beigaben in den Noten rühmen würden. Auch die allgemein gebrauchten Ausdrücke: statistische Erhebung, statistischer Beweis, weisen offenbar darauf hin, daß es sich hier um eine Beobachtungsmethode, um einen methodologischen Begriff handelt. Man spricht ja nicht von einer chemischen Erhebung, von einem botanischen, geographischen, politischen, ästhetischen Beweis; nur wenn einer Wissenschaft eine gewisse Gattung der logischen Beweisarten eigenthümlich ist oder wenn sie eine positive Beweistheorie aufstellt, verbindet man ihren Namen adjectivisch mit dem Begriff des Beweises, wie in den Ausdrücken: mathematischer, juristischer Beweis. Etwas „statistisch" beweisen,

kann daher nicht heißen: aus der Staatenkunde oder Zustandswissenschaft, denn das ist keine besondere Beweisart,
sondern es heißt: aus den Ergebnissen dieser bestimmten
Art von methodischer Beobachtung. Was die statistischen
Staatsbehörden treiben, ist nicht Staatenkunde, nicht Zustandswissenschaft, wenn es auch immerhin mit noch vielem
Andern unter diesem weiten Mantel Plaz finden kann; die
praktischen Statistiker beschäftigen sich nicht mit dem Staatsrecht ihres Landes, obwohl das unzweifelhaft zur Staatenkunde vor allem Andern zu rechnen wäre, sondern überlassen
das den Universitätslehrern und der freien Wissenschaft;
sie registriren nicht besondere Ereignisse und einzelne Thatsachen, wenn sie auch noch so wichtig und charakteristisch
für die Staatskunde und die „Zustände" sind, und überlassen es den Staatsarchiven, die Urkunden darüber auf-
zubewahren; sie schildern nicht Sitten und Gebräuche, nicht
Hochzeiten und Leichenfeiern ꝛc., wiewohl dies ganz unmittelbar zur Kenntniß der „Zustände" gehören würde; sie
räumen überhaupt grundsäzlich keinem Einzelnen einen typischen Charakter ein, sondern sie suchen überall das der
vereinzelten Beobachtung Unzugängliche, das ewig Fließende
und Mannigfaltige, individuell Verschiedene an irgend einem
Punkte fest zu fassen und in das Nez ihrer Observatorien
hereinzuziehen, um es dann zu sortiren, zu ordnen, und
für den Gebrauch der Wissenschaften oder der praktischen
Zwecke, in deren Dienst sie stehen, zuzubereiten. Dies und
immer wieder dies ist nach unseren Wahrnehmungen die
praktische Thätigkeit des Statistikers, und sie steht hiedurch

15 *

in vollem Einklang ebenso mit demjenigen, was der herr=
schende Sprachgebrauch mit dem Wort verbindet, als mit
unserer obigen Entwicklung.

Aber allerdings nur die Praxis der Fachmänner steht
in diesem Einklange, nicht auch ihre Theorie. In dieser,
sowie auch in den Verhandlungen der statistischen Congresse,
steht noch Vieles mit unserer Auffassung im Widerspruch.
Namentlich werden sich die Statistiker schwer zu dem Ge=
ständniß entschließen, daß ihr Fach eine bloße Hilfswissen=
schaft bilden solle. Die richtige Einsicht wird hier besonders
dadurch erschwert, daß die meisten Gelehrten dieser Art
mit ihrer statistischen Beschäftigung zugleich eine Vorliebe
für ein bestimmtes unter den Fächern, denen die Statistik
dienen kann, vereinigen und dann in ihrer Vorstellung leicht
Beides sich zu Einer complexen Idee verschmilzt. Man
kann mit Statistik verschiedene andere wissenschaftliche Be=
schäftigungen verknüpfen; der eine ist daneben National=
ökonom, der andere Ethnograph, der dritte Historiker, ein
anderer, wie uns Kolb's sonst sehr schätzenswerthe Hand=
bücher zeigen, politischer Parteimann; und für Jeden ent=
steht die Versuchung, sich aus dem Inhalt und der Methode
seiner Studien zusammen wieder ein anderes Bild der sta=
tistischen Wissenschaft zu construiren; wobei es dann immer
ein seltsamer, von den Vertretern der Zustandswissenschaft
mit Recht gerügter Widerspruch bleibt, sich eine selbststän=
dige, beschreibende oder systematische Wissenschaft zu denken,
die auf die Zahl als Darstellungsmittel beschränkt sein soll.
Knies hat in unseren Augen das große und nicht genug

zu schäzende Verdienst, zuerst erkannt zu haben, daß der
Name Statistik heterogene Dinge zusammenzwängt, aber
bei der Operation der Trennung hat er das Messer nicht
an der richtigen Stelle angesezt und nicht mit sicherer Hand
geführt, insbesondere das eine abgeschnittene Stück, das
er politische Arithmetik nennt, nicht richtig charakterisirt.
Unsere Auffassung der Sache, wornach einer ganzen Gruppe
von unter sich verschiedenen, aber durch das gleiche metho=
dologische Bedürfniß verbundenen Wissenschaften die Statistik
als die gemeinsame und unentbehrliche Hilfswissenschaft
gegenübertritt, scheint uns die von Knies mit Scharfsinn
und Klarheit dargelegten Bedenken in ungezwungenerer
Weise zu heben und zugleich die ganze Entwicklung der
Statistik verständlicher zu machen. Auch schließt sie keines=
wegs eine Degradation der Statistik in sich. Kant hat
bekanntlich, als Jemand die Philosophie die Magd der
Theologie nannte, geantwortet: ja, aber die Magd, die
mit der Fackel vorausleuchtet. So hoch wollen wir die
Hilfsfunctionen der Statistik nicht stellen, wohl aber ließe
sich in einem ähnlichen Bilde sagen: sie ist zwar in dienen=
der Stellung, aber sie ist die Verwalterin, die in ein zuvor
verschuldetes und dissolutes Hauswesen Klarheit und Ord=
nung gebracht, den unnützen Hausrath in die Rumpelkammer
geworfen oder veräußert hat, die alle Einkäufe besorgt und
mit stetiger Sorgfalt über dem Gleichgewicht von Einnahmen
und Ausgaben wacht, das die Gebieterinnen immer noch
stets geneigt sind außer Augen zu lassen. Oder mit anderen
Worten: Die Statistik hat einer Reihe von Wissenszweigen,

die zuvor in ihren Darstellungen auf allgemeine Phrasen,
in ihren Lehren und Gründen auf halbwahre, im günstig=
sten Fall geistreiche Hypothesen beschränkt waren, ein festes
Fundament unter die Füße gestellt und ein wissenschaft=
liches Heimathrecht verschafft. Ohne Statistik würde die
Bevölkerungslehre gar nicht existiren; die glänzende Ent=
wicklung der Nationalökonomie wäre gar nicht denkbar;
der Finanzwissenschaft fehlte es an Stoff, wie an Beweis=
mitteln; die Geschichte wäre in zahllosen Fällen darauf
beschränkt, uns in arbiträrer Weise ein Einzelnes für ein
Typisches auszugeben; die Völker= und Staatenkunde stünde
auf dem Standpunkte des alten Fabri und würde uns etwa
von England berichten: es habe schöne Manufacturen und
viele Fabriken, besonders in Baumwollen= und Eisenwaaren;
der Handel sei sehr blühend; auch der Ackerbau und die
Viehzucht stehen im Flor; es gebe viele reiche, aber auch
viele arme Leute daselbst u. s. w.

Die Frage, zu welchen Wissenschaften die Statistik in
einem näheren Verhältniß steht, ist es nicht ohne Interesse
zuerst negativ zu beantworten. Sie hat kein inneres Ver=
hältniß zu allen denjenigen Disciplinen, deren methodolo=
gisches Verfahren das der Deduction ist; also vor Allem
nicht zur Mathematik, die aus einigen Axiomen, den Pro=
dukten logischer Grundgeseze und elementarer Anschauung,
ihren Inhalt construirend entwickelt und keiner Beobach=
tungen für ihre Lehrsäze bedarf. Es ist eigenthümlich, daß
diejenige Wissenschaft, der Manche die Statistik als einen
ihrer Bestandtheile unterordnen, ihr am diametralsten gegen=

übersteht. Daß die Statistik die gleichartigen individuellen
Erscheinungen, die innerhalb ihres Beobachtungsfeldes eintreten, regiſtrirt, zählt, in Zahlengruppen darſtellt und dieſe
Zahlen etwa noch durch Reduction auf procentale Verhältniſſe und ähnliche Operationen verſtändlicher macht, begründet so wenig einen mathematiſchen Grundcharakter ihrer
Methode und Aufgabe, als wir einen Kaſſier oder Buch-
führer oder den Handwerker, der elliptiſche Tiſche, cylinder-
förmige Oefen oder Billardkugeln fertigt, einen Mathematiker nennen. An der ſogenannten politiſchen Arithmetik
iſt ſchon der Ausdruck ſelbſt nicht richtig; man ſpricht von
Zinsrechnung, von kaufmänniſchem Rechnen, aber nicht von
kaufmänniſcher Arithmetik; die Mathematik fragt nichts
darnach, auf welche praktiſche Verhältniſſe man ihre Operationen anwendet und ob man ihre Lehrſäze von der
Wahrſcheinlichkeitsrechnung am grünen Tiſch oder an der
menſchlichen Sterblichkeit erprobt. So wichtig für die Schule
und das Leben das ſogenannte Rechnen mit benannten
Zahlen iſt, ſo bildet es doch, wiſſenſchaftlich genommen,
niemals einen Theil der Arithmetik.

Ebenſo ſteht die Statiſtik den philoſophiſchen Wiſſenſchaften aus dem methodologiſchen Grunde fern, weil dieſe
zwar auf Erfahrung ruhen, ſofern ſie gerade das Ganze
der Erfahrung und das Einzelne im Zuſammenhang dieſes
Ganzen zu begreifen ſuchen, aber dieſe Erfahrung nicht
ſelbſt erzeugen, ſondern aus andern Wiſſenſchaften als bereits ermittelt entlehnen und auf deductivem Wege zu einem
Gedankenſyſtem zu vergeiſtigen bemüht ſind. So jezt die

sogen. Naturphilosophie die Naturwissenschaften, die Ethik,
Aesthetik, Rechts-, Religionsphilosophie gewisse psychologische
und geschichtliche Thatsachen als gegeben voraus. Nur
Eine dieser Disciplinen macht hievon eine wichtige Aus=
nahme, die Psychologie; sie nimmt ihre Erfahrung nicht
anders woher, um sie nur philosophisch zu reconstruiren,
sondern sie ist selbst Erfahrungswissenschaft und steht mit
den Naturwissenschaften darin auf ganz gleichem Boden,
daß sie im Wege der Beobachtung und Induction Geseze
zu finden hat. Man hat sie der Philosophie nur einreihen
können, weil man sich, gewissermaaßen aus praktischen
Gründen, genöthigt sah, dieser das ganze Feld der inneren
Erfahrung zuzutheilen. Wenn die Statistik der Psychologie
bis jezt nur geringe Dienste geleistet hat, so ist wohl der
Hauptgrund, daß beide Wissenschaften noch in ihren An=
fängen stehen, die Psychologie noch kaum befähigt ist, um
der Statistik nur bestimmte Fragen zu stellen, die Statistik
noch nicht entwickelt genug, um ihre Methode auf psychische
Thatsachen anzuwenden.

Als eine dritte Klasse von deductiven Wissenschaften
erscheinen diejenigen, welche in positiven Urkunden eine ge=
gebene Quelle für die Ableitung ihrer Erkenntniß haben.
Unter diesem Gesichtspunkt treffen zwei sonst sehr heterogene
Wissenschaften zusammen, die Theologie und die Rechts=
wissenschaft nach ihrer positiven Seite. Die wissenschaftliche
Thätigkeit besteht im Wesentlichen hier im Interpretiren
und Subsumiren und ein inductives Verfahren ist nur in
secundärer Weise denkbar. Die sogenannte Criminalstatistik

z. B. berührt nicht die Rechts-, sondern die Staatswissen-
schaft, nicht den Richter oder Rechtsausleger, sondern den
Gesezgeber, sodann und von anderen Gesichtspunkten aus
den Psychologen, Ethnographen 2c.

So bleibt also nur der Kreis der Inductions- oder
Erfahrungswissenschaften übrig. Unter diesen sind gemäß
dem Obigen die Naturwissenschaften von einer Beziehung
zur Statistik insoweit ausgeschlossen, als der typische Charakter der Einzelerscheinung reicht. Da das Individuelle
jedoch überhaupt in den höhern Organisationsstufen allmälig
ohne scharf abzuschneidende Grenzlinie beginnt und besonders
in dem Leben der Thiere, die unter der menschlichen Einwirkung stehen, ein allmäliches Hinausschreiten der Natur
über die ursprünglichen Grenzen ihrer Typen eintreten
kann, so gibt es ein gemischtes Grenzgebiet, in welchem die
Statistik, obwohl sie ihre eigentliche Heimath in der In-
dividualwelt der menschlichen Gattung hat, doch ein analoges Verfahren auch auf einzelne Erscheinungen anderer
Organismen anwendet, wie z. B. die Untersuchungen über
Vererbung von Geschlecht und Eigenschaften durch statistische
Behandlung der Erfahrungen bei Züchtung von Hausthieren
werthvolles Material gewonnen haben. Das wichtigste und
umfassendste Gebiet, wo die beiden großen Begriffe, Natur
und Mensch, Typisches und Individuelles, sich durchdringen,
ist der Leib des Menschen, die somatische Physiologie.
Einen eigenthümlichen Pendant des statistischen Verfahrens
bildet die meteorologische Observation, bei welcher der Begriff des Individuellen ganz wegfällt und es sich darum

handelt, einen unter dem abstracten Collectivbegriff der
Witterung zusammengefaßten Complex geographischer Data
und fluctuirender physischer Vorgänge durch successive Beobachtung an einem gegebenen Orte zu charakterisiren.
Der Wechsel der Erscheinung von Moment zu Moment,
statt von Individuum zu Individuum, weist hier in ähnlicher Art darauf hin, Durchschnitte und Mittelwerthe zu
suchen und begründet die äußere Analogie des Verfahrens.

So kommen wir denn auf die schon früher genannten
Erfahrungswissenschaften vom Menschen zurück, zu denen
sich die Statistik als ihre gemeinsame Hilfswissenschaft verhält. Sie lassen sich eintheilen in die Lehren vom naturgeschichtlichen und vom geschichtlichen Menschen. Der Mensch
kann entweder betrachtet werden nach seinem allgemeinen
Gattungscharakter, nach der ursprünglichen und constanten
Ausstattung und Begrenzung seiner Natur. Hieraus entstehen die anthropologischen Disciplinen, die sich dem Stoff
nach in die somatologische und psychologische und dann vielleicht je wieder in eine physiologische und pathologische
Seite theilen. Eine zweite Betrachtungsweise ist nun aber:
wie stellt sich dieser naturgeschichtliche Mensch in der Wirklichkeit dar, oder was ist aus der Menschheit in Folge des
menschlichen Zusammenlebens unter den geographischen Einwirkungen ihrer Wohnsitze im Verlauf der Jahrhunderte
geworden? Der Anthropologie als der Lehre vom natürlichen Menschen tritt die Geschichte im weitern Sinn des
Worts als die Lehre vom empirisch gewordenen Menschen
gegenüber. Sie bildet jedoch, so wenig als die Lehre von

der Natur, Eine Wissenschaft; was man Universalgeschichte zu nennen pflegt, ist selbst nur ein Theil davon. Der unabsehbare Stoff löst sich, wie der der Natur, vermöge der Schranken der menschlichen Erkenntniß in eine Reihe mehr oder weniger selbstständiger Gruppen auf. Und zwar bieten sich der natürlichen Betrachtung zunächst zweierlei Arten von Gruppen dar, eine von Subjecten und eine von Objecten, oder eine der Individuen und eine der Lebenskreise. Man kann nämlich entweder natürliche Gemeinschaften von Individuen ins Auge fassen und sodann ihre Eigenthümlichkeiten durch alle Lebensgebiete hindurch verfolgen und im Zusammenhang aller Erscheinungen darstellen. Oder man kann bestimmte Lebensgebiete, die einzelnen, für unsere Betrachtung sich aussondernden Seiten der menschlichen Existenz aufsuchen und sie dann durch alle Individualgruppen hindurch vergleichen und wissenschaftlich zu begreifen suchen. Die natürlichen und gegebenen Gruppen von Individuen sind die Völker, sofern sie ihr gesellschaftliches Leben in einer einheitlichen Spize zusammenfassen und als Staaten besondere Persönlichkeiten und Glieder der Menschheit bilden. Es lassen sich dann ganze Gruppen von Völkern oder einzelne Theile in ähnlicher Weise betrachten. Die verschiedenen Lebensgebiete dagegen, die sich zum Gegenstand abgesonderter wissenschaftlicher Behandlung eignen, sind nicht erschöpfend aufzuzählen; es läßt sich wenigstens nach dem jezigen unvollkommenen Stand der Psychologie und der socialen Wissenschaften nicht abgrenzen, was Alles an dem vielgestaltigen Menschenleben sich zu einer beson-

deren Gruppe wissenschaftlich verbundener Objecte zusammen=
fassen lasse. Stünde die Psychologie auf festeren Funda=
menten, als es der Fall ist, so würden sich aus ihr die
natürlichen Lebensgebiete von selbst ergeben, da jedem
Grundbedürfniß der Menschennatur auch eine sociale Ver=
wirklichung entsprechen muß. So läßt sich nur sagen, daß
sich das wirthschaftliche, geschlechtliche, gesellige, das intel=
lectuelle Leben in seinen drei Gliedern, Sprache, Wissen=
schaft und Kunst, das sittliche, das religiöse, endlich das
alle Lebenskreise ordnende politische Leben von selbst als
solche besondere Sphären wissenschaftlicher Behandlung, die
in Grundrichtungen der Menschennatur wurzeln, darbieten.
Es läßt sich aber auch auf den Bildungsprozeß der Mensch=
heit selbst der Blick richten, z. B. auf die geographischen
Einwirkungen, auf die Fortpflanzung des Bildungskapitals
durch Tradition und Erziehung 2c. und unter jedem solchen
Gesichtspunkt gruppirt sich das empirische Material wieder
anders. Das Universum und insbesondere die Menschen=
welt hat nirgends scharfe Grenzlinien; der Linien, die die
menschliche Beobachtungsweise darin ziehen kann, sind un=
zählige; jede wird an irgend einem Theile fließend oder
willkürlich sein.

Alle diese Wissenschaften nun, sowohl die, die den
natürlichen, als die den geschichtlich gewordenen Menschen
und lezteren nach Gruppen von Individuen oder von Ob=
jecten betrachten, sind Erfahrungswissenschaften und beruhen,
wie die Naturwissenschaften, auf Induction; sogar noch
mehr, als diese, weil die deductive und mathematische Be=

handlung in der unorganischen Welt einen weit größeren
Spielraum hat als in der organischen. Alle haben daher
empirische Objecte zu beobachten und in ihnen die con=
stanten Ursachen oder Geseze aufzusuchen; d. h. sie haben
einen empirischen und einen ätiologischen Theil und jeder
Irrthum hat stets seinen Grund darin, daß entweder mangel=
haft beobachtet oder falsch geschlossen worden ist. Der em=
pirische Theil ist nun aber selbst wieder von zweierlei Art.
Der Gegenstand wird entweder so, wie er sich der gegen=
wärtigen Beobachtung in der Breite seiner gleichzeitigen
räumlichen Ausdehnung und Erscheinung darbietet, ermittelt,
oder wird seine Entstehung und Entwicklung in der Zeit
aufgesucht. Das erste nennen wir den graphischen, das
zweite den historischen Theil der hier besprochenen Wissen=
schaften. Und hier nun eben dieser graphische, auf Beob=
achtung ruhende Theil jener Wissenschaften ist der Ort, an
dem die Statistik ihr Heimathrecht hat. Sie fällt nicht mit
demselben zusammen, aber sie ist ganz in demselben ent=
halten. Jene individuelle Beobachtung nemlich, der wir
die Statistik, als die universelle gegenüber gestellt haben,
ist nicht überhaupt ausgeschlossen und unbrauchbar für
wissenschaftliche Zwecke; sie wird nur immer etwas Un=
sicheres, für sich allein Ungenügendes haben; auch gibt es
unzweifelhaft Einzelnheiten, denen eine typische Bedeutung
beigelegt werden kann; und der Geist und Takt, mit welchem
der Forscher von seiner individuellen Erfahrung und den
typischen Einzelnheiten Gebrauch zu machen weiß, wird
schließlich immer von entscheidender Bedeutung für das

Maaß seiner wissenschaftlichen Befähigung bleiben. Allein das statistische Verfahren, die universelle Beobachtung ist es, was die subjective Erfahrung, die Hypothese zu ergänzen und zur wissenschaftlichen Erkenntniß zu erheben hat.

So erscheint denn die Statistik auch in diesem Zusammenhang wieder als die gemeinsame Hilfswissenschaft für die empirologische und zwar graphische Seite der Wissenschaften vom Menschen. Bei dem engen Zusammenhang derselben dient sie in der Regel durch Eine Klasse von Beobachtungen mehreren von ihnen zugleich. Denn jede gesellschaftliche Thatsache wird theils die Gruppe von Individuen, welche das Feld der Beobachtung bildete, theils die bestimmten Lebensgebiete, denen das Object der Beobachtung angehört, theils näher oder entfernter die menschliche Gattung characterisiren, und jedenfalls immer dabei noch eine historische Bedeutung haben. Eine Ermittlung der irischen Auswanderung z. B. wird dem Ethnographen, dem Politiker, dem Nationalöconomen, dem Populationistiker, dem Psychologen und dem Historiker Stoff zu wissenschaftlicher Betrachtung sein können. Die Statistik hat im Allgemeinen zu allen diesen Fächern die gleiche Stellung; und es ist zufällig, in wessen Diensten ihre Institute am meisten in Anspruch genommen werden. Allein es gibt allerdings Eine Disciplin, der sie näher steht, als allen andern, die nothwendig ihr erstes und nächstes Object bildet. Wenn nemlich die Statistik eine bestimmte Gruppe von Individuen als das Feld ihrer Beobachtung absteckt, so ist es eine jeder andern vorausgehende Aufgabe, dieses Terrain selbst

zu untersuchen und zu bestimmen; sie muß den Grundbe=
stand ihres Beobachtungsfeldes constatiren, d. h. die Indi=
viduen jener Gruppe zählen, nach den fundamentalsten
physiologischen Momenten, Geschlecht und Alter, unterschei=
den, die durch Geburten und Sterbfälle, Ab= und Zuzug
bedingten Fluctuationen des Grundbestandes ermitteln,
woran sich noch die Berücksichtigung der elementarsten ge=
sellschaftlichen Unterschiede, des Familienstandes, des Berufs,
des Charakters der Wohnpläze ꝛc. leicht anschließt. Das
fundamentale Object der Statistik ist hienach die Bevölke=
rung; es ist das erste und wichtigste Merkmal der mensch=
lichen Gemeinschaften, das sie zu ermitteln hat und sie kann
ohne diese Grundlage keinen weiteren Schritt mit nur einiger
Sicherheit thun; auch kann keine der andern Wissenschaften
ohne Beachtung dieser Grundlagen von den statistischen
Ergebnissen über irgend einen Punkt Gebrauch machen.
Darum fällt aber gleichwohl die Bevölkerungslehre nicht
mit der Statistik zusammen; sie ist nur aus ihr hervorge=
gangen und ihre erste Frucht. Die Statistik ist überhaupt
nicht eigentliche Lehre, sondern wissenschaftliche Praxis, wie
etwa die Hermeneutik und Critik; ihre Lehre kann nur aus
ihrer Theorie, aus Betrachtungen, wie die vorliegende, be=
stehen; ähnlich wie eine Lehre der Hermeneutik nur metho=
dologischen Inhalts sein könnte *).

---

*) Auch die sprachliche Form des Wortes ist hiefür nicht ohne Be=
deutung. Die Namen der Wissenschaften endigen auf —ie oder —ik.
Die ersteren mit den Formen —logie, —gnosie, —nomie, —graphie,
—metrie ꝛc. enthalten eine selbstständige Lehre, ein zusammenhängen=

Hieraus ist zugleich klar, daß die Statistik stets nur mit der Gegenwart zu thun hat. Vergangenes läßt sich nicht beobachten, sondern nur durch Conclusion ermitteln aus Spuren, die es zurückgelassen hat, aus Zeugnissen, die davon übrig sind. Eine Statistik vergangener Zeiten ist bei unserer Definition so wenig herzustellen als eine Hermeneutik verlorener Bücher. Was man so zu nennen versucht sein kann, ist in Wahrheit etwas Anderes. Man kann allerdings z. B. eine Bevölkerungsstatistik einer Stadt, eines Bezirkes oder Landes fürs Jahr 1600 nachträglich fertigen, wenn sich die Kirchenbücher oder andere Urkunden von jener Zeit noch erhalten haben. In diesem Fall liegen aber die Beobachtungen selbst noch aus jener Zeit vor, die nur nachträglich geordnet und etwa durch Schlüsse aus Sätzen der Bevölkerungslehre ergänzt werden. Hierin liegt zugleich, daß jede statistische Ermittlung mit dem Augenblick ihrer Vollendung bereits begonnen hat, der Geschichte

---

des Ganzes von Forschungsergebnissen; die auf —ik sind sprachlich nur feminina eines Adjectivs nach der griechischen Form ή —ική scil. τέχνη; sie bezeichnen somit ursprünglich keine eigentliche und selbstständige Wissenschaft, sondern nur eine wissenschaftliche Beschäftigung, Kunst, Fertigkeit für praktische oder theoretische Zwecke. Deßhalb endigen alle Hilfswissenschaften, alle mehr in einer wissenschaftlichen Praxis bestehenden Disciplinen auf —ik; so Kritik, Hermeneutik, Heraldik, Diplomatik, Numismatik, Mechanik, Optik, Didactik, Pädagogik, Dialectik ec. ec. Mehrere andere Disciplinen traten wenigstens zuerst allein in dieser Gestalt auf und behielten dann diese Form auch bei, nachdem sie zu systematischen Wissenschaften waren ausgebildet worden; so Mathematik, Arithmetik, Logik, Grammatik. Bei einigen wenigen Namen dagegen kommt die Endung auf —ik nicht von ή —ική, sondern von τά —ικά; wie Physik, Metaphysik, Ethik.

anheimzufallen, aber nicht um hier wie in einem Abgrund
zu verschwinden, sondern um als schäzbarstes Material der
Geschichte selbst und anderer Wissenschaften dauernden Werth
zu behaupten.

Es fragt sich nun aber noch, wie sich die Aufgabe der
Statistik in ihrem Verhältniß zu den Erfahrungswissen=
schaften vom Menschen näher gestaltet, bis zu welchem
Punkte sie die Beobachtung fortzuführen, in welchem Zu=
stand sie deren Ergebnisse an die anderen Wissenschaften
abzuliefern hat. Wäre ihr Geschäft mit der Beobachtung
und Zählung gewisser gleichartiger Einzelfälle abgeschlossen,
so würde sie den Namen einer Wissenschaft nicht in An=
spruch nehmen können, wiewohl auch zur Anordnung und
Leitung einer statistischen Aufnahme immer noch mancherlei
Kenntnisse und administrative Fähigkeiten erforderlich sind;
sie verhielte sich dann zu jenen Wissenschaften im Grunde
doch nicht anders, als der Kräutersammler zur Botanik.
Wir haben daher oben schon gesagt: die Aufgabe der Sta=
tistik sei die Ermittlung von Merkmalen oder die Charakte=
ristik menschlicher Collectivbegriffe auf Grund universeller
Beobachtungen und Zählungen. Der Statistiker muß die
Zahlen, die er mittheilt, zugleich interpretiren, als ein Merk=
mal der Gruppe, welcher sie entnommen sind, nachweisen.
Wir wollen das an dem nächsten besten vulgären, zufällig
sich darbietenden Beispiel zu zeigen suchen. Nach der Auf=
nahme des Viehstandes von 1861 ergaben sich für Würt=
temberg 96,000 Pferde, so und so viel unter, so viel über
drei Jahre, so viel in dem Ort, Bezirk, Kreis, so viel in

jenem. Solche Zahlen sind stumm; der Leser und Hörer vermag zunächst nicht mehr dabei zu denken, als wenn man ihm sagte: das Pferd heißt auf tamulisch so und so. Er weiß gleich vornherein nicht: ist dies nun viel oder wenig? Der Statistiker hat nun den stummen Zahlen den Mund zu öffnen. Er wird zeigen, daß zur Würdigung jener Zahl zunächst ein doppeltes Verhältniß zu beachten ist, das zum Areal, und zwar speciell zum landwirthschaftlich benützten, sodann das zur Bevölkerung, und daß zwischen diesen beiden Gesichtspunkten eine umgekehrte Proportion Platz greifen muß, sofern, je mehr Menschen auf einer bestimmten Fläche ihre Nahrung zu erzeugen haben, um so weniger Pferde ceteris paribus noch ihre Nahrung darauf finden können. Er wird nun unter diesem doppelten Gesichtspunkt den Pferdestand anderer Länder, zunächst der benachbarten und der deutschen, vergleichen, Württemberg seinen bestimmten Platz in ihrer Reihe ermitteln, und so schließlich etwa zeigen, daß es der absoluten Zahl nach im Vergleich zum Areal hinter dem Durchschnitt der deutschen Länder noch zurück= steht, daß aber relativ genommen nur noch Sachsen unter allen deutschen Ländern auf dichter bevölkerter Fläche eine größere Pferdezahl ernährt, somit jener württembergische Pferdestand schon im Allgemeinen als ein Merkmal von Fruchtbarkeit und intensivem Anbau erscheint. Im Rück= blick auf frühere Zählungen wird sodann der Statistiker zeigen, daß die neueste Zahl zwar gegen den Stand der vorangegangenen Zählungen eine namhafte Vermehrung ent= hält, doch immer noch nicht unbedeutend gegen die Pferde=

zahl der 30er und 40er Jahre zurücksteht, im Großen und
Ganzen jedoch beim Rückblick auf eine 40jährige Periode
die Zahl ziemlich stationär erscheint, im Verhältniß zur Bevölkerung somit immer mehr zurückbleibt. Aus der Zahl
der Pferde unter drei Jahren läßt sich noch schließen, ob
das neuerliche Anwachsen auch für die nächste Zukunft in
Rechnung zu nehmen ist. Um sodann die Gründe dieser
Veränderungen näher zu erkennen, wird man auf die verschiedenen Zwecke, denen die Pferde dienen, zu achten, durch
Vergleichung der Ortslisten die Militär-, Luxus-, Verkehrs-
Pferde von den für die Landwirthschaft verwendeten zu
unterscheiden und nachzusehen haben, auf welche dieser
Classen und auf welche Bezirke eine Zu- oder Abnahme
fällt, welche Wirkung insbesondere z. B. die Eröffnung der
verschiedenen Eisenbahnlinien geäußert hat; an jede Ab-
oder Zunahme einer jener Rubriken werden sich mancherlei
wichtige Folgerungen und Aufschlüsse anreihen. Indem
sodann auf die Unterschiede in den einzelnen Landestheilen
geachtet wird, ergibt sich, daß jene Gesammtzahl von 96,000
Pferden sich aus den verschiedenartigsten Einzelsummen zusammensezt, daß fast alle Abstufungen von den pferdereichsten
bis zu den pferdeärmsten Gegenden im Lande vertreten
sind, und daß in jeder derselben die Pferdezahl der getreue
Spiegel der agrarischen Verhältnisse ist. Im Anschluß an
die populäre und hergebrachte Unterscheidung des Roßbauern vom Ochsen- und Kühbauer gibt die Vergleichung
der Pferdezahl mit dem landwirthschaftlichen Areal in ländlichen Bezirken die natürlichsten Anhaltspunkte für die Ver-

16 *

gleichung der Größe der bäuerlichen Besitzungen. Wo 4—500 Pferde auf der Quadratmeile der Landwirthschaft dienen, wie in Oberschwaben, können weder Großgüter noch Zwerg= wirthschaften vorherrschen, wo nur 70—80, muß die Zahl der ansehnlicheren Bauerngüter sehr klein sein. Zwischen diesen Extremen nimmt dann jeder Landestheil und Bezirk seine bestimmte Stelle ein. Man wird die größeren Pferde= stände nicht in den Gegenden des Wein= und Gartenbaus, der Güterzerstücklung, nicht in den Wald= und Gebirgs= regionen, nicht in den Umgebungen der größeren Städte und Industriebezirke suchen. Unter diesen Gesichtspunkten wird zuletzt jede einzelne Zahl bedeutsam und markirt eine ganz bestimmte Art von agrarischen Verhältnissen. Aus der Vergleichung der früheren Ziffern ergibt sich, in welchen Landestheilen und in welchem Umfang die Roßbauern sich in Ochsenbauern verwandeln, und wo die umgekehrte Be= wegung vor sich geht. So verwandeln sich schließlich die Ziffern in deutliche Merkmale des Volkslebens und der volkswirthschaftlichen Verhältnisse; das numeri loquuntur ist zur Wahrheit geworden, aber eben damit auch die Auf= gabe des Statistikers beendigt. Wenn jene 96,000 Pferde durch diese, natürlich nur beispielsweise genannten und die Sache nicht erschöpfenden Betrachtungen zu einem charakte= ristischen Merkmal des württembergischen Volks= und Wirth= schaftslebens erhoben sind, so daß den gegebenen Beding= ungen weder ein Mehr noch ein Weniger entsprechen würde, so hat er die weiteren Conclusionen, die theoretischen wie die praktischen, Anderen zu überlassen. Er hat allerdings,

wie unser Beispiel zeigt, nach dem Caufalzufammenhang
zu fragen, und es ist dies fogar nach unferer Anficht der
wichtigfte Theil feiner Arbeit, aber er hat nur die concreten
Urfachen der ihm vorliegenden Erfcheinungen, nicht die
conftanten Urfachen oder Gefeze derfelben aufzufinden. Er
hat nur die Thatfachen ins Licht zu ftellen, aber weder
Lob noch Tadel, weder Theoreme noch Rathfchläge daran
anzufchließen. Die Fragen, welchen Werth überhaupt die
verfchiedenen agrarifchen Syfteme haben, ob die größeren
oder kleineren bäuerlichen Güter, fei es im Allgemeinen,
oder für Württemberg vortheilhafter feien, unter welchen
Bedingungen es für den Landwirth räthlich fei, zur Pferde=
haltung überzugehen oder diefelbe aufzugeben und ähnliche
wird er der Volkswirthfchaft, beziehungsweife den land=
wirthfchaftlichen Disciplinen überlaffen. Ebenfo werden
die betreffenden Staatsbehörden zu prüfen haben, ob etwa
eine weitere Verminderung des Pferdeftandes im Intereffe
der Kriegsbereitfchaft des Landes nachtheilig fein würde,
ob derfelben aus diefem oder anderem Grunde entgegen=
gewirkt werden kann und will, ob die Ein= oder Ausfuhr
von Pferden zu begünftigen oder zu erfchweren fein mag,
ob fich der Pferdebefiz zu einem Object der Befteuerung
eignet u. f. w. Der Statiftiker hört auf, Statiftiker zu
fein und treibt Nationalökonomie, Politik oder Finanzwiffen=
fchaft, wenn er auf diefe Gebiete hinübertritt. Alles das
vollftändig aus Licht zu ftellen, was er mit feiner Zahlen=
reihe in der Hand unter vergleichender Zuziehung anderer
zuverläßiger ftatiftifcher Erhebungen oder notorifcher That=

sachen hinsichtlich der von ihm beobachteten Gruppe beweisen oder vielleicht auch nur zu einem hohen Grade von Wahrscheinlichkeit bringen kann, das ist sein Feld. Es gibt im Ganzen nur wenige statistische Publicationen, in welchen die Summe von Folgerungen, die auf solchem Wege in stringenter Weise aus den Zahlen abgeleitet werden könnten, auch nur annähernd gezogen wäre. Tausende dagegen ziehen täglich aus statistischen Aufnahmen die leichtfertigsten Schlüsse. Aus seinen Zahlenreihen correct und erschöpfend zu schließen, darin sehen wir die wichtigste Eigenschaft des Statistikers. Nur dem Kundigen öffnet die sonst stumme Zahl den Mund, wie Bileams Eselin nur dem Propheten vernehmlich war. Das obige Beispiel von den Pferden gehört zu den einfachsten und greift fast nur in Ein Fach, das der Volkswirthschaft ein; das Object kann aber eben so leicht der Art sein, daß zu einer genügenden Behandlung physiologische, psychologische, juristische ꝛc. Kenntnisse erforderlich sind. Schon in den Fragen der Bevölkerungsstatistik, z. B. in der Behandlung der Sterbelisten, greifen die mannigfaltigsten und complicirtesten Verhältnisse in einander. Es kann nichts unrichtiger sein, als die Meinung, das bloße Zählen und Rechnen und Zahlengruppiren mache schon den Statistiker, er muß universelle Bildung mit vielseitigem positiven Wissen, ein großes Combinationsvermögen mit scharfer Logik verbinden; eben das, daß er einer ganzen Gruppe von Wissenschaften zu dienen hat, stellt die Forderung an ihn, zwei Eigenschaften in sich zu vereinigen, die nur durch das Bindeglied hoher, allgemeiner

Bildung vereinbar scheinen, Präcision des Denkens und eine gewisse Polyhistorie.

Wenn wir nun in der ganzen bisherigen Ausführung das Vorhandensein einer socialen Hilfswissenschaft, die den Erfahrungswissenschaften vom Menschen durch die Hand= habung des methodologischen Mittels der universellen Be= obachtung in die Hände arbeitet, constatirt und begründet und derselben den Namen Statistik beigelegt haben, so lassen wir damit jene andere Wissenschaft von den Zu= ständen der Menschheit oder Völker und Staaten an sich ganz unberührt; und diese müßte bei unserer Auffassung ihren Plaz damit eben unter jenen Wissenschaften, denen die Statistik zu dienen hat, suchen. Nur den Namen haben wir ihr entzogen und auch diesen nicht auf Grund eines etymologischen oder historischen Anspruchs; im Gegentheil würden wir unserer Hilfswissenschaft lieber den bezeichnen= deren Namen: sociale Empiristik oder einen ähnlichen bei= gelegt sehen. Nur weil sich der deutsche Sprachgeist, der usus tyrannus, nun einmal unzweifelhaft in dieser Richtung entschieden hat, blieb nichts Anderes übrig, als das Kind, statt nach seinem rechten Vater, nach demjenigen, der es groß gezogen und adoptirt hat, zu taufen. Eine andere Frage ist es nun aber, ob jene zweite Wissenschaft, die sich bisher auch Statistik nannte und von den Männern der Wissenschaft sogar ausschließlich so genannt wurde, den Verlust jenes Namens eben so leicht verschmerzen wird, als unsere Hilfswissenschaft darauf verzichten könnte. Auch in der Societät der Wissenschaften ist ein alter Name, eine stattliche Firma ein werthvoller Besitz, zumal für denjenigen, mit dessen sonstigen Legitimationspapieren es nicht zum Besten bestellt ist. Das Namenlose ist auch hier recht- und heimathlos, und wo will jene politische Zustandswissenschaft wieder einen so vieldeutigen, proteischen Namen finden, als Statistik mit der doppelten Ableitung von status, der Staat und status, der Zustand?

Wir haben keinen Zweifel darüber, daß es ein reales, einen besonderen Platz im Kreise der Wissenschaften erforderndes Bedürfniß der menschlichen Erkenntniß ist, dem jene politische Zustandswissenschaft genügen will, aber die große Zahl von vergeblichen Versuchen zeigt, daß es nicht leicht ist, dies Bedürfniß genau zu bezeichnen und die Aufgabe der ihm entsprechenden Disciplin zu bestimmen. Die Schwierigkeit ist dadurch, daß wir unter dem Namen der Statistik eine methodologische Hilfswissenschaft ausgesondert haben, zwar vermindert, aber noch nicht beseitigt; sie scheint vorzugsweise darin zu liegen, zwischen zwei Abwegen, die nahe aneinander grenzen, die richtige Straße zu finden. Auf der einen Seite liegt die Gefahr, daß man nur ein mixtum compositum von Notizen aus Geographie, Geschichte, Staatsrecht, Ethnographie, Bevölkerungslehre, Volkswirthschaftslehre zu Stande bringt, das eigentlich nicht zu den Wissenschaften, sondern zu jenen mannigfaltigen Complexen von Wissensstoffen zu rechnen ist, in welchen Stücke verschiedener Wissenschaften unter dem Gesichtspunkt eines bestimmten praktischen Bedürfnisses zusammengefaßt werden, wie z. B. Technologie, Handelswissenschaften ɔc. Das praktische Be-

dürfniß, das bei solchen Notizensammlungen im Stillen als
das einheitliche Band des Ganzen behandelt wird, ist dann
etwa das Interesse des Zeitungslesers. Der andere Ab=
weg ist aber, daß man, um aus dem Kreis der Wissen=
schaften nicht verdrängt zu werden und doch auch von jenem
bunten und reichen Stoff nichts fahren zu lassen, eine
wissenschaftliche Aufgabe aus so weiten und abstracten Be=
griffen formulirt, daß in der That de omnibus et quibus-
dam aliis darin die Rede sein kann.

Auf den lezteren Abweg scheinen uns nun diejenigen
gerathen zu sein, welche den Begriff des Zustandes zum
Fundament einer besonderen Wissenschaft machen zu können
glauben, die uns jene Doppelgängerin der Universalgeschichte
construiren, jene Wissenschaft, die sich das Leben der Mensch=
heit als ruhendes Dasein denkt, jene stillstehende Geschichte,
die nicht auf das Werden, sondern nur auf das Gewordene
achtet und den Bau der Menschheit durch die Zeichnung
eines Querdurchschnittes deutlich macht. Wenn in Wahr=
heit die Geschichte eben einmal nicht stillesteht, wenn das
Leben der Menschheit kein ruhendes Dasein ist, sondern
ein ruheloses Schaffen am sausenden Webstuhl der Zeit,
so kann es auch keine Wissenschaft geben, die berechtigt
wäre, sich dies so zu denken. Deductive Wissenschaften
kann es geben, die eine Fiction oder Abstraction zu ihrem
Ausgangspunkt haben, aber eine Erfahrungswissenschaft,
die auf einer Fiction ruht, muß selbst eine Fiction sein,
und eine Lehre von ruhenden Völkerleben kann es so wenig
geben, als von stillstehenden Strömen. So wenig die Ar=

chitektonik nur die Lehre von den Aufrissen der Gebäude behandelt und die Lehre von den Querdurchschnitten einer andern Disciplin zuweist, so wenig greift der Geschicht- schreiber in fremdes Gebiet hinüber, wenn er uns ein Volks- leben bald in einer Reihe successiver Begebenheiten, bald in einer Uebersicht seiner gleichzeitigen Erscheinungen schildert. Beides sind nur Darstellungsformen, die durch den discur- siven Charakter der menschlichen Erkenntniß bedingt sind.

Es mag vielleicht kleinlich erscheinen und ist doch nicht ohne Bedeutung, wenn wir daran erinnern, daß der Begriff des Zustandes zu den der deutschen Sprache eigenthümlichen, keineswegs in jeder gebildeten Sprache vorhandenen gehört. Nur die an abstracten Gebilden gleich reiche Sprache der Hellenen hat ähnliche Ausdrücke. Den Terminus der grie- chischen Grammatiker, ῥήματα διαθετικά, den wir im deut- schen durch „zuständliche Zeitwörter" wiedergeben, vermochte das Lateinische nur durch die negativen Ausdrücke, Verba neutra oder intransitiva, zu übersetzen. Die Worte status. état, state, heißen nicht „Zustand", sondern „Stand". Der Stand ist derjenige Punkt einer von einem Gegenstand durchlaufenen Bahn, auf welchem dieser sich in dem Augen- blick unserer Betrachtung befindet, wie wir vom Stand der Sonne, der Papiere, eines Prozesses reden. Die Sprachen, die sich auf diesen Ausdruck der Sache beschränken, ver- mögen also von dem richtigen Bewußtsein des Heraclitischen Sazes πάντα ῥεῖ keinen Augenblick zu abstrahiren. Zu dem Wort „Zustand" dagegen sehen wir von einer voran- gegangenen und nachfolgenden Bewegung des Gegenstandes,

sowie von allem Verhältniß zu andern Gegenständen ab
und vergleichen ihn nur mit sich selbst, d. h. mit der nor=
mirenden Vorstellung, die das betrachtende Subject dazu
mitbringt. Der Zustand eines Dings ist die Gesammtheit
seiner gleichzeitigen Merkmale, verglichen mit unserer For=
derung an dasselbe. In diesem Sinne ist es, daß wir mit
dem Worte „Zustand" in der Regel nur Prädikate, die
ein Werthurtheil enthalten, verbinden, von einem guten
oder schlechten, angenehmen, traurigen, verwahrlosten, be=
friedigenden Zustand reden. Hiebei kommt natürlich Alles
auf den mitgebrachten Maßstab an. Qualitative Prädikate
anderer Art verbinden wir mit dem Begriff des Zustandes
nur dann, wenn ein und dasselbe Object wesentlichen, die
Gesammtheit seiner Merkmale alterirenden Veränderungen
unterworfen ist, wie man z. B. von einem starren oder
flüssigen Zustand des Wassers, oder von Zuständen des
Wahnsinns, der Schwermuth, oder weiter von einem Zu=
stand der Fäulniß, der Trockenheit ꝛc. spricht. An sich
sollte man meinen, daß das Wort Zustand von Einem
Gegenstand nicht in der Mehrzahl gebraucht werden könnte,
da es stets nur Eine Gesammtheit von gleichzeitigen Merk=
malen geben kann. Die deutsche Sprache hat sich jedoch
gewöhnt, wenn von einem Collectivbegriff, der eine Man=
nigfaltigkeit individuell verschiedener Dinge unter sich be=
greift, die Rede ist, lieber die Mehrzahl zu gebrauchen,
und somit nicht von dem Zustande, sondern von den Zu=
ständen einer Gesellschaft, eines Volkes, der Menschheit zu
reden. An Klarheit der Begriffe ist jedenfalls mit diesem

Pluralis Nichts gewonnen und wenn dann die Gelehrten-
sprache noch weiter geht und auch noch die Wörter „zu-
ständlich" und „Zuständlichkeit" bildet, wenn wir z. B. bei
einem Schriftsteller über Statistik lesen, die Statistik be-
handle diejenigen Erscheinungen vom Leben der Menschheit,
welche ein „Moment der Zuständlichkeit" an sich haben, so
scheint sich uns damit die Sprachbildung wieder in jene
Nebel= und Wolkenregion zu verlieren, die nichts mehr
deutlich erkennen läßt, und erinnert an eine beliebte Eigen-
heit der deutschen Gelehrsamkeit, über die der Fremde nicht
mit Unrecht klagt oder spottet. Wenn nun aber an diesen
Erläuterungen des Wortes etwas Wahres ist, so würde
nun die Wissenschaft von dem Zustand oder den Zuständen
der Menschheit nicht weniger sein, als die Wissenschaft,
welche die Gesammtheit der gleichzeitigen Merkmale der
Menschheit, an ihrer Idee gemessen, darstellt. Dieser Aufgabe wollen wir die Großartigkeit ihrer Conception nicht
bestreiten; wohl aber glauben wir, daß sie die Bedingungen
unserer Erkenntnisse, sowie den jetzigen Stand aller socialen
und geschichtlichen Wissenschaften weit überfliegt, daß sie,
soweit sie überhaupt als ausführbar erscheinen kann, der
Universalgeschichte zuzutheilen ist, daß sie zu demjenigen,
was sich uns nachher als concreter Inhalt zu Ausfüllung
jenes Rahmens darbietet, jenen bunten geographischen,
staatsrechtlichen, statistischen Notizen in einem seltsam idealen
Verhältniß steht. Sodann erfordert schon die Oekonomie
des wissenschaftlichen Lebens, für welches das Gesez der
Theilung der Arbeit gleichmäßig gilt, keiner einzelnen Dis-

ciplin ein so ausgedehntes und ungleichartiges Feld abzu=
messen, daß keines Menschenlebens Kraft und Dauer aus=
reicht, es auch nur flüchtig zu durchwandern. Zustand der
Menschheit ist ein ungreifbarer, unabsehbarer Begriff.

Gleichwohl erhält sich allen diesen Einwendungen gegen=
über doch das untrügliche Gefühl, daß es sich hier nur um
Irrthümer in den Ausdrücken, in der Formulirung handeln
könne und daß es eine Betrachtungsweise des gesellschaft=
lichen Lebens geben müsse, die, wenn sie auch im weiteren
Sinn des Worts eine geschichtliche zu nennen sein möge,
doch nach Zweck und Art von der historischen Darstellung
zu unterscheiden sei. Werden doch schon psychologisch ganz
andere geistige Kräfte in Bewegung gesezt, wenn ich ein
Volk in lebendiger Gegenwart, in der Fülle und Breite
seiner mannigfaltigen Thätigkeiten beobachte und zu begreifen
suche, als wenn ich durch Schlußfolgerungen aus Denkmälern
und Berichten vergangene Begebenheiten oder Zustände mich
zu errathen bemühe.

Den Ort und die Grenzen der hier in Frage stehen=
den Disciplin haben wir vom Standpunkt unserer Auf=
fassung aus schon im Obigen bezeichnet. Indem wir sämmt=
liche Wissenschaften, die den socialen, geschichtlich gewordenen
Menschen behandeln, in solche theilten, welche die natür=
lichen Gruppen von Individuen, und in solche, welche die
natürlichen Gruppen von Lebenskreisen zum Gegenstand
haben, indem wir die natürlichen und gegebenen Gruppen
von Individuen in den Völkern, sofern sie Staaten bilden,
erkannten, indem wir sodann bei jeder Wissenschaft wieder

einen graphischen, historischen und ätiologischen oder systematischen Theil unterschieden, so entspricht der graphische
oder beschreibende Theil der Völkerlehre genau demjenigen,
was wir hier suchen.

Wie heißt nun diese Wissenschaft, da doch jedes Ding
vor Allem eines Namens bedarf und bei einer Wissenschaft
die Namengebung dem Ritterschlag gleicht, der sie aus dem
Stand der Knappen in den Kreis der Freien und Eben-
bürtigen führt? Die Auswahl ist auch nach Streichung
der Statistik nicht klein: Völkerbeschreibung, Volkskunde,
Völkerkunde, Völkerzustandskunde, Staats= oder Staatenkunde, Ethnographie, politische Geographie? Es ist nicht
gleichgültig, welchen von diesen Namen man wählt, denn
jeder gibt dem Grundgedanken eine gewisse Modification,
die nicht ohne weiteren Einfluß bleiben kann. Die erste
Frage ist: sind die Völker oder Staaten das Object jener
Wissenschaft oder sind beide neben einander zu nennen?
Diejenigen, welche den Namen der Staatenkunde für hinreichend halten, um Alles dasjenige zu umfassen, was man
jener Wissenschaft als ihren Stoff zuzuweisen pflegt, müssen
den Begriff des Staats in einem universellen Sinne fassen,
den wir nicht für berechtigt halten können. Der Staat ist
die das Volksleben ordnende Gewalt, aber nicht das Ordnende, sondern das Geordnete bildet die Substanz einer
Sache. Allerdings faßt der Staat die Totalität der menschlichen Bestrebungen unter einem schirmenden Dach und
hinter schützenden Mauern zusammen und unterwirft sie im
Innern des Baus einer für Alle bindenden Hausordnung;

aber in die Beschreibung eines Baus und seiner inneren Ordnung gehört darum doch nicht auch das Leben und der Charakter seiner Bewohner. Mit weit größerem Recht wird vielmehr, wer das Leben und den Charakter dieser Bewohner schildern will, auch das als ein für sie charakteristisches Merkmal in seine Darstellung mit aufnehmen, was für ein gemeinschaftliches Wohnhaus sie sich gebaut und welche Hausordnung sie sich gegeben haben. Geboren werden und Sterben, Heirathen und Kindererzeugen, Kaufen und Verkaufen, das Feld bestellen oder ein Gewerbe treiben, Erben und Erwerben, arm sein oder reich, gebildet oder ungebildet, wohlwollend oder herzlos, fromm oder unfromm ꝛc. sind Ereignisse, Handlungen, Eigenschaften des Lebens der Einzelnen, zu denen der Staat zwar mancherlei Beziehungen, von denen Notiz zu nehmen er mancherlei Interesse haben mag, die aber, unabhängig von ihm, den Inhalt des individuellen Lebens ausmachen und außer und vor dem Staat gedacht werden können. Das politische Leben ist eine Seite des Volkslebens, nicht umgekehrt. Respublica res populi, sagt Cicero mit einem keineswegs blos für Republiken wahren Ausdruck, fährt aber fort: populus autem non omnis hominum coetus quoquo modo congregatus sed coetus multitudinis juris consensu et utilitatis communione sociatus. In diesem Sinne war es, daß wir oben nicht einfach die Völker als das Object unserer Wissenschaft bezeichneten, sondern die Völker, sofern sie Staaten bilden, sich in der Spize einer einheitlichen, ordnenden Gewalt zusammenfassen. Es ist jedoch nur ein

Mangel der deutschen Sprache, daß wir diesen Zusaz zu machen hatten. Das deutsche Wort „Volk" hat zwei sehr verschiedene Bedeutungen, eine ethnographische und politische. Die Griechen und Römer hatten dafür getrennte Bezeichnungen, ε϶νος und δημος, gens (oder natio) und populus. Die Deutschen sind ein Volk im ethnographischen Sinne, aber nicht im politischen; die Schweizer, die Oesterreicher sind es im politischen, aber nicht im ethnographischen. Die Ethnographie wäre daher der Geschichte, der politischen Geographie, oder der Anthropologie zuzuweisen; für unsere Wissenschaft aber würden wir am liebsten den Namen „Demographie" wählen. Für die schwächste Einwendung gegen eine solche Benennung würden wir die halten, daß wo möglich ein deutsches Wort zu wählen wäre. Die Wissenschaften sind Gemeingut der Menschheit und fragen nichts nach den Grenzpfählen der Sprachen und Völker; dies hat eben seinen Ausdruck in ihrer gemeinsamen, den alten Sprachen entnommenen Terminologie. Wollte jedes gebildete Volk die wissenschaftlichen Ausdrücke in seine Sprache umprägen, so gäbe das nicht nur eine unnöthige Erschwerung aller gelehrten Studien, sondern auch eine wirkliche Gefährdung der Wissenschaften selbst, sofern im Gebiet des abstracten Denkens nur selten zwei Sprachen congruente Begriffe bilden. Eine einzelne Wissenschaft ist kein Gattungsbegriff; sie ist nur einmal vorhanden und fordert daher eine Art von nomen proprium für ihre Bezeichnung. Der wissenschaftliche Terminus will benennen, nicht definiren; und das leistet uns eben der Gebrauch der

Fremdsprache besser. Man denkt bei Casus nicht an einen Fall, bei Dativ und Accusativ nicht an ein Geben oder Anklagen; die deutschen grammatischen Bezeichnungen aber, wie „Wessenfall, Verhältnißwörter, Beiwörter, Fürwörter" machen Anspruch darauf, zugleich eine Erklärung der Sache zu geben, was doch nie möglich ist und nur zur Verwirrung führt. So schlimm ist es nun zwar nicht mit jenen aus Lehre, Kunde, Beschreibung ꝛc. gebildeten Namen von Wissen= schaften, aber doch wird sich neben den alten, weltgültigen Namen der Physik, Logik, Ethik, Geographie, selbst die Naturlehre, Denklehre, Sittenlehre, Erdkunde, wiewohl diese Bezeichnungen noch zu den besten gehören, nicht behaupten können. Wenn man nur die Eine Unbequemlichkeit nimmt, daß diese Wörter keine adjectivische Form haben! Wie unzähligemal ist man veranlaßt, von einer physicalischen, ethischen, geographischen Untersuchung, Frage, Schrift, Be= ziehung, Seite der Sache zu reden und wie kümmerlich muß man sich da mit den deutschen Wörtern behelfen! Ebenso ist es mit der Bildung der Substantiva: der Phy= siker, der Geograph, wo man dann sagen müßte: der Natur= lehrer, der Erdkundige. Besonders ungeschickt ist hierin aber die Form, Kunde, da das Wort nun einmal ursprüng= lich ein Wissen und nicht ein zu Wissendes, nicht eine Wissenschaft bezeichnet, und dieser Sinn besonders in dem Adjectiv „kundig" ausschließlich zu Tage tritt. Zudem haben die Composita aus solchen Wörtern eine so schwache Cohäsion, daß, wenn ein Wort von stärkerer Verwandtschaft in ihre Nähe kommt, sie eine Neigung zeigen, ihre Ver=

bindung wieder aufzulösen. Statt „Volkskunde, Staats=
kunde von Bayern" möchte man lieber sagen: Kunde vom
bayerischen Volk oder Staat, wenn das Wort Kunde diese
Isolirung vertrüge und damit nicht in seine Grundbedeu=
tung zurückfiele. Noch weniger aber ließe sich sagen:
Völkerkunde, Staatenkunde von Bayern. Dazu kommt,
daß die griechischen Namen schon durch ihre Endungen
—graphie, —logie ꝛc. ꝛc. den methodologischen Charakter
der einzelnen Wissenschaften andeuten, wenn auch zum Theil
nur ihre erste historische Gestalt. Erdkunde könnte ebenso=
gut Geologie als Geographie bedeuten, und so muß man
auch fragen: ist die Volkskunde eine beschreibende oder eine
systematische Wissenschaft vom Volk, eine Demographie oder
Demologie? Der Ausdruck „Beschreibung" endlich läßt
sich im Sinn von einer beschreibenden Wissenschaft über=
haupt nicht ohne Zwang gebrauchen und theilt außerdem
fast alle Mängel jener Composita von „Lehre" und „Kunde."
Neue Namen einer Wissenschaft vorzuschlagen, ist stets ein
mißliches und in der Regel verlorenes Unternehmen, aber
das dürfte aus den vorstehenden Bemerkungen zum Min=
desten erhellen, daß in den Namen noch viel Verwirrung
und Unklarheit herrscht und daß dabei allerhand tiefer
liegende Gebrechen zu Tag treten.

Eine besondere Erwähnung erfordert noch das Ver=
hältniß dieser Völkerkunde oder Demographie zu der poli=
tischen Geographie. Früher pflegte man unter diesem weiten
Namen alles das unterzubringen, was man jetzt Statistik,
Völker= und Staatenkunde nennt. Später hat man ihr

nichts von allem dem mehr gelassen und überhaupt die
wissenschaftliche Berechtigung dieser Disciplin in Frage gestellt. Es ist jedoch seit Humboldt, Ritter, Rougemont ꝛc.
nicht mehr zweifelhaft, daß es auch eine Geographie des
Menschen gibt; nur über ihre Abgrenzung steht noch wenig
fest. Geographie und Geschichte, der Planet und die Menschheit vertreten zusammen die Totalität aller irdischen Erscheinungen. Es versteht sich, daß beide in mannigfaltiger
Wechselbeziehung zu einander stehen. Die Verbindung besteht aber nicht in Einer beide Gebiete combinirenden Wissenschaft, sondern sie kommt dadurch zu Stande, daß jede jener
beiden Gesammtwissenschaften einen Zweig treibt, der dem
andern Theil entgegenwächst und sich mit ihm verschlingt.
Der Zweig der Geographie ist derjenige Theil derselben,
welcher die Erde als Wohnsitz des Menschen und die Wirkungen betrachtet, welche sie in dieser Eigenschaft theils
ausübt, theils erleidet. Sie zeigt einerseits, an anthropo-
logische Ausgangspunkte anknüpfend, in einer der sogenannten Pflanzen- und Thiergeographie correspondirenden
Weise die Verbreitung der Menschheit unter dem Einfluß
der Zonen, der großen Continentalcharaktere, des Klima's ꝛc.,
die Verbreitung der Racen und Völkerstämme, der Sprachen,
Kulturverhältnisse u. s. w. und heißt in dieser Eigenschaft
Geographie des Menschen; sodann zeigt sie uns die einzelnen
Länder als die Territorien bestimmter Völker und Staaten
und heißt in dieser Beziehung politische Geographie; endlich betrachtet sie die durch die Thätigkeit der Menschen
besonders markirten Punkte der Erdoberfläche, die einzelnen

Wohnpläße und heißt in dieser Eigenschaft Topographie. Während nun in diesen Disciplinen stets vom Areal und seinen Eigenschaften ausgegangen wird, betrachtet der von dem Stamm der Geschichtswissenschaften aus sich abzweigende Ast, die Völkerkunde oder Demographie, zum Theil die= selben Erscheinungen, nur nicht als Merkmale der Länder, sondern der Völker. Sie schildert ein concretes Volksleben als die Gesammtwirkung geographischer und geschichtlicher Vorbedingungen; sie zeigt uns, was das Volk unter der Gunst und Ungunst seines heimathlichen Bodens geworden ist, wie es ihn selbst gestaltet, seine Schäze ausgebeutet, seine Mängel ergänzt, seine Berge und Ströme überwältigt, seine Pflanzendecke und Thierbelebung verwandelt, ihn mit Städten und Dörfern besäet, mit Straßen und Kanälen durchzogen, und so gleichsam zu einem beseelten Raum, zum Abdruck seines Geistes und Willens umgeschaffen hat. Es zeigt sich schon hieran, wie nah jene beiden Wissen= schaften verwandt sind und wie die Verschiedenheit mehr in dem Gesichtspunkt als in dem Object der Betrachtung liegt. So z. B. wird die politische Geographie die Ergeb= nisse des Bergbaus, der Landwirthschaft unter dem Ge= sichtspunkt von Landesprodukten betrachten; die Volkskunde dagegen wird den gleichen Gegenstand als eine Seite der wirthschaftlichen Thätigkeit des Volkes und im Zusammen= hang mit andern Seiten des Volkslebens behandeln. Das= selbe Object ist so in einem Fall ein Merkmal des Landes gegenüber von andern Ländern, im andern ein Merkmal der wirthschaftlichen Thätigkeit des Volkes gegenüber von andern Thätigkeiten.

Den Begriff Geschichte im weitern Sinn des Wortes genommen ist die Volkskunde oder Demographie selbst eine Geschichtswissenschaft, im engern Sinne steht sie der eigentlichen Geschichtschreibung als eine Hilfswissenschaft zur Seite. Das Bedürfniß der wissenschaftlichen Arbeitstheilung bringt es mit sich, daß der Geschichtschreiber, der uns das Völker- und Staatenleben in seiner zeitlichen Entwicklung schildert, seinen umfassenden Gegenstand nicht zugleich in der ganzen Breite seiner Erscheinung stetig fortführen kann, daß er, auf die typischen und hervorragenden Ereignisse und Persönlichkeiten angewiesen, nicht zugleich auch dasjenige uns vergegenwärtigt, was sich unmerklich aus einer unendlichen Menge einzelner, für sich bedeutungsloser Thätigkeiten der Individuen zu einer Massenwirkung zusammensezt. Der Historiker gleicht darin dem dramatischen Dichter, der uns eine bedeutungsvolle Handlung an Personen, die unser Interesse erregen, in charakteristischem Detail vor Augen führt, dabei aber dem Leser oder Zuhörer überläßt, sich den Schauplaz und Boden der Begebenheit mit allerlei begleitenden Nebenumständen hinzuzudenken oder mit Hilfe der theatralischen Scenerie zu ergänzen. So bildet die Demographie gleichsam den Hintergrund, in welchen der Historiker sein Gemälde einzeichnet. Eine Geschichtschreibung, die den unabsehbaren demographischen Stoff stets in seiner ganzen Breite mit sich fortwälzen wollte, müßte verwirrend und unverständlich werden. Sie kennt kein werthvolleres

Material, wird aber doch nur mit Auswahl und bei be=
sonderem Anlaß davon unmittelbaren Gebrauch machen
dürfen. Es wird immer wieder die Kunst des Geschicht=
schreibers bleiben, das von der Demographie auf dem Wege
der universellen Beobachtung gewonnene Bild des Volks=
lebens in typischen Thatsachen abzuspiegeln.

Wenn wir nun endlich auf den Ausgangspunkt unserer
Untersuchung, den Begriff der Statistik zurücksehen, so be=
darf es nach dem Obigen keiner nähern Ausführung mehr,
in welchem Verhältniß jene Demographie zu der Statistik
in unserem Sinne steht. Sie ist ein selbständiger Wissens=
zweig, der an der Statistik seine vornehmste und unent=
behrliche Hilfswissenschaft hat und ohne sie nicht zu einer
selbständigen Entwicklung hätte gelangen können. Gleich=
wohl fallen beide Disciplinen keineswegs zusammen, sofern
einerseits die Demographie ihren Stoff auch noch aus
mancherlei andern Quellen schöpft, und andererseits die
Statistik auch noch mancherlei andern Wissenszweigen in
gleicher Weise Dienste leistet. Nur der Umstand, daß die
Statistik bis jetzt vorherrschend in den Händen der Staats=
behörden lag, und darum vorzugsweise für Zwecke der
Staatskunde in Anspruch genommen worden ist, erklärt es,
wie der politische Inhalt und das methodologische Verfahren,
durch das derselbe großentheils ermittelt wird, anfänglich
als Eine Wissenschaft erscheinen konnte und mußte.

Hiemit sind wir zugleich am Ziele unserer Unter=
suchung angelangt. Das was bisher Statistik hieß, hat
sich uns hiernach in zwei getrennte Disciplinen aufgelöst,

eine allgemeine methodologische Hilfswissenschaft der Erfahrungswissenschaften vom Menschen, welcher wir, dem
gemeinen Sprachgebrauch folgend, den Namen Statistik
beilegten, und eine selbstständige, auf dem Grenzgebiet von
Geographie und Geschichte gelegene, Wissenschaft, für die
wir den Namen Demographie gewählt haben, die aber auch
bei entsprechender Erläuterung der Begriffe Völker= oder
Staaten-, Volks= oder Staatskunde genannt werden mag.
Unsere Auffassung trifft hienach in dem Grundgedanken
mit der Knies'schen Ansicht zusammen, nur daß wir die
beiden Glieder wesentlich anders charakterisiren und anders
benannt haben. Der Gang unserer Untersuchung hat uns
wiederholt genöthigt, einen höhern Standort und eine weitere
Rundschau zu gewinnen, als die beschränkte Aufgabe Man-
chem zu erfordern scheinen mag. Wenn es sich aber darum
handelt, einer noch jungen Wissenschaft ihren festen Sitz in
dem akademischen Saale anzuweisen, so ist das ohne einige
Orientirung über die ganze Anordnung dieses Saales nicht
wohl möglich. Nun ist aber nicht wohl zu läugnen, daß
auf demjenigen Flügel, wo die social=politischen Wissenschaften ihre Size haben, noch eine ziemliche Unordnung
zu Hause ist, indem fast jeder neue Forscher die Pläze
wieder anders vertheilt und mit anderen Namen belegt.
Und da unter den uns bekannten Gruppirungen des wissenschaftlichen Stoffes keine sich unter diejenigen Gesichtspunkte
einfügen ließ, die wir nun einmal in dieser Sache als die
maaßgebenden betrachten mußten, so blieb nichts übrig,
als theilweise selbst wieder eine neue Gruppirung zu ver-

suchen. Damit ist nun aber freilich die Schwierigkeit, wie
die Anfechtbarkeit unseres Versuches, die Aufgabe zu lösen,
wesentlich verstärkt worden, zumal da die Kritik so selten
geneigt ist, dem Gedankengang eines Schriftstellers genau
zu folgen und so gerne sich an das zur Seite Liegende
und minder Wesentliche anheftet.

Um aber eine Untersuchung über Statistik mit einer
statistischen Notiz zu schließen, so gibt es, wenn wir Nichts
übergangen und recht gezählt haben, bis jetzt 62 verschiedene
Erklärungen über den Begriff der Statistik und die unsrige
wäre dann die 63te. Da wir nun keinen Anspruch darauf
machen, das seltsame Räthsel ganz gelöst, sondern nur,
das Ungenügende der seitherigen Lösung neu beleuchtet und
auf einige noch unbeachtete Seiten der Sache hingewiesen
zu haben, und da der Drang nach klarer Erkenntniß, der
„alte Maulwurf" nach Hegels Ausdruck, keine Ruhe kennt
und sich auch vor dem Prädikat der „Wunderlichkeit" und
„psychologischen Merkwürdigkeit" nicht scheut, so begrüßen
wir unsern Nachfolger, Nr. 64, mit dem alten akademischen
Wort, das auf dem Felde der wissenschaftlichen Forschung
seine schönste Bedeutung hat: vivat sequens!

Zur Theorie der Statistik.

II. 1874.

Wenn ich vor zehn Jahren, mit mancherlei Arbeiten der praktischen Statistik beschäftigt, versucht habe, mir selbst und Andern in der voranstehenden Weise den eigenthümlichen Charakter der Statistik und ihre Stellung in dem Zusammenhang und Ganzen der Wissenschaften deutlich zu machen, so habe ich in der Zwischenzeit durch akademische Vorlesungen über Statistik vielfältigen Anlaß gefunden, von verschiedenen Gesichtspunkten aus auf die theoretischen Fragen und jene früheren Untersuchungen zurückzukommen. Hiebei hat in den Hauptpunkten die frühere Auffassung auch einer erneuerten Prüfung Stand gehalten, im Einzelnen jedoch wurde ich zu mancherlei Ergänzungen und Berichtigungen von theilweise eingreifenderer Bedeutung geführt, welche als Nachtrag hier zusammengestellt zu finden vielleicht dem Leser des ersten Aufsazes willkommen sein wird, wenn sich auch im Interesse der Deutlichkeit einige kleine Wiederholungen nicht ganz werden vermeiden lassen.

1. Das was man Statistik und das, was man statistische Methode zu nennen pflegt, ist genau zu unterscheiden und streng auseinander zu halten. Statistik ist ein Zweig

der Staatswissenschaften (im weiteren Sinn des Worts)
und wird es immer bleiben müssen, wie man sie auch näher
formuliren und umgrenzen mag. Jene eigenthümliche Me=
thode der Forschung aber, deren wesentlichstes Merkmal
wir in die rationelle Durchzählung und Rubricirung vieler
Einzelfälle sezen, ist zwar historisch zuerst im Dienste stati=
stischer, und somit staatswissenschaftlicher Zwecke angewendet
worden und hat, weil ihr für dieß Gebiet die hervor=
ragendste Bedeutung zukommt, den Namen der statistischen
erhalten; sie ist aber in ihrer Anwendbarkeit und ihrem
Wesen nach keineswegs auf diesen Erfahrungskreis be=
schränkt, sondern von universaler Bedeutung. Sie hat,
wie alle besonderen Formen der wissenschaftlichen Methodik,
ihren Plaz in der Logik.

Um den Inhalt eines Begriffs, welcher mehrere oder
viele Individuen oder Einzelfälle in sich begreift, zu be=
stimmen, kannte die Logik zuvor kein Mittel, als diejenigen
Eigenschaften, welche allen Individuen oder Einzelnfällen
constant und übereinstimmend zukamen, im Wege der In=
duction zu finden und als die Merkmale des Begriffs zu=
sammenzustellen. Das, was sich in dem Einen Fall so,
im andern anders vorfand, also die variablen Momente
wußte man wissenschaftlich nicht zu verwerthen; man ließ
sie entweder ganz unbeachtet zur Seite liegen oder that
man der vorkommenden Abweichungen nur in vagen und
unbestimmten Fassungen Erwähnung, indem man z. B.
sagte: das Schwein bringe auf Einen Wurf 3—15 Junge
auf die Welt; die Pferde seien von verschiedener Farbe;

es gebe Braune, Schimmel, Rappen, Fuchsen, Isabellen.
Die Menschen sterben in jedem Lebensalter, am häufigsten
in der ersten Kindheit und im Greisenalter.

Die statistische Methode tritt nun für die empirischen
Wissenschaften eben da ein, wo die Induction, der Schluß
von dem typischen Einzelfall auf andere Fälle die Dienste
versagt. Ihr Wesen besteht darin, daß sie durch das Mittel
der Massenbeobachtung und Durchzählung auch die variablen
Momente der Beobachtungsobjecte zu characteristischen und
wissenschaftlich brauchbaren Merkmalen der Begriffe zu erheben vermag. Sie zeigt, daß feste Maaßverhältnisse auch
jenes Gebiet der fluctuirenden, von Fall zu Fall verschiedenen Erscheinungen beherrschen, daß hier nicht Zufall und
Willkühr, sondern nur eine verwickeltere Mischung und
Combination der Kräfte und Ursachen walte. Es dient
offenbar zur Characteristik verschiedener Gesellschaftskreise,
wenn sich zeigen läßt, daß in einem jährlich auf 1000, im
andern auf 10000, im dritten auf 20000 Individuen Ein
Fall eines Selbstmords, eines Todschlags oder daß hier
auf 1000 Menschen 18, dort 36 Sterbfälle treffen.

Diese Methode greift nun überall hin, wo es variable
Momente in den für die Betrachtung zusammengefaßten
Erscheinungen giebt; und solche giebt es allenthalben und
in allen Reichen der Natur. Es kann sich auch überall ein
wissenschaftliches Interesse an diese variablen Elemente
knüpfen. Man könnte nach Umständen selbst Sandkörner
nach Größe und Gestalt zu zählen und zu sortiren für
werthvoll achten müssen. Es ist zur Zeit nicht abzumessen,

zu welcher Bedeutung die Methode, auch die variablen
Seiten der Erscheinungen zum Gegenstand exacter Forschung
zu erheben, auf den verschiedenen Gebieten der Naturwissen=
schaften gelangen kann. Bis jetzt findet sie nur in einem
Theile derselben, wie in der Meteorologie, Physiologie und
Medicin eine umfassendere, und in stetigem Wachsthum be=
griffene Anwendung.

2. Wenn dieß richtig, wenn die sogenannte statistische
Methode ein logischer Begriff und das Mittel ist, da wo
die Induction ihren Dienst versagt und die variablen Ele=
mente der Beobachtungsobjecte beginnen, durch universelle
oder Massenzählungen der verschiedenen Variationsfälle zu
Erfahrungssätzen von numerischer Fassung und zu Schlußfol=
gerungen aus denselben zu gelangen, so liegt darin von
selbst, daß nicht alle auf solchem Wege gefundenen That=
sachen oder Wahrheiten zu Einer Wissenschaft, die den Namen
Statistik oder irgend welchen sonst zu führen hätte, ver=
einigt werden können. Die Bemerkungen, welche Roscher
über diesen Punkt macht und gegen welche oben Einwen=
dungen erhoben wurden, sind als ganz zutreffend zu er=
kennen. Die Eintheilung der Wissenschaften hat zu ihrem
Princip die sachliche Verschiedenheit oder Zusammengehörig=
keit der Objecte, nicht die logischen Mittel der Untersuchung;
so wenig sich Alles in Eine Disciplin zusammenfassen läßt,
was durch Induction, durch Analogie, durch Experiment
gefunden wird, so wenig ist, was die erwähnte statistische
Methode auf den verschiedenen Wissensgebieten zu Tag
fördert, in den Rahmen einer gemeinsamen Wissenschaft

einzureihen. Es müßte eine höchst monströse Gestalt einer
wissenschaftlichen Disciplin entstehen, wenn man Ernst damit machen wollte, auch nur etwa die Isothermen und
Isotheren, die Ergebnisse der Züchtungsversuche von Hausthieren, der verschiedenen Heilmethoden von Fieberkranken,
die Mortalitätstafeln, die Frequenz der Verbrechen und
Selbstmordsfälle, die socialen Wirkungen der verschiedenen
Agrarsysteme in Einem Buche zu behandeln. Die Statistik
kann unmöglich die Wissenschaft von allem demjenigen sein,
was sich durch die statistische Methode ermitteln läßt.

3. Diese Methode dient allen empirischen Wissenschaften,
welche Gruppen von ähnlichen Objecten zum Gegenstand
ihrer Untersuchung machen; sie hat aber nicht zu allen das
gleiche Verhältniß, nicht für alle die gleiche Bedeutung.
Auf dem Felde der Naturwissenschaften wird immer die
Induction den Primat behaupten und jene Methode nur
einen secundären Platz einnehmen können. Hier herrschen
die Gattungsbegriffe und die constanten Merkmale der
Einzelfälle. Neben den Gattungsbegriffen haben wir aber
die Collectivbegriffe zu unterscheiden. Von der Gattung
kann ich nichts aussagen, als was von jedem Einzelnen
innerhalb der Gattung gilt; der Gattungsbegriff ist der
des typischen Individuums oder Einzelfalls, und nicht daneben noch etwas Besonderes für sich. Das Bild des
Löwen, der Rose ist das eines Löwen, einer Rose u. s. f.
Ebenso ist es, wenn das unter den Gattungsbegriff Fallende
nicht Individuen, sondern Vorgänge, Veränderungen an
den Dingen sind. Das Gesez oder die Regel, welche hier

den Gattungsbegriff bildet, knüpft an bestimmte Ursachen bestimmte Wirkungen und gilt gleichmäßig für alle von der Formel des Gesezes betroffenen Fälle; es ignorirt seinerseits die etwa im Einzelfall hinzutretenden variablen Factoren und überläßt diese wieder einem etwaigen weiteren und abgesonderten Inductionsverfahren. Dieß ist der Grund, warum der Induction eine so große Bedeutung zukommt; wenn das Allgemeine nur ein typisches Einzelnes ist, so muß es aus der Beobachtung des Einzelnen auch erkannt werden können. In dem Collectivbegriff dagegen wird unter sich Verschiedenes, um irgend eines gemeinsamen Merkmals willen in Eine Gruppe zusammengefaßt. Das Interesse ist auf dasjenige gerichtet, was von der Gruppe als Ganzem auszusagen ist, nicht was von jedem einzelnen Glied der Gruppe gelten mag. Was ich vom Wald sage, gilt nicht von dem einzelnen Baum, was ich über das Publikum eines Theaters, von der Menge, vom Volk, von einer Armee urtheile, soll nicht auf die Individuen im Einzelnen anwendbar sein. Constante Merkmale sind hier gar nicht vorhanden, außer dem einzigen, um dessen willen der Begriff gebildet und benannt worden ist. Wenn überhaupt sonstige Merkmale sollen gewonnen werden können, so müssen sie variabler Natur, nicht allgemein, sondern nur partiell vorhanden, nur in einem quantitativ begrenzten Prädicat faßbar, somit nur der Durchzählung, der statistischen Methode zugänglich sein.

4. Wo diese Collectivbegriffe nichts weiter als eben die Vielheit ausdrücken, einen Pluralis in eine Singularis=

form anzudeuten, statt Tausend das Tausend zu sagen
scheinen, können sie für die menschliche Erkenntniß und
Wissenschaft keine sonderliche Bedeutung in Anspruch nehmen.
Zwar ist man auch noch innerhalb der Naturwissenschaften
veranlaßt, von Heerden, Schwärmen, von Wald und Ge-
birge Merkmale aufzuzählen, die nur vom Ganzen, nicht
von den Einzelnen gelten können, die sogar auf einen von
den Gattungsbegriffen ganz abweichenden Begriff hindeuten,
der doch auch wieder mit dem logischen Verhältniß des
Ganzen und der Theile nicht zusammenzustellen oder zu
verwechseln ist. Ihre wahre und volle Bedeutung gewinnen
diese Collectivbegriffe aber erst für diejenigen Wissenschaften,
welche den Menschen und die gesellschaftliche Gliederung
und Gruppirung des Menschen zu ihrem Gegenstand haben.
Die Merkmale der menschlichen Gattung werden in besonderen Wissenschaften, wie der Physiologie und der Psychologie behandelt. Innerhalb der Gattung aber stoßen wir
nicht auf Arten und Varietäten, wie wir bei den Hunden
die Pudel, Doggen, Spitzer, Dachshunde u. s. w. unterscheiden. Hier combiniren sich physische und psychische,
geographische und historische, wirthschaftliche und ethische
Momente so mannigfaltig, daß uns die Gattungsbegriffe
ganz verlassen, und an ihre Stelle der Begriff der Gruppe,
als eine besondere, in sich selbst auch wieder gegliederte
Form der Collectivbegriffe tritt. Es giebt natürliche
Gruppen der menschlichen Gesellschaft, wo die Einzelnen
lebendige Fühlung mit einander haben, in Wechselwirkung
unter sich stehen und durch den Masseneffekt dieser Einzel-

wirkungen der ganzen Gruppe einen bestimmten Charakter leihen, der dann auch wieder auf die einzelnen Glieder zurückwirkt; es ist eine Interessengemeinschaft vorhanden, die die einzelnen sei es in umfassenderer oder nur partieller Weise in eine reale Verbindung bringt. Dahin gehören die Begriffe von Familien, Geschlechtern, Stämmen und Völkern, von Gemeinden und Gauen, von Ständen und Berufs-, von Religionsgenossenschaften, von Vereinen verschiedener Art. Daneben aber giebt es künstliche Gruppen, die nur dem Erkenntnißzweck dienen sollen, deren Begriffe wir nur auf die Gemeinschaft Eines oder weniger Merkmale gründen, wo die einzelnen Glieder sich unter sich nicht näher angehen und aneinander wirken, bei welchen aber ein Interesse besteht zu wissen, ob das Eine bekannte Merkmal, auf dem der Begriff der Gruppe ruht, auch noch weitere gemeinsame oder vorherrschende Merkmale neben sich hat. Dahin gehören Begriffe wie z. B. die der Gleichaltrigen, der Verheiratheten, der Ledigen, der Blinden, der Selbstmörder u. s. w. Eine weitere dritte Klasse von gesellschaftlichen Collectivbegriffen faßt nicht die Subjecte, sondern die Objecte zusammen, nicht Individuen, sondern Vorgänge, Thatsachen, welche für das gesellschaftliche Leben Bedeutung haben, z. B. Geburten, Sterbfälle, Todesursachen, Verbrechen, Brandfälle, Erndteerträge, Hagelbeschädigungen, um die gemeinsamen und abweichenden Merkmale derselben zu unterscheiden.

5. Diese socialen Gruppenbegriffe bilden die höchste, wichtigste, der wissenschaftlichen Behandlung fähigste

und bedürftigste Unterart der Collectivbegriffe. Sie greifen über die Kategorie der bloßen Vielheit und Pluralität hinaus; der Unterschied von den Gattungsbegriffen ist am stärksten ausgeprägt, indem der Gruppe als solcher characteristische Merkmale zukommen, welche nicht bei den Individuen oder Einzelfällen zutreffen, sondern nur als Massenwirkungen in numerischer, quantitativer Begrenzung zu fassen sind, bei welchen die variablen oder partiellen Erscheinungen das Ueberwiegende und Bedeutungsvolle, die constanten das Unerhebliche und Verschwindende sind. Die Induction ist zwar nicht ausgeschlossen, sofern auch aus bedeutenden und hervorragenden Einzelfällen Schlüsse gezogen werden können, aber sie tritt gegen die methodische Massenbeobachtung und Durchzählung in den Hintergrund, während bei den Gattungsbegriffen das Verhältniß ein umgekehrtes ist. Die statistische Methode ist so das wesentliche und unentbehrliche Mittel, um zu Merkmalen socialer Gruppenbegriffe zu gelangen.

Es giebt zwei Grundformen, in welchen diese Gruppenmerkmale ihren Ausdruck finden. Es kann sich um constante, allen Gliedern der Gruppe zukommende Merkmale handeln, bei welchen der variable Faktor nur in den Nebenumständen und Modalitäten besteht. Allen Menschen kommt z. B. ein bestimmtes Maaß von Körpergewicht und Größe, von Puls und Athemfrequenz zu, aber jedem wieder ein anderes; alle sterben in einem bestimmten Lebensalter, aber nicht im gleichen. Hier wird nun durch die Massenbeobachtung für eine Gruppe ein Durchschnittsmaaß gefunden, die Summe der Einzelgrößen dividirt durch die Zahl der Fälle. Es entsteht so ein typisches Individuum, wie bei Gattungsbegriffen, der moyen homme von Quetelet, das als characteristisches Merkmal der ganzen Gruppe dient. Das Prädikat hat hier die Form einer bestimmten, absoluten Zahl.

Die andere Art betrifft Eigenschaften oder Thatsachen, welche nicht bei allen Individuen, sondern nur bei einem Theil derselben gelten. Hier giebt die Massenbeobachtung die Zahl der Fälle, in welchen das Merkmal zutrifft oder nicht, als einen Bruch des Ganzen, in der Regel als procentale Ziffer; also z. B. auf je 1000 Personen treffen jährlich 24 Sterbfälle, 36 Geburten, 10 Trauungen; unter je 100 sind 34 verheirathet u. s. w. Dieß numerische Verhältniß bildet dann das characteristische Merkmal der Gruppe, das zur Vergleichung mit andern Gruppen und zu weiteren Schlußfolgerungen dient.

Die beiden Grundformen lassen sich noch in mancherlei Arten combiniren.

6. Der Staat ist kein Collectivbegriff und keine sociale Gruppe. Mag man ihn eine Ordnung, ein Institut, eine Persönlichkeit, einen Organismus oder wie immer nennen, er ist keine Vielheit von selbständigen, einander coordinirten Dingen, kein Verein, sondern eine reale, individuelle Einheit, ein Ganzes, dessen Theile gegliedert und in einander verkettet, in aufsteigender Reihe von unter- und übergeordneten Organen, in die pyramidale Spize eines lebendigen Willens auslaufen. Die Merkmale des Staats bestehen

nicht in Durchschnitts= oder Bruchziffern; sie werden nicht durch vergleichende Zählungen gefunden, die statistische Methode hat nichts mit ihnen zu schaffen. Allerdings kommen in der Beschreibung eines Staats auch Zahlen vor; die Einnahmen, Ausgaben, Schulden, Heer und Marine repräsentiren bestimmte Summen von Thalern, Männern, Pferden, Schiffen; dieß sind aber keine Ziffern, die mit jener statistischen Methode zu thun hätten. Denn nicht alles Zählen ist Statistik, nur dasjenige, welches aus der vergleichenden Massenbeobachtung Gruppenmerkmale in numerischer Fassung findet. Daß der englische Staat 785 Millionen £ Schulden, das deutsche Reich im Friedensstand 400000 Soldaten hat, ist eine Notiz von ganz gleichem Charakter, wie daß der Montblanc 14800 P. Fuß hoch ist oder seit Christi Geburt 1874 Jahre abgelaufen sind. Nur das ist richtig, daß in solchen Ziffern, welche zur Beschreibung des Staats dienen, mittelbar auch gesellschaftliche Thatsachen von ziffermäßiger statistischer Fassung enthalten sind. Das Reich bestimmt, daß von jedem Centner Speisesalz 2 Thaler Steuer zu zahlen sind, es kann aber nicht bestimmen, welchen Ertrag dieser Steuersatz zu liefern hat; wenn die Steuer nun 11 Mill. Thaler einbringt, wenn 6½ Millionen Centner Salz jährlich consumirt werden und auf den Kopf ein Verbrauch von 16 ū fällt, so sind dieß gesellschaftliche Thatsachen oder Merkmale. Auch die Einwohnerschaft gehört zu den Merkmalen der Gesellschaft, nicht des Staates. Der Staat hat keine Einwohner und die Zahl seiner Unterthanen ist für ihn etwas Zufälliges,

18*

wenn auch praktisch sehr Wichtiges. Die wesentlichen Merk=
male des Staats liegen in seiner Verfassung und Verwal=
tung, sowie in seiner geschichtlichen Entwicklung. Das sind
der statistischen Methode ganz fremde Gebiete.

7. Bei der Frage, wie sich die Gesellschaftswissenschaften
zu den Staatswissenschaften verhalten, ob sie diesen coor=
dinirt oder subordinirt seien und überhaupt einen selbstän=
digen Plaz in der Reihe der Wissenschaften einnehmen,
pflegt das nicht beachtet zu werden, daß Staat und Ge=
sellschaft zwei Begriffe von ganz verschiedenem logischen
Grundcharacter sind und ganz verschiedene Untersuchungs=
methoden erfordern.

Es mag immerhin nicht nur zulässig, sondern praktisch
und zweckmäßig sein, einen weiteren und engeren Begriff
der Staatswissenschaften zu unterscheiden, dem weiteren
Wortsinn die Gesellschaftswissenschaften unterzuordnen, dem
engeren coordinirt gegenüberzustellen. Das erstere geschieht
dann ungefähr mit demselben Recht, mit welchem wir Ana=
tomie und Physiologie zu den medicinischen Wissenschaften
zählen, obgleich sie nichts mit dem Heilen zu thun haben.
Der Staat ist die die Gesellschaft ordnende Macht, und
wer zu ordnen hat, muß das kennen, was geordnet werden
soll. Die gesellschaftlichen Zustände und Thatsachen sind
der Stoff und das Substrat der staatlichen Thätigkeit.
Deßhalb sind aber doch Staats= und Gesellschaftswissen=
schaften wieder so verschieden, als Hygieine und Therapie
etwas wesentlich Anderes sind als die Lehren vom gesunden
und kranken menschlichen Körper. Der Staat ist ein Pro=

duct von bewußten menschlichen Willensacten, er ist wenig=
stens im einzelnen immer etwas Gemachtes. Die Gesell=
schaft und ihre einzelnen Gruppen sind etwas unbewußt,
durch die spontane Massenwirkung vieler individueller Kräfte
und Triebe, durch das Wechselspiel in den Einwirkungen
des Einzelnen auf Viele und der Vielen auf Einzelne Ge=
wordenes und stetig Werdendes. Die Gesellschaftswissen=
schaften suchen, wie aus der Vogelperspective, auf die Er=
scheinungen des Privatlebens, auf das bunte Spiel freier
Individualkräfte herabzusehen, einen Ueberblick darüber zu
gewinnen, die Masseneffekte und die hervortretenden Regel=
mäßigkeiten und constanten Causalzusammenhänge aufzu=
finden. Unter den Faktoren, welche das gesellschaftliche
Leben bestimmen, ist zwar auch das staatliche Eingreifen
selbst wieder enthalten, und umgekehrt bestimmen die in
der Gesellschaft vorwaltenden Meinungen, Stimmungen und
Interessen auch ihrerseits die Entscheidungen der Staats=
gewalt; ein reines Ausscheiden ist niemals möglich, aber
darum stehen sich doch Staat und Gesellschaft wie Bewußtes
und Unbewußtes, wie Ordnendes und zu Ordnendes, wie
That und Zustand, wie gegliederte Einheit und Gruppe
von Coordinirtem, wie öffentliches und Privatleben in deut=
lich unterschiedener Stellung gegenüber. Es ist unzuläßig,
die Staats= und Gesellschaftswissenschaften in einander ein=
zuschachteln, das Eine dem Andern unterzuordnen.

8. Diese Unterscheidung ist maßgebend für den Begriff
der Statistik und den Gebrauch ihres Namens. Sie kann
nicht Staats= und Gesellschaftswissenschaft zugleich sein,

wenn sie aufhören soll, ein unlogisches Gemisch und Con-
glomerat bunter Notizen und Data darzustellen, das den
Namen einer Wissenschaft kaum verdient. Sie muß sich
auf die eine oder andere Seite stellen. Historisch und etymologisch ist die Statistik nun allerdings das empirische
Wissen, dessen der Statista, d. h. der Staatsmann oder der
zu einer höheren staatlichen Thätigkeit Berufene außer der
Jurisprudenz noch bedarf, eine Zusammenstellung von Notizen, die theils den Staat theils die Gesellschaft betreffen,
ähnlich wie jetzt etwa die sogenannte politische Geographie.
Aber im Verlauf ihrer Entwicklung wuchs aus dem Bedürfniß nach exacten Thatsachen jene eigenthümliche Methode heraus, durch rationelle Massenbeobachtung brauchbare
Merkmale der socialen Collectivbegriffe in numerischer Fassung zu gewinnen, und die Natur und Tragweite dieser
Methode führt zu einer socialen Empiristik, einer besonderen
Hilfsdisciplin aller Gesellschaftswissenschaften, welche die
variablen Erscheinungen des socialen Lebens in ihrer quan-
titativen Umgrenzung ermittelt und für den Gebrauch der
verschiedenen Wissenschaften vorbereitet. Die Staatenkunde
oder Staatenbeschreibung, welche die Verfassung und Verwaltung der gegenwärtigen Staaten auf Grundlage ihrer
geographischen, ethnographischen, historischen und socialen
Voraussezungen darzustellen hat, bewahrt neben jener Hilfsdisciplin unabhängig ihren Plaz und ihre Bedeutung. Es
fragt sich nun, welchem von beiden Theilen, der socialen
Empiristik oder der Staatenkunde der Name der Statistik
zukommen soll. Dieß ist an sich ein Gegenstand arbiträrer

Entscheidung. Die Staatenkunde hat unzweifelhaft den historischen Rechtstitel für jenen Namen, aber der Sprachgebrauch hat sich doch mehr dahin entschieden, bei Statistik an Zählungsergebnisse zu denken und die Gewinnung und Verarbeitung von solchen ein statistisches Verfahren zu nennen, andererseits aber etwa eine Darstellung der deutschen Reichsverfassung, der preußischen Kreisordnung, der russischen Agrarinstitute nicht zur Statistik zu rechnen, sondern zum Staatsrecht oder zur Staatenkunde. Es wäre vielleicht besser gewesen und hätte mancher Verwirrung vorgebeugt, wenn man jener Methode, Begriffe durch Merkmale von numerischer Fassung zu bestimmen, den Namen der numerischen, statt der statistischen, der darauf begründeten technischen Disciplin den Namen der socialen Empiristik gegeben, den der Statistik dagegen der Staatenkunde gelassen hätte, aber es ist nun einmal anders gegangen und nichts mehr daran zu ändern. Ungenau, aber erträglich und erklärlich bleibt es, daß der Sprachgebrauch das Prädikat einer statistischen Notiz auch auf die Merkmale des Staats, wofern solche nur überhaupt einen ziffermäßigen Ausdruck finden, anwendet, also z. B. die Budgetsäze, die Militärmacht, zumal da hier gesellschaftliche und staatliche Factoren in einander greifen, die Steuererträge auf die volkswirthschaftlichen, die Heeresziffer auf die Bevölkerungsverhältnisse zurückweisen. Ebenso greifen in dem, was man Schul- oder Criminalstatistik nennt, wo die statistische Methode zur Anwendung kommt, staatliche Institute und sociale Thatsachen in einander. Die Zahl der Fälle, in welchen

Geseze, Vorschriften wirksam werden und amtliches Ein=
schreiten Statt zu finden hat, hängt nicht von dem Staats=
willen, sondern von den variablen Momenten der gesell=
schaftlichen Zustände ab; es characterisirt nicht den Staat,
sondern das Volk, ob in einem Lande viele oder wenige
Fälle von Mord vorkommen, dagegen nicht das Volk, son=
dern den Staat und dessen Rechtspflege, ob viele oder wenige
der vorgekommenen Fälle zur Untersuchung, zur Anklage,
zur Verurtheilung führen. Dieses kleine und partielle
Uebereinandergreifen der Grenzen hindert nichts an dem
Schlußergebniß, daß, was früher zusammen unter Statistik
begriffen wurde, in zwei Disciplinen auseinandertritt, die
sociale Empiristik oder jezt die Statistik, und die Staaten=
kunde, und daß jene zu den Gesellschaftswissenschaften, diese
zu den Staatswissenschaften im engeren Wortsinn zu stellen
ist, während es gestattet bleiben muß, diese beiden Gruppen
im Ganzen den Natur=, Rechts=, Geschichts=, mathematischen,
philosophischen Wissenschaften als politische oder Staats=
wissenschaften im weiteren Wortsinn zur Seite zu stellen.

9. Die Statistik im Sinn einer socialen Empiristik
zerfällt aber selbst wieder in zwei getrennte Disciplinen,
in die heuristische oder technische und in die beschreibende
oder demographische Statistik. Die Aufgabe der ersten ist
es, unter Handhabung ihrer eigenthümlichen Methode die
socialen Thatsachen zu ermitteln und durch rationelle Be=
arbeitung die Ergebnisse zum Gebrauch der Wissenschaft
vorzubereiten. Es ist dieß die Thätigkeit der statistischen
Bureaus, der Congresse, der Fachmänner. Bei den äußeren

und inneren Schwierigkeiten richtiger Fragestellungen und
Antworten geht hier der praktischen Anwendung eine theo=
retische Methodik theils voran, theils zur Seite.

Neben dieser fortlaufenden heuristischen Thätigkeit der
socialen Observatorien, welche die bedeutsamen Thatsachen
des gesellschaftlichen Lebens im Einzelnen erheben und be=
arbeiten, besteht noch das weitere Bedürfniß, den gesammten
so gewonnenen Stoff zu ordnen und zu einem Bild der
Gesellschaft nach den verschiedenen Hauptrichtungen ihrer
Lebensformen zu verwerthen. Dieß ist die beschreibende
oder demographische Statistik. Sie ist für die socialen
Wissenschaften, was die Staatenkunde für die politischen
ist und liefert das empirische Material zu einer socialen
Biologie. Sie zerfällt stofflich in drei Theile. Als Be=
völkerungsstatistik behandelt sie den Personalbestand, das
Gattungs= und Geschlechtsleben der Gesellschaft, zeigt deren
Gliederung nach Geschlecht und Lebensalter und Familien=
stand, die stetigen Veränderungen durch Geburten, Sterb=
fälle und Wanderungen u. s. w. Als öconomische oder
wirthschaftliche Statistik behandelt sie die Gliederung der
Gesellschaft nach dem Unterschied der Wohnpläze, der Stände
und Berufsarten, der Agrar=, Gewerbe= und Handelsver=
hältnisse, des Vermögens und Einkommens, der Consumtion.
Als Kulturstatistik hat sie die Erscheinungen des intellec=
tuellen, sittlichen und religiösen Lebens zu ihrem Gegen=
stand. Das durch die technische Statistik gewonnene Ma=
terial bildet die Grundlage der Darstellung, womit jedoch
die Beiziehung von Lehrsäzen aus der Bevölkerungstheorie,

der Nationalöconomie, der socialen Ethik oder bedeutsamer
geschichtlicher Thatsachen nicht ausgeschlossen sein kann.
Diese beschreibende Statistik eignet sich zu zusammenhän=
genden wissenschaftlichen Darstellungen, wie für die Be=
völkerungsstatistik das Werk von Wappaeus ein classisches
Muster ist, sowie vor allem andern zum Gegenstand aka=
demischer Vorträge. Sie ist neben der Nationalökonomie
das wichtigste propädeutische Fach für die Verwaltungslehre.

10. Wohl ist die Staatenkunde in ähnlicher Weise eine
unentbehrliche Hilfsdisciplin für die Staatswissenschaften,
wie die Statistik für die socialen und stellt den empirischen
Stoff für die wissenschaftliche Verwerthung zusammen.
Dennoch kommt sie der Statistik an Bedeutung nicht gleich;
sie schafft ihren empirischen Stoff nicht selbst, sondern sam=
melt und entlehnt ihn von andern Disciplinen. Sie ist
mehr ein Wissen als eine Wissenschaft. Sie stellt aus dem
positiven Staatsrecht der einzelnen Länder, aus Geographie,
Geschichte, Ethnographie und Statistik ein zusammenhängen=
des Bild des Staatensystems der Gegenwart, zunächst des
europäischen, zusammen, theils für die theoretischen Zwecke
der politischen Wissenschaften, theils für den praktischen
Dienst der zu staatlicher Wirksamkeit Berufenen und aller
Gebildeten. Heutzutage aber, wo zu solchem Wirken im
Staat Alle berufen sind, ist der Werth einer unbefangenen
und objectiven Kenntnißnahme von den Staatszuständen
der Gegenwart nicht hoch genug anzuschlagen. Ihrem wissen=
schaftlichen Charakter nach gehört diese Staatenkunde zu den
historischen Disciplinen. Sie schildert die Gegenwart in

gleicher Weise und nach gleichen Grundsäzen, wie der Hi=
storiker da, wo er nicht erzählt, sondern ein Gesammtbild
einer Zeit oder eines Volkes zu zeichnen hat, Vergangenes
darstellt. Der Werth der Behandlung des Faches liegt in
dem Maaß, in welchem die Eigenschaften des ächten Histo=
rikers dabei zu Tag treten, die zerstreuten Data verschie=
denster Art sich zu einem lebendigen Ganzen von innerer
Verständlichkeit gestalten.

Diese Staatenkunde hat nun freilich eine Art von
Doppelgänger, der sie entbehrlich scheinen lassen könnte,
an der politischen Geographie. Diese wird vielfach in den
Compendien so behandelt, daß ein principieller Unterschied
von jener Staatenkunde kaum aufzufinden wäre. Nur wird
man sagen müssen: Die Geographie überschreitet eigentlich
die Grenzen, die ihr Name und Begriff ihr anweist,
wenn sie Staatseinrichtungen schildert. Sie darf ihren
Ausgangspunkt, das Land, nicht gänzlich verlassen; der
Einfluß des Landes auf das gesellschaftliche und politische
Leben seiner Bewohner wäre das eigentliche Thema einer
politischen Geographie. Sobald sie sich mit Verlassung
aller geographischen Gesichtspunkte auf die gesammte Thätig=
keit der innerhalb eines Gebiets wohnenden Menschen ein=
läßt, hat sie gegenüber von Geschichte, von Staats= und
Socialwissenschaften keine aufzeigbare Grenze mehr. Allein
wenn auch die Theorie an diesen Annexionen der Geogra=
phie Anstoß nehmen mag, praktisch sind dieselben nur ein
Zeugniß für die Bedeutung und Unentbehrlichkeit dieser
Wissensstoffe für Jedermann. Es ist ein praktisches In=

teresse, aus welchem die Compendien der Geographie die wichtigsten Data der Staatenkunde in ihren Bereich mit hinüberziehen, und es ist wünschenswerth, daß nützliche Kenntnisse in allen Formen Verbreitung finden, aber von einem Competenzconflict kann ernstlicher Weise nicht die Rede sein.

Diejenigen, welche auf den geschichtlichen Gang der Sache gestützt, auf den Namen Statistik auch für die Staatenkunde nicht zu verzichten geneigt sind, müßten sich wenigstens die Unterscheidung einer socialen und einer politischen Statistik gefallen lassen, und das was oben als heuristische und beschreibende Statistik bezeichnet wurde, zur socialen Statistik rechnen, die Staatenkunde aber als politische Statistik bezeichnen. Im Interesse der Vereinfachung und Klarstellung der wissenschaftlichen Namen und Begriffe ist jedoch ein solcher Sprachgebrauch nicht empfehlenswerth, wenn auch nicht gerade unbedingt verwerflich.

Ueber den Begriff und die Dauer einer Generation.

Der Begriff der Generation gehört der Bevölkerungs=
lehre und Statistik an, die bis jetzt, so viel mir bekannt
ist, sich nicht um denselben bekümmert haben, obschon es
sich vielleicht der Mühe wohl verlohnen dürfte.

Schon der Sprachgebrauch ist schwankend und irre=
führend. Wir legen dem Wort offenbar ganz verschiedene
Bedeutungen bei. Wenn Jemand sagt: die jezige Gene=
ration wird es wohl nicht erleben, daß man in Luftballonen
nach Amerika reist oder daß das Kreuz auf der Aja Sofia
aufgerichtet wird, so versteht er unter Generation die Ge=
sammtheit aller jezt lebenden Menschen. Wenn ich aber
sage: der 30jährige Krieg liegt (erst oder schon) um acht
Generationen hinter uns, so soll das heißen, die jezt Leben=
den müssen in der Reihe ihrer Ascendenten etwa bis zum
achten Grade hinaufsteigen, um zu einem Zeitgenossen
des 30jährigen Kriegs zu gelangen. Generation heißt
hier Zeugung und wird als Zeitmaaß gebraucht, um
den Altersabstand zwischen Erzeugern und Erzeugten aus=
zudrücken. Jeder ist von seinem Vater oder seinem Kinde
um Eine, von seinem Großvater oder Enkel um zwei Gene=

rationen entfernt. Im ersten, obigen Wortsinn lebt stets gleichzeitig nur Eine Generation, im zweiten dagegen leben immer zwei, theilweise aber auch drei und vier Generationen gleichzeitig neben einander. Nur in dieser lezteren Fassung läßt der Begriff eine statistische Behandlung und Beleuchtung zu. Als Synonym von noch etwas vagerer Bedeutung gebrauchen wir auch den Ausdruck Menschenalter, der dann wieder in den Begriff der mittleren Lebensdauer hinüberspielt.

Wir begegnen dem Begriff der Generation schon im frühen Alterthum. In Ermanglung von Kalendern und festen Zeitrechnungen dienten die Geschlechtstafeln als Zeitmaaß. Es ist interessant, daß das griechische Wort γενεά schon in demselben Doppelsinn gebraucht wird, wie bei uns die Generation. Wenn Jesus, von seiner Wiederkunft redend, sagt (Matth. 24, 34): wahrlich ich sage euch, dieß Geschlecht wird nicht vergehen bis dieß Alles geschehe, so versteht er unter „diesem Geschlecht" ή γενεά αύτη die Gesammtheit aller seiner Zeitgenossen und will erklären, daß unter den jezt Lebenden solche seien, die das noch erleben werden, was er voraussagt.

Wer denkt andererseits nicht an Nestor, den alten Zecher, der drei Menschenalter sah? Die Stelle bei Homer Iliad. I, 250 lautet bei Voß:

Diesem waren schon zwei der redenden Menschengeschlechter
Abgewelkt, die vordem ihm zugleich aufwuchsen und lebten
Dort in der heiligen Pylos, und jezt das dritte beherrscht er.

Es ist nicht ganz leicht zu sagen, was eigentlich damit gemeint sein sollte. Die den Worten zunächst liegende Vor-

stellung, daß Jemand zum drittenmal seine ganze Zeitge=
nossenschaft erneuert, daß zweimal alle gleichzeitig Lebenden
neben ihm wegsterben und ihn allein übrig lassen, ist aben=
theuerlich und unvollziehbar, da der Gang einer Bevölke=
rung mit Absterben und Erneurung etwas Continuirliches
und ohne Ein= oder Abschnitte ist. Die Generationen folgen
einander nicht, wie Wachposten oder Stationen, die sich
ablösen; es läßt sich niemals ein Moment bezeichnen
oder denken, wo die eine aufhört und die andere beginnt.
Blos drei Generationen zu sehen wäre dagegen gar nichts
Besonderes. Denn Jeder, der in seiner Jugend einen
Großvater hat und im Alter ein solcher wird, sieht fünf
Generationen seines eigenen Geschlechts; ja es ist dieß
eigentlich der normale Fall. Der natürliche und beste
Sinn der Homerischen Worte wäre wohl: Die Krieger, die
Nestor vor Troja geführt hat, sind schon die Enkel der
Männer, mit welchen er einst ins Feld gezogen war. Um
dieß zu leisten, mußte er noch nicht gerade 100 Jahre alt
sein; auch 80 würden genügen, wenn wir uns die Krieger
als durchschnittlich etwa dreißigjährige denken. In einem
wildheroischen, fehdereichen Zeitalter ist es für den Mann
und Krieger schwer, unversehrt und rüstig ein hohes Alter
zu erreichen, wie noch heute unter den Wilden alte Männer
selten sind. Es mochte immerhin auch von Nestors Männern
der eine oder andere zu Hause einen Vater, vielleicht sogar
einen Großvater haben, aber diese konnten nicht mehr ins Feld
rücken, sie zählten nicht mehr zu dem activen Bestande des
Volkes, sie galten mit den Gestorbenen als Hingeschwundene.

Für Herodot ist die γενεά oder Generation ein ganz geläufiger Begriff. Die egyptischen Priester weisen ihm eine Reihe von 341 Königen auf, und er berechnet daraus, da drei Generationen 100 Jahre ausmachen, einen Zeitraum von 11340 Jahren. Auch an andern Stellen nimmt er 33 Jahre als die Dauer einer Generation an. Es ist freilich dabei die falsche Voraussezung, daß je ein König eine Generation vertrete, da, abgesehen von Dynastiewechsel und Umwälzungen, auch der Bruder dem Bruder oder gar der Oheim dem Neffen, wie andererseits der Enkel dem Großvater nachfolgen kann. Ueberdieß kommt bei Königsreihen in der Regel nur der Altersabstand zwischen dem Vater und dem Erstgeborenen seiner Söhne in Betracht.

Aber wie steht es überhaupt mit diesem Herodotischen, auch sonst vielfach nachgesprochenen Saz, daß die Dauer einer Generation ein Drittheil eines Jahrhunderts oder $33\frac{1}{3}$ Jahre betrage? Ist eine Generation wirklich eine bestimmte Zeitgröße, ist sie eine constante oder eine variable und wenn lezteres der Fall ist, woran liegt es und was liegt daran, ob die Generationen kürzer oder länger sind? und welche Mittel stehen der Statistik zu Gebot, um auf diese Frage eine Antwort zu geben?

Der statistische Ausdruck für die Generation als Zeitmaaß wäre die durchschnittliche Altersdifferenz zwischen Bätern und Kindern für eine gegebene Zeitperiode. Ich sage absichtlich nicht: zwischen Eltern und Kindern, und aus Gründen praktischer Zweckmäßigkeit auch nicht: zwischen Bätern und Söhnen. Die Altersdifferenz zwischen Müttern und Kindern wäre wieder eine Aufgabe für sich, aber das Interesse daran, da nun einmal die Männer das leitende und herrschende Geschlecht sind, von untergeordneter Bedeutung. Dagegen zwischen dem väterlichen und mütterlichen Alter die Mitte nehmen und damit das Alter der Kinder vergleichen, würde die Aufgabe außerordentlich compliciren und schließlich doch nur auf einer werthlosen Fiction beruhen.

Das nächstliegende und wirksamste Mittel, die Altersdifferenz zwischen Vätern und Kindern zu finden, wäre die directe Aufnahme, indem man aus Anlaß einer Zählung von einer ganzen Bevölkerung oder wenigstens bei einem großen Theile neben dem Alter des einzelnen Individuums auch das seines Vaters ermittelte und aus den so gewonnenen Zahlen den Durchschnitt, die Ziffer des mittleren Menschen suchte. Dieß ist noch niemals geschehen und wird aus vielen Gründen auch schwerlich bald versucht werden.

Man wird daher immer auf indirekte Mittel, auf das Surrogat von Schäzungen und Combinationen, von Schlüssen aus einer größeren oder kleineren Anzahl von Beispielen angewiesen bleiben.

Die ganze Frage läßt sich übrigens nur auf dem Boden der monogamischen Sitte der civilisirten Völker behandeln. Wo Polygamie und Sclaverei neben sehr früher Pubertät bestehen, wo die Kinder Eines Mannes im Alter bis zu 50 Jahren von einander entfernt sein können, da verschieben und verschlingen sich die Generationen in einer

Weise, die sich nicht mehr verfolgen läßt und zugleich kein Interesse mehr bietet.

Es ist einleuchtend, daß die Dauer der Generationen von zwei Factoren abhängt, einmal ob die Männer früh oder spät zur Heirath gelangen, sodann ob die Periode der Fruchtbarkeit der Ehen von kürzerer oder längerer Dauer ist, und beide Momente greifen wieder insoweit ineinander, als bei frühen Ehen die Wahrscheinlichkeit für eine längere Dauer der Fruchtbarkeit spricht. Der Altersabstand des Vaters und der Kinder ist weder nach dem erstgeborenen noch nach dem jüngsten, sondern nach dem Durchschnitts= alter der Kinder zu berechnen, wofür bei Ermanglung der Detailangaben die halbe Differenz zwischen dem ältesten und jüngsten der Kinder zu nehmen ist. Der statistische Ausdruck oder das statistische Aequivalent für die Dauer einer Generation ist somit das durchschnittliche Heiraths= alter der Männer plus der halben Dauer der durchschnitt= lichen Fruchtbarkeit der Ehen.

Aber auch die so gestellte Frage vermag die Statistik zur Zeit nur mit sehr ungenügenden Mitteln anzufassen, da weder über das Durchschnittsalter der heirathenden Männer noch über die Dauer der ehelichen Fruchtbarkeit Aufnahmen und zureichende Notizen gegeben sind.

Es liegen keine Thatsachen vor, welche uns berechtigen innerhalb des Gebiets christlich europäischer Gesittung eine Verschiedenheit der Völker hinsichtlich der Neigung zur Ver= heirathung anzunehmen. Die Frequenz der Heirathen, wie deren Frühzeitigkeit hängt nicht vom Wollen, sondern vom

können ab, nur daß in Betreff der physischen Bedingungen,
des Eintritts der Pubertät zwischen den Ländern der süd-
lich und der nördlich gemäßigten Zone einiger Unterschied
besteht. Das Entscheidende liegt in den wirthschaftlichen
Bedingungen. Wo es leicht ist, einen häuslichen Heerd
zu gründen und eine Familie zu ernähren, wird früh ge-
heirathet, wo es schwer ist, spät; dort bleiben wenige
Männer ehelos, hier viele. Die günstigsten Bedingungen
sind, wo fruchtbarer Boden noch im Ueberfluß vorhanden,
die Arbeit gesucht und lohnend, der Unterhalt leicht zu gewinnen ist, wie in Rußland, den Agrarstaaten des mittleren
Unionsgebiets, Canada, Australien. Hier heirathen die
meisten Männer schon in der ersten Hälfte der zwanziger
Jahre und der Kindersegen wird nicht gescheut, zumal auf
den Gebieten der germanischen Race. Das entgegengesezte
Ende bilden die Gebiete, wo die freie Niederlassung, sei es
rechtlich oder sachlich, eingeschränkt ist, wo in der Landwirth
schaft oder im Gewerbe Bacaturen abzuwarten sind, nament
lich die Gegenden der bäuerlichen Hofwirthschaft, wo ein
Sohn auf den Tod oder Rücktritt des Vaters zu warten
hat, die übrigen sich die Bedingungen der Verehelichung
vorher durch Arbeit sichern müssen. Im würtembergischen
Oberschwaben ist in den Bezirken der bäuerlichen Hofwirth
schaft noch von den 35jährigen Männern die größere Hälfte
unverheirathet. Aehnliche Verhältnisse sind in Altbayern,
Oberöstreich, Westphalen, Hannover u. s. w. Das durchschnittliche Alter der Verheirathung rückt hier bis in die
Mitte der dreißiger Jahre hinaus.

19 *

Zwischen diesen beiden, um etwa 10 Jahre auseinander liegenden Grenzen bewegen sich nun in zahlreichen Abstufungen die mittleren Verhältnisse der meisten europäischen Völker, wo bei vollkommen occupirtem Boden und dichterer Bevölkerung, aber bei freierer Bewegung dem jungen Mann eine etwas kürzere oder längere Wartezeit bis zur Gründung eines eigenen Familienlebens auferlegt ist. Für England wird das durchschnittliche Heirathsalter der Männer zu 28 Jahren angegeben, für Frankreich zu 30, für Belgien zu 32. Für Deutschland dürfte im Ganzen auch die Zahl von 30 Jahren anzunehmen sein; für Würtemberg und Bayern ist sie nicht unter 32 Jahren zu sezen; für Preußen und Sachsen steht sie wahrscheinlich unter 30 Jahren. Es sind jedoch hier überall die Ehen der Wittwer mitgerechnet; wenn es sich blos um erste Ehen handelt, wären sämmtliche Ziffern etwa um $1^1/_2$—2 Jahre niedriger zu sezen. Für Norwegen haben wir die Ziffer von 30,38, für Niederlande von 31,25 Jahren, so daß wir im Ganzen als mitteleuropäisches Durchschnittsalter der heirathenden Männer 30 Jahre annehmen dürfen.

Da die Generation jedoch nicht allein durch die Altersdifferenz zwischen den Vätern und den ältesten, sondern zwischen den Vätern und allen Kindern bestimmt wird, so handelt es sich nun weiter darum, den mittleren Altersunterschied zwischen den ältesten und jüngsten Geschwistern oder was dasselbe ist, die mittlere Dauer der Fruchtbarkeit der Ehen zu bestimmen.

Hier lassen uns nun die bisherigen Mittel der Statistik

ganz im Stich; ich habe wenigstens nirgends Angaben
darüber zu finden vermocht, und, da der Gegenstand auch
abgesehen von der Aufgabe, die Länge der Generationen
zu finden, Interesse bietet, so suchte ich wenigstens an
einer ansehnlichen Zahl von Beispielen feste Anhaltspunkte
zu gewinnen.

Die Würtembergischen Familienregister enthalten die
hiezu erforderlichen Notizen vollständig. Unter Weglassung
der kinderlosen, sowie derjenigen Ehen, bei welchen die
Kindererzeugung nicht als abgeschlossen betrachtet werden
konnte, zählte ich 500 Ehen aus dem Tübinger Familienregister durch.

Die Fruchtbarkeit der Ehen nach der Zeit, die zwischen
der Trauung und der Geburt des letzten Kindes liegt, berechnet, kamen auf jene 500 Ehen 6107 Jahre der Fruchtbarkeit, auf Eine Ehe also durchschnittlich 12,2 Jahre.
Und zwar betrug die Dauer der Fruchtbarkeit bei

74 Ehen = 14,8% der gezählten Ehen 1—5 Jahre
129 „ = 25,3% „ „ „ 6—10 „
136 „ = 27,2% „ „ „ 11—15 „
121 „ = 24,2% „ „ „ 16—20 „
40 „ = 8% „ „ „ von 21 bis 28 J.

In diesen 500 Ehen wurden 3008 Kinder geboren,
also auf eine fruchtbare Ehe 6,01. Die kinderlosen Ehen
berechnete ich zu $\frac{1}{7}$ oder 14—15% aller Ehen *). Die

*) Es mußten, um in einem alphabetisch geordneten Register bis
zu 500 zählbaren Ehen zu gelangen, 69 kinderlose Ehen übergangen
werden: mit deren Zurechnung ergiebt sich eine mittlere Fruchtbarkeit
der Ehen von 5,29 Kindern.

Tübinger Bevölkerung besteht größtentheils aus Wein=
gärtnern und kleinen Handwerkern, bei welchen neben
enormer Kindersterblichkeit sehr kinderreiche Ehen die Regel
bilden. 10—12 Kinder, wovon zwei Drittheile wieder als=
bald wegsterben, sind sehr häufig. Ich fand z. B. eine
Ehe, in welcher 16 Kinder geboren wurden, von denen
Eines erwachsen wurde, und ein zweites 5 Jahre alt wurde;
die 11 andern starben im ersten Lebensjahr, meist in den
ersten Monaten und Wochen. Ein Mann, der zweimal
verheirathet war, hatte 19 Kinder, von denen das älteste
und jüngste um 44 Jahre im Alter auseinander waren.

Nach den gleichen Grundsäzen gieng ich den gothaischen
genealogischen Kalender durch und fand hier 264 Ehen,
deren Fruchtbarkeitsdauer im Ganzen 3306 Jahre aus=
machte, somit 12,5 Jahre auf Eine Ehe, eine von der
obigen nur wenig abweichende Zahl. Es waren darunter
37 Ehen 14°/o mit einer Fruchtbarkeitsperiode v. 1—5 J.
66 „ = 25°/o „ „ „ „ 6—10 „
92 „ - 34,9°/o „ „ „ „ 11—15 „
55 „   20,8°/o „ „ „ „ 16—20 „
14 „ == 5,3°/o „ „ „ „ 21—25 „

Die Kinderzahl ließ sich nicht vergleichen, weil nur
die lebenden aufgezählt sind; sie ist aber ohne Zweifel
kleiner als die oben für die Stadt Tübingen genannte.

Der Grund, warum gleichwohl die Dauer der Frucht=
barkeit noch eine etwas größere ist, dürfte darin zu suchen
sein, daß in den hier in Betracht kommenden gesellschaft=
lichen Kreisen die Männer, wenn sie überhaupt heirathen,

früh zu heirathen pflegen, da das Zuwarten an den öco-
nomischen und sonstigen Bedingungen nicht mehr leicht etwas
ändern kann.

Die Uebereinstimmung der Ergebnisse aus zwei so verschiedenen Lebenskreisen ist jedenfalls von Werth und Interesse und macht es wahrscheinlich, daß mit der Ziffer 12
ein allgemeinerer Durchschnitt wenigstens annähernd getroffen ist. Für England, wo die Männer um 2—3 Jahre
früher heirathen als in Deutschland und Frankreich und
großer Kindersegen herrscht, dürfte der Durchschnitt für die
Dauer der ehelichen Fruchtbarkeit auf 13—14 Jahre zu
erhöhen, für Frankreich, wo im Durchschnitt nicht über 3
Kinder auf die Ehe kommen, auf 7—8 Jahre zu erniedrigen
sein. Höher als 14, niedriger als 7—8 ist die Ziffer
schwerlich irgendwo.

Es wären hienach die beiden Elemente, um die Dauer
einer Generation zu bestimmen, beisammen; die oben angegebene Formel, durchschnittliches Heirathsalter der Männer
plus der halben Dauer der mittleren ehelichen Fruchtbarkeit
erfordert jedoch noch eine kleine Modification. Es war
aus praktischen Gründen nicht wohl anders möglich, die
Dauer der ehelichen Fruchtbarkeit zu bestimmen, als durch
die Messung des Zeitraums von der Trauung bis zur
Geburt des lezten Kindes. Eigentlich handelt es sich aber
um die Altersdifferenz zwischen den ältesten und jüngsten
Kindern derselben Ehe. Die Geburt des ältesten Kindes
fällt der Regel nach erst auf den Schluß des ersten Jahres
nach der Trauung; wenn die eheliche Fruchtbarkeit eine

Periode von 12 Jahren umfaßt, so wird die Altersdifferenz
des ältesten und jüngsten Kindes durchschnittlich nur 11 Jahre
betragen. Man muß demnach dieß Eine, erste Jahr der
Ehe noch dem Heirathsalter hinzufügen und von der Dauer
der ehelichen Fruchtbarkeit für den vorliegenden Zweck, die
Altersdifferenz zwischen Geschwistern zu finden, in Abzug
bringen.

So wäre demnach die gesuchte Größe für Teutschland
30 Jahre + 1 + $^{11}_2$, oder 36^{1}_2 Jahre, für England
etwa 28 + 1 + $^{13}_2$ = 35^{1}_2, für Frankreich 30 + 1 +
$^7_2$ = 34^{1}_2. Für die kinderreichen Länder mit früher Verheirathung, wie das Unionsgebiet, Rußland, Australien
würden sich etwa die Zahlen 25 + 1 + $^{13}_2$ = 32^{1}_2,
für die Gebiete erschwerter Niederlassung, der untheilbaren
Hofgüter mit kleiner Kinderzahl die Ziffern 34 + 1 + $^8_2$
= 39 ergeben, und die Dauer einer Generation wird ohne
Zweifel bei allen Völkern der gemäßigten Zone mit mono-
gamischer Sitte weder die Grenze von 32 Jahren nach
unten, noch von 39 Jahren nach oben im mittleren Durchschnitt überschreiten, für die Gegenwart aber und die
mitteleuropäischen Verhältnisse zu 35—36 Jahren anzunehmen sein.

Herodot hat mit seinen 33^{1}_3 Jahren für die dortigen
und damaligen Verhältnisse, für die Freien und das süd-
liche Clima, sehr wahrscheinlich ganz das Richtige getroffen,
für uns und jetzt ist seine Zahl um 2—3 Jahre zu niedrig.
Ich vermuthe, daß er auch diesen Maßstab von den egyptischen
Priestern empfieng, die in Genealogieen wohl bewandert

waren und durch die Wahrnehmung geleitet sein mochten,
daß der Regel nach zwischen der Geburt des Urgroßvaters
und des Urenkels ein Zeitraum von ungefähr 100 Jahren
liegt, somit das Jahrhundert drei Generationen umfaßt.
Ein falscher Sinn wird aber mit diesem Ausdruck verbun=
den, wenn man, wie häufig die Meinung ist, glaubt, daß
binnen eines Jahrhunderts drei Generationen geboren
werden und sterben. Vielmehr wird in den normalen
Fällen schon der Zeitraum von der Geburt des Vaters
bis zum Tode des Sohnes ein Jahrhundert füllen, z. B.
wenn der Sohn 70 Jahre alt wird und der Vater bei der
Geburt des Sohnes 30 Jahre zählte, mag er dann nach=
her noch kürzer oder länger gelebt haben.

Zur Ergänzung und Illustration des Bisherigen mögen
noch einige geschichtliche Data dienen.

Die Königin Victoria stammt in direct aufsteigender
Linie im 25ten Grade von Wilhelm dem Eroberer, der
806 Jahre vor ihr geboren ist; die Länge einer Generation
ist somit 32,2 Jahre. Die Zahl der regierenden Könige
von England aber betrug 34, die durchschnittliche Regierungs=
zeit 23,7 Jahre. Ebenso sind es genau 25 Generationen
bis zu einem andern ihrer Ahnherrn, dem mit Wilhelm
dem Eroberer gleichzeitigen Azzo von Este, dem Stamm=
vater des Welf=Este'schen Hauses und Urgroßvater Hein=
richs des Löwen.

Der Graf von Chambord, geb. 1820, ist von Hugo
Capet, dem Stammvater des französischen Königshauses,
(der 998 starb und etwa 930 geboren sein mag) um 27

Generationen entfernt, während 34 Könige über Frankreich
regierten, und es kommen auf eine Generation im Durch=
schnitt 33 Jahre, auf die Regierungszeit eines Königs
26 Jahre.

Von Franz Joseph bis Rudolf von Habsburg sind
18 Generationen zu 32,8 Jahren, von Kaiser Wilhelm
bis auf den Burggrafen Friedrich von Hohenzollern 14 zu
32 Jahren, von Ludwig II. von Baiern bis Otto von
Wittelsbach 22 Geschlechter zu 32 Jahren, von König Karl
von Würtemberg bis zu Ulrich dem Stifter 18 Generationen
zu 34 Jahren. König Albert von Sachsen ist 12 Gene=
rationen zu 32 Jahren von Herzog Albert, dem Stifter der
albertinischen Linie und 30 Generationen zu ebenfalls 32
Jahren von dem Landgrafen Burkhard von Thüringen
(892—908) entfernt. Von Michael Romanow auf Kaiser
Alexander II. sind 7 Generationen zu nur 31½ Jahren,
da hier in der jung verstorbenen Anna Petrowna ein weib=
liches Zwischenglied eintritt. Von Alexander bis zu dem älte=
sten Oldenburgischen Stammherrn Elimar (reg. 1108—1113)
sind 22 Generationen zu 33 Jahren. Ebenso ist der Durch=
schnitt in der Reihe von Victor Emanuel bis zu dem ersten
Grafen von Savoien Berthold ums Jahr 1000 (26 Ge=
nerationen). Den genealogischen Geschichtstabellen von
Hopf und Hübner, aus welchen diese Gelehrsamkeit ge=
schöpft ist, läßt sich ohne viel Mühe noch eine Unzahl ähn=
licher Beispiele entnehmen.

Die Ergebnisse sind sowohl unter sich als mit den
obigen Ausführungen übereinstimmend. Denn es ist ganz

der Natur der Sache entsprechend, daß bei fürstlichen Dy=
nastieen, wo nur die Altersdifferenz zwischen dem Vater
und dem ältesten der Söhne, nicht allen Kindern in Frage
kommt, der Abstand um einige Jahre niedriger erscheint,
als im Massendurchschnitt. Auch pflegen Prinzen und Thron=
folger früh zu heirathen. Die Ziffern müßten noch etwas
niedriger sein, wenn nicht im Lauf der Jahrhunderte immer
auch wieder ein Ueberspringen der Succession auf die jün=
geren Linien Statt fände. Daß dieser Fall bei Würtem=
berg häufiger eintrat, ist wohl der Grund, daß hier die
Generationendauer die höchste Ziffer erreichte, während um=
gekehrt das mehrfache Einrücken weiblicher Linien in die
Reihe wie bei England eine Verkürzung der Generations=
dauer veranlaßt, da sie ein jüngeres Heirathsalter haben.

Wenn man die Geschlechtsregister bürgerlicher Familien
verfolgt, z. B. an der Hand des Werkes von Faber über
die Würtembergischen Familienstiftungen, so wird man zwar
große Mannigfaltigkeit der Verhältnisse finden, aber doch
bald zu dem Hauptresultat gelangen, daß wenn man nur
in der Reihe der ältesten Söhne aufsteigt, die Generation
30—32 Jahre, wenn man die Linie der jüngsten Söhne
festhält, die Generation gegen 40 Jahre beträgt, der mittlere
Durchschnitt aber sich um 35—36 Jahre bewegt. In der
weiblichen Linie sind die Generationen um etwa 2—4 Jahre
kürzer, freilich auch mit zahlreichen Variationen. Uebrigens
gehen alle diese Notizen nur selten über 200 Jahre zurück.
Es drängte sich bei den gesammelten Beispielen auch die
Bemerkung auf, daß vom Anfang dieses Jahrhunderts an

rückwärts die Männer in den Mittelklassen früher gehei-
rathet haben, als jezt, und daß das mittlere Verheirathungs-
alter der Männer für erste Ehen in diesen Ständen im
vorigen Jahrhundert schwerlich mehr als 25 Jahre betragen
hat, somit für Würtemberg, auf das sich die Notizen beziehen, seitdem ungefähr um 5—6 Jahre gestiegen sein
würde.

Es bleibt nun noch die Frage übrig: wozu diese ganze
Untersuchung, welchen Werth und welche Bedeutung hat
überhaupt der Begriff und die Dauer der Generation, was
liegt daran und ist daraus zu ersehen, ob diese Dauer
kürzer oder länger ist?

Ich glaube, daß auch der Begriff der Generation zu
den der Bevölkerungsstatistik eigenthümlichen Formen und
Mitteln gehört, die socialen Zustände der Völker zu characterisiren und unter einander zu vergleichen.

Die jungen, aufstrebenden, in rascher Entwicklung und
schnellem Wachsthum der Zahl begriffenen Völker haben
kurze Generationen. Die jungen Männer gelangen früh
zur eigenen Erwerbsfähigkeit und Gründung eines Haus-
standes, während ihre Väter selbst noch im kräftigsten Alter
stehen. Das elterliche Erbe und Vermögen ist in ferner
Aussicht und Jeder ist auf seine eigene Arbeit und Thätigkeit angewiesen. Das junge Geschlecht macht sich früher,
kräftiger und in größerer Anzahl geltend im Staat und in
der Gemeinde, in den wirthschaftlichen wie in den geistigen
Gebieten. Es findet ein rascherer Umsaz auch in der Ideenwelt statt. Jugendliche, ideale, radicale Ansichten und Be-

ſtrebungen drängen ſich mit Ungeſtüm und nicht ohne Erfolg vor. · Die jungen Männer ſind bei raſcher Volksver-
mehrung nicht blos um ſoviel zahlreicher als die älteren,
· als ſie noch weniger durch den Tod gelichtet ſind, ſondern
auch weil ſie ſchon aus viel ſtärkeren Geburtsklaſſen ſtammen.
Ihre Stimmen legen in allen Dingen ein großes Gewicht
in die Wagſchaale.

Es iſt wohl denkbar, daß einer ſolchen Neigung zu
rapider und ſich überſtürzender Entwicklung andere Factoren
die Wage halten, z. B. in China, wo frühe Heirathen und
kurze Generationen herrſchen, wo, wie man ſagt, die Männer,
die mit 20 Jahren noch ehelos ſind, ſich darüber vor der
Obrigkeit zu rechtfertigen haben, aber die enorme Ausdehnung und unbegrenzte Dauer der elterlichen Gewalt und
die ſonſtigen Bürgſchaften der Stabilität gegenüberſtehen.
Darum iſt jene Tendenz aber doch in der Natur der Sache
begründet; ſie wird den freieſten Spielraum finden in
Colonialländern gebildeter Völker, ſei es denen der Griechen
oder Römer oder der Engländer und Spanier, vor Allem
bei republicaniſchen Staatseinrichtungen. Die Colonien
ſind immer raſchlebiger als die Mutterſtaaten, ſei es aufwärts oder abwärts.

Alles dieß verhält ſich anders bei den alten gereiften
Völkern mit vollſtändig angebautem Boden und beengterem
Nahrungsſtand, mit größeren und complicirteren Bedürf-
niſſen. Die Männer gelangen ſpäter, nach längerer Vor-
bildung und Dienſtbarkeit zur wirthſchaftlichen Selbſtändig-
keit und Gründung des eigenen Heerdes. Der Schwerpunkt

für die Entwicklung des politischen, wirthschaftlichen und geistigen Lebens liegt in den mittleren Altersklassen. Jeder Fortschritt vollzieht sich unter größeren Schwierigkeiten und Kämpfen; in langsamem und stetigem Gang brechen sich die Veränderungen in der Gesellschaft ihre Bahn, und auf jeden Erfolg treten wieder Hemmungen und Rückschläge ein. Und alles dieß hängt aufs Innigste damit zusammen, daß die Söhne nicht neben den Vätern, sondern erst nach ihnen zu Einfluß und maßgebender Stellung gelangen können, daß die Generationen weiter aus einander liegen.

Man könnte vielleicht denken, eine Differenz von höchstens 8—10 Jahren in der Dauer der Generationen könne keine so große Wirkung haben, aber sie reicht doch gerade hin, die eingreifendsten Verschiedenheiten zu begründen. Wenn das Leben des Menschen nach dem bekannten Bibelspruch 70 Jahre währet und die Altersdifferenz zwischen Vätern und Kindern im Durchschnitt 35—36 Jahre beträgt, so haben kaum zwei volle Generationen neben einander zu leben. Wenn die Kinder den Vätern nur um 28—30 Jahre im Alter nachstehen, so läßt die Lebensgrenze von 70 Jahren für 2½ Generationen Raum. Hier wird eine mannigfachere geistige Berührung und Reibung der verschiedenen Altersklassen Platz greifen. Es werden verhältnißmäßig viele und bis in die späteren Jugendjahre das Glück eines großelterlichen Hauses genießen, im andern Fall wenigere und der Regel nach nur für die ersten Kinderjahre. Es ist nicht ohne Bedeutung, wenn dem heranwachsenden Geschlecht auch die Vorstellungskreise des absterbenden noch unmittelbar zur Anschauung und Kenntniß gelangen.

Die Kräfte der Stabilität und Beharrung sind nirgends stärker als in den Gebieten der bäuerlichen Hofwirthschaft, wo die Generationen am weitesten auseinanderliegen, wenn zu den späten Heirathen noch eine längere eheliche Fruchtbarkeit hinzutritt.

Es bedarf wohl kaum der Bemerkung, daß auf die Frage, wie viel Generationen es etwa seien von der jezigen bis zu der von Shakespeare und Königin Elisabeth, die Antwort eine andere sein muß, wenn der Fragende ein Kind, ein Greis oder von mittlerem Alter ist. Unwillkührlich aber suchen wir doch nach einem festen Ausgangspunkt, und indem wir die Jugend als die künftige, die Greise als die vorangegangene Generation bezeichnen, sehen wir einen solchen in dem mittleren Mannesalter. Schopenhauer, der in geistreicher Spielerei die menschlichen Lebensalter zu der Reihenfolge der Planeten und ihrer Namen in Beziehung sezt, weist den Jupiter als den Herrschergott den Fünfzigjährigen zu, weil sie die Beherrscher ihres Zeitalters seien in Staat und Gesellschaft, in Kunst und Wissenschaft. Die leitenden und maßgebenden Altersklassen gelten als die Vertreter der jeweiligen Gegenwart, und so nennen wir das Zeitalter der französischen Revolution das unserer Großväter, obgleich es für die Greise die Generation ihrer Väter, für die Jungen die ihrer Urgroßväter ist.

Ein Jahrhundert ist eine dunkle, imponirende, unsern natürlichen Maßstab überschreitende Zeitgröße; die Generation aber, der Altersabstand von Vätern und Söhnen ist uns ein anschauliches und verständliches Zeitmaaß. Die ganze Weltgeschichte tritt uns menschlich näher und rückt enger zusammen, wenn wir uns vorstellen, wie oft wir den uns bekannten Weg vom Sohn zum Vater zurückzulegen haben. Der Unterschied in den Anschauungen und dem Ideenkreise der Eltern und Kinder erscheint uns als ein relativ kleiner und mehr als leichte Schattirung innerhalb derselben Grundfarbe, und da muß es uns überraschen, daß wir diesen Unterschied nur zu verdreifachen und zur Massenwirkung zu verdichten haben, um zu Friedrich dem Großen und Voltaire, zu Klopstock und Lessing zu gelangen, nur zu versiebenfachen, um in ein ganz anderes europäisches Staatensystem und in die Vorstellungskreise von Gustav Adolph, Cromwell, Richelieu und dem großen Kurfürsten versezt zu werden. Der 30te unserer Ahnherrn aber mochte noch Thor und Odin Pferde schlachten, der 60te seine Heerden durch die Triften von Mittelasien führen. Nicht gewaltsame Umwälzungen und vulcanische Ausbrüche gestalten das Leben der Menschheit in periodischen Anläufen um, sondern die kleinen Differenzen in den Sitten und Anschauungen der Väter und der Söhne steigern sich zu den Masseneffekten, deren Inhalt und Reihenfolge wir die Kulturgeschichte der Menschheit nennen.

Ueber die Malthus'schen Lehren.

Die bekannten Säze von Malthus sind ebenso anfecht=
bar in ihrer statistischen und psychologischen Begründung
im Einzelnen als unumstößlich und von einleuchtendster
Wahrheit im Ganzen.

Es ist freilich unhaltbar, daß, wenn in jeder Ehe auch
nur vier Kinder geboren werden, die menschliche Gesellschaft
sich im Lauf von 25 Jahren verdoppeln müsse. Denn die
Gesellschaft besteht nur zu einem starken Drittheil aus
Personen im zeugungskräftigen Alter; auf den weit über=
wiegenden Rest fällt kein Zuwachs, sondern nur Abgang.
Dagegen wird allerdings, wenn auf die jungen Paare je
vier Kinder gerechnet werden, die Kopfzahl der Regel nach
nicht blos verdoppelt, sondern verdreifacht, von zwei auf
sechs gesteigert werden, da die Eltern wohl so lange neben
den Kindern leben können, bis auch diese fortpflanzungs=
fähig geworden sind. Die Frage, welcher Volkszuwachs als
ein möglicher oder normaler anzusehen sein mag, ließ sich
mit den damaligen Mitteln der Statistik, wie sie Malthus zu
Gebot standen, überhaupt nicht genügend beantworten; die
Aufnahmen der lebenden Bevölkerungen nach Alter, Ge=
schlecht und Familienstand sind für diesen Zweck unerläßlich.

An der psychologischen Begründung finde ich den wesentlichsten Mangel darin, daß Malthus überhaupt nur die zwei Factoren ins Feld führt, den Geschlechtstrieb und den Nahrungsstand oder die Grenzen der Unterhaltsmittel, während in der That die Erscheinungen von viel complicirterer Natur sind. Zwar sagt uns auch der Dichter:

Einstweilen bis den Bau der Welt
Philosophie zusammenhält,
Erhält sie *) das Getriebe
Durch Hunger und durch Liebe.

Allein hier ist doch mehr nur von den großen Haupttriebrädern der ganzen gesellschaftlichen Maschine die Rede.

Es ist ein leicht erklärlicher und fast allgemeiner Irrthum oder Euphemismus, der menschlichen Natur einen Fortpflanzungstrieb beizulegen oder den Ausdruck Geschlechtstrieb in diesem Sinne zu gebrauchen. Richtig verstanden, weiß die Psychologie nichts von einem Trieb des Menschen, seine Gattung fortzupflanzen, wohl aber kennt sie zwei verschiedene Triebe, deren combinirte Functionen eine solche Wirkung haben, nemlich den Trieb der Geschlechtslust und den der Kinderliebe. Jener, so verschiedene und so ideale Motive sich ihm beigesellen können, ist doch auf die sinnlichen Reize um ihrer selbst willen gerichtet, nicht auf die von der Ordnung der Natur daran geknüpfte Wirkung, welche vielmehr denjenigen, die die ersten Erfahrungen zu machen hatten oder den Causalzusammenhang nicht durch Ueberlieferung kennen, als die wunderbarste

_____

*) Die Natur.

Sache von der Welt vorkommen mußte. Der Trieb der
Kinderliebe aber ist die angeborene Geneigtheit der Er-
zeuger, und zwar der Mutter in stärkerem Maaße als des
Vaters, das vorhandene, das bereits entstandene lebende
Wesen wie einen Theil oder Anhang des eigenen Selbst
zu betrachten und die Sorge für seine Erhaltung und
Wohlfahrt in die Reihe der eigenen und selbstischen Interessen aufzunehmen. Die Lust, überhaupt Kinder zu haben,
ist nicht die unmittelbare und nächste Aeußerung dieses
Triebs der Kinderliebe; sie ist allerdings ein durch diesen
noch latenten Trieb angeregtes Vorgefühl und Phantasiespiel; es haben aber noch andere Motive daran Antheil,
das Verlangen, dem vergänglichen und verlassenen Ich eine
Ergänzung, der Leere des Daseins Inhalt und Ziel zu
geben und der hinter aller Selbstsucht immer noch versteckte
Wunsch, zu lieben und geliebt zu werden.

Der Wunsch, Kinder zu haben, und der Sexualtrieb
sind psychologisch ganz unabhängig von einander; sie treffen
auch thatsächlich nur in einer kleinen Anzahl von Fällen
zusammen. Wenn die Erhaltung und Vermehrung der
menschlichen Gattung von dem Verlangen, Kinder zu haben,
abhienge, so wäre es gar schlecht um dieselbe bestellt. Die
Natur überlistet uns gleichsam, indem sie an etwas um
seiner selbst willen heftig Begehrtes eine nicht gewollte
Wirkung knüpft, die mit dieser Wirkung verbundenen
Schmerzen, Sorgen und Lasten aber dann wieder durch
einen zweiten Trieb, die Liebe zu dem Erzeugten zu er-

20 *

leichtern und zu versüßen, und das Erzeugte damit gegen den sonst sicheren Untergang zu schützen weiß.

Keine Frau in der Welt wird jemals wünschen so vielfache Mutter zu werden, als es physiologisch möglich wäre, und kein Mann in der Welt wird auch nur nach dem hundertsten Theil der Vaterfreuden und Sorgen Verlangen tragen, deren Objecte ins Leben zu rufen ihm weder Lust noch Fähigkeit fehlen würde. Es handelt sich hiebei keineswegs blos um Nahrung und Unterhalt, sondern um eine Last von Sorgen und Störungen, die auch dem Reichsten nicht erspart sind, wenn, wie man sagt, unter einem halben Dutzend Kinder durchschnittlich wenigstens Ein Schmerzenskind sein wird. So lebhaft auch jene Triebe der Geschlechtslust und Kinderliebe in uns sein mögen, so steht ihrem unbeschränkten Walten doch die mächtige Gegenwirkung zahlreicher anderer, von ihnen unabhängiger Triebe zur Seite, die zu Collisionen führt und zu Compromissen nöthigt. Jedermann wünscht im Leben vorwärts zu kommen, seine Kräfte und Anlagen frei zu entfalten, seine wirthschaftliche Lage zu verbessern, seine Lebensgenüsse zu steigern, zu einem sorgenfreien und bequemen Dasein zu gelangen und gerade die Edelsten und Begabtesten wollen am wenigsten in Erwerb und häuslichen Dingen aufgehen. Ja der Trieb der Kinderliebe selbst gebietet eine Begrenzung; der kleineren Zahl kann man größere Sorgfalt widmen, ein größeres Erbtheil zuwenden, die Erhaltung ihrer gesellschaftlichen Stellung sichern.

Malthus unterscheidet unter den Checks oder Hemm-

nissen gegen ein Uebermaß der Kinderzeugung, zu welchem
er eine natürliche Tendenz annimmt, soweit dieselben in
menschlichen Handlungen liegen, nur zwei Arten, die mo=
ralische Enthaltsamkeit auf der einen, und die Laster der
Prostitution, Fruchtabtreibung ꝛc. auf der andern Seite;
wobei er freilich unbestimmt läßt, wieweit das Prädikat
„moralisch“ bei den verschiedenen Arten und Formen der
Enthaltsamkeit gelten soll. In Wahrheit aber scheint hier
zwischen Tugend und Laster ein weites Feld von Motiven
zu liegen, die weder moralisch noch unmoralisch zu nennen,
sondern der natürliche Gegendruck anderer Seelenkräfte
sind, die ebenso gut zur menschlichen Ausstattung gehören.
Wenn in einem Lande für Millionen von Ehen das *régime
conjugal* herrscht, die Zahl von drei Kindern nicht zu über=
schreiten — im Gegensaz zu dem *numerum liberorum finire
flagitium habetur*, das Tacitus an unsern Vorfahren rühmt
— wer will dieß moralisch, wer unmoralisch nennen oder
entscheiden, in welchen Fällen es das eine wäre, in welchen
das andere? Relativ genommen, als Herrschaft verstän=
diger Ueberlegung über blinde Begier, und zumal im Ver=
gleich mit dem in Deutschland so weit verbreiteten gemeinen
Astarte= und Molochdienst, der jährlich Hunderttausende von
zarten Kinderleben elender verkommen läßt, als wenn sie
einem glühenden Gözenbild in die Arme gelegt würden,
mag man die Sitte immerhin zu den moralischen Enthal=
tungen rechnen. Im Uebrigen würden die dabei vorherr=
schenden Motive des Wohllebens und der Bequemlichkeit ge=
rade keinen besonderen Anspruch auf jenes Prädikat erheben.

Wäre dem wirklich so, wie die Malthus'sche Lehre
sagt, daß die Vermehrung der Bevölkerung nur an die
der Nahrungsmittel gebunden ist, daß die auf Fortpflan=
zung bezüglichen Naturtriebe die Kraft und Tendenz haben,
die Grenzen der Unterhaltsmittel fortwährend zu über=
schreiten und nur durch Hemmnisse verschiedener Art inner=
halb derselben festgehalten werden, so wäre ein eigentlicher
Fortschritt der Menschheit in ihrem wirthschaftlichen Leben
wie in ihrer Gesittung nicht denkbar. Eine stetige Steige=
rung und Verfeinerung der Bedürfnisse und Lebensgenüsse
könnte nicht eintreten, wenn jede Lücke gleich ausgefüllt,
jeder Ueberschuß an Mitteln von dem verstärkten Nachwuchs in
Anspruch genommen würde. Die Gesellschaft bliebe an die
erste Stufe ihrer Lebensweise gefesselt. Die natürliche
Neigung der Menschen, ihre Glückseligkeit im Ganzen, ihre
Annehmlichkeiten des Lebens zu steigern, muß offenbar
über stärkere psychische Kräfte verfügen, wenn es den ge=
schlechtlichen Neigungen nicht gelingt, alle neuen wirthschaft=
lichen Mittel in ihre Dienstbarkeit zu bringen. An die
Stelle des aus den Malthus'schen Säzen folgenden Gesezes,
daß die Gesellschaft die Tendenz habe, jede Steigerung
ihrer wirthschaftlichen Mittel mit einer entsprechenden Ver=
mehrung der Bevölkerung zu begleiten, scheint eine andere
Regel gestellt werden zu dürfen, daß jedes zur Gesittung
berufene Volk die Tendenz hat, sein Einkommen rascher zu
vermehren als seine Kopfzahl, und mit dem Zuwachs an
Personen in einer stetig wachsenden Entfernung hinter dem
Zuwachs an wirthschaftlichen Mitteln zurückzubleiben. Denn

wenn der Quotient, d. h. die Summe der Bedürfnisse und Lebensgenüsse für den Einzelnen stetig anwachsen soll, so dürfen der Dividendus, das Volkseinkommen und der Divisor, die Volkszahl, sich nicht in gleicher Proportion vermehren.

Es ist dieß nicht eine Widerlegung oder Umstoßung der Malthus'schen Säze, sondern nur eine verschärftere Fassung. Nach Malthus soll und wird der Volkszuwachs nur immer gleichen Schritt halten wollen mit der Steigerung der wirthschaftlichen Mittel, nach der obigen Formel kann derselbe nicht einmal bis zu dieser Grenze reichen, sondern muß immer um einen Schritt, dessen Maaß selbst im Wachsen begriffen ist, dagegen zurückbleiben. Nur hat Malthus die natürlichen Checks nicht vollständig aufgezählt und die sittlich indifferenten, die spontane Gegenwirkung des übrigen Trieblebens nicht genug beachtet.

Die Vermehrung des Volkseinkommens und der Volkszahl bleiben auch so Correlate und diese von jener abhängig.

Da jedoch die Steigerung des Einkommens in erster Linie auf der Thätigkeit und Energie der Völker beruht, erst in zweiter auf der Gunst natürlicher Bedingungen und angesammeltem Kapital, so hängt auch der Volkszuwachs von den moralischen und intellectuellen Eigenschaften der Völker ab. Nur ein fleißiges, thatkräftiges und intelligentes Volk kann seine Zahl namhaft und nachhaltig steigern. Da die Erhöhung des Quotienten auf verschiedene Weise möglich ist, so ist auch das Verhalten der civilisirten Völker in diesem Punkt ein sehr verschiedenes, wie das Beispiel von Frankreich gegenüber von England und Deutschland zeigt. Die Colonialländer sind hiebei immer in einer ganz exceptionellen Lage.

Die Frage, welcher Volkszuwachs als ein möglicher, natürlicher, normaler anzusehen wäre, läßt sich nicht allgemein für die Menschheit überhaupt, also in einer für Neger, Indianer, Chinesen, Europäer u. s. w. gleichmäßig geltenden Weise, sondern nur für die alten europäischen Kulturländer stellen, für welche auch allein die erforderlichen statistischen Mittel wenigstens nothdürftig vorhanden sind.

Wenn man nur die Grenzen der physiologischen Möglichkeit aufsucht und etwa rechnet, daß jede Frau während einer 30jährigen Fruchtbarkeitsperiode 30, oder auch nur 20 oder 15 Kinder zur Welt bringen könnte, so gelangt man zu Resultaten, wie wenn man mit den Eiermillionen beim Lachs, Kabliau oder Hausen Ernst machen wollte. Die physiologische Möglichkeit ist psychologisch durch die Freiheit der Motive begrenzt und die Frau nicht als Gebärmaschine anzusehen.

Es handelt sich zuerst darum, wie viele Jahresklassen einer weiblichen Bevölkerung sind als im fruchtbaren Alter stehend zu zählen und der weiteren Berechnung zu Grund zu legen?

Es ist nun nicht in Abrede zu stellen, daß einerseits 17jährige Frauen Mütter werden und andererseits auch 48- und 50jährige, und daß überhaupt die Fruchtbarkeit

bei den meisten Frauen erst in der zweiten Hälfte oder
gegen Ausgang der vierziger Jahre zu Ende geht. Aber
es werden wohl nicht dieselben Frauen sein, die mit 17
Jahren und dann auch noch mit 48 Jahren geboren haben.
Wenn auch hie und da schon eine solche Ausnahme vorgekommen sein mag, so ist doch unzweifelhaft, daß der Regel
nach diejenigen, die früh zu gebären angefangen haben,
auch früher damit aufhören, und daß diejenige Dauer der
weiblichen Fruchtbarkeit, die praktisch in Betracht kommen
kann, nicht nach den extremen Grenzjahren bemessen werden
kann. Es ist an einem anderen Orte gezeigt worden, daß
die durchschnittliche Dauer der ehelichen Fruchtbarkeit sich
um die Grenze von 12—13 Jahren bewegt, jedoch zuzugeben, daß hiebei schon Malthus'sche Erwägungen, die hier
noch zu ignoriren sind, mitwirken und daß die natürliche
Dauer der weiblichen Fruchtbarkeit erheblich weiter hinaus-
zurücken ist.

Ich glaube gemäß den dort gegebenen näheren Ausführungen eher zu hoch als zu niedrig zu greifen, wenn
ich (wie Roscher) diese Grenze zu 22 Jahren annehme und
demgemäß 22 Jahresklassen der weiblichen Bevölkerung als
für die Fortpflanzung der Gattung praktisch in Betracht
kommend rechne. Man kann dabei zweifeln, wie dieser
Zeitraum abzugrenzen ist, ob man die Periode vom 18ten
bis 40ten oder vom 20ten bis 42ten für geeigneter hält;
im ersten Fall wird, weil die jüngeren Klassen zahlreicher
sind als die älteren, die Gesammtzahl etwas größer, doch
ist der Unterschied nicht sehr erheblich. Im einen wie im

andern Fall ist vorausgesetzt, daß die außerhalb jener Grenzen liegenden Geburten durch die weit zahlreicheren Fälle innerhalb derselben reichlich ausgeglichen werden, in welchen die Fruchtbarkeit erst später beginnt oder früher erlischt. Die Mitte zwischen jenen beiden Berechnungs= arten wird gefunden, wenn man das Alter von 19 bis 41 Jahren zu Grunde legt. Nach den Altersaufnahmen aus mitteleuropäischen Ländern ergiebt dieß auf 1000 Ein= wohner 165 im Alter der Fruchtbarkeit stehende weibliche Personen, oder 16,5% einer Bevölkerung.

Es fehlt an genügendem statistischem Material, um den Procentsaz der unfruchtbaren Frauen oder, richtiger, Ehen genauer festzustellen. Die vereinzelten Zählungen geben ein von 10—20% schwankendes Resultat. Nach meinen, allerdings auch beschränkten Notizen fand ich ca $^1/_7$ der Ehen von noch gebärfähigen Frauen unfruchtbar. Für den nicht zur Verheirathung gelangenden Theil der weib= lichen Bevölkerung ist in keinem Fall ein günstigeres Er= gebniß anzunehmen, da im Allgemeinen doch die gesünderen und gebrechenfreieren Frauen in die Ehe treten. Man ist daher sicher, eher hinter der Wahrheit zurückzubleiben, wenn man, da es sich bei diesem ganzen Verfahren doch nur um runde und annähernd giltige Ziffern handeln kann, an= nimmt, daß unter jenen 165 Frauen 15 als unfruchtbar und somit 150 als für die Fortpflanzung geeignet gelten können.

Nun hängt die Fruchtbarkeit einer Bevölkerung natür= lich davon ab, wie viele Geburten durchschnittlich je auf

Eine Frau während der Dauer ihrer productiven Periode fallen. Rechnet man je 3 Geburten auf Eine Frau, so treffen auf 1000 Einwohner $\frac{150 \times 3}{22}$ Geburten = 20 (20,45). Bei je 4 Geburten ergeben sich $\frac{150 \times 4}{22}$ oder 27 (27,27) Geburten auf 1000 Einwohner, bei je 5 Geburten 34 (34,09), bei je 6 Geburten 41 (40,9) bei je 7 Geburten 48 (47,7), bei je 8 Geburten 54 (54,5) u. s. w.

Hier fragt es sich nun aber weiter, welche Zahl von Sterbfällen man diesen Geburtenziffern gegenüberzustellen hat, wenn man sich nicht an die rein thatsächlich gegebenen durchschnittlichen Sterblichkeitsziffern der europäischen Länder, sofern diese schon der Ausdruck für pathologische Zustände sind, halten darf, sondern die möglichen, normalen, wenn auch nicht rein idealen Verhältnisse sucht.

Dieses rein ideale Verhältniß wird von Hofmann, dem hierin auch Wappäus folgt, in der Weise gefunden, daß, wenn der Abgang durch Todgeburten und Kindersterblichkeit auf 10 Procent der Geborenen reducirt, die übrigen aber alle das natürliche Lebensziel von 75 Jahren erreichen würden, unter der Annahme von 40 Geburten auf je 1000 Menschen (1 : 25 Lebenden) der jährliche Abgang $\frac{1}{75} + \frac{1}{250} = \frac{13}{750}$ der lebenden Bevölkerung betragen würde, also 1 : 57,7 Lebenden, oder auf je 1000 E. 17,3 Sterbfälle. Nach diesem Phantasiebild würde die jährliche Zunahme bei 40 Geburten und 17,3 Sterbfällen 22,7 Personen auf 1000 ausmachen oder 2,27% der Bevölkerung.

Die Voraussezungen dieser Rechnung erinnern so lebhaft an die Fabeln von einem Saturnischen Zeitalter, daß man auch schon eine nur entfernte Annäherung wirklich vorkommender Zahlen an jenen Maßstab für rein unmöglich halten möchte. Um so überraschender ist es, daß es wirklich ein europäisches Land giebt, dessen Mortalität wenigstens nur unbedeutend hinter jenem idealen Kanon zurückzustehen scheint. In den 20 Jahren von 1841—60 sind in Norwegen bei einer mittleren Bevölkerung von 1,409,259 Einwohner im Jahresdurchschnitt einschließlich von 1904 Todgeborenen 26,690 Sterbfälle eingetreten, was eine Sterblichkeit von 18,94 p. m. oder 1 : 53,1 ergiebt. Dabei hat allerdings die jährliche Geburtenzahl nicht 40, sondern nur 33,2 p. m., und andererseits die Kinder-sterblichkeit des ersten Jahres nicht blos 10%, sondern mehr als das doppelte, 19% der lebend geborenen, also mit Einschluß von 4% Todgeborenen 23% aller Geborenen betragen.

Die für England und Wales für den Zeitraum 1841—50, sowie für Schweden pro 1856—60 angegebene Sterblichkeitsziffer ist mit einem Zuschlag für die Todgeborenen ebenfalls nicht höher als 21—22 p. m.

Man nimmt nun zwar, und wohl mit Recht an, daß die Sterbelisten theils überhaupt, theils insbesondere in den Handel und Schifffahrt treibenden Ländern, wo Viele außerhalb ihres Wohnsitzes sterben, unvollständig sind, und es mag dieß besonders für England und Norwegen zutreffend sein.

Allein selbst wenn man die Zahlen noch etwas erhöht,

bleibt es immer noch unerklärt, daß sie jenem Ideal so nahe kommen, während doch die Kindersterblichkeit thatsächlich eine doppelt so große, als die dort angenommene war und von 100 Geborenen nicht 90, wie dort vorausgesezt wird, sondern nur etwa 11—12 das 75. Lebensjahr zu erreichen pflegen.

Die Lösung der Schwierigkeit ist wohl darin zu suchen, daß jene Hofmann'sche Rechnung einen Widerspruch in sich schließt, indem sie einerseits eine stabile Bevölkerung voraussezt, wenn sie die 75jährigen als $1/75$ der Lebenden annimmt, und andererseits eine wachsende, wenn sie auf 25 Lebende jährlich eine Geburt, oder nach Abzug eines Zehntheils auf 1000 Einwohner einen Zuwachs von 36 annimmt. Die Fiction, daß gemäß dem Bibelspruch von den 70 und wenn es hoch kommt, 80 Jahren alle Menschen erst mit 75 Jahren sterben, führt auch bei einer viel kleineren Geburtenzahl als 36 p. m. zu einem Anwachsen der Bevölkerung, bei welchem die jüngste Altersklasse mehrmals so zahlreich sein müßte als die älteste, somit die 75jährigen nicht $1/75$, sondern ein mehrfach kleinerer Bruchtheil aller Lebenden sein würden.

Eben darin liegt auch der Grund, daß unter günstigen wirthschaftlichen Bedingungen bei raschem Anwachsen der Bevölkerung, sobald nur die Kindersterblichkeit sich innerhalb mäßiger Grenzen bewegt, die allgemeine Sterblichkeitsziffer eine sehr niedrige werden kann, weil die alten, in die Sterbereihe einrückenden Altersklassen numerisch viel schwächer sein werden, als die mittleren und jüngeren.

Daraus erklären sich die günstigen Ziffern bei England und Norwegen für die betreffenden Zeitperioden.

Verzichtet man darauf, im Wege der Construction eine ideale Sterblichkeitsziffer zu finden und beschränkt man sich darauf, an der Hand des statistischen Materials, das der Erfahrung entnommen ist, die relativ günstigsten, am wenigsten schon den Eindruck pathologischer Erscheinungen machenden Verhältnisse aufzusuchen, so überzeugt man sich, daß eine Sterblichkeit von 1 : 50 oder 20 auf Tausend, als das Niedrigste und Günstigste anzusehen ist, das wenigstens bis jetzt überhaupt nur selten, aber jedenfalls noch nie in einem längeren Zeitraum von mehreren Jahrzehnden, und nur von den civilisirtesten Völkern in der günstigsten Entwicklungsperiode einigermaßen erreicht worden ist.

Diese Grenze ist auch nur denkbar bei einer mäßigen Geburtenzahl; sie wird mit steigender Fruchtbarkeit stetig höher hinaufgerückt werden, weil dann in der lebenden Bevölkerung die jüngsten Jahresklassen mit der größten Lebensgefährdung relativ immer stärker vertreten sein werden.

Zieht man nun auf die obigen Annahmen hinsichtlich der mit der wachsenden Geburtenzahl für jede einzelne Frau steigenden Fruchtbarkeit im Ganzen zurück, so mögen sich mit annähernder Richtigkeit etwa die aus der folgenden Tabelle ersichtlichen Normen ergeben.

Auf je 1000 Personen treffen

bei je 3 Geburten für eine Frau	Geborene	Gestorbene	Natürl. Zuwachs per mille	Verdopplungsperiode
für eine Frau	20	20	0	0
— 4 —	27	22	5	139 Jahre
— 5 —	34	24	10	69,6
— 6 —	41	26	15	46,3
— 7 —	48	28	20	35

Es ist leicht, diese Tabelle durch Einschaltung von Zwischengliedern für $3^1/_2$, $4^1/_2$ u. s. w. Geburten für je eine der 150 angenommenen Frauen zu ergänzen.

Der von Malthus zu Grund gelegte Fall, daß auf eine Ehe 4 Kinder kommen, führt also nach dem Obigen nicht zu einer Verdopplung alle 25, sondern erst alle 139 Jahre.

Es mag nicht ohne Interesse sein, der obigen Tabelle die faktischen Verhältnisse in einigen Hauptländern Europas gegenüberzustellen, wofür die Daten theils dem Werk Statistique internationale von Quetelet und Heuschling, Bruxelles 1865, theils neueren Quellen entnommen sind.

Es kamen auf je 1000 Einwohner (mit den Todgeborenen)

	Periode	Geburten	Sterbfälle	Natürl. Zuwachs p. mille	Verdopplungsperiode in Jahren
Frankreich	1851—60	26,2	23,9	2,3	302
Belgien	1851—60	31,6	23,7	7,9	88
England*) u. Wales	1851—60	32,4	23,3	10,1	69,7
Niederlande	1850—59	34,3	25,9	8,4	82,8
Norwegen	1851—60	34,7	18,9	15,8	44
Bayern	1860—68	37,3	30,4	6,9	100
Preußen	1851—60	39,1	29	10,1	69,7
Sachsen	1859—61	42,1	29	13,1	53
Württemberg	1868—74	42,6	33,3	9,3	75

*) mit Interpolation der Todgeborenen.

Man sieht, die thatsächlichen Verhältnisse der wichtigsten europäischen Kulturländer erreichen in keinem Fall
weder die obere noch die untere Grenze jener fingirten
Normaltabellen, bewegen sich aber in großer Mannigfaltigkeit innerhalb jener Extreme.

Man sieht ferner was dazu gehören würde und wieweit alle diese Völker davon entfernt sind, einen Jahreszuwachs von 2 Procent zu erreichen.

Wenn man von einzelnen Jahrzehenden oder Jahr-
fünften besonders prosperirender Zustände absieht und die
lezten 50—60 Jahre seit den ersten zuverläßigeren Volks-
zählungen zusammenfaßt, so ist kein einziges Volk in Europa,
das einen durchschnittlichen Jahreszuwachs von 1½ Procent nachweisen könnte. Nur England (im engeren Sinn)
und das Königreich Sachsen mit 1,3—1,4% reichen nahe
an diese Grenze hin.

Wenn in einigen Colonialländern, wie im Unionsgebiet, die Grenze von 2 Procent auch abgesehen von der
Einwanderung durch rein inneren Zuwachs schon erreicht
und überschritten worden sein sollte, was immer noch sehr
anfechtbar ist, so sind die Verhältnisse hier so abweichend
und singulär, daß weder für noch gegen die Malthus'sche
Theorie Argumente daraus geschöpft werden können.

Denken wir uns, daß nach Art eines altlatinischen
Ver sacrum, wie wir ihn aus dem schönen Uhlandischen
Gedichte kennen, etwa 1000 junge Paare unter günstigen
Umständen eine Pflanzung gründen. Die jungen Frauen
werden hier nicht wie in einer alten Gesellschaft 16, sondern

50 Procent der Bevölkerung bilden; sie werden nicht 25 Jahre, sondern 3 bis 4 Jahre nöthig haben, um die Kopfzahl der Colonie zu verdoppeln. Alte Leute wird es hier viele Jahre lang noch gar keine geben; dagegen wird es wimmeln von jungem Volk. Die Generationen werden deutlich von einander geschieden sein; gewisse Altersstufen werden lange Zeit ganz herausfehlen; die Bevölkerung wird keine continuirliche, lückenlose Reihe von Altersklassen bilden. Die Fruchtbarkeit derselben wird sich in den größten Schwankungen bewegen; sie wird zeitweise sehr klein werden, wenn eine Generation schon aufgehört hat productiv zu sein und die nächste noch nicht recht angefangen, dann wieder sehr groß, wenn das neue Geschlecht ganz in das entsprechende Alter eingerückt ist. Die Folgen einer so eigenthümlichen Zusammensezung der ersten Gesellschaft werden wohl allmälig unmerklicher werden und zulezt ganz verschwinden, aber es werden nicht nur Generationen, sondern Jahrhunderte nöthig sein, bis sich alle Nachwirkungen für die Zusammensezung des Volks nach Altersklassen verloren haben, zumal wenn die Ursache, das Eintreten junger Paare, sich periodisch durch Nachwanderungen erneuert.

Nicht so deutlich und rein, wie in diesem fingirten Beispiel, aber im Ganzen kommen doch alle Colonialstaaten auf eine sehr ähnliche Weise zu Stande. Die erste Ansiedlung geschieht durch Männer in jungen oder mittleren Jahren, die Frauen mitbringen oder sich zu verschaffen haben; die einzeln oder in Schaaren Nachrückenden gehören lange Zeit den Altersstufen an, in denen man zu

Wagniß und Abentheuer angelegt ist; die Zahl der Greise
ist verschwindend klein in solcher Gesellschaft, die der Kinder
und jungen Altersklassen wächst in rapiden Verhältnissen
an. Heute noch sind in den Vereinigten Staaten unter
1000 Einwohner nur 14 über 70 Jahre alt, in Frankreich
37, und die 22 Jahresklassen der gebärfähigen Frauen
machen dort nicht 16, sondern 18—19⁰/₀ der lebenden Bevölkerung aus. Diese Anomalieen in der Zusammensetzung der
Bevölkerung hat man sich nach rückwärts als wachsend vorzustellen. Der Verschmelzungsproceß der Generationen, wie
er bei den alten Kulturvölkern längst vollzogen ist, wird,
je weiter man zurückgeht, desto unausgeglichener, und dabei
treten durch den Umfang und die großen Fluctuationen
der Einwanderungen immer neue Störungen und Unregel-
mäßigkeiten ein. Man müßte, um sich über den natürlichen
Zuwachs in den Colonialgebieten ein sicheres Urtheil zu
bilden, Altersaufnahmen für die betreffenden Perioden
haben.

Wenn man dazu aber bedenkt, wie in fruchtbaren,
jugendlich aufstrebenden Colonieen, wo der Unterhalt ohne
viel Arbeit weit mehr durch Viehzucht als Ackerbau gewonnen wird und bestes Land im Ueberfluß zu haben ist,
sehr frühe Heirathen zulässig und üblich sind, die Fruchtbarkeit der Ehen sowohl nach ihrer Dauer als der Ergiebig-
keit eine sehr große ist, wie die Frauen, von Feld- und
schwererer häuslicher Arbeit entbunden, sich der Pflege der
Kinder widmen können, wie dadurch großer Kinderreichthum
neben mäßiger Kindersterblichkeit erreicht wird, so ist es

dort in der That denkbar, daß, wie die obige Tabelle fordert, auf 1000 Einwohner 48 Geburten und nicht mehr als 28 Todesfälle, somit ein natürlicher Jahreszuwachs von 20 p. m. trifft.

Ob diese Grenze im Unionsgebiet in der früheren Zeit noch so namhaft und bis 28 und 29 p. m. überschritten worden ist, wie Wappaeus (Bevölkerungsstatistik I. 124) annimmt, muß man bezweifeln, wenn man bedenkt, daß hiezu etwa ein Verhältniß von 50 Geburten zu 21—22 Sterbfällen auf 1000 Einwohner erforderlich wäre, somit eine Durchschnittsfruchtbarkeit der Ehen von 7—8 Kindern neben der schwächsten Kindersterblichkeit. Gegen die Berechnung ist unter anderem einzuwenden, daß wir für das Unionsgebiet nur die Einwanderung aus Europa, nicht aber die von der Landseite, von den damaligen französischen und englisch gebliebenen Besitzungen kennen, die doch sowohl nach geschichtlichen Zeugnissen als innerer Wahrscheinlichkeit sehr erheblich war und daß auch der gesammte, heimlich betriebene Import von Negersclaven unbeachtet bleibt.

Bei den alten Kulturvölkern dagegen, wo die Schichten der Generationen längst in einander verwachsen sind und die Reihen der lebenden Altersklassen mit denen einer Sterbetafel noch einige natürliche Aehnlichkeit bewahrt haben, wird ein Jahreszuwachs von 2 Procent noch niemals vorgekommen sein und schwerlich jemals, wenigstens nicht für einen längeren Zeitraum erreicht werden können. Unser Welttheil hat noch niemals eine Periode günstigerer und großartigerer Entwicklung aller wirthschaftlichen und socialen Verhältnisse

21*

gesehen, als die lezten 50 Jahre; seine Bevölkerung ist
rund von 200 auf 300 Millionen gestiegen, und doch macht
dieß erst 0,8% jährlichen Zuwachs und diejenigen Völker,
bei denen die Zunahme die stärkste war, haben das Doppelte
dieses Durchschnittes noch nicht erreicht.

Es waren dabei viele und gewaltige Hemmungen oder
checks im Malthus'schen Sinn erforderlich, um den Zuwachs
nicht noch viel größer werden zu lassen. Den kleinsten
Antheil daran mag der Factor der „moralischen" Enthalt=
samkeit haben, einen beträchtlich größeren die unmoralischen
Potenzen, die Malthus aufzählt; sodann die repressiven
Checks der Kriege und Epidemieen und das Sicherheits=
ventil der Auswanderung. Gewiß der größte Antheil aber
fällt auf jene Motive, die sich weder als moralisch noch als
unmoralisch bezeichnen lassen, auf den natürlichen Gegen=
druck anderer Triebe und Forderungen des menschlichen
Wesens, auf das allen gesitteten Völkern eigene Verlangen,
ihr Einkommen rascher zu steigern als ihre Zahl, den Quo=
tienten von Gütern und Genüssen des Lebens dadurch zu
erhöhen, daß der Divisor langsamer wächst als der Divi=
dendus.

Alle diese Ausführungen, welche theilweise gegen die
Malthus'schen Säze ihre Spize zu kehren scheinen, wollten
diese nur ergänzen und im Einzelnen berichtigen; sie lassen
aber den Kern und das Wesen derselben ganz unberührt,
ja vielleicht nur in eine verstärkte Beleuchtung treten.

Nur mit Sophismen oder schiefen und halbwahren Ar=
gumenten läßt sich bekämpfen, daß die gewaltigsten Natur=

triebe auf eine maßlose Vermehrung der Bevölkerungen
hindrängen, daß sie einer beständigen Hemmung und Re=
pression durch andere Kräfte bedürfen, daß jener Drang
und seine Hemmungen das Haupttriebrad aller geschicht=
lichen Entwicklung sind. Die verschiedenen Völker spiegeln
ihren Werth und Charakter in nichts so deutlich ab, als
in der Art, wie sie jenen Conflict zwischen dem Geschlechts=
trieb und den übrigen Forderungen der menschlichen Natur
zur Lösung, welche Gefühle und Motive sie dabei zum
Opfer bringen, wohin der Schwerpunkt ihrer Compromisse
deutet. Denn der Conflict selbst ist da und unabweisbar;
weder der Einzelne noch die Gesellschaft kann ihn ignoriren
und an ihm vorübergehen.

Ob und wenn sich Malthus darin getäuscht hat, daß
er die natürliche Verdopplungsperiode einer Volkszahl zu
niedrig annahm, ist ganz gleichgiltig; seine Argumente da=
für, daß die Vermehrung der Unterhaltsmittel nicht gleichen
Schritt zu halten vermöchte mit der durch menschliches
Können und Wollen geforderten Progression der Gesell=
schaft, gelten für eine Verdopplungsperiode von 100 und
noch mehr Jahren schließlich ebenso gut wie für die von
einer einzigen Generation.

Es führt zu sehr ernsten Betrachtungen, wenn man
erwägt, daß einerseits ein stetiges und ansehnliches Ueber=
gewicht der Geburtenzahlen über die Sterbfälle als das
Normale, und ein Stillstand oder ganz schwacher Zuwachs
einer Bevölkerung als eine krankhafte Erscheinung betrachtet
werden muß, und daß wir uns andererseits auch schon eine

weit unter dem Normalen zurückbleibende Vermehrung in den alten Kulturländern gar nicht als einen für eine Reihe von Jahrhunderten andauernden Zustand vorzustellen vermögen.

Ein Jahreszuwachs von 1% kann als ein mäßiges Verhältniß gelten und ist in den lezten 60 Jahren in England, Preußen und den scandinavischen Ländern noch neben starker Auswanderung erreicht oder überboten worden. Dennoch führt er zu der Consequenz, daß das deutsche Reich bis zum Jahr 2000 eine Bevölkerung von etwa 160 Millionen haben müßte.

Auch diejenigen europäischen Völker, deren Zunahme die langsamste gewesen ist, sind doch in der gleichen Periode immer noch um mehr als $\frac{1}{3}$% jährlich gewachsen. Dieß Drittheilprocent ergäbe aber für das deutsche Reich nach weiteren 1000 Jahren seiner Geschichte eine Einwohnerzahl von 1200 Millionen, und nach 2000 Jahren von 36 Milliarden.

Wenn man rückwärts geht um 1000 Jahre bis in die Zeiten Karls des Großen, so dürften, um im Ganzen $\frac{1}{3}$% Jahreszuwachs zu erhalten, auf dem jezigen Areal des deutschen Reichs damals nur etwa 130 Menschen auf der Quadratmeile gewohnt haben, was zu den sonstigen Thatsachen aus jener Zeit, namentlich dem starken Heerbann der germanischen Völker nicht passen will. Die Zunahme hat im Lauf der Jahrhunderte schwerlich mehr als $\frac{1}{4}$% im Gesammtdurchschnitt betragen. Und doch wenn wir auch nur dieß kleine Verhältniß der Rechnung für ein weiteres

Jahrtausend in Aussicht nehmen, so gelangen wir gleich wieder auf eine fabelhafte Ziffer von 600 Millionen.

Wenn ein Zuwachs, den wir, wo er in der Wirklichkeit vorkommt, von einem völligen Stillstand der Volkszahl kaum noch unterscheiden und nur als eine krankhafte Erscheinung, als Folge von ganz anomalen Zuständen, als Symptom eines sinkenden Volkes anzusehen gewöhnt sind, im großen Durchschnitt der einzige auf die Dauer mögliche sein soll, heißt das dann nicht so viel als: es ist keinem Volk vergönnt, sich in normaler und natürlicher Entwicklung durch eine Reihe von Jahrhunderten oder gar Jahrtausenden zu erhalten, und einen auch nur nennenswerthen Ueberschuß der Geburten über die Sterbfälle, der doch als das Naturgemäße gelten muß, zu behaupten? Die Massenwirkung jenes psychologischen Conflicts zwischen dem Zeugungstrieb und dem übrigen menschlichen Triebleben erscheint als eine so übermächtige Gewalt, daß kaum irgend ein Mittel denkbar bleibt, um zerstörende Catastrophen und die repressiven Checks der Weltgeschichte zu vermeiden. Die Völker scheinen wie durch eine Naturnothwendigkeit zum Untergang bestimmt und man weiß nicht, ob das Bibelwort: seid fruchtbar und mehret euch, mehr ein Fluch oder mehr ein Segen sein sollte. Es darf uns nicht befremden, wenn die Malthus'schen Lehren den Theologen wie den im Leibnizischen Optimismus genährten Philosophen als eine Verurtheilung des Weltplanes, als eine Verdächtigung der göttlichen Weisheit erschienen.

Wollte man sich dagegen etwa auf China berufen, wo

jene monströsen, unglaublich erscheinenden Ziffern von Hunderten von Millionen Menschen zur Wahrheit geworden
sind, wo ein mindestens 5 Jahrtausende altes Volk eine
abgeschlossene Welt bildet, so wäre zunächst darauf zu erwiedern: jenes Land ist siebenmal so groß als Deutschland,
wärmer und fruchtbarer als die europäischen Länder; es
gewährt im größeren Theil seines Gebiets zwei Jahreserndten; das Volk lebt fast ganz ohne Viehzucht von vege-
tabilischer Nahrung; die Tödtung der Kinder, besonders
der Mädchen, wird im großartigsten Maaß betrieben und
ist durch Gesez gestattet; und dennoch ist die Dichtigkeit der
Bevölkerung durchschnittlich nicht so groß, wie in Sachsen,
Belgien, England. Dazu ist uns die Geschichte des Landes
und die Entstehung dieser großen Bevölkerung fast völlig
unbekannt.

Wohl kann man sagen: bange machen gilt nicht, oder:
wo so ein Köpfchen keinen Ausgang sieht, stellt es sich gleich
das Ende vor. Man kann anführen, daß man vor ein
paar Jahrhunderten die jezigen Volkszahlen für ebenso unmöglich gehalten hätte. Man kann sich auf unbestimmte
Möglichkeiten, auf chemische Entdeckungen, technische Erfin-
dungen, auf die unabsehbaren Wirkungen eines erweiterten
Weltverkehrs berufen. Man kann davon träumen, daß der
Stickstoff der Luft ein menschliches Nahrungsmittel wird,
daß man mit Wasserstoffgas heizen und beleuchten wird,
daß die Wälder aus fruchtbaren Bäumen bestehen, mit eß-
baren Pilzen bedeckt sein werden, daß der Gartenbau an
die Stelle unserer Feldwirthschaft tritt und zwei oder

mehr Jahreserndten statt einer einzigen gewonnen werden u. s. w.

Durch all diese und andere Einwürfe will sich doch die einfache Schlußfolgerung nicht entkräften lassen, daß der mäßige Jahreszuwachs von 1 Procent, der hinter dem faktischen Ueberschuß der Geburten über die Sterbfälle der= malen noch zurückbleibt, für das deutsche Reich in zwei Jahrhunderten zu einer Bevölkerung von 300 Millionen, für Europa von 2300, in drei Jahrhunderten zu 650, be= ziehungsweise 4800 Millionen führt. Daß aber in einem zwischen dem 47ten und 55ten Grad nördlicher Breite ge= legenen Lande 30000 Menschen auf der Quadratmeile leben sollten, muß der nüchternen Ueberlegung als ein Unding erscheinen. Es sind also entweder durchgreifende Verän= derungen der Volkssitte oder großartige Checks der repres= siven Gattung unausbleiblich.

Und auch der Betrachtung wird sich kaum aus dem Wege gehen lassen, daß einem reifen Kulturvolk eine stetige und friedliche Fortentwicklung, welche uns ohne stetige Ver= mehrung seiner Zahl nicht denkbar erscheint, schon durch die Ordnung der Natur versagt, daß einer Collision zwischen den dämonischen Gewalten des Geschlechtslebens und den Grenzen der Unterhaltsmittel auf einer gegebenen Erdfläche nicht auszuweichen ist, und daß diese Collision zu den regel= mäßigen Fermenten und nothwendigen Störungen gehört, durch welche die Völker gerüttelt, geprüft und umgewandelt, die Menschheit ruhelos immer wieder auf neue Bahnen ge= drängt wird.

Ebenso gewiß aber ist, daß von solchen allgemeinen
Zukunftserwägungen kein Weg zu praktischen Schlußfolge=
rungen für die Gegenwart führt. Wie der Dichter sagt:
wir, wir leben, unser sind die Stunden und der Lebende
hat Recht, so wird und muß jede Generation sich nach ihren
Verhältnissen und Bedingungen einrichten und den künftigen
Geschlechtern überlassen, es ebenso zu halten. Sie würde
so verfahren, auch wenn jene Schlüsse auf die Zukunft noch
viel sicherer und unwiderlegbarer wären, als sie etwa sein
mögen.

Es mag jedoch wenigstens Eine Nuzanwendung der
Malthus'schen Säze auf die Gegenwart und die deutschen
Zustände hier gestattet sein.

Der nationale Aufschwung seit 1870 ist auch von einer
namhaften Steigerung der Trauungen und Geburten be=
gleitet, welche wieder in den Erleichterungen des Erwerbs,
in Freizügigkeit, Beseitigung von Verehelichungshindernissen,
Gewerbeordnung und gesteigerter wirthschaftlicher Entwick=
lung ihre Ursache hat.

Eine Zusammenstellung über den Gang der Bevölke=
rung in allen deutschen Ländern gemäß den neu verein=
barten Formularen liegt noch nicht vor, doch haben wir
die Notiz, daß im Jahr 1872 in Preußen 1,023,500, in
Bayern 201,500, in Württemberg 83000, zusammen 1,308000
Geburten und 765000, 159000, 60000 zusammen 985000
Sterbfälle gezählt wurden, so daß, wenn man diese Ver=
hältnisse von drei Viertheilen des Reichs auch für das lezte
Viertheil vermuthen und anwenden darf, im deutschen Reich

in Einem Jahr 1,714000 Kinder geboren und 1,288000
Personen gestorben wären, was einen Ueberschuß von
426000 = 1,12% ergiebt. Dieß macht für je 1000 E.
42,7 Geburten, 31,5 Sterbfälle und 11,2 P. natürlichen
Zuwachs.

Es ist viel eher eine zu niedrige als eine zu hohe
Annahme, daß auf jene 1,714000 Kinder ein Abgang von
30% für die im ersten Lebensjahr Gestorbenen mit Ein=
schluß der Todgeborenen fällt, daß also 514000 Kinder in
Einem Jahr zur Welt kommen, nur um sie alsbald, und
die meisten auf eine jämmerliche Weise, wieder zu verlassen.

Nicht nur in Frankreich, über dessen sittliche Zustände
hinsichtlich des Geschlechtslebens wir uns so leicht mit sehr
unberechtigtem Pharisäerstolz erheben zu dürfen glauben,
auch in Belgien und den weit kinderreicheren germanischen
Stämmen der Scandinavier und Engländer ist jener Kinder=
verlust des ersten Lebensjahrs weit geringer, und der mittel=
europäische Durchschnitt, sobald man Teutschland wegläßt,
geht nicht über 20% aller Geborenen. Wenn Teutschland
in diesem Punkt so viel ungünstigere Verhältnisse gegen=
über von Völkern darbietet, denen es sich sonst in allen
Merkmalen der Civilisation gleichzustellen gewöhnt und be=
rechtigt ist, so wird Niemand physische Momente anzuführen
vermögen, die das Kinderleben unter deutschem Himmel
schwerer gefährden, als im übrigen mittleren und nörd=
lichen Europa, Niemand wird die Ursachen wo anders als
in Handlungen und Unterlassungen der Menschen, in übler
Sitte, in leichtsinniger Kindererzeugung, in unverständiger,

gleichgiltiger, fahrläßiger oder gewissenloser Behandlung
des Kinderlebens suchen dürfen. Nur bei unsern slavischen
Nachbarn im Osten, deren Gesittung wir sonst der unsrigen
nicht gleichachten, finden sich ähnliche Verhältnisse.

Wenn man auch nur die mitteleuropäische Proportion
von 20 Procent, wiewohl sie selbst schon keineswegs als
das Natürliche gelten kann, zu Grunde legt, so sind in
Deutschland nicht weniger als jährlich 170000 Kinder als
Opfer dieser Form des modernen Molochdienstes und der
unmoralischen repressiven Checks von Malthus zu betrachten.
Wenn diese am Leben blieben, so würde der Jahreszuwachs
schon $1\frac{1}{2}\%$ betragen, wenn sie, was wohl das Erwünschtere
ist, gar nicht geboren würden, so würde der gleiche Zuwachs
erzielt, wie vorher, aber unter Ersparung einer Unsumme
von Leiden, Sünden und wirthschaftlichen Nachtheilen.

Wenn wir dahin gelangen könnten, daß statt 40 Geburten nur 30, statt 30 Sterbfällen nur 20 auf je 1000
Seelen träfen, so bliebe der Jahreszuwachs unverändert,
aber an die Stelle einer kranken Oeconomie des Geschlechtslebens träte eine gesunde und es würde einer der häßlichsten
Flecken von der deutschen Gesittung entfernt.

Stadt und Land *).

Stadt und Land unter allen denkbaren Rubriken mit
einander zu vergleichen, diesen Gegensaz in jede Unter=
suchung socialer Thatsachen hineinzutragen, ist in der Sta=
tistik schon längst ganz besonders beliebt und gebräuchlich.
Man spricht von einer städtischen und ländlichen Geburts=,
Trauungs= und Sterbeziffer, von städtischer und ländlicher
Frequenz der unehelichen Geburten, der Selbstmordfälle,
der Verbrechen; man findet Abweichungen in der Körper=
größe, der Militärtüchtigkeit, der mittleren Lebensdauer
u. s. w. Es gehört diese Unterscheidung, etwa neben Ge=
schlecht und Alter, zu den Reagentien erster Ordnung, die
in der Analytik der Statistiker zur Anwendung gelangen.

Wenn nur auch der Gewinn an Verständniß der Sache,
an wirklicher Einsicht in den Zusammenhang der Erschei=
nungen der Mühe und Sorgfalt entspräche, die in solchen
Untersuchungen steckt! Aber wer, wenn er sich durch all
dieß Material durchgearbeitet hat, kann denn schließlich
sagen, ob nun wirklich etwa die ländliche Fruchtbarkeit größer

---

*) Ein Theil dieses Aufsazes ist Auszug und Umarbeitung einer
schon früher (Würtembergische Jahrbücher für Statistik und Landes=
kunde. 1870. Seite 446 und ff.) geführten Untersuchung.

ist oder die städtische, und ob hier mehr Leute sterben oder
dort? Es ist bald so bald anders. Wenn sich aber auch
wirklich constantere Unterscheidungsziffern nachweisen lassen
sollten, was ist denn damit anzufangen, worin liegt der
Grund der Abweichungen?

Ist denn überhaupt ein Causalzusammenhang erkenn=
bar zwischen der Größe der Wohnpläße und den Thatsachen
der menschlichen Biotik? Warum in aller Welt soll der=
jenige, der einer größeren Anzahl von Menschen durch
längere Häuserreihen nahe gerückt ist, mehr Kinder er=
zeugen oder weniger, länger leben oder kürzer, früher hei=
rathen oder später, eine kleinere oder größere Neigung zu
verbrecherischen Handlungen haben, als wer nur mit einer
kleineren Zahl von Nachbarn und Genossen seines Wohn=
plaßes zusammenlebt? Oder, wenn der Schwerpunkt in
der Beschäftigung liegen soll, warum sollte der Handwerker
früher sterben oder später als der Bauer, die Tochter des
Einen der Versuchung ausgesezter sein oder leichter unter=
liegen als die des Andern? Ein unmittelbarer Zusammen=
hang von Ursache und Wirkung ist nicht ersichtlich; wenn
er aber in Zwischengliedern liegt, so wären diese zu nennen
und nachzuweisen, auch zu zeigen, ob sie überall und noth=
wendig Plaz greifen, oder nur zuweilen und unter beson=
deren Bedingungen.

Sodann faßt man gewaltsam das unter sich Ungleichste
in Eine abstracte Formel zusammen, wenn man auf der
einen Seite die kleinen Land=, wie die Haupt= und Groß=
städte, die Fabrik= und Handelspläze, die Size von Garni=

sonen, Hochschulen, Gebäranstalten, Kranken- und Findel-
häusern, von Strafanstalten und Instituten aller Art in
die Eine Rubrik „Stadt" zwängt, auf der andern Hofgüter,
Weiler, Bauerndörfer, oder englisches und irisches Pachter-
thum, südeuropäisches Colonat, russischen Gemeindebesiz
u. s. w. in die Uniform des Wortes „Land" einkleidet.
Das Wesentliche und Charakteristische so grundverschiedener
Dinge wird damit mehr verwischt und begraben, als mar-
firt und erkannt. Es ist nicht viel anders als wenn man
Weiß, Schwarz und Roth in den einen Farbentopf, Gelb,
Grün und Violett in den andern werfen und dann aus
den kleinen Nuanceen des graubraunen Gemisches die Natur
jener einfachen Farbenelemente wieder herausdeuten wollte.

Es war zwar rationell und unanfechtbar, wenn die
Statistiker neuerdings mit Rücksicht auf die historischen Zufälligkeiten des Städtenamens die Begriffe von Stadt und
Land ganz fallen ließen und die Unterscheidung von Wohn-
pläzen unter oder über 2000 Einwohnern dafür einsezten;
doch ist dadurch nur an die Stelle concreter geschichtlicher
Thatsachen eine willführlich gegriffene numerische Grenzlinie gerückt worden; die größeren Bauerndörfer sind nun
den Landstädten gleichgestellt; die Unterscheidung deckt sich
noch weniger als schon vorher mit der von Ackerbau und
Gewerbe; und die Bürgschaft dagegen, daß in den Tabellen
doch nicht immer wieder Gemeinden, die mit ihren Parzellen
im Ganzen über 2000 Einwohner zählen, als Wohnpläze
mit mehr als 2000 Einwohnern aufgenommen werden, ist
nicht hoch anzuschlagen. Jedenfalls aber erscheinen nun

jene Abweichungen in Fruchtbarkeit, Mortalität und Mora=
lität nur noch unverständlicher, wenn dem abstracten Moment
der bloßen Einwohnerzahl eine magische Kraft zukommen
soll, die Menschen zeugungsfähiger, langlebiger und besser
oder schlechter zu machen.

Da nun aber alle diese Bemerkungen an der thatsäch=
lichen und tiefgreifenden Bedeutung des socialen Factors
„Stadt und Land" nichts ändern können und wollen, so
fühlt man das Bedürfniß, die Sache noch näher anzusehen
und den Knäuel von Causalverschlingungen, der in den
Ziffern der Tabellen zu stecken scheint, genauer zu entwirren
und in seine Elemente auseinander zu legen.

Man wird hier vor allem Andern die bevölkerungs=
statistischen Momente von den culturstatistischen, die phy=
siologischen von den psychologischen Seiten der Sache unter=
scheiden müssen. Beides greift zwar wohl auch wieder in
einander, darf aber darum doch nicht vermengt werden.

Da zeigt sich nun auch hier wieder der große Werth,
der genauen Altersaufnahmen ganzer Bevölkerungen mit
Unterscheidung von Geschlecht und Familienstand zukommt.
Erst hiemit gewinnt die Statistik das unerläßliche Inventar
des gesellschaftlichen Personalbestandes und den vollen Ein=
blick in das innere Getriebe der socialen Erscheinungen und
der Bewegung der Bevölkerungen. Und so liegt auch hier
der Schlüssel, um das bunte und widerspruchsvolle Material
der statistischen Untersuchungen über die städtischen und
ländlichen Bevölkerungen aus den einfachen und primären
Ursachen abzuleiten und verständlich zu machen.

Ich glaube ein instruktives Beispiel zu wählen, wenn ich nach der Württembergischen Aufnahme von 1867 — die Ergebnisse der neueren Zählung von 1871 sind noch nicht so weit bearbeitet, — der Altersmischung der Stadt Stuttgart die eines rein ländlichen Bezirkes gegenüberstelle und als Typus eines solchen das Oberamt Maulbronn wähle, in welchem auf 3,8 Quadratmeilen 22400 Einwohner in 23 Gemeinden, wovon nur ein einziger Wohnplatz die Grenze von 2000 Einwohner um ein Weniges überschreitet, in kleinbäuerlicher Dorfwirthschaft ohne Fabriken und städtischen Gewerbebetrieb leben, das weder zu den armen noch zu den wohlhabenden Bezirken des altwürttembergischen Landes gerechnet wird, noch auch sonst singuläre Merkmale erkennen läßt.

Zum besseren Verständniß sind in der folgenden Tabelle die entsprechenden Ziffern für die Gesammtbevölkerung Württembergs beigefügt.

Von je 10000 Lebenden standen im Jahr 1867 im Alter von

	in der Stadt Stuttgart	im Bezirk Maulbronn	im Landesdurchschnitt
0—5 Jahren	946	1423	1212
5—10 „	717	1226	1027
10—15 „	679	992	906
15—20 „	1224	846	940
20—25 „	1574	729	897
25—30 „	1203	770	832
30—40 „	1500	1200	1277
40—50 „	970	1113	1116
50—60 „	643	874	908
60—70 „	388	575	630
70—80 „	133	226	217
80—90 „	21	26	36
+90 „	2	0	2

Rümelin, Reden u. Aufsätze.

Wenn man die Altersklassen nur in drei Gruppen, 0—15, 15—40, und über 40 Jahre zusammenfaßt und die Ziffern auf Procente reducirt, so ergeben sich

	im Alter von 0—15 Jahren	im Alter von 15—40 Jahren	im Alter von + 40 Jahren
für die Stadt	23,42°/₀	55,01°/₀	21,57%
den Landbezirk	36,41%	35,45°/₀	27,54%
das Königreich	31,45%	39,46°/₀	29,09%°/₀ *)

Die großen Abweichungen der Altersmischung springen in die Augen. Auf dem Land sind 36°/₀ der ganzen Bevölkerung Unmündige unter 15 Jahren, in der Stadt nur 23°/₀; die jugendlichen Altersklassen der 15—40 Jährigen sind in der Stadt in ganz abnormer Weise überfüllt und machen 55°/₀, weit über die Hälfte der Einwohnerzahl, auf dem Land nur ein starkes Drittheil, 35°/₀, aus; in den mittleren und höheren Jahren überwiegt die Landbevölkerung wieder im Verhältniß von 27 zu 21 Procenten.

Vergleicht man das numerische Verhältniß der Geschlechter, so kamen auf 100 männliche Personen in der Stadt Stuttgart 101,6 weibliche, im Bezirk Maulbronn 106,8, aber in den Altersklassen von 0—15 Jahren kamen auf 100 männliche Personen in der Stadt 99,3, auf dem Land 102,1 weibliche, im Alter von 15—40 Jahren in der Stadt

---

*) Für Berlin giebt Schwabe das Verhältniß an: 0—15 Jahre 28%, 15—40 Jahre 50,5°/₀, über 40 Jahren 21,5°/₀. Für München sind die Ziffern 21,8. 47,6. 30,6, für Nürnberg 26,6. 49,1. 24,3, wobei jedoch zu beachten ist, daß zur Zeit der Zählung (1871) wegen der Occupationstruppen der Stand der Garnison in diesen Städten ein unternormaler gewesen sein kann.

97,3, auf dem Land 115, im Alter von mehr als 40 Jahren
dort 129,5, hier 104 weibliche Personen.

Ferner waren in der Stadt 27,2% der Einwohnerzahl
verheirathet, auf dem Land 33,4%; wenn man aber die
Verheiratheten nebst den Verwittweten und Geschiedenen
nur mit den Altersklassen von mehr als 20 Jahren ver=
gleicht, so waren in der Stadt 50,3% ledig, auf dem Lande
nur 29%.

Woher kommen denn nun aber alle diese auffallenden
Unterschiede in der Zusammensetzung einer städtischen und
ländlichen Bevölkerung nach Alter, Geschlecht und Familien=
stand? Der Grund ist nicht schwer aufzufinden.

Die Stadt hat neben ihren ansäßigen und ortsange=
hörigen Einwohnern noch eine zwar immer vorhandene, aber
in den Personen stetig wechselnde, fluctuirende, vom Land
geliehene Bevölkerung, die bis zu einem Viertheil der Ge=
sammtzahl betragen, ja bis zu einem Drittheil steigen kann.

Das Hauptcontingent dazu werden immer die Dienst=
mädchen für die Bedürfnisse der Haushaltung sein, die in
keinem Hause, ja fast auf keinem Stockwerk fehlen. Die
Stadt kann sie nicht selbst in genügender Zahl liefern; sie
kommen von den Dörfern und Landstädtchen, bringen eine
größere oder kleinere Zahl von Jahren in der Stadt zu,
um dann in den meisten Fällen wieder in ihre Heimath
zurückzukehren. Ihre Zahl beträgt in Stuttgart etwa 8
Procent der ganzen Bevölkerung.

Den zweiten Faktor dieser Art bilden die Gehilfen in
den Gewerben, die Lehrjungen und Gesellen im Handwerk,

22 *

die Lehrlinge und Commis in den Comptoirs und Kauf-
läden. Auch diese kommen der Masse nach von außen herein
und ziehen nach einigen Jahren wieder fort. Ihre Zahl kann
der der Dienstmägde gleich kommen oder sie noch übertreffen.

Neben diesen beiden Hauptklassen der geliehenen Bevölkerung kommen nun noch in geringerer Anzahl einerseits die männlichen Dienstboten für Haus oder Gewerbe,
andererseits die weiblichen Gehilfen im Gewerbe, in den
Wirthschaften, Läden, die Nähmädchen u. s. w. hinzu.

Dieß sind die constanten Elemente, welche in keinem
Wohnplaz von städtischem Charakter fehlen werden. Sie
bilden ein zahlreiches, häufig wechselndes Personal, das der
Regel nach im Alter von 15—40 Jahren stehen, unverheirathet sein und so ziemlich gleich auf die beiden Geschlechter vertheilt sein wird.

Zu diesen constanten Zuflüssen einer ledigen Jugend
vom Land herein gesellen sich nun noch eine Reihe von
variablen, die vorhanden sein oder fehlen können. Dazu
gehören vor Allem Garnisonen und höhere Lehranstalten,
welche die Zahl der jungen Männer sehr steigern; sodann
Fabriken, bei welchen es darauf ankommt, ob sie vorzugsweise männliche oder weibliche Arbeiter beschäftigen und
einer kleineren oder größeren Zahl die Verheirathung ermöglichen. Dann giebt es noch eine Reihe von Instituten
von anderweitiger Wirkung für den Zuzug von Ortsfremden, wie Strafanstalten, Erziehungs- und Waisenhäuser,
oder die für die Geburts- und Sterbelisten so wichtigen
Gebäranstalten, Spitäler und Findelhäuser.

Aus diesem Einen Grundmerkmal des Stadtcharakters, dem starken Zufluß einer ortsfremden ledigen Jugend zu vorübergehendem Dienst und Aufenthalt ergeben sich nun eine Reihe bevölkerungsstatistischer Unterschiede zwischen Stadt und Land als natürliche und nothwendige Folgen. Denn

1) ist es klar, daß, wenn auf dem Lande 70% aller Erwachsenen verheirathet zu sein pflegen, in der Stadt noch nicht die Hälfte, dort auch mehr Kinder geboren werden als hier, somit die städtische Fruchtbarkeit, als Verhältniß der Geburten zu der Einwohnerzahl ausgedrückt, kleiner sein wird.

2) Es ist wenigstens nicht auffallend und kann der Stadtbevölkerung nicht zum besonderen Vorwurf gereichen, wenn mehr uneheliche Geburten vorkommen als auf dem Lande. Denn die Zahl der unverheiratheten und im Alter der Geschlechtsreife stehenden Personen ist ja eine viel größere. So machen in Stuttgart die Mädchen im Alter von 18—35 Jahren 14—15%, in einem Landbezirk nur 8—9% der ganzen Bevölkerung aus. Erst wenn die Zahl der unehelichen Geburten in der Stadt in einer stärkeren Proportion als z. B. eben dieser von 14 : 8 die der ländlichen überschreiten würde, wäre ein für die städtische Moralität ungünstiger Schluß gerechtfertigt. Es ist ja überhaupt eine ganz irreführende Methode der herkömmlichen Statistik, die Frequenz der unehelichen Geburten nach ihrem Verhältniß zu der Zahl der ehelichen oder aller Geburten zu bemessen, statt nach der Zahl der geschlechtsreifen un-

verheiratheten Frauenzimmer, die allein maßgebend sein kann *).

3) Es ist füglich nicht anders zu erwarten, als daß die Mortalität oder sogenannte Sterbeziffer in der Stadt eine kleinere und günstigere ist, als auf dem Land, wenn dort 55, hier nur 35 Procente der ganzen Bevölkerung im Alter der größten Lebensfestigkeit stehen, wenn auf dem Land die gefährdetsten Altersklassen der ersten Kindheit und

---

*) Mit welcher Vorsicht überhaupt die Angaben über die unehelichen Geburten der einzelnen Wohnplätze zu behandeln sind, läßt sich an einem schlagenden Beispiel zeigen. In Stuttgart sind nach der officiellen Aufnahme 7–8 Procente aller Geburten uneheliche und die Zahl ist die günstigste im ganzen Land. Dieß kommt aber nur daher, daß bei der Zählung die Ortsangehörigkeit zu Grunde gelegt war und die in Stuttgart geborenen unehelichen Kinder ortsfremder Mütter in die Kirchenbücher ihrer Heimathgemeinde eingetragen wurden. Zählte man alle faktisch in Stuttgart geborenen unehelichen Kinder, so würde der Procentsatz auf 25 steigen: zieht man davon die Kinder der in die Gebäranstalt von auswärts aufgenommenen Mütter ab, so sinkt die Zahl wieder auf 18%. Da nun aber immer noch viele Mädchen, die eine Geburt zu erwarten haben, namentlich Dienstmägde, nicht in die Gebäranstalt gehen, sondern nach Hause oder sonst aufs Land, so müßte man auch diese Fälle in Berechnung nehmen. Man müßte überhaupt nicht die in der Stadt geborenen, sondern die in der Stadt erzeugten unehelichen Kinder wissen, und diese nicht mit den ehelichen oder allen Geburten, sondern mit der Zahl der ledigen, geschlechtsreifen Mädchen der Stadt vergleichen können, um die allein richtige Grundlage eines Urtheils zu gewinnen. Dieß ist aber noch nie und nirgends geschehen und auch so gut als unmöglich. Wo und so lange man aber im concreten Fall diese und ähnliche Faktoren gar nicht kennt und zu unterscheiden vermag, muß man sich bei der Vergleichung der unehelichen Geburten in Stadt und Land, wie zwischen einzelnen Städten des Rühmens auf der einen, des Verdammens auf der andern Seite völlig enthalten.

des Greisenalters numerisch viel stärker vertreten sind. Ueberdieß kehren von den Ortsfremden viele im Fall schwererer Erkrankung in ihre Heimath zurück.

4) Ebenso natürlich aber ist wieder, daß das Durchschnittsalter der Gestorbenen in der Stadt niedriger ist als auf dem Land und dadurch der Schein entstehen kann, als ob in der Stadt die mittlere Lebensdauer eine geringere wäre. Denn wo sehr viel junge Leute leben, werden eben doch immer auch entsprechend mehr von ihnen sterben, als wo nur wenige leben und die jung Gestorbenen werden den Gesammtdurchschnitt des Alters der Gestorbenen herabdrücken. Auf der andern Seite fällt bei geringerer Fruchtbarkeit freilich auch der Factor der Kindersterblichkeit weniger ins Gewicht, was jenen Umstand wieder neutralisiren müßte. Sodann ist zu beachten, daß häufig Pensionäre, Rentiers, Wittwen erst in höherem Alter in die Stadt ziehen, und dann sowohl die Sterblichkeit als das Durchschnittsalter der Gestorbenen erhöhen, sowie daß in die städtischen Krankenhäuser auch Auswärtige aufgenommen werden. Um die Mortalität einer Stadtbevölkerung zu bestimmen, müßten alle diese einzelnen Factoren isolirt und begrenzt werden können.

5) Da die vom Land entlehnte jugendliche Bevölkerung der Regel nach nicht in der Stadt zur Niederlassung und Verheirathung gelangt, sondern zu diesem Zweck wieder auf das Land zurückzukehren pflegt, so muß die Trauungsziffer der Städte eine niedrigere sein als die auf dem Lande.

Einige weitere Folgen aus den gleichen Ursachen

greifen noch über das bevölkerungsstatistische Moment hinaus. Denn

6) wenn nach den Ergebnissen der Criminalstatistik in den Jugendjahren als dem Alter der Leidenschaft und sinnlichen Begierden die Disposition zu rechtswidrigen und gewaltthätigen Handlungen ihren Höhepunkt hat, so ist es nicht unerwartet, daß da, wo gerade dieß Alter in übernormaler Weise vertreten ist, auch mehr Vergehen und Verbrechen vorkommen, als auf dem Lande, das seinerseits einen großen Theil seines Personals aus eben diesen Altersklassen an die Städte abgiebt.

7) Wo es weniger Kinder und Greise giebt und ein weit größerer Theil der Bevölkerung im erwerbfähigsten und arbeitkräftigsten Alter steht, da ist die auf den productiven Klassen ruhende Last, die Unproductiven, das heranwachsende Geschlecht zu ernähren, leichter zu tragen; es kann mehr erworben, erspart oder verbraucht werden. Es giebt viel mehr Leute, die nur für sich selbst zu sorgen haben. Das Leben wird leichter und bequemer, während auf der Landbevölkerung die Sorge für den Nachwuchs weit schwerer lastet.

8) Wenn die Jugend für alles Neue in Sitten und Meinungen empfänglicher ist als das Alter, so müssen da, wo die Jugend die größere Hälfte der ganzen Bevölkerung bildet, die Bedingungen für jede Art von Fortschritt und Neuerungen günstiger liegen, als wo die mittleren und höheren Altersklassen, von den noch Unmündigen abgesehen, schon das numerische Uebergewicht behaupten.

Es ist hiemit ein innerer Causalzusammenhang nach=
gewiesen worden zwischen der Einen Grundthatsache, daß
die Stadtbevölkerung ein starkes Element eines fluctuiren=
den, vom Land entlehnten, jugendlichen und meist ledigen
Personals in sich schließt, und zwischen einer ganzen Reihe
bevölkerungs= und culturstatistischer Thatsachen, die zu den
Unterscheidungsmerkmalen von Stadt und Land gerechnet
werden. Die Tabellen der Statistik sind damit erst ver=
ständlich geworden; es ist ein Schlüssel geboten, das Nor=
male von dem Abweichenden, die Regel von der Ausnahme
zu unterscheiden und die Gründe von dieser aufzusuchen.

Aber allerdings sind hier noch Vorbehalte zu machen.
Die ganze obige Ausführung trifft nur zu, wenn auf der
einen Seite der große Wohnplaz mit ausgeprägtem Stadt=
charakter, auf der andern Seite das bäuerliche Dorf steht.

Die kleine Landstadt ist, wie ihr Name selbst, eine
Mischung oder Zwischenform von Land und Stadt; die
Altersmischung der Bevölkerung entspricht der Regel nach
dem Landesdurchschnitt. Es findet ebenso viel Abfluß in
die Großstädte und Industriebezirke, als Zuzug vom Lande
Statt; die anwesenden Ortsfremden sind selten zahlreicher
als die abwesenden Ortsangehörigen; ein Uebergewicht der
rechtlichen Bevölkerung über die faktische tritt sehr häufig
ein. Damit fallen alle oben erwähnten specifischen Merk=
male der Stadtbevölkerung weg oder sind sie nur schwach
entwickelt.

Eine scharfe Abgrenzung der Landstadt von der eigent=
lichen Vollstadt, wie sie der Statistiker bedürfte, ist freilich

ohne Willkühr nicht auszuführen. Man kann etwa die
Einwohnerzahl von 10000 als annähernde Grenzlinie be=
zeichnen. Aber die Städte sind eigentlich Individuen; es
giebt eine Reihe singulärer Umstände, welche Ausnahmen
begründen; wie z. B. Residenzen, Size von Landescollegien,
wissenschaftlichen Instituten, Bäder, Fremdenpläze eine ganz
verschiedene Gliederung der Bevölkerung nach Geschlecht,
Alter und Familienstand begründen können.

Ebenso kann aber, was vom Bauerndorf gilt, nicht
auch vom Industrie= oder Fabrikdorf oder vom Judendorf
gesagt werden; es würde schon auf diejenigen Dörfer, in
denen, wie z. B. in großen Theilen Frankreichs, eine Be=
schränkung der Kinderzahl zur bäuerlichen Sitte gehört,
kaum mehr anwendbar sein. Am wenigsten aber paßt es
auf die Regionen der Hofgüter. Hof und Dorf liegen in
den bevölkerungsstatistischen Merkmalen so weit aus einander
als Dorf und Stadt; ja sie treten in einen ganz ähnlichen
Gegensaz zu einander. Der Hof wie die Stadt sucht Arbeits=
kräfte vom Dorf vorübergehend zu entlehnen. Er bedarf
landwirthschaftliches Gesinde, Knechte und Mägde, die wo
möglich in den besten Jahren stehen und unverheirathet
sind. Nur wo die Arbeitskraft leihenden Dörfer fehlen,
wo die Gutswirthschaft die fast ausschließliche Betriebsweise
ist, wie in großen Theilen des nordöstlichen Deutschlands,
muß das Gut auch die Arbeitskräfte selbst produciren und
den Arbeitern die Verheirathung ermöglichen. Daraus er=
geben sich dann mannigfach abgestufte Zwischenformen von
Dorf= und Hofverhältnissen in der Bevölkerungsmischung.

Wie oben ein württembergischer Bezirk als Typus der kleinbäuerlichen Dorfschaften erschien, so läßt sich ein anderer, das Oberamt Wangen an der südöstlichen Grenze des Landes, ohne Dörfer und nur mit zwei kleinen Städtchen von 2000 Einwohnern, sonst mit bäuerlichen Höfen bedeckt, mit 3000 Einwohnern, aber 120 Wohnplätzen auf der Quadratmeile, als Beispiel einer Hofbauernregion und ihrer Bevölkerungs= mischung gebrauchen. Der Unterschied gegen das klein= bäuerliche Dorf ist augenfällig. Denn es standen von je 10000 Lebenden

im Alter von	im kleinbäuerlichen	im hofbäuerlichen Bezirk
0—15 Jahren	3641	2657
15—40 „	3545	3989
+40 „	2754	3354

Während in dem kleinbäuerlichen Dorfbezirk von den über 20 Jahre alten Personen 29% ledig, 71% verhei= rathet oder verwittwet sind, treffen in der hofbäuerlichen Region auf dieselben Rubriken 47% Ledige und 53% Nichtledige.

Es sind also im Wesentlichen die gleichen Symptome wie in der Stadt, geringe Fruchtbarkeit und schwache Ver= tretung der jüngsten Altersklassen, unter den Erwachsenen wenige Ehen, viele Ledige; nur drängt sich diese geliehene Bevölkerung nicht so in den Altersklassen von 15—40 Jahren zusammen, sondern füllt auch noch die späteren, da es auf den untheilbaren Höfen viele nicht verheirathete ältere Familienglieder giebt.

Wenn nun aber hiernach in den bevölkerungsstatistischen

Momenten Hof und Stadt, und wieder Dorf und Land=
stadt einander verwandt sind, so folgt daraus, daß der ein=
fache Gegensaz von Stadt und Land das Wesen der Sache
nicht trifft, und daß jene vier Grundformen, villa, vicus,
oppidum, urbs, zwischen welchen noch mancherlei Ueber=
gangsglieder, wie Weiler, Marktflecken, Mittelstadt liegen
und nach den Umständen des besondern Falls einzureihen
sind, unterschieden werden müssen. Denn wenn A und D
gemeinsame Merkmale haben, durch welche sie sich gegen
B und C abgrenzen, so kann die Vergleichung von A + B
mit C + D nur ein trübes, jene Merkmale verwischendes
Ergebniß als Differenz liefern. Das Resultat wird ganz
durch die relative Stärke der einzelnen Summanden unter
sich und durch die Modificationen der Verhältnisse in den
verschiedenen Ländern bestimmt.

Wenn dann nun vollends nicht blos ganz heterogene
Erscheinungen je unter der Rubrik Stadt oder Land zu=
sammengefaßt, sondern auch noch scandinavische, deutsche,
französische, belgische, niederländische Agrarverhältnisse wieder
in Eine Reihe gestellt werden, wie will man da zu allge=
meinen Säzen und Regeln gelangen? Was läßt sich über
die Fruchtbarkeit oder Heirathsfrequenz der Stadt= und
Landbevölkerung irgend Allgemeines behaupten, wenn die
größere Geburtenziffer für Frankreich, Belgien, Niederlande,
Dänemark auf Seiten der Städte, für Preußen und Schles=
wig=Holstein auf Seiten der Landgemeinden, für Württem=
berg und Sachsen aber kein Unterschied zu bemerken ist,
wenn ebenso bei der Trauungsziffer ganz ähnliche Abwei=

chungen Statt finden? Die Mortalität allerdings erscheint
nach der Wappaeus'schen Tabelle (II. p. 481) überall größer
für die Stadt als für die Landbevölkerungen, wenn auch
in den mannigfaltigsten Abstufungen. Wo auch schon die
Fruchtbarkeit auf Seite der Städte die größere ist, wäre
dieß durch den großen Antheil der Kindersterblichkeit leicht
zu erklären. Wo aber diese Voraussezung fehlt, da wäre
eine ganz andere, gründlichere und vielseitigere Analyse
der statistischen Tabellen statt der bloßen Schlußziffern erforderlich, um wirklich den Nachweis zu liefern, daß generell
oder vorwiegend für die Stadtbevölkerungen die Bedingungen
der Gesundheit und Lebensdauer ungünstigere seien als auf
dem Land. Eine einzige Specialuntersuchung, welche alle
Momente berücksichtigt, wie z. B. Schwabes Werk über
Berlin ist hier lehrreicher als alle Generaltabellen, wenn
sie auf unrichtigen Voraussezungen und Unterscheidungen
beruhen.

Es giebt gesunde und ungesunde Wohnpläze bei jeder
Einwohnerzahl. Wenn die „Agglomeration" für sich ge-
sundheitsschädlich wäre, könnte nicht die größte Agglomeration der Welt, London mit 4 Millionen Einwohnern,
eines der günstigsten Sterblichkeitsverhältnisse, das wir
kennen, (1 : 50) aufweisen. Auch andere Städte, wie Frankfurt, Genf, Stuttgart, zeigen so günstige Ziffern, als nur
irgend ein Landbezirk der Welt. Es ist ein schiefer Gegensaz, wenn man die ungesunde Stadtluft der gesunden Land-
luft gegenüberstellt. Der Stadtluft würde nicht die Land-
luft, sondern die Dorfluft entsprechen. Diese ist bei den

primitiven Einrichtungen der Kloaken, Dungstätten, Stal=
lungen, Straßen, Brunnen, Heerde, Oefen der Regel nach
nichts weniger als preiswürdig. Aufenthalt und Arbeit
im Freien ist im Allgemeinen wohl dem Leben in den ge=
schlossenen Fabrikräumen vorzuziehen, wirkt aber auch in
rauher Gegend und Jahreszeit in unzähligen Fällen schäd=
lich. Man darf überhaupt nicht Fabrikarbeiter und land=
wirthschaftliche Arbeiter an die Stelle von städtischen und
ländlichen Wohnplätzen setzen. Fabriken giebt es auch in
Menge auf dem Land, und die Lage der Fabrikarbeiter
wie die der landwirthschaftlichen Taglöhner und Knechte ist
in sich selbst sehr verschieden, und läßt auf jeder Seite alle
Abstufungen günstiger und ungünstiger Verhältnisse zu.
Wenn Armuth lebenverkürzend wirkt, so ist sie in Stadt
und Land zu finden und bald da größer, bald dort. Einen
Vortheil wird die Stadt wohl immer behaupten, die leichtere,
raschere und wohl auch bessere Hilfe des Arztes. Ohne
Zweifel führt der Forstmann, der Holzhauer, der Schäfer
eine gesündere Lebensweise als der Bergmann oder Fein=
schleifer oder Arbeiter in Bleiweißfabriken; aber dieß sind
doch nur besondere Fälle und zwischen der landwirthschaft=
lichen und gewerblichen Beschäftigung im Ganzen ist hin=
sichtlich der Lebensgefährdung kein Unterschied, den nicht
Erfahrung und die Macht der Gewohnheit auszugleichen
vermöchte. Alles statistische Material liefert nicht einen
Schatten von Beweis, daß in der mittleren Lebenserwar=
tung des Bauern und des Handwerkers, des ländlichen

Taglöhners und des Fabrikarbeiters, des Dorfschulzen und des Oberbürgermeisters ein Unterschied anzunehmen sei.

So lange daher nicht viel umfassendere, gründlichere und methodisch bessere Untersuchungen vorliegen, spricht die innere Wahrscheinlichkeit wie die äußere Erfahrung dafür, daß zwischen dem Zusammenwohnen mit Vielen oder mit Wenigen und zwischen der Mortalitätsziffer und Lebens= sicherheit kein Causalzusammenhang besteht und sind wir in dieser Sache noch um kein Haar weiter als zu der Weis= heit gelangt, die schon bei Horaz die Stadtmaus der Land= maus zu Gemüthe führt:

> terrestria quando
> Mortales animas vivunt sortita, neque ulla est
> Aut magno aut parvo leti fuga *).

Alles Bisherige gilt nur von den bevölkerungsstati= stischen, keineswegs auch von den kulturstatistischen Mo= menten. Denn so wenig sich erkennen läßt, warum die bloße Anhäufung von Häusern oder Individuen die Ein= zelnen fruchtbarer oder unfruchtbarer, länger oder kürzer lebend machen soll, so einleuchtend ist, daß dieselbe auf die gesellschaftliche und geistige Entwicklung den größten Ein= fluß haben kann und muß. Die Mannigfaltigkeit der Be= schäftigungen, Interessen und Anschauungen bewirkt eine stärkere, geistige Friction, ein freieres und vielseitigeres Ur= theil, eine größere Neigung und Empfänglichkeit für neue

---

*)   Den irdischen Wesen
Gab das Geschick nur sterbliche Seelen; der Kleine und Große,
Keiner vermag dem Tod zu entfliehn.

Gedanken und Sitten. Als die Sitze der Organe der
Staatsgewalt, als Pflegestätten der Künste und Wissen=
schaften, alles höheren Unterrichts, als Centralpunkte der
Gewerbe und des Verkehrs, als Märkte für die ländliche
Bevölkerung treten die Städte an die Spize alles politischen,
geistigen und wirthschaftlichen Lebens. Die Landbevölkerung
folgt zögernd und widerstrebend den von der Stadt aus=
gehenden Impulsen. Alles dieß sind bekannte und offen
zu Tage liegende Erscheinungen, und der Einfluß der Städte
war, von den Republiken des classischen Alterthums abge=
sehen, vielleicht noch in keinem Zeitalter so groß wie in der
Gegenwart.

Nur muß man sich auch hier vor einem vagen Gene=
ralisiren hüten; man darf nicht Heterogenes, wie die Groß=
und Kleinstadt, das Dorf und den Hof je in Einen Topf
werfen. Man darf nicht, was Merkmal des Zeitalters ist,
wie das Anwachsen der Großstädte, die Arbeiterbewegung,
den Unternehmungsschwindel, die Börsenkrisen zu Merk=
malen der Wohnpläze machen.

Und ebenso wenig, als man ins Allgemeine von einer
größeren Mortalität der Städte reden kann, darf man eine
ungünstigere Moralität der Stadtbevölkerungen als eine
statistische Thatsache bezeichnen. Man müßte an der Mensch=
heit und ihrer Zukunft verzweifeln, wenn die höhere Aus=
bildung der intellectuellen Kräfte und der bessere Schul=
unterricht zum ständigen Begleiter ein niedrigeres Niveau
der sittlichen Zustände hätte, wenn die Beschränktheit der
dorf= und hofbäuerlichen Bevölkerung die günstigeren Be=

dingungen für gejellschaftliche Tugenden böte. Die Städte
haben die Führung zum Guten wie zum Schlimmen und
das Land iträubt sich bald gegen das Eine bald gegen das
Andere.

Die Moralstatistik der Städte bietet auffälligere und
abschreckendere Erscheinungen. Wie sich in der Großstadt
die mannigfaltigsten Richtungen unter sich zusammen und
nach außen abschließen, jo gelingt es dort auch dem Laster,
sich durch das Mittel der Gruppirung zu verstärken. In
Gestalt der Prostitution, des Gaunerthums, der Louis und
Rowdies tritt es frecher und raffinirter auf und wird zu
einer socialen Macht. Aber diese Isolirung ist zugleich für
die übrigen Gesellschaftskreise eine Reinigung. Die Vor=
delle sind zugleich ein Schutz für die häusliche Zucht und
Sitte, wie der alte Cato nicht so Unrecht haben mochte,
wenn er einen Verfall der Sitten darin jah, daß die jungen
Römer nicht mehr in die Lenocinien liefen. Neben jenen
Tausenden von habituellen Dieben, Strolchen und Dirnen
leben Hunderttausende arbeitsamer, ehrbarer, gesitteter
Bürger. Für die Gesellschaft ist es besser, wenn Ein Mensch
den Gerichten zehnmal zu schaffen macht als Zehne je Ein=
mal. Man hüte sich doch ja, die ländlichen Zustände in
geschlechtlichen Dingen, im häuslichen Frieden, in Treu
und Glauben, in Sicherheit der Person und des Eigen=
thums idyllisch auszumalen. Es giebt zwar bäuerliche
Dörfer, bei deren Betrachtung die ideale Vorstellung nur
in schwachem Maaß Lügen gestraft wird; es giebt aber
auch solche von einer sittlichen Verkommenheit, die durch

die schlimmsten Quartiere der Weltstädte nicht viel über=
boten wird.

Die kleine Landstadt liegt in der Regel von der Groß=
stadt noch viel weiter ab als vom Dorf. Der charakteri=
stische Unterschied von jener ist, daß die Gesellschaft, ob=
gleich nach Stand und Vermögen abgestuft, doch Ein Ganzes
bildet, daß sich Alles persönlich kennt und controlirt. Die
kleinen Städte sind die Vermittlungskanäle für den Wechsel=
verkehr von Stadt und Land. Obwohl von beschränkterem
Gesichtskreis und in unruhigen Zeiten leicht aus dem Gleich=
gewicht geschoben, bilden sie ein wohlthätiges temperirendes
Mittelglied zwischen der starken Strömung neuer Tendenzen
und dem stabilen und schwerfälligen Element von Dorf
und Hof. Sie halten sich von den Excessen des großstäd=
tischen Lebens fern und können doch nicht so tief sinken,
wie das verkümmernde oder zuchtlos gewordene Dorf. Es
ist ein kleiner Grundstock gebildeter Familien vorhanden,
der der Regel nach im Ansehen steht und die Meinung
der Massen nach sich zieht. Schon Göthe hat diese
Lichtseiten warm gepriesen, wenn es in Hermann und
Dorothea heißt:

Und Heil dem Bürger des kleinen
Städtchens, welcher ländlich Gewerb mit Bürgergewerb paart!
Auf ihm liegt nicht der Druck, der ängstlich den Landmann beschränket,
Ihn verwirrt nicht die Sorge der vielbegehrenden Städter,
Die dem Reicheren stets und dem Höheren, wenig vermögend,
Nachzustreben gewöhnt sind, besonders die Weiber und Mädchen.

Aber auch Hof und Dorf sind so wenig in Eine Rubrik
zusammenzuwerfen, als der oppidane und urbane Wohn=

plaz. Die hofbäuerliche Bevölkerung ist der isolirteste, dem Zeit und Staatsleben fremdeste, stabilste und conservativste Theil der Gesellschaft. Sie zeigt die Licht= wie die Schatten= seiten primitiver und patriarchalischer Zustände. Die Schwie= rigkeiten eines geordneten Schulunterrichts sind die größten; die Presse findet kaum ihren Weg dahin. Die rechtlich oder faktisch gebotene Untheilbarkeit der Güter beherrscht das Familienleben und führt zu feudalen Verhältnissen. Das Gemeinde= und Staatsleben berührt den Einzelnen nur wenig; die kirchlichen Beziehungen sind ihm näher gerückt. Die Sorge um Nahrung und Erwerb, der Unterschied von Arm und Reich, die das Dorfleben beherrschen, treten nur ausnahmsweise hervor.

Auch für die culturstatistischen, wie für die bevölke= rungsstatistischen Merkmale sind somit ganz andere Unter= suchungen und Methoden, ganz andere Unterscheidungen nöthig, als die Abstractionen von Stadt und Land, von Wohnplätzen mit mehr oder weniger als 2000 Einwohnern.

Zwar ist beim Gebrauch aller statistischen Tabellen Vorsicht und Einsicht geboten, aber für die Statistik der Wohnplätze wäre erst noch ein ganz neuer Boden zu legen.

Kleine Betrachtungen und Bekenntnisse vermischten Inhalts.

I. Allerlei.

1. Menschliche Lebensdauer.

„Des Menschen Leben währet 70 Jahr und wenns hoch kömmt, so sinds 80 Jahr." Die Statistiker berufen sich häufig und gerne auf diesen biblischen Spruch, wenn es sich darum handelt, die faktische Mortalität mit einem Normalmaaße zu vergleichen. Denn was der Verfasser des 90ten Psalms vor mehr als 2000 Jahren unter südlicherem Himmel und ganz abweichenden Gesellschaftszuständen beobachten konnte, entspricht auch ganz noch der heutigen Erfahrung und populären Anschauung der Sache. Wenn Jemand in den 60ger Jahren stirbt, so meinen wir, er hätte wohl noch länger leben können; wer das 80te erreicht hat, von dem sagen wir, er habe sein Alter hoch gebracht; wer aber mit 70 oder in den 70gern Jahren stirbt, der scheint uns das ordentliche und normale Maaß eines Menschenlebens erreicht zu haben; der Geistliche wird den Angehörigen am Grabe sagen, daß sie zufrieden und

dankbar sein müßten und keine Ursache haben, sich zu be=
klagen.

Eine andere Frage ist es, auf welche Dauer der mensch=
liche Organismus von Natur angelegt erscheine. Darauf
soll und kann jener Bibelspruch keine Antwort geben, da
er nur etwas Faktisches ausspricht. Ein namhafter Phy=
siolog gelangt durch Beobachtungen des höheren thierischen
Lebens zu der Norm, daß die natürliche Lebensdauer eines
thierischen Organismus mindestens das Fünffache der Zeit
betrage, welche von der Geburt bis zur Vollendung des
Wachsthums des Knochengerüstes erforderlich sei. Auf den
Menschen angewendet, würde dieser Canon, auch wenn man
das Wachsthum schon mit 20 Jahren abgeschlossen denkt,
zu einer natürlichen Lebensdauer von 100 Jahren führen.
Dieses Argument hat nun freilich viele unausgefüllte Lücken.
Denn schon eine natürliche Lebensdauer der Säugethiere
zu finden ist fast unmöglich. Von den im Freien lebenden
und sterbenden Thieren wissen wir weder Alter noch Todes=
ursachen; die in menschlicher Obhut stehenden Thiere aber
leben unter außerordentlichen Verhältnissen, die nicht maß=
gebend sind für das Naturgemäße. Die Anwendung auf
den Menschen bleibt immer nur ein Schluß nach Analogie.
Der Neger gilt schon mit 16—17 Jahren für ausgewachsen,
der Nordeuropäer kaum mit 24; dennoch wissen wir
nicht, daß letztere ein entsprechend höheres Alter erreichten,
als die zwischen den Tropen Aufgewachsenen. Immerhin
wird das Gewicht des Arguments durch solche Einwen=
dungen keineswegs ganz entkräftet; eine gewisse Proportion

der Wachsthumperiode zur Lebensdauer und ein dem Thier=
leben analoges Verhältniß des menschlichen Organismus ist
ein berechtigter Gedanke. Jedenfalls sprechen aber auch
andere Zeugnisse dafür, daß das Menschenleben auf höher
als 70—80 Jahre angelegt sei. Der natürliche Tod wäre
eigentlich das, was die Alten die Euthanasie nannten, das
Sterben aus Nachlaß der Kräfte, an Altersschwäche, das
Erlöschen des Lebenslichts bei geringfügigem, äußerem An=
laß. Solche Fälle der Euthanasie treten aber nur selten
und ausnahmsweise schon in den 70ger Jahren, meist erst
in den höchsten Altersstufen von 80 und mehr Jahren ein.
Die zahlreichen Beispiele von Menschen, welche bei guten
Kräften ein Alter von hundert Jahren und noch weit dar=
über hinaus erreicht haben, wären nicht verständlich, wenn
wir die normale, gleichsam physiologisch begründbare Grenze
des Menschenlebens zwischen 70 und 80 Jahren setzen wollten.
Was sich in wenigen Fällen verwirklichen ließ, muß unter
den gleichen oder ähnlichen Bedingungen auch in vielen
verwirklicht werden können. Die Wahrheit ist wohl darin
zu finden, daß der Menschheit wie im Geistigen und Sitt=
lichen so im Physischen und hinsichtlich der Lebensdauer
keine festen und unüberschreitbaren Grenzen gesteckt sind,
sondern auch hier Alles im Fluß begriffen und perfectibel,
das Plus ultra niemals ausgeschlossen ist. Wie uns das
Mittelalter in Beziehung auf Hygieine und Therapie kin=
disch und barbarisch erscheint, so werden auch künftige Jahr=
hunderte über die öffentliche Gesundheitspflege und das
medicinische Wissen des 19. Jahrhunderts urtheilen. Eine

Ahnung des Gedankens, daß die faktische Verkürzung der
menschlichen Lebensdauer im Vergleich zu derjenigen, auf
welche unser Organismus angelegt erscheint, als eine Wirkung von Irrthum und Sünde, von socialen und sittlichen
Gebrechen anzusehen sei, liegt in den hebräischen Sagen
vom Alter der ersten Menschen, in den griechischen Mythen
von einem goldenen Zeitalter, wo allen Menschen im höchsten
Alter am Nachlaß der Kräfte zu sterben, zur Euthanasie
zu gelangen vergönnt war. Bei Herodot versichert der
König der Aethioper die Gesandten des Cambyses, auf 120
Jahre brächten es die Meisten von ihnen, und etliche noch
drüber.

Die heutige Weltanschauung gebietet, jene Ideale, welche
man früher rückwärts in einer geträumten Urperiode reiner
Menschlichkeit suchte, vorwärts zu verlegen in der Zukunft
unbestimmte Fernen. Da wir aber überall nur Fortschritt
und Entwicklungsfähigkeit wahrnehmen, so gestattet sie uns
auch an ein künftiges, goldenes Zeitalter zu glauben, in
welchem man von dem mit 80 Jahren Gestorbenen sagen
wird, daß er noch bei guten Kräften abberufen worden und
nicht zum natürlichen Ziele menschlicher Lebensdauer gelangt sei.

Bleiben wir aber nur vorerst bei den 70 Jahren des
Psalmisten stehen und bezeichnen es als ein ideales Ziel
der Menschheit, daß alle Menschen das 70. Lebensjahr erreichen, so haben wir an dem Bruchtheil oder Procentsaz
derjenigen, welche wirklich dieß Ziel erreichen, ein Maaß,
gleichsam einen Kurszettel, nach welchem die Actien der

Menschheit, ihre Entfernung von dem Paristand zu bemessen sind. Von 100 Geborenen werden in Mitteleuropa dermalen nur 18 Menschen 70, und nur 11 75 Jahre alt. Die Actien der Menschheit haben also ungefähr den Kurs der spanischen Papiere, und der Historiker wie der Statistiker haben alle Ursache zu glauben, daß ein höherer Kurs in keinem früheren Zeitalter und Volk in weiterem Kreis erreicht worden ist.

2. Der Militäraufwand.

Nicht blos ein democratischer Tendenzstatistiker, wie Kolb, sondern auch viele unbefangene Leute von gemäßigten Ansichten, ja selbst ein so besonnener und kenntnißreicher Gelehrter, wie der Nationalöconom und Finanztheoretiker C. H. Rau, pflegen den Aufwand eines Volkes für sein Militärwesen so zu berechnen, daß sie zu dem Betrag des Etats der Kriegs- und Marineministerien noch die Summe der Arbeitslöhne addiren, welche die Mannschaft während ihrer Dienstzeit zu Hause hätte verdienen können. Nimmt man den seitherigen Aufwand des deutschen Reichs für seine Landmacht rund zu 100 Millionen Thalern an, rechnet aber dabei, daß die 400,000 präsenten jungen Männer jährlich an 300 Arbeitstagen je 2 Mark Lohn hätten verdienen können, was bei den jezigen Preisverhältnissen nicht einmal hoch genug erscheint, so ergeben sich weitere 80 Millionen Thaler. Fügt man nun, was ja nur consequent wäre, diesen Arbeitslöhnen einen entsprechenden Unternehmergewinn, etwa ¹/₁₀ ihres Betrags hinzu, beachtet man ferner, was die Familien als Zuschuß zu dem ungenügenden Sold, was sie für den Aufwand der Einjährigen Freiwilligen in die Garnisonen zu schicken haben, und wendet man schließlich noch die gleiche Berechnungsweise analog auf die 17,000 Offiziere des Friedensstandes an, so kommt man zu dem Resultat, daß jene 100 Millionen Thaler, die im Reichsbudget laufen, auch abgesehen von der Marine, noch nicht die Hälfte des Gesammtaufwandes der Gesellschaft für die Landesvertheidigung ausmachen.

Diese weit verbreitete und landläufige Berechnungsweise steckt voll von handgreiflichen Irrthümern und willkürlichen Voraussezungen, die es wohl der Mühe werth ist aufzudecken.

Was würde man dazu sagen, wenn ein Vater, der 500 Thaler für die Studienkosten eines Sohnes braucht, seinen Aufwand zu 1000 Thaler berechnen würde, weil, wenn er den Sohn hätte Kaufmann werden lassen, dieser jezt schon ein Salair von 500 Thalern beziehen würde? Der Fall ist aber genau derselbe.

Der Militäretat des Reichs schließt vor Allem auch die ganze Verpflegung der Mannschaft in sich, ihre Wohnung, Nahrung, Kleidung, den Aufwand für Holz, Licht, Krankheitsfälle. Dieser ganze Aufwand wäre, wenn die Leute zu Hause lebten und in Arbeit stünden, von den Löhnen zu bestreiten und würde unzweifelhaft den weitaus größten Theil derselben in Anspruch nehmen. Also nur der kleine Rest, den etwa 20—22jährige junge Männer von

ihrem Lohn zu ersparen oder für den Unterhalt ihrer An=
gehörigen zu verwenden pflegen, könnte als ein zu dem
Reichsmilitäretat hinzutretender Aufwand der Gesellschaft
in Betracht kommen. Von jenen 80 Millionen Thalern
bliebe sicherlich bei dieser allein richtigen Berechnungsweise
nur ein Minimum übrig. Allerdings würden vermuthlich
die jungen Männer von ihren Arbeitslöhnen etwas reich=
licher leben und sich manchen Extraschoppen und Trink=
exceß gestatten können, der in den Kasernen wegfällt, aber
darin läge weder für das öconomische, noch für das mo=
ralische Gedeihen der Gesellschaft ein Nachtheil.

Sodann aber ist es nur eine ganz willkührliche An=
nahme, daß in Deutschland so viele gewerbliche Unter=
nehmungen aus Mangel an Arbeitskräften unterbleiben, als
zur lohnenden Beschäftigung jener 400,000 jungen Männer
erforderlich wären, und daß, wenn diese Zahl zur Ver=
fügung stünde, entsprechend mehr gearbeitet und verdient
würde. In einem Lande, das jährlich durchschnittlich 120,000
Personen vorherrschend aus dem Motiv, weil sie keinen
lohnenden und befriedigenden Erwerb zu finden glauben,
verlassen, läßt sich die Behauptung, daß wünschenswerthe
Unternehmungen aus Mangel an Arbeitskräften unterblei=
ben müssen, nicht in allgemeiner Fassung aufrecht erhalten;
vielmehr müßte die Concurrenz von 400,000 weiteren Ar=
beitern die Löhne drücken, was wohl den Unternehmern, nicht
aber den Arbeiterclassen selbst zu Statten käme, und dabei
gleichzeitig noch die Auswanderung steigern.

Letzteres widerspricht freilich direct der so häufig ge=

hörten Behauptung, daß gerade durch die allgemeine Wehr=
pflicht und die lange Präsenz die Auswanderung so sehr
um sich greife. Ohne zu bestreiten, daß dieß Motiv in
manchen Einzelfällen entscheidend oder wenigstens neben
anderm wirksam sein mag, zeigen schon die Beispiele von
England, der Schweiz und den Scandinavischen Ländern,
wo ganz andere Heersysteme herrschen und doch die Aus=
wanderung so stark wie in Deutschland ist, daß die maß=
gebenden Faktoren in ganz anderen Verhältnissen und zwar
vor allem in der Fruchtbarkeit und Wanderlust der ger=
manischen Race zu suchen sind.

Von den Hauptmomenten der ganzen Militärfrage, von
der absoluten Nothwendigkeit einer zahlreichen und wohl=
geübten Armee für Deutschland, von der Unentbehrlichkeit
derselben auch für das wirthschaftliche Leben und dessen
Sicherstellung, von dem Werthe, den der Heeresdienst als
Schule des Volks für die körperliche und sittliche Kräf=
tigung des Einzelnen hat, soll hier gar nicht weiter die
Rede sein.

3. Die Oekonomie der Aemter.

Es lassen sich in jedem Zweig des öffentlichen Dienstes,
der durch Gleichheit des Bildungsganges und der Prüfungs=
anforderungen für sich ein Ganzes bildet, drei Arten oder
Stufen des Dienstes unterscheiden. Zuerst kommen die
bloßen Verwendungen der Kandidaten zum Probe= oder
Hilfsdienst, von widerruflichem, unständigem Charakter, ohne

Gehalt, oder nur mit Taggeldern und knappen Entschädi-
gungen für den unmittelbaren Aufwand. Man kann dieß
die Klasse der Vorstufenämter nennen. Darauf folgen die
Anfangsdienste oder ersten festen Anstellungen mit bestimmten Dienstrechten und Gehalten, die entweder auch noch den
ehelosen Stand oder eine nur kleine Familie oder Zuschuß aus eigenem Vermögen zur Voraussezung haben. Die
dritte Klasse bilden die ordentlichen Aemter, deren Dotation
auf den standesmäßigen Bedarf einer mittleren Familie
berechnet sein soll oder will. Auch noch eine vierte Stufe
von höheren, mit einem Repräsentationsaufwand ausge-
statteten Aemtern zu unterscheiden, ist praktisch ohne Werth,
da deren Zahl verschwindend klein ist und sie nicht auf dem
Weg des ordentlichen Vorrückens und meist nicht blos für
die Angehörigen des betreffenden Dienstzweiges erreichbar sind.

Es ist nun einleuchtend, obgleich von denjenigen, in
deren Händen die Organisation der Aemter lag, bis jezt
noch Niemand daran gedacht zu haben scheint, daß die Aus-
sichten der Dienstlaufbahn in jedem Zweig durch das numerische Verhältniß zwischen den in jene drei Klassen fallenden Aemtern bedingt sind, daß bei einer Durchschnitts-
berechnung sich für den einzelnen öffentlichen Diener die
Zahlen der Jahre, welche er auf jeder der drei Stufen von
Aemtern zu verbringen hat, gerade so zu einander verhalten müssen, wie die Zahlen der in jeder der drei Klassen
vorhandenen Aemter. Wenn also in einem Fach unter je
100 Aemtern 20 Vorstufenstellen, 30 Anfangsdienste und

50 ordentliche Aemter bestehen, so hat der Einzelne durch=
schnittlich 20% seiner gesammten Dienstzeit auf Vorstufen=
stellen, 30% auf Anfangsdiensten zuzubringen und die Hälfte
derselben wird auf die ordentlichen Aemter fallen. Wenn
Einzelne die unteren Stufen rascher durchlaufen, so muß
dieß seine Ausgleichung darin finden, daß dafür Andere
länger als die bloße Durchschnittszeit auf denselben auszu=
harren haben. Den Eintritt in den öffentlichen Dienst für
Diejenigen, welche akademische Studien durchzumachen haben,
auf das 24te Lebensjahr fallend und die Dauer der ge=
sammten Dienstzeit zu 40 Jahren angenommen, würde der
Einzelne unter der obigen Voraussetzung 32 Jahre alt, bis
er zu einem Anfangsdienst und 44 Jahre, bis er zu einem
ordentlichen Amte gelangt.

Es wäre wohl eine billige und bescheidene Forderung,
daß der Einzelne nicht über 4 Jahre in der untersten Stufe,
nicht über 6 Jahre auf Anfangsstellen zu dienen und somit
nach 10jähriger Dienstleistung zu einem ordentlichen Amt
gelangte. Hieraus würde aber folgen, daß 75 Procent
aller Stellen eines Dienstzweigs aus ordentlichen Aemtern
bestehen müßten, die Zahl der Vorstufendienste nicht über
10, die der Anfangsdienste nicht über 15 Procent stehen
dürfte.

Wenn man mit dieser Norm die faktischen Verhält=
nisse in den verschiedenen Dienstzweigen der deutschen Länder,
im Civilstaatsdienst der Richter und Verwaltungsbeamten,
bei den Geistlichen, den Lehrern, den Officieren vergleicht,
so wird man auf die erstaunlichsten Mißverhältnisse stoßen.

In Württemberg z. B. wird die normale Proportion in keiner einzigen Branche auch nur annähernd erreicht*) und es ist nicht zu zweifeln, daß ähnliches auch anderwärts Statt findet, da man überall gewöhnt ist, das Bedürfniß weiterer Arbeitskräfte nur durch Vermehrung der Hilfs= und Anfangsstellen zu befriedigen und dadurch das richtige Verhältniß, selbst wenn früher ein solches bestanden haben sollte, zu verrücken.

Am schreiendsten freilich sind diese Anomalieen im Militärdienst. Obgleich hier vielfach abweichende Bedingungen vorliegen, so bilden doch die Lieutnantsstellen, die zwar den Dienstrechten nach nicht zu den Vorstufenämtern, aber dem Gehalt nach kaum den Anfangsstellen anderer Dienstzweige gleich zu stellen sind, bereits über 60 Procente aller Offizierssstellen und der Einzelne hätte demnach ordentlicher Weise ³/₅ seiner gesammten Dienstzeit auf solchen zuzubringen. Wenn vollends der dritte Secondelieutenant für die Compagnie gefordert werden sollte, so würden etwa drei Viertheile aller Offiziersstellen der untersten Stufe derselben angehören. Das ganze System müßte, vom Standpunkt der Dienstaussichten und der bürgerlichen Versorgung aus betrachtet, als ein Unding erscheinen und ist überhaupt nur unter singulären Voraussetzungen, wie sie z. B. der Faktor der nachgeborenen Söhne der Rittergutsbesizer und die

---

*) Zu vergleichen mein Aufsaz: Beiträge zur Statistik des öffentl. Dienstes, Würtembergische Jahrbücher 1865. p. 234, dem hier Einiges entnommen ist.

Beneficien der Offiziersjöhne in den Kriegs= und Cadetten=
schulen bilden, als möglich zu denken.

Die Verspätung der ersten Anstellung und das lang=
same Vorrücken zu auskömmlichen Aemtern ist aber ein
noch schlimmerer Mißstand des öffentlichen Dienstes als die
troz aller Aufbesserungen noch fortbestehende Unzulänglich=
keit der Gehalte. Es wäre das Schlimmste noch nicht,
wenn der Gesichtspunkt der soliden und sicheren Versorgung
unter den Motiven für die Wahl der Laufbahn des öffent=
lichen Dienstes eine weniger hervorragende Rolle zu spielen
hätte. Die Geld machenden Stände mögen noch so viele
Vortheile voraus haben, sie werden es nie erreichen, daß
nicht neben dem freien Dienst der Muse und Wissenschaft
die Pflege der öffentlichen Interessen, des Rechts und der
allgemeinen Wohlfarth, die Vertheidigung des Vaterlands,
die geistige Leitung des heranwachsenden Geschlechts, die
Verkündigung der lezten und tröstlichsten Wahrheiten auch
die höchsten und würdigsten Gegenstände menschlichen Wir=
kens bleiben und auf die Neigungen einer edleren und be=
gabteren Jugend den mächtigsten Reiz ausüben werden. Es
läßt sich kaum ein unzweideutigeres Symptom kranker und
unnatürlicher Zustände denken, als wenn es in einem Land,
wie in den Vereinigten Staaten, dahin gekommen ist, daß
auf dem Suchen und Bekleiden von Staatsämtern ein ge=
sellschaftlicher und sittlicher Makel ruht. Das spärlichere Ein=
kommen des öffentlichen Dieners läßt sich dabei eher in Kauf
nehmen; ja es hat noch seine Vortheile, es erhöht, bei aus=
reichender Beschäftigung, die Achtung und schüzt in freien

Staaten gegen die Mißgunst des Volks und der arbeitenden
Klassen, wenn der Haushalt und Verbrauch des Beamten,
des Geistlichen, des Lehrers sich innerhalb der bescheidenen
Grenze des mittleren Bürgers zu halten hat und sein Ansehen nur auf seiner Bildung und sittlichen Haltung, auf
dem Werth und der Bedeutung seiner Functionen beruht.
Aber das ist eine berechtigte Forderung, nach langjährigen
Studien und schweren Prüfungen nicht erst noch ein Dutzend
Jahre auf wechselnden Hilfsstellen zu verkümmern, über
das Schwabenalter hinaus in unfruchtbarem Kanzleidienst
zu vertrocknen und die unwiederbringlich schönste Lebenszeit
in zehrendem Warten abzunützen, statt mit dem Eintritt ins
reife Mannesalter einen dauernden und selbständigen Wir-
kungskreis zu gewinnen, den eigenen Heerd zu gründen
und sich, sei es auch in eingeschränkter Lage, der Früchte
seiner Arbeit und der langen Vorbereitungen zu erfreuen.
Ein Verzicht auf diese Ansprüche gleicht einem Verzicht auf
die gesunden Vorbedingungen des Lebensglücks selber. Und
diese Mißverhältnisse sind es auch weit mehr als die ma-
geren Gehalte, die den öffentlichen Dienst allmälig in eine
gewisse Mißachtung gebracht und die Lage des Angestellten
fast zu einem Gegenstande des Mitleids von Seiten der
anderen Stände gemacht haben.

Es ist aber eine Lebensfrage für den modernen und
insbesondere den deutschen Staat, daß sich die besten Köpfe
und edelsten Kräfte dem öffentlichen Dienst widmen und er
würde es schwer zu büßen haben, wenn er diese dauernd
von sich abstieße.

Nur Wenige wissen es in seinem vollen Umfang zu würdigen, welchen Schaz die deutschen Staaten in der Organisation der Aemter und in der Qualität ihrer öffentlichen Diener vor allen andern Ländern voraushaben, an dem wissenschaftlichen geordneten Bildungsgang, an dem Gefühl für Standesehre, an der gesicherten Stellung ihrer Richter und Verwaltungsbeamten, ihrer Lehrer und Geistlichen, an der Unabhängigkeit der Aemterbesezung von Patronage und Parteirücksichten. Man übersieht um einzelner Ausnahmen und Mißstände willen den Stand der Sache im Großen und Ganzen. Man führt aus alter Gewohnheit unter ganz veränderten Verhältnissen das Gerede über bureancratischen Druck, Zopf und Unverstand fort. Man ist in Gefahr, dem Schlagwort des Selfgovernment nach englischem, für uns unbrauchbaren Vorbild werthvolle Institutionen aufzuopfern. Wenn das Glück der Völker von der Freisinnigkeit der Verfassungen, von der Ausdehnung des Wahlrechts, von dem Machtumfang der Vertretungskörper und der Durchführung der parlamentarischen Partheiregierungen abhienge, so müßten Rumänien und Griechenland wahre Musterstaaten sein. Erst die neueste Zeit hat angefangen, die einfachen Wahrheiten wieder gelten zu lassen, daß der Werth einer Verfassung sich nur in der Verwaltung erproben kann, daß bei den Gesezen das Wichtigste ihre Vollziehung, daß eine schlechte Verfassung mit guter Verwaltung unendlich besser als das Umgekehrte ist, und daß der öffentliche Dienst des modernen Staats in steigendem Maaße gründliche Fachkenntnisse und ungetheilte Arbeits-

kräfte erfordert. Die andern Staaten, die republicanischen
so gut wie die monarchischen, können in diesen Dingen weit
mehr von uns lernen, als wir von ihnen. Von allen den
Fortschritten, die Deutschland in den letzten 60 Jahren ge=
macht hat, fällt ein sehr großer, ja vielleicht der größte
Theil auf die Bildung und Tüchtigkeit seiner öffentlichen
Diener. Zur Bewahrung dieses Gutes ist auch die sorg=
fältige Beachtung der Oeconomie der Aemter unerläßlich.

4. Moralstatistik und Willensfreiheit.

Nur so unphilosophische Köpfe, wie Ad. Quetelet und
Thomas Buckle neben aller sonstigen Begabung genannt
werden müssen, konnten der nun viel verbreiteten Lehre
das Wort reden, daß die Thatsachen der Moralstatistik zur
Läugnung der menschlichen Willensfreiheit führen müssen.
Wenn man zuerst einen undenkbaren Begriff von Freiheit
aufstellt, ist es nicht zu verwundern, wenn hintendrein die
Thatsachen zu demselben nicht stimmen wollen. Wenn nur
derjenige frei zu nennen ist, der nicht durch Motive bestimmt
wird, oder wenigstens nicht durch solche, die auch auf an=
dere seinesgleichen wirken und allen verständlich sind, son=
dern seine Entschlüsse aus der unergründlichen und unbe=
rechenbaren Tiefe einer ureigenen und einzigen Indivi=
dualität schöpft, dann sind die Handlungen Vieler überhaupt
unter sich unvergleichbar und jede Constanz und Aehnlich=
keit derselben ist schon unverständlich. Halten wir uns
näher an die Erfahrung, so werden wir von der mensch=
lichen Willensfreiheit nur etwa in dem Sinne sprechen,

daß dem Menschen gegenüber von der Enge und Gebunden=
heit der thierischen Motive ein unendlich reicherer Spielraum
von Trieben und Anlagen gesteckt ist, daß sich hiebei zu den
mannigfaltigen Reizen des animalischen Lebens noch die Em=
pfänglichkeit für Lust= und Werthgefühle einer höheren Ord=
nung gesellt, daß diese mannigfaltigen Motive in vielfältige
Beziehungen und Verknüpfungen, aber auch zu Reibungen
und Gegensäzen auseinander treten, und daß dieß bunte
Spiel von Reizen in und vor einem bewußten Central=
punkte, den wir unser Ich nennen, abläuft, welcher fühlend
und überlegend den Werth der verschiedenen Reize abmißt
und schließlich wollend einen Ausschlag nach der einen oder
andern Richtung gibt. Einen Ausschlag, der freilich dem
Charakter des Einzelnen, d. h. dem gesammten Complex
von angeborenen und angebildeten oder durch Uebung er=
starkten Eigenschaften entspricht und darum von Jemand,
der diesen Charakter vollständig kennen würde, vorausgesagt
werden könnte, dem aber gleichwohl das Gefühl des anders
Gekonnthabens, des so oder anders Gesollthabens, und so=
mit der Zurechnung als eigener That zur Seite geht. Mit
einem solchen oder ähnlichen Freiheitsbegriff steht es nicht
im Mindesten im Widerspruch, wenn viele Menschen unter
ähnlichen Bedingungen ähnlich handeln.

Meine individuelle Freiheit verlangt nur, daß ich gegen
die äußern Einwirkungen meiner Natur gemäß reagiren
kann, daß die höheren Kräfte in mir nicht äußerlich an
ihrer Bethätigung gehemmt sind; daß aber ein Anderer ne=
ben mir ebenso handelt wie ich und von den gleichen Mo

tiven bewegt wird, hat mit meiner Willensfreiheit Nichts
zu schaffen. Die menschlichen Individualitäten verhalten
sich nicht zu einander wie unvergleichbare Originale, son=
dern liegen alle innerhalb der Grenzen des gleichen Gat=
tungscharakters; alle Menschen haben die gleichen Triebe
und Anlagen; der Unterschied liegt nur in dem relativen
Stärkegrad, in welchem die einzelnen Merkmale bei Jedem
ausgeprägt sind und die einzelnen Motive bestimmend auf
ihn einwirken. Die Zahl der gemeinsamen Motive, deren
sich Niemand ganz entschlagen kann, ist außerordentlich groß.
Niemand vermag die physiologische Einwirkung seines Ge=
schlechts oder seiner Altersstufe zu verläugnen. Eine Menge
anderer Faktoren, wie Klima und Boden, Race, Nationali=
tät, Sprache, Stand und Beschäftigung, Wohnplatz, Besitz,
Erziehung, Sitte, geschichtliche Ueberlieferungen, politische
Zustände bilden eine Gruppirung der Menschen und weisen
jedem Einzelnen innerhalb derselben Gruppe, so abweichend
die Empfänglichkeit für jedes einzelne dieser Motive wieder
sein mag, doch einen gewissen gemeinsamen Grundtypus an.
Man kann aber dabei keineswegs sagen, jeder Einzelne sei
nur ein Product dieses Gruppencharakters, sondern min=
destens mit gleichem Recht, die Gruppe sei das Gesammt=
product der Einzelnen, welche von gleichen psychischen Ele=
menten aus unter ähnlichen äußeren Einwirkungen gleiche
oder verwandte Vorstellungsreihen bilden und so einen
Masseneffekt hervorbringen, der vermöge der socialen An=
lagen unserer Natur auch wieder rückwirkend den Einzelnen
bestimmt. Die Freiheit der Menschen besteht ja nicht

darin, daß keine äußeren Momente bestimmend auf ihn einwirken, sondern in der Weite des Spielraums und der Mannigfaltigkeit der Formen und Grade, in welchen die Individualität wieder gegen jedes einzelne jener Momente zu reagiren vermag:

Wie kann man dann überrascht sein, daß die Zahl der Trauungen eines Jahres, wenn kein besonderer Grund zu einer Abweichung vorliegt, von der des Vorjahrs und Nachjahrs nicht merklich verschieden ist, daß sie dagegen höchst empfindlich ist für jede Veränderung in den wirthschaftlichen Vorbedingungen der Niederlassung, schnell wächst, wenn Erleichterungen des Erwerbs eintreten, ebenso rasch sinkt bei Theurungen, in Kriegszeiten, bei Stockungen der Gewerbe, auch daß der Bruchtheil der heirathenden Wittwer oder Wittwen von einem Jahr zum andern ungefähr gleich bleibt? Nicht dieß, sondern das Gegentheil, wenn es Statt fände, wäre ein Argument gegen die menschliche Freiheit. Die Thiere begatten sich, ob ihre Nahrungsmittel spärlicher oder reichlicher vorhanden sind und lassen dann die Jungen verkommen. Der Mensch, frei von der zwingenden Herrschaft des Naturtriebes, überlegt, ob es räthlich ist, zur Gründung einer Familie zu schreiten. Daß nun aber nicht Einer, sondern Viele unter den gleichen oder ähnlichen Bedingungen eine so vernünftige Erwägung anstellen und daß sich die Wirkung dieses Faktors bei der Volkszählung bemerklich macht, das ist der handgreiflichste Beweis für, aber nicht gegen die menschliche Willensfreiheit, wofern man diese nicht zu einem logischen Unding macht.

Ebenso ist es aber auch mit den andern Hauptbeweis=
mitteln der Criminal= und Selbstmordstatistik. Man hat
nicht erst die Zahlen der Statistiker dazu gebraucht, um zu
wissen, daß Handlungen brutaler Gewaltthätigkeit, wie
Raub, Mord, Widersezung, Körperverlezung weit häufiger
von Männern begangen werden, als von Weibern und daß
wir unter den wegen solcher Vergehen Angeklagten selten
Greise und Knaben, wohl aber junge Männer in dem Alter
der Kraft und Leidenschaft antreffen werden. Ob dagegen
die Verbrechen gegen das Eigenthum häufiger sein werden
oder die gegen die Person, das werden wir schon nicht
mehr voraus zu vermuthen wagen, sondern als von der
Gesittungsstufe, dem Charakter und den wirthschaftlichen
Verhältnissen einer bestimmten Gruppe abhängig denken.
Nicht zu verwundern wird es aber sein, wenn innerhalb
der gleichen Gruppe Zusammenlebender in angrenzenden
Jahren die Fälle der Versuchung zu Uebertretungen oder
zum Selbstmord, sowie das Maaß der Widerstandskräfte
gegen solche Versuchungen sich innerhalb nicht allzuweit ge=
zogener Grenzen bewegen.

Ja wir müssen uns denken, daß diese Regelmäßigkeiten
mit wachsender Gesittungsstufe sich nicht vermindern, sondern
vielmehr steigern werden. Wenn wir uns ein Volk von
Philosophen oder von ächten Christen oder eine Republik
von Engeln vorzustellen versuchen, so werden wir eher eine
größere als eine geringere Constanz der Moralstatistik er=
warten, obgleich und weil wir dabei ein höheres Maaß
von Willensfreiheit voraussezen müßten. Das sittliche

Ideal weist auf eine stetige Harmonie der Kräfte hin und deren Formen werden weit weniger auseinanderliegen als die der Disharmonie.

Schließlich aber liegt das Interessante der Moralstatistik gar nicht in dem Nachweis solcher Regelmäßigkeiten menschlicher Willensacte, sondern weit mehr in der zu Tag tretenden stetigen Bewegung und Veränderung der Zahlen. Jene Constanz ist meist blos eine scheinbare; man erhält sie nur, wenn man vom Einzelnen absehend, die Mannigfaltigkeit der Erscheinungen verwischend, auf die großen Durchschnittszahlen losgeht, in denen das Variable verschwindet oder zurücktritt. In Wahrheit sind die sittlichen Zustände und die Richtungen der menschlichen Willensacte in beständigem Fluß begriffen, in ununterbrochenem Fortschritt oder Rückschritt. Von Jahrzehend zu Jahrzehend, von Volk zu Volk, von Landschaft zu Landschaft, nach Geschlecht, Alter und Stand zeigt eine genauere Beobachtung eine stetige Veränderung. Die Selbstmordfrequenz steigt noch ununterbrochen; sie ist nach Volk, Confession, nach Ständen, Geschlecht und Alter höchst verschieden, und keineswegs unter beharrenden Proportionen dieser Faktoren unter einander. Selbst die so gern betonte Scala der Todesarten verändert sich stetig und wird nach einigen Jahrzehenden ein ganz anderes Bild zeigen. Und welch bewegtes Schauspiel bieten uns schon die dürftigen Data der Religionsstatistik! Wenn uns die Statistik in diesen Dingen nur die constanten Verhältnisse zu erschließen vermöchte, wäre sie mit der einmaligen Auffindung derselben fertig

und abgeschlossen. Erst indem sie uns dem leisen, stillen
Schritt der Völker auf neue Bahnen nachzugehen lehrt,
weist sie uns mit sicherem Finger auf die wahren Zeichen
der Zeit, die sich sonst in dem Gewühl verworrener Erschei=
nungen so leicht auch dem aufmerksameren Blick verbergen.

Solche Veränderungen lassen sich nur als Massen=
wirkungen einer durch Individuen vermittelten, geistigen
Bewegung denken, und haben den weiten Spielraum indi=
vidueller Eigenart und Entwicklung zu ihrer unabweisbaren
Voraussezung. Bei unfreien Wesen wären sie gar nicht
denkbar.

Psychologisch bedeutsam und überraschend sind ohne
Zweifel jene viel erwähnten Regelmäßigkeiten der Moral=
statistik, wie sie am lehrreichsten in dem statistischen Muster=
kapitel von den Selbstmordfällen, in dem Antheil der Ge=
schlechter, der Altersstufen, der Nationalitäten, Confessionen,
Motive, Jahreszeiten und Todesarten zu Tag treten. Aber
die anspruchsvollen Worte von Gesez und Nothwendigkeit
sollte man dabei nicht so leicht in den Mund nehmen, wo
man nur von physiologischen Reizen oder psychologischen
Dispositionen reden könnte. Man nenne uns nur auch ein
einziges Gesez, das die sogenannte Moralstatistik schon ge=
funden hätte! Ihr auch so noch großes Verdienst besteht
nur darin, daß sie gewisse Causalzusammenhänge, theils
physiologischen, theils psychologischen Inhalts, die an sich
zu vermuthen und verständlich waren, empirisch festgestellt
und genauer begrenzt hat, daß sie die thatsächlichen, sitt=
lichen Zustände der Völker und Zeitalter durch das Mittel

der Massenbeobachtung sicherer und umfassender blos legt, als dieß mit den unzureichenden und subjectiven Wahrnehmungen des Einzelnen möglich war.

Das Problem, auf das die Moralstatistik führt, ist nur auch wieder die Wechselwirkung zwischen der Gesellschaft und dem Einzelnen, das complicirte Verhältniß des Schiebens und Geschobenwerdens. Mit der metaphysischen Frage über die menschliche Willensfreiheit, hat sie nichts zu schaffen.

Und so muß schließlich auch der Statistiker wieder die Worte des brittischen Dichters gelten lassen:

„Das ist die ausbündige Narrheit dieser Welt, daß, wenn unser Glück krankt, wir die Schuld unserer Unfälle auf Sonne, Mond und Sterne schieben, als wenn wir Schurken wären durch Nothwendigkeit, Narren durch sinnliche Einwirkung, Schelme, Diebe und Verräther durch die Uebermacht der Sphären und Alles, worin wir schlecht sind, durch göttlichen Anstoß.“

5. Furcht und Mitleid in der Tragödie.

Warum ist die Tragödie eine Katharsis, eine Befreiung von Furcht und Mitleid? warum will sie uns gerade von diesen beiden Affekten befreien, nicht auch von Haß, Zorn und Neid, von Kummer und Traurigkeit und andern Stimmungen der Unlust? Ich erinnere mich nicht, eine befriedigende Antwort auf diese Fragen gehört zu haben.

Furcht und Mitleid sind das natürliche, normale Ergebniß jeder unbefangenen und ernsten Weltbetrachtung. Schon der kurzen und flüchtigen Lebenserfahrung drängen sich die unabsehbaren Uebel und Plagen in der Welt, der vielfältige Jammer der Menschheit, die Vergänglichkeit aller Freuden und Güter und des Lebens selbst, der Grundvoraussezung von allen anderen, überwältigend auf und müssen naturgemäß zwei Stimmungsformen in uns hervorrufen, Angst und Bedauern, jene bei dem Gedanken an uns selbst und die uns von allen Seiten bedrohenden Gefahren, dieses bei dem Anblick fremder Leiden, welcher uns stets geboten ist. Furcht und Mitleid unterscheiden sich somit von den übrigen Affekten dadurch, daß der Anlaß zu ihnen beständig vorliegt, durch den täglichen Anblick des Weltlaufs und Menschengeschicks gegeben ist, während jene andern Gefühle lebhafterer Unlust nur zeitweise und vorübergehend durch besondere Anlässe in uns erregt werden und mit ihnen wieder verschwinden. Es ist ein Unterschied, wie zwischen chronischen und acuten Uebeln. Daraus erklärt sich auch eine andere Schwierigkeit. Gegen die Aristotelische Deutung, daß die Tragödie durch Erregung von Furcht und Mitleid die Befreiung von eben diesen Stimmungen bewirke, drängt sich die Einwendung auf, warum denn, da Furcht und Mitleid doch nur unangenehme Gefühle sind, sie zuerst erregt und dann wieder beseitigt werden sollen, ob es denn nicht viel zweckmäßiger wäre, sie lieber gar nicht zu erregen, da es doch immer viel besser sei, gar nicht verwundet, als zuerst verwundet und dann geheilt zu werden. Furcht und Mitleid, Angst und Bedauern sind als ständige Grundakkorde, als bereits vorhandene, durch die allgemeine und tägliche Lebenserfahrung Jedem nahegelegte und aufgedrungene Stimmungen, gleichsam als permanente Zugaben unseres Selbstgefühles, als ein stetiger Druck auf unser Herz zu denken. Der Dichter braucht diese Stimmungen daher nicht erst künstlich zu erregen; er knüpft an sie an als an etwas auf dem Hintergrund unseres gesammten Lebensgefühls immer wenigstens latent Ruhendes und nur durch Zerstreuung, durch Arbeit oder Leichtsinn vorübergehend Zurückgedrängtes.

Das Lustspiel und die heitere Dichtung schafft und erleichtert uns solche Zerstreuung und umhüllt mit einem gefälligen täuschenden Schleier die wahre Gestalt der Dinge. Das Schauspiel oder Epos mit glücklichem Ausgang zeigt uns zwar ernstere Vorgänge; es führt die Gefahren und Nöthen des Lebens an uns heran, leiht aber der menschlichen Kraft den Sieg über die dunkeln Mächte und läßt den Weltlauf halbverhüllt und in hoffnungsreicher Beleuchtung vor uns erscheinen. Die tragische Dichtung erst nimmt Menschenleben und Schicksal in ihrer wahren, unverschleierten Gestalt, als die ständige Quelle von Angst und Mitleid. Aber doch will sie uns nicht niederdrücken und betrüben, sondern aufrichten und erfreuen. Wie greift sie dieß an?

Die Kur, welche der tragische Dichter mit uns vornimmt, gleicht ganz dem Heilverfahren der Homöopathie: similia similibus. Wie diese zur Heilung des Kranken eben dieselben Mittel anwendet, welche an dem gesunden Körper das gleiche Uebel erst erzeugen würden, nur in verdünnten, unschädlichen Dosen, die den natürlichen Heilproceß leichter und rascher zum Ziele führen, so läßt der

Dichter das Furcht und Mitleid Erregende in einer Gestalt
und in einem Maaße vor uns erscheinen, welches die heilen-
den Gegenkräfte, die in unserm Innern ruhen, entbindet
und belebt; er veranlaßt uns, in etwas leichterer Form
eben die Reihe von Vorstellungen und Gefühlen, zu durchlaufen, durch welche er den Druck von seinem eigenen Herzen
zu lösen gewußt hat.

Man sagt, das wichtigste Mittel, bei den Soldaten
in der Schlacht die Furcht nicht Herr werden zu lassen, sei,
sie stets in Aufmerksamkeit und Thätigkeit zu erhalten,
während bei rein passiver und zuwartender Haltung im An-
gesicht der Gefahr die Angst auch den Muthigsten überschleiche.

In ähnlicher Weise versetzt uns der Dichter vor Allem
in geistige Action, indem er uns eine bedeutende Handlung in spannender Reihenfolge der einzelnen Theile vor-
führt und damit dem Gefühl von Furcht und Mitleid, das
der Inhalt in uns wecken wird, das Lustgefühl voller Anregung und Beschäftigung unserer geistigen Kräfte zur Seite
gehen läßt. Das lebhafte Spiel der Phantasie ist an sich
schon ein angenehmer Zustand, wie wir uns ja oft zum
bloßen Vergnügen recht traurige und schauerliche Situationen
ausmalen. Dazu tritt der Sinnenreiz für Auge und Ohr,
der Anblick edler Gestalten, der Wohlklang schöner und
rhythmisch gefügter Worte. Das Menschenleben wird vor
unsern Blicken idealisirt und verklärt, indem nur bedeutende
interessante Menschen, die ihren Empfindungen den vollen
und beflügelten sprachlichen Ausdruck zu geben, die ergrei-
fende Geberde beizugesellen wissen, in den entscheidendsten

Momenten ihres Lebensgangs vorgeführt werden. In der Handlung ist Plan und inniger Zusammenhang; der Zufall und das Unbedeutsame, das in der Wirklichkeit so breiten Raum einnimmt, ist ausgeschieden. Es ist, wie wenn höhere, unsichtbare Mächte, von denen wir nur leise umfangen scheinen, das menschliche Geschick an verborgenen Fäden lenkten. Das menschliche Dasein erscheint wie ein Stück aus einer höheren Ordnung der Dinge, das die Ahnung eines Zusammenhangs mit allwaltenden Kräften erweckt. Das Thun und Leiden des Einzelnen macht uns den Eindruck eines allgemeinen, uns selbst mitbetreffenden Falles. Nicht blinder Zufall leitet unser Geschick; des Einzelnen Dasein ist nicht wie ein Strich in die Luft oder ein Schlag ins Wasser. Zwar wie diese Anknüpfung des individuellen Lebens an die Weltordnung vorgestellt wird, ob durch Göttererscheinung, Orakelsprüche, durch Verflechtung von Schuld und Schicksal, durch blinde oder ethische Kräfte, hängt an der Verschiedenheit der Bildung nach Volk und Zeitalter, aber in allen diesen wechselnden Formen wird doch menschliches Thun und Leiden in eine höhere Region gerückt und das verzweiflungsvolle Gefühl der völligen Nichtigkeit und Verlorenheit von uns genommen. Furcht und Mitleid verlassen uns nicht ganz, aber wir fühlen uns geläutert und gehoben; wir stehen selbstvergessend vor einem Ausblick in weite, unabsehbare Gefilde, die sich einen Augenblick in ahnungsvoller Beleuchtung vor uns eröffnen. Die Furcht ist wie im Hochgebirg oder Meeressturm durch die Erhabenheit des Bildes, den Schauer der Ehrfurcht verklärt und das Mitleid, ein an sich weicherer und minder anregender Affekt, ist in dem versöhnenden Abschluß sanft ausgeklungen.

Damit soll keine Auslegung der vielgedeuteten Aristotelischen Worte: ἔστιν οὖν τραγωδία μίμησις πράξεως σπουδαίας — δι᾽ ἐλέου καὶ φόβου περαίνουσα τὴν τῶν τοιούτων παθημάτων κάθαρσιν*) gegeben werden, aber es läßt doch vielleicht den Grund, warum gerade Furcht und Mitleid eine so hervortretende Rolle in dem Begriff der Tragödie spielen, verständlicher erscheinen.

6. Zu Hermann und Dorothea.

Die deutsche Literatur kennt keine vollendetere und tadellosere Dichtung als Göthes Hermann und Dorothea. Von allen Seiten stimmt die Kritik, selbst die sonst gegen Göthe eingenommene, in den Preis dieses herrlichen Werkes ein. Sogar die Hexameter, an denen die strengere Theorie der Neueren so Vieles auszusezen hat, lassen sich mit Erfolg vertheidigen und nur einzelne derselben, in welchen der Dichter seine eigenen Grundsäze außer Acht gelassen hat, müßten preisgegeben werden. Am allerwenigsten anfechtbar erscheint die realistische Wahrheit der Handlung und Schilderungen. Dennoch ist es gerade diese Seite, gegen welche ich einige kleine Einwendungen vorzubringen habe,

---

*) Eine zugleich interpretirende Uebersezung wäre etwa: Die Tragödie ist eine Nachbildung einer ernsten und bedeutenden Handlung — sie bewirkt durch die Erweckung von Furcht und Mitleid eine Entlastung des Gemüths von dem Druck eben dieser Stimmungen.

von denen ich mich nicht erinnere, sie anderswo gefunden
zu haben.

Die Mutter erzählt, es sei an einem Montag Morgen,
den Tag nach dem großen Brand, vor nun zwanzig Jahren
gewesen, daß der Vater ihr seine erste Liebeserklärung ge=
macht habe. Hiernach könnte Hermann kaum über 19 Jahre
alt sein. Ein 19jähriger Hermann aber ist ein Unding,
eine unerträgliche Vorstellung. Dem 19jährigen Sohn ge=
genüber können die Eltern noch nicht ungeduldig geworden
sein, daß er säume, eine Tochter ins Haus zu führen; in
seinem Munde wäre jenes sich schwer aus gepreßter Brust
losringende Geständniß an die Mutter, „er entbehre der
Gattin", nur komisch. Wir dürfen ihn nicht als angehen=
den, sondern als fertigen, auf dem Höhepunkt jugendlicher
Kraft und Schönheit angelangten Jüngling denken. Es
schien die Thüre zu klein, die hohen Gestalten einzulassen.
Hermann lenkt die Hengste, die er als Fohlen gekauft
und eingefahren hatte. Er darf auch nicht jünger sein als
Dorothea, die doch als in der vollsten Blüthe jungfräulichen
Alters stehend zu denken ist, und schon einmal verlobt war.

Es ist unzweifelhaft, daß Göthe keinen 19jährigen
Hermann vor Augen hatte, sondern, wenn er überhaupt
an ein bestimmtes Alter dachte, einen um etwa 5—6 Jahre
älteren. Da es von einer Frau immer ein wenig unüber=
legt ist, die Dauer ihrer Ehe kürzer anzugeben, als das
Alter ihres ersten Kindes schließen ließe, so können wir
hier eben nur damit helfen, daß es mit jenen 20 Jahren
nicht so streng und wörtlich zu nehmen sei. Und dieß

erklärt sich dann wieder daraus, daß weitaus die meisten Menschen sich bei Zahlen, wo sich kein persönliches Inter= esse daran knüpft, gar nichts so Bestimmtes zu denken und nicht damit zu rechnen pflegen. Auch Göthe hatte, wie die meisten Dichter, nur einen schwach entwickelten Zahlensinn.

Noch ein anderer Anachronismus von eigenthümlicher Art findet sich in dem Gedichte. Indem die Mutter durch den Garten, Weinberg und das Feld geht, um den Sohn zu suchen, erfreut sie sich an der Fülle der Trauben, die kaum sich unter den Blättern verbergen, der Gutedel und Muscateller, darunter der röthlich blauen von ganz beson= derer Größe; gleich darauf schreitet sie durch die wogenden Saaten des nickenden Korns, dessen Erndte am folgenden Tag beginnen soll.

Korn auf den Halmen und gefärbte, ausgewachsene Trauben fallen aber nicht in Eine Zeit des Jahres zu= sammen. Wenn die Frucht geschnitten wird, sind die Beeren der Trauben noch klein und grün und von den Blättern bedeckt; nur der Kenner vermag schon an Holz und Blatt die Sorten zu unterscheiden. Die genannten Sorten ge= hören nicht zu den früh reifenden; die Muscateller werden nur in den besseren Jahren und Lagen ganz reif. Wo wir die vier Jahreszeiten gezeichnet oder gemalt finden, hat der Sommer die Garben, der Herbst die Trauben zum Emblem; hier werden die Gaben von Ceres und Bacchus von der Natur neben einander geboten.

Wer im Wein= und Rheinland aufgewachsen ist, wie Göthe, weiß das wohl, daß die rothblauen Muscateller nicht vor dem September zu sehen und nie gleichzeitig mit dem schnittreifen Korn sind. Hat nun der Dichter hier wissent= lich oder unwissentlich gehandelt und wäre es erlaubt, die charakteristischen Kennzeichen der Jahreszeiten in Eine An= schauung zu vermengen? Ich glaube Letzteres verneinen zu müssen und schließe daraus, daß auch von Seiten des Dichters keine Absicht, sondern ein Versehen vorliegt, das um so entschuldbarer ist, als die Ueberschreitung sich inner= halb mäßiger Grenzen hält und von den Wenigsten bemerkt oder als Störung empfunden wird. Göthe war zur Zeit der Abfassung schon mehr als 20 Jahre von der Zone des Weinbaus entfernt. In der Absicht, aus seiner Erinnerung ein eindruckvolles Gesammtbild von der Fülle und dem Segen des schönen Rheingaus zu geben, bemerkte er die leichte Verschiebung der Grenzen und Merkmale der Jahres= zeiten nicht, die seine Phantasie sich gestattet hatte.

Diese beiden Anachronismen benehmen dem Werth des Gedichts nicht das Allermindeste, aber Fehler sind es immer= hin, wenn auch kleine, und dieß scheint mir besonders in Einer Beziehung bemerkenswerth. Göthe ist der welt= und naturkundigste aller Dichter; seine Werke halten, wie die keines zweiten, die Prüfung vom Gesichtspunkt der reali= stischen Wahrheit und sinnlichen Vollziehbarkeit des Darge= stellten aus. Er stand, als er Hermann und Dorothea schrieb, auf dem Höhepunkt aller seiner geistigen Kräfte; der Glanz und die Frische der jugendlichen Phantasie und Sprachgewalt war dem 47jährigen noch nicht entschwunden, das Maaß, die Formsicherheit, die Welterfahrung und

Weisheit des reiferen Alters hatte sich schon eingestellt.
Es war die Zeit seiner höchsten Leistungen. Hermann
und Dorothea ist auch rasch in Einem Zuge entstanden.
Seine Freunde kannten das Gedicht schon vor dem Drucke,
darunter Freunde wie Schiller und Humboldt. Es hat
unter des Dichters Augen noch eine Menge Auflagen erlebt.
Entweder bemerkte Niemand jene Fehler oder theilte sie
ihm Niemand mit oder fand er es nicht der Mühe werth
eine Correctur vorzunehmen. Der einzige Schluß, den ich
ziehen will, ist: so das am grünen Holze geschieht, was
soll am dürren werden? Wenn unter den denkbar günstig
sten Umständen einer dichterischen Composition gleichwohl
derartige Widersprüche und Mängel sich dauernd einnisten
können, was müssen wir dann für möglich halten in Schrift=
werken oder Dichtungen, die noch von jugendlichen, minder
welterfahrenen Autoren verfaßt, in auseinanderfallenden
Zeiträumen begonnen und vollendet wurden, aus dunkleren
Zeitaltern stammen, dem Verfasser nie gedruckt und über=
sichtlich vor Augen lagen? Es ist unglaublich, was für
unverträgliche Dinge auch in dem Kopf der intelligentesten
Menschen neben einander ruhig ihren Plaz behaupten und
wie unzähligemal wir im Leben, in der Wissenschaft und
in der Dichtung die logischen Geseze der Identität und des
Widerspruchs: A ist A und nicht non A, verlezen. Die
Philologen und Interpreten beachten dieß nicht genug; sie
schließen zu leicht und rasch auf falsche Lesarten, Emenda=
tionen, Verschiedenheit der Verfasser, oder suchen sie das
Widersprechende durch künstliche Mittel in Einklang zu

bringen. Ein 19jähriger Hermann zerstört, ernsthaft genommen, unfehlbar das ganze Gedicht, und doch steht er
da, schwarz auf weiß, unanfechtbar, aber Niemand denkt
daran, Niemand nimmt den Dichter beim Worte. Bei dem
andern Fehler bin ich möglicher Weise der erste, dem er
überhaupt aufgefallen ist, und dieß auch nur gewissermaßen
aus zufälligen und individuellen Gründen, und doch ist es
ein Fehler und zwar auf einem Gebiet, wo sonst Niemand
zuverlässiger ist als Göthe. Wenn so Etwas in einer
Dichtung des Alterthums stünde, würde man es längst bemerkt und gar Viel darüber geschrieben haben.

7. Eintheilung der Universalgeschichte.

Ob nicht die Historiker späterer Generationen die dritte
Hauptepoche der Weltgeschichte erst mit dem 19ten Jahrhundert beginnen und die ganze Zeit von der Reformation
bis zur französischen Revolution noch zum Mittelalter als
dessen Schluß und Uebergangsperiode rechnen werden? Gewiß ist, daß sich das 16te Jahrhundert mit dem 19ten,
wenn auch von diesem erst drei Viertheile abgeschlossen vor
uns liegen, an weltumgestaltenden Ereignissen gar nicht
vergleichen läßt.

Wohl sind das Wiedererwachen der Wissenschaften,
die Buchdruckerkunst, die Entdeckungen neuer Länder und
Meere und die Kirchenreformation vier Grund- und Eck-
steine eines neuen Kulturbaues, vier Wegweiser auf neue
Bahnen. Aber jener Bau selbst stieg noch nicht in die
Höhe und kam nur da oder dort aus dem Boden heraus.

Oder läßt sich sagen: die jungen Pflanzen sproßten zwar kräftig aus dem Boden heraus, aber sie vermochten doch die alte, übermächtige Pflanzendecke nur an einzelnen Stellen zu verdrängen und den Anblick der gesammten Fläche noch nicht wesentlich zu verändern.

Das Wiederaufleben der Wissenschaften kam zunächst nur der classischen Philologie, blos in vereinzelten, wenn auch glänzenden Ausnahmen der Astronomie, Physik und Philosophie zu gut, während man an den Schulen über die alten Methoden und Formen kaum hinauskam. Der Bücher= druck konnte seine Wirkung in weiten Kreisen noch wenig entfalten, wenn die unendliche Mehrzahl der europäischen Bevölkerung nicht lesen konnte, wenn die meisten und fast alle bedeutenden Bücher lateinisch geschrieben wurden, wenn die strengste Censur waltete und bei freimüthigen Aeuße= rungen über religiöse und bürgerliche Dinge Leib und Leben auf dem Spiele stand. Die neuentdeckte Welt übt in den nächsten Jahrhunderten die große Rückwirkung auf Europa, die man bei den ersten Nachrichten erwarten konnte, noch nicht aus. Die Vermehrung des Vorraths an edlen Me= tallen und die Uebersiedlung einiger Kulturpflanzen sind das Bemerkbarste. Handel und Verkehr haben zwar Straßen und Emporien gewechselt, aber an Umfang und Bedeutung die schon früher von den italischen, flandrischen und Hanse= städten erreichte Stufe nicht wesentlich überboten. Der Eröffnung der Oceane gieng die Verödung des Mittel= meeres durch die Türkenherrschaft zur Seite.

Die Reformation, die bedeutendste dieser Veränderungen

und die noch unerschöpfte Quelle einer neuen Ideenwelt, trat zunächst doch nur als ein Zurückgreifen auf die vor-mittelalterlichen Anschauungen auf. Nach glänzendem An-lauf gerieth die Bewegung sowohl nach ihrer inneren als äußeren Entwicklung ins Stocken. Das Dogma erstarrte zu einer neuen Scholastik und schweren Fessel der Geister. Der kirchliche Zwiespalt brachte das deutsche Volk an den Rand des Verderbens. Nur einem Theil der germanischen Völker, hauptsächlich dem nördlich wohnenden, gelang es, den neuen Glauben zu behaupten; im Süden, wie bei den romanischen Völkern wurde er wieder unterdrückt; die sla-vischen Stämme wurden von der Bewegung kaum berührt.

Die Karte von Europa erlitt nur wenige Verände-rungen; daß der Islam nach dem Verlust der westlichen Halbinsel die östliche gewann, war die wichtigste gewesen. Die Zersplitterung und Ohnmacht des Centrums von Eu-ropa, Deutschland und Italien, ist noch im Wachsen; der moderne Staatsgedanke erwacht, aber nur in der abstoßen-den Durchgangsform des fürstlichen Absolutismus. Im Uebrigen herrscht der ganze Feudalismus des Mittelalters, die Abgeschlossenheit der Stände, die Niederhaltung der arbeitenden Klassen, Leibeigenschaft, Hörigkeit und Frohn-dienst des Landmanns nach dem Mißlingen des im Bauern-krieg unternommenen Anlaufs in verschärftem Maße fort. Ackerbau und Handwerk bewegen sich im festen Geleise der alten Betriebsformen. Und wie noch bis in dieses Jahr-hundert herein die Städte ganz ihr altes Aussehen bewahren, mit hohen Mauern und tiefen Gräben, mit festen Thoren und Thürmen, „mit dem Druck von Giebeln und Dächern, mit der Straßen quetschender Enge," auch noch mit Galgen, Pranger und Halseisen, so reicht der wirkliche wie der figürliche Zopf der alten Zeit bis in die Tage unserer Großväter.

Wenn es erlaubt ist, den Beginn des 19ten Jahrhunderts noch auf 1789 zurückzudatiren, welche Fülle von großen Ereignissen, welch' gewaltige und tiefgreifende Umgestaltungen aller Verhältnisse enthält dieser Zeitraum von kaum dritthalb Generationen! Es giebt in der That in der ganzen Weltgeschichte keine Epoche, in welcher sich für einen so weiten Kreis von Völkern und Staaten in gleich kurzer Zeit ein gleich großer Wechsel ihrer Zustände vollzogen hätte. Der Untergang des römischen Reiches und die Gründung der germanischen Heerkönigthümer hat die Karte von Europa, den Schauplatz der Geschichte, den Völker- und Staatenbestand wohl weit stärker verändert, aber auf Kosten des ganzen bis dahin angesammelten Bildungscapitals. Die Kulturgeschichte aber hat sicherlich dem 19ten Jahrhundert nichts Aehnliches an die Seite zu stellen. Jetzt erst giengen die früher gelegten Keime zu vollen Saaten auf und überwuchsen nach allen Richtungen die alte Pflanzendecke. Amerika, der Bücherdruck, die Befruchtung der Wissenschaften und Künste durch die klassischen Studien kamen erst zu ihrer vollen Bedeutung; das protestantische Princip der freien Individualität und Forschung auf Grundlage der sittlichen Ordnungen rang sich aus den alten Fesseln los. Dazu tritt nun aber eine ganze Reihe neuer Errungenschaften, die jenen vier Wahrzeichen des 16ten Jahrhunderts ganz ebenbürtig zu achten sind.

Es muß hier eine flüchtige Erinnerung an die Fort= schritte der Technik durch Dampfkraft, Maschinenwesen, Eisenbahnen, electrischen Telegraphen, Photographie genügen; an den großartigen Aufschwung aller Natur= und Geschichts= wissenschaften, sodann an die nationale Einigung von zwei bisher durch Zersplitterung ohnmächtigen großen Kultur= völkern im Herzen von Europa.

Ein im speciellsten Wortsinn universal=geschichtliches Moment ist die Ausbreitung europäisch=christlicher Herrschaft, Gesittung oder wenigstens Einwirkung auf den gesammten Erdkreis, durch die Entdeckung und Colonisation eines fünften Welttheils, durch die Gründung und Ausbreitung des brit= tisch=indischen Reiches, die Aufschließung Hinterasiens, den Verfall der Osmanenherrschaft, die Entwicklung Rußlands zur europäisch=asiatischen Großmacht. Das 16te Jahrhundert eröffnet eine Epoche blos für denjenigen Theil der germa= nischen Race, der die Reformation angenommen hat, und es ist im Grund nur eine protestantische Anschauung, daran ein neues Weltalter zu knüpfen, da die übrige Welt da= durch nicht oder wenig berührt wurde. Das 19te Jahr= hundert erst hat eine den ganzen Erdkreis umfassende Be= wegung der Macht= und Kulturverhältnisse ins Leben ge= rufen und die seitherige Geschichte eines Theils der cauca= sischen Rasse zu einer wirklichen Welt= und Menschheits= geschichte zu erweitern den kräftigsten Anfang gemacht.

Aber auch die Bedeutung dieses Punktes überragt noch

ein anderer, nemlich die Gründung des modernen Rechts-
und Humanitätsstaats auf der Grundlage allgemeiner Men-
schen- und Bürgerrechte, die Nivellirung der Gesellschaft
durch Beseitigung der trennenden Schranken zwischen den
Ständen, die Emancipation und Hebung der unteren Ge-
sellschaftsklassen, die Bildung eines neuen Standes, der freien
Lohnarbeiter, die Aufhebung der Sclaverei in dem Herr-
schaftsgebiete der christlich europäischen Völker.

Die socialen Veränderungen sind aber überall weitaus
die wichtigsten; erst durch diese leztgenannten Momente
wurde das mittelalterliche Staats- und Gesellschaftswesen
sowohl im Princip als in der Wirklichkeit beseitigt und der
entscheidende Schritt in eine ganz neue Aera gethan.

Wohl kennt die Entwicklung der Völker im Allgemeinen
keine scharfen Ab- und Einschnitte, da sich der Strom der
causalen Verkettungen unaufhaltsam fortwälzt und die
Kanäle nach vor- und rückwärts niemals fehlen können,
aber wie auch die Ströme bald rascher bald langsamer fließen
und vorgelagerte Hindernisse zuerst zu durchnagen und dann
zu durchbrechen haben, um sich nun mit breiter Fluth über
eine neue und veränderte Landschaft zu ergießen, so hat
auch die Geschichte der Menschheit ihre Stockungen, Strom-
schnellen und Durchbrüche, welche für ihre Betrachtung die
natürlichen Stationen und Marksteine bilden müssen.

Den Charakter eines solchen gewaltsamen Durchbruchs
hat aber kaum irgend ein geschichtliches Ereigniß in gleicher
Weise wie die französische Revolution. In ihrem rapiden
Verlauf, ihren erschütternden Rückschlägen nach allen Seiten

und bis in entlegene Welttheile, in der Tragweite ihrer Tendenzen ist sie eine Geschichtsstation ersten Rangs und hat mit den mittelalterlichen Gedankenkreisen noch in ganz anderer Weise aufgeräumt als die Reformation.

Aber es läßt sich nun freilich sagen: auch wenn dieß Alles zuzugeben und die Zeit vom 16ten Jahrhundert bis zur französischen Revolution wirklich nur die Einleitung und Vorstufe der Neuzeit wäre, so sei dieß doch noch kein Grund, sie dem Mittelalter zuzuweisen. Es liege vielmehr im Wesen einer Uebergangsperiode, daß man sie mindestens ebensogut als erstes Glied des Neuen wie als Schlußglied des Alten betrachten könne; sie sei ein Janus, der vor= und rückwärts blicke, den Ein= und Ausgang andeute, aber doch in erster Linie als das Symbol des Eintritts über die Schwelle eines Neuen gelte.

Die Geologen haben in ihrer wunderlich aus allen Gebieten und Sprachen zusammengelesenen Terminologie innerhalb der Tertiärformation eine eocäne, miocäne, plio= cäne Periode unterschieden, je nachdem die neuen Formen (καινά) erst im Aufgang (ἠώς) begriffen oder gegen die älteren Gebilde noch die Minderheit (μείω) oder aber be= reits das Ueberwiegende, die Mehrheit (πλείω) sind. In ähnlicher Weise könnte man das 16te Jahrhundert eocän, das 17te und 18te miocän und das 19te pliocän, wo nicht pantocän, zu nennen versucht sein. Aber der geologische Vorgang würde dann dafür sprechen, es bei der alten Ein= theilung zu belassen und das Tertiär oder die dritte welt= geschichtliche Epoche mit dem Eocänen zu beginnen.

Allein die Historiker folgen auch sonst nicht diesem mehr scientifischen als der Wirklichkeit abäquaten Eintheilungsprincip. Das Entscheidende für den Charakter einer Epoche ist stets das darin Vorwaltende, nicht der Keim des Zukünftigen. Die Entstehung des Christenthums, das Auftreten der germanischen Stämme waren unzweifelhaft eocän und die nächstfolgenden Jahrhunderte miocän. Dennoch schließen wir das Alterthum und beginnen das Mittelalter erst, als das Pliocän eintrat und jene beiden Factoren einer neuen Aera zu den herrschenden Mächten ihres Zeitalters erstarkt waren. Die ganze Oekonomie der Geschichtsdarstellung müßte aus Rand und Band gehen, wenn man dieß Princip, jedes Zeitalter als eine Gegenwart zu verstehen, fallen ließe.

Die Dinge sind und bleiben allerdings, was sie sind, wie auch der Historiker seine Linien und Striche darin einzeichnen mag, ungefähr wie wir von dem Wendekreis des Krebses und Steinbocks, von den Länge- und Breitegraden unserer Landkarten nichts bemerken, wenn wir an Ort und Stelle kommen. Aber wie wir uns ohne diese Kreise auf unserem Planeten nicht orientiren könnten, so beruht auch alles Verständniß der Geschichte unseres Geschlechts auf einer richtigen Gruppirung des Stoffs. Und es ist nicht gleichgiltig, ob wir, die an den Aufgaben der Gegenwart zu arbeiten haben, uns dabei bewußt sind, · in einem der größten Wendepunkte und Haupteinschnitte der Weltgeschichte, wie sie nur nach vielen Jahrhunderten wiederkehren, in einem der bedeutungsvollsten unter allen Zeitaltern zu leben und zu wirken.

8. Strauß.

Christen sind wir nicht mehr; Religion brauchen wir nicht; die Welt erklären wir für die Welt, indem wir ihr Titel und Rang des Universums verleihen; unser Leben ordnen wir von dem Standpunkt eines wohlhabenden, gelehrten und kunstsinnigen Deutschen aus dem Bismark'schen Zeitalter und all' dieß zusammen nennen wir dann den neuen Glauben.

Göthe hatte vielleicht doppelt Unrecht, sowohl wenn er von dem lyrischen Dichter Menschengeschick bezwingenden Gehalt fordert, als wenn er diesen gerade in den Uhland= schen Dichtungen ganz vermißte; wohl aber darf man von dem, was sich für einen neuen Glauben ausgiebt, erwarten, daß es uns das Menschengeschick verstehen und bezwingen lehrt. Strauß führt das Volk aus dem Egypterland, aber nur um ihm die Sandwüste dafür als dauernden Aufent= halt anzuweisen. „Was fruchtbar ist, allein ist wahr."

Wenn ein Gefangener in seiner Thurmzelle einen ein= zigen schmalen Spalt hat, durch welchen er etwas Licht und Luft empfängt, vorüberziehende Wolken und Sterne, einige Blätter und Aeste eines Baumes sieht, und gerne wissen möchte, wie die Rundsicht des Thurmes im Ganzen sich ausnehme, wird dann wohl seine Sehnsucht gestillt sein, wenn ihm der Wärter etwa den Aufschluß giebt: das, was man von der Plattform des Thurmes sieht, nennt man die

Umgegend oder das Panorama? Viel mehr als dieß ist
es nicht, was uns Strauß über das Universum mittheilt
und genau dasjenige, um was es mehr ist, sind haltlose
Vermuthungen. Er hatte Großes und Glänzendes als Kri=
tiker geleistet; als er nun aber zuletzt selbst mit der Fackel
voranschritt und die alten Räthsel zu deuten unternahm,
da ist er in fast kläglicher Weise auch hinter billigen Er=
wartungen zurückgeblieben.

Die alten Hegelianer, wenn sie auch dem Meister nicht
treu geblieben sind, haben doch vielfach mit gar zu vor=
nehmer Geringschäzung die neueren philosophischen Arbeiten
ignoriren zu dürfen geglaubt. Systeme, die das Ganze der
Welt zu erklären versuchen, werden allerdings nicht mehr
aus dem Aermel geschüttelt, wie es die Kant'schen Epigonen
Fichte, Schelling und Hegel mit der Zuversicht vormaliger
Theologen thun zu dürfen glaubten. Aber in treuer Ge=
dankenarbeit, mit Geist und Scharfsinn, mit weit soliderer
Logik und mit größerer Bescheidenheit sind Manche den
Theilfragen und einzelnen Grundproblemen der Metaphysik
näher getreten. Wenn Strauß von dem Notiz genommen
hätte, was nach Hegel in der Erkenntnißlehre, der Logik
und Psychologie, in der Kritik der materialistischen Theorieen
geleistet worden ist, hätte er sein Buch vom neuen Glauben
nicht so schreiben können und sich gegenüber der Frage: wie
erklären wir die Welt? weit vorsichtiger und resignirter
verhalten müssen. Er hat vergessen, um welcher Eigenschaft
willen das Delphische Orakel Socrates den Weisesten unter
den Hellenen genannt hat.

Strauß hat den Plaz, den er in der Litteratur und
Kulturgeschichte des 19ten Jahrhunderts einzunehmen berufen war, durch sein leztes Buch selbst um mindestens Eine
Stufe herabgedrückt. Wie es einen Schatten auf die Laufbahn des Göz von Berlichingen warf, daß er noch der
Hauptmann von aufständischen Bauern, von Mezler und
Consorten werden mußte, so verdunkelte Strauß den Glanz
seiner früheren Leistungen, indem er noch bei der Bande
der Materialisten eine Führerstelle einnahm.

Es wird aber in der That schwer sein, Strauß den
richtigen Plaz in der deutschen Litteratur anzuweisen. Denn
unter den eigentlichen Wissenschaften wird ihn keine zu den
Ihrigen rechnen wollen. Die Philosophen werden sein
leztes Buch nur als das Werk eines Dilettanten, nicht als
Legitimation für den Eintritt in den Saal der Meister
gelten lassen.

Die Historiker werden ihm auch kein volles Bürger-
recht, sondern nur die Stelle eines Gastes oder Beisizers
einräumen wollen. Die blos verneinende Kritik hat für
den Historiker nur untergeordneten Werth; daß die vier
Evangelien, so wie sie lauten, nicht wirkliche Geschichte
geben, dafür brauchte dieser gar keine umständlichen Beweise.
Wie die Sache aber wirklich gewesen und geworden ist,
darüber weiß Strauß nicht viel Erhebliches zu sagen. Die
ächte positive, historische Phantasie, die schöpferische Kritik
und Kombinationsgabe, die aus zerstreutem und verwirren-
dem Material ein Ganzes ordnend aufbaut, tritt bei Renan,
wenn auch in Begleitung unsoliderer Beigaben, viel stärker

hervor als bei Strauß. Die Geschichte des Urchristenthums wurde durch diesen kaum gefördert; an den Untersuchungen der Baur'schen Schule hat er sich kaum selbständig betheiligt. So bleiben die biographischen Denkmale, kleine Kunstwerke auf der Grundlage solider Quellenforschung und Kritik, doch vom Standpunkt des Historikers nicht von größerer Tragweite. Die Bedeutung von Ulrich Hutten wird überschätzt und seine Gestalt ist nicht in den geschichtlichen Hintergrund eingezeichnet, auf dem sie ganz verständlich würde; Frischlin war ein so dickes und gutes Buch gar nicht werth. Der Reiz und Werth dieser Schriften liegt anderswo als in der Ausbeute für die historische Forschung.

So bleiben nur die Theologen übrig. Aber sollten diese nicht vor allen Andern das Recht haben, denjenigen aus ihren Reihen zu weisen, der ihnen sagt: Ihr habt gar keine Wissenschaft; euer Fundament, die evangelische Geschichte, ist eine Sammlung von Sagen und Mythen; die Dogmen, die ihr darauf gebaut habt, sind Hirngespinnste; ihre Geschichte ist ein Proceß allmäliger Zersetzung; sie lösen sich schließlich in einige allgemeine metaphysische und ethische Säze auf, die besser und leichter auf anderem und directem Wege zu gewinnen sind? Dennoch werden die Theologen Strauß nicht von sich abschütteln können. Auf ihrem Gebiet liegen nun einmal seine Hauptwerke; sie waren nicht zu ignoriren, und gaben den Anstoß für eine neue und große Bewegung der Theologie.

Zwar dem blinden Offenbarungsgläubigen, der seine Vernunft zum Voraus gefangen giebt, konnte die Kritik des

Lebens Jesu nichts anhaben, wie es andrerseits für den modernen Denker, dem jeder Wunderbericht schon als solcher unglaublich erscheinen muß, wenig Werth hat, die ein für allemal erkannte Wahrheit an hundert Einzelfällen mit gleichen oder ähnlichen Argumenten nachgewiesen zu sehen. Auch die Kritik des alten Rationalismus, der die Wunder durch exegetische Künste wegbringen wollte, war eine gar zu leichte Aufgabe. Aber vernichtend war diese Kritik für die Illusionen derjenigen, welche den Zwiespalt zwischen dem alten Glauben und der modernen Denkweise vertuschen, durch kleine Concessionen, künstliche Interpretationen, nebelhafte Theoreme aus der Welt schaffen zu können glaubten, für die Stendel, Olshausen, Tholuk, Eschenmayer u. s. w. Hier wurden alle Ausflüchte und Winkelzüge schonungslos aufgedeckt; das aut aut, die Alternative, entweder mit dem Glauben Ernst zu machen oder mit dem Denken, wurde schärfer und unausweichbarer als jemals jeder Schule wie jedem Einzelnen vor die Seele gestellt.

Daß Bücher, welche an sich Unglaubliches berichten, sich eben dadurch als unglaubwürdig und ungeschichtlich erweisen, darüber waren schon in unserer großen Litteraturepoche weder Dichter noch Denker, weder Lessing, Göthe, Schiller, noch Kant, Fichte, Schelling im Zweifel. Göthe schreibt an Lavater: „Du hältst das Evangelium, wie es steht, für die göttlichste Wahrheit; mich würde eine vernehmliche Stimme vom Himmel nicht überzeugen, daß das Wasser brennt und das Feuer löscht, daß ein Weib ohne Mann gebiert und daß die Todten auferstehen; vielmehr halte ich dieß für Lästerungen gegen den großen Gott und seine Offenbarung in der Natur". Schiller sagt von den biblischen Schriften, daß er in allem, was historisch ist, den Unglauben zu jenen Urkunden gleich so entschieden mitbringe, daß ihm die Zweifel an einem einzelnen Factum noch sehr raisonnabel vorkommen. Auch der Mythusbegriff, auf dessen Anwendung durch Strauß so großer Werth gelegt werden will, würde jenen Männern nichts Neues oder nichts Erhebliches gesagt haben.

Allein für die Theologen waren dieß nur allgemeine Behauptungen von Laien, die in den Augen des Fachmanns keine Geltung haben. Strauß aber hat sie nun als Zunftgenosse mit der gründlichsten Gelehrsamkeit wie mit den schärfsten Waffen der Logik durchgefochten und keine Wahl gelassen, als entweder auf alle Kritik zu verzichten oder ihr bis ans Ende zu folgen *).

*) Gerade weil das Leben Jesu so ganz auf theologischem Boden stand und unter allen Umständen Kenntniß des Griechischen voraussezen mußte, war es um so unverständlicher, die neue Bearbeitung „für das deutsche Volk" bestimmt zu sehen. Ein gedrucktes Buch ist im Allgemeinen für diejenigen bestimmt, die es lesen wollen, und braucht diese nicht zu bezeichnen. Einschränkende Zusäze sind wohl gerechtfertigt, „für Kinder, für Jungfrauen, für Notariatskandidaten", oder auch wenn Schleiermacher sagt: Reden über Religion für die Gebildeten unter ihren Verächtern; aber die erweiternden Locktitel „für Jedermann, für alle Gebildeten, und gar „für das deutsche Volk" haben einen störenden Beigeschmack von Buchhändleranzeige und Reclame. Ob wohl in Frankreich auf einem Büchertitel pour le peuple français stehen dürfte? Uebrigens hat auch „das deutsche Volk" mit diesem Leben Jesu nichts anzufangen gewußt, konnte dasselbe nicht verstehen und hat es daher auch mehr gekauft als gelesen oder gar begriffen.

Wenn sein Werk über Dogmatik, obgleich noch gelehrter und formvollendeter, in seiner Wirkung hinter dem Leben Jesu weit zurückblieb, so geschah dieß, weil er hier aus dem Kreise der Theologie schon ganz heraustrat, dem Wesen der Religion, in der er, Hegel folgend, nur eine trübere Form des Wissens sah, nicht gerecht wurde und den religiösen Gehalt der christlichen Dogmen zu abstracten Sätzen verdunsten ließ.

Strauß spielt in der Entwicklung der Theologie ungefähr eine Rolle, wie Napoleon I. in der deutschen Geschichte. Obgleich ein Feind, hat er doch mit alten verrotteten Formen aufgeräumt und den andern Theil genöthigt, neue Wege aufzusuchen, um gegen ihn selbst zu Feld zu ziehen.

Freilich ist die Aehnlichkeit damit zu Ende. Die theologischen Befreiungskriege sind nicht nachgefolgt. Vielmehr trat in Folge der durch das Leben Jesu angeregten Bewegung die verhängnißvolle Wendung ein, daß die protestantische Theologie, die sich bis dahin mit der Philosophie und deutschen Wissenschaft Hand in Hand fortentwickelt und zu verständigen gewußt hatte, diesen jetzt gefährlich erscheinenden Umgang abbrach, sich auf sich selbst zurückziehen zu können glaubt, den Zwiespalt mit der modernen Wissenschaft immer größer werden ließ, die Masse der gelehrten und gebildeten Stände immer weiter von sich entfernte, und daß so auch die protestantische Kirche in eine ihrem innersten Wesen widerstrebende, für alle Theile gefahrvolle

Entfremdung und Feindschaft gegen die besten Elemente ihres Volkes und Zeitalters hineingezogen wurde.

Strauß aber, der hiezu den Anstoß gegeben hatte, und dann seinerseits in eine immer feindseligere Richtung gegen die christliche und gegen alle Religion gerieth, gab seinen Platz als Gelehrter eines bestimmten Faches auf und nimmt einen solchen nur noch in der allgemeinen Kultur- und Litteraturgeschichte in Anspruch. In den schriftstellerischen Tugenden, als Meister der Sprache und Darstellung, sowohl im ernsten Schritt der Wissenschaft, wie in dem leichteren Geplänkel kleinerer Ausführungen, in der Erzählung wie im Urtheil sucht er seinesgleichen in unserer ganzen Litteratur. Wo ist ein Schriftsteller, der in so vielen Bänden auf jeder Seite frisch, lebendig, anregend wäre, niemals langweilig, geschmacklos oder unklar? Das feinste Sprachgefühl, die solideste philologische Bildung und eine dichterische Begabung, um die ihn manche, die sich Poeten nennen, beneiden dürften, begleiteten alle seine schriftstellerischen Leistungen. Sein Styl gleicht einem hellen, sprudelnden und perlenden Quellwasser, bei dem man überall auf den klaren Grund sieht. Die „unzeitgemäßen Betrachtungen" werden mit ihrem kleinlichen Genergel an dem öffentlichen Urtheil nichts ändern. Der Styl eines Schriftstellers ist als Ganzes zu nehmen; das Geschäft, da oder dort Etwas mit rother Dinte anzustreichen, mag man denjenigen Schulmeistern überlassen, die an der Correctur ihrer Schülerhefte noch nicht genug haben. Die biographischen, publicistischen literargeschichtlichen Arbeiten, sowie

die kleinen Genrebilder gehören zu den Schmucksachen der
deutschen Litteratur. Die Streitschriften über das Leben
Jesu mögen nicht ohne das Lessing'sche Vorbild entstanden
sein; sie haben dasselbe aber nicht nur erreicht, sondern
übertroffen. Es mag heutzutag anstößig und kezerisch klin-
gen, aber in der Lessing'schen Polemik tritt die Lust an der
Mensur und der Darlegung der eigenen Fechterkunst um
ihrer selbst willen oft störend hervor. Die Formen der
Dialectik sind zu lebhaft und dramatisch für wissenschaftliche Erörterungen, wie umgekehrt in seinen Dramen die
Gedankenspalterei und das dialectische Wortgefecht lästig
werden kann; mancher Hieb geht doch auch ins Blaue und
es fehlt nicht an ermüdenden Abschweifungen. Strauß
mußte diese Auswüchse zu beseitigen und doch alle Vorzüge
einer sachkundigen, schlagfertigen und fesselnden Streitfüh-
rung zu bewahren.

Talentreicher, gelehrter, scharfsinniger, geschmackvoller
ist Lessing nicht gewesen, aber er war gleichwohl die höher
und origineller angelegte Natur. Es fehlt Strauß jene
lezte Vertiefung des Geistes und Gemüths, die volle Mit-
empfindung des menschlichen Wesens und Geschicks, die den
Weisen, den Geschichtschreiber, den großen Forscher, den
Gründer einer Schule, den Führer einer geistigen Genossen-
schaft kennzeichnet. Denn was soll und kann das eigentlich noch heißen, ein Straußianer zu sein? Etwa das
Christenthum für einen abgelegten Irrthum, die religiösen
Bedürfnisse für eine Selbsttäuschung zu halten und dann
zuzusehen, wie man ohne diese Stützen durchkommt? Der

26*

praktische Abschluß seines Standpunkts war eigentlich, die ungebildeten Massen, welche bisher ihr individuelles Schicksal als ein Stück einer gottgewollten Ordnung ansehen durften, durch Belehrungen über die aus der Idee der Gattung folgenden Verbindlichkeiten, sodann aber durch Polizei und Justiz, nöthigenfalls durch Gewalt — es ist nur schwer zu sagen wessen — im Zaum zu halten, wogegen es einer Elite wohlsituirter und hochgebildeter Menschen vergönnt bliebe, durch Wissen, Kunst und edlere Genüsse beglückt zu leben und zu wandeln und etwaiges widriges Geschick als Atome des Universums mit Resignation zu ertragen. Die Natur und Geschichte der Menschheit zeigt uns aber andere und ernstere Züge, und schon der Kampf ums Dasein hätte den Darwinianer auf andere Folgerungen führen müssen.

„Der Mensch ist mehr als Sie von ihm gehalten" sagt Posa zum König, und wenn man statt „Nero und Busiris" beliebige Namen von Matadoren des Materialismus einsezt, so leiden auch die darauf folgenden Worte ihre Anwendung:

Zu einem Nero und Busiris wirft
Er Ihren Namen und das schmerzt mich; denn
Sie waren gut.

II. Wider den neuen Glauben.

9.

Es mag wohl sein, ja es ist sehr wahrscheinlich, daß die Descendenzlehre viel dauernde Wahrheit zu Tag gefördert hat, wenn vielleicht auch Kampf ums Dasein und Zuchtwahl in eine viel bescheidenere Stellung zurückgewiesen werden sollten. Jedenfalls wird der Saz, der schon in der Sage von der Arche Noä steckt: so viel Arten, so viel Schöpfungsacte, als abgethan gelten können. Wie viel oder wenig nun sich davon als haltbar erproben wird, mögen Andere beurtheilen, aber es sei dessen weniger oder mehr, so müssen doch alle Freunde und Kenner philosophischer Studien gegen die Tragweite Verwahrung einlegen, welche in diesem Fall einem biologischen Theorem geliehen wird, gegen die Competenzüberschreitung, mit welcher hier empirische Säze in das Gebiet der Metaphysik herübergezogen werden. Die Verlezung der Grenzen geschieht freilich ebenso von Seiten der Philosophen selbst als von den Naturforschern und Niemand war leichtfertiger in diesem Punkte als Strauß. Eine physische Erklärung der Welt kann niemals eine metaphysische sein. Die Metaphysik hat eben daher ihren Namen, daß sie nach und hinter dem Physischen kommt. Die Naturwissenschaften können in der causalen Verkettung der sinnlich wahrnehmbaren Erscheinungen neue Zwischenglieder finden oder vermeintliche alte beseitigen, bisher Getrenntes als Eins, bisher Vereintes als Getrenntes erkennen, aber selbst, wenn sie dieses Ziel schon erreicht hätten, wenn sie uns den Causalzusammenhang der ganzen Sinnenwelt genau und vollständig darzulegen ver= möchten, so wären die Fragen am Ende so gut wie am Anfang ungelöst: wie und warum es überhaupt eine Welt geben könne und eine Ordnung dieser Welt, warum gerade diese Ordnung und welcher Platz dem Menschen in dieser Ordnung zukäme. Wenn der gesammte Darwinismus statt einer Hypothese eine felsenfeste Wahrheit wäre, nun so wären dann eben dieß die äußeren Formen und Mittel, die neben vielen andern auch mitberufen waren zur Ver= wirklichung eines ewigen Weltplanes; warum aber gerade diese mehr als alle schon bekannten Naturgesetze den Anspruch erheben, einen solchen Weltplan entbehrlich zu machen, da= für ist nicht der Schatten eines Grundes einzusehen. Mit dem Satz: so viel Arten, so viel Schöpfungsacte, ist noch nicht auch der weitere: so viel Arten, so viel Schöpfungs= gedanken, beseitigt. Ob der Mensch aus einem Erdenkloß gebildet ist oder in einem glücklich organisirten Catarrhinen= paar seine Ahnen zu suchen hat, begründet für die meta= physische Würdigung seines Wesens keinen Unterschied, da auch das Letztere den Glauben nicht ausschlöße, daß er aus Gottes Hand hervorgegangen, nach Gottes Bilde geschaffen ist. Im einen wie im andern Fall ist er zeitlich entstanden und bedeutet dieß Entstehen den Durchbruch einer höhern Daseinsform von unbegrenzter Aussicht und Entwicklung aus der gebundenen Enge unbewußten Seins und Lebens.

Man kann den Widerwillen gegen jede Formulirung und Aufstutzung des theologischen Wunderbegriffs vollständig

theilen und es doch um kein Haar rationeller finden, blinde
Triebkräfte, wie Zuchtwahl und Kampf ums Dasein, als
ein Leztes, auf sich selbst Ruhendes, ein in sich die Stufen=
folge der lebenden Wesen Tragendes vorzustellen. Man
denkt sich dabei auch stillschweigend die Hauptsache, die
ganze übrige Weltordnung als schon gegeben dazu, den
Geschlechtsunterschied, die Zeugung, den Planeten mit allen
seinen sonstigen Qualitäten. Und wenn es sich darum han=
delte, sowohl das Constante als das Variable in der Man=
nigfaltigkeit der Organismen zu deuten, so war freilich
nichts bequemer, als sich zwei einander entgegengesezte Prin=
cipien anzuschaffen, deren eines unter dem Namen der An=
passung die veränderlichen, das andere unter dem Namen der
Vererbung die beharrlichen Erscheinungen zu erklären dient.

Man spricht jezt mehr als jemals von Monismus,
während man früher die Sache wohl gekannt, das Wort
aber viel weniger gebraucht hat. Indem unser Intellect
den Begriff einer Ordnung bildet und die Gesammtheit der
Erscheinungen demselben unterstellt, fordert er Einheit nur
an der Spize des Ganzen, aber der erste Act dieses höch=
sten Einen muß eine Differenzirung sein, die sich ins Un=
endliche fortsezt. Dagegen in der hieraus entstandenen
Welt der empirischen Erscheinungen kann der Monismus
nirgends mehr Plaz finden; hier ist überall Pluralität und
unendliche Wechselwirkung. Sein heißt, wie uns Lotze
lehrt, in Beziehungen stehen. Es ist der Triumph der
Wissenschaft, die Probleme zu vereinfachen, die Urphänomene
aufzusuchen, auf Atome, Molecüle, Zellen, Moneren, die

elementaren mechanischen und chemischen Vorgänge zurück=
zugreifen, aber Monismus braucht man dieß nicht zu nennen
und den Anspruch nicht zu erheben, als ob man so ohne
weitere Leitung die Lebenserscheinungen im Wege der Con=
struction aus den einfachsten Formen zu entwickeln ver=
möchte. Man wird an die Hegel'sche Logik erinnert, die
sich den Schein giebt, als ob sie ohne Seitenblick auf den
anderswie gegebenen Vorrath von Ideen und Erfahrungen
vom reinen, dem Nichts gleichzuachtenden Sein durch einen
inneren dialectischen Proceß zu den höchsten Begriffen und
realen Erscheinungen gelangte. Man könnte die angeb=
lich 18000 Farben der Vaticanischen Sammlung so in
einen Farbenkreis ordnen, daß je die zwei nebenein=
anderliegenden fast ununterscheidbar wären, und wenn
man dann vom Weißen oder Schwarzen aus die ganze
Reihe durchlaufen hätte, dieß für eine genetische Entwick=
lung der Farben aus Etwas, was nicht Farbe ist, aus=
geben wollen. In ähnlicher Weise wird auf allen Gebieten
ein successives Geschehen mit einem spontanen verwechselt
und gegen die Wahrheit, daß die Wirkungen den Ursachen
adäquat sein müssen, auf Schritt und Tritt gesündigt.
Um des logischen Wohlgefallens am Monismus willen ist
es keinenfalls nöthig, die ganze organische Welt aus Einer
Grundform abzuleiten; es wäre zum mindesten ebenso lo=
gisch anzunehmen, daß, nachdem auf der abgekühlten Erd=
rinde die Bedingungen für die Entstehung organischen Le=
bens eingetreten waren, diese an verschiedenen Orten un=
seres Planeten und in verschiedenen Zeiten schon nicht genau

die gleichen sein konnten, daß aber unter ungleichen Be=
dingungen auch Ungleiches entstehen mußte, und somit gleich
vornherein eine wenn auch beschränktere Mannigfaltigkeit
von Formen gegeben war.

10.

Es ist gesagt worden: „das wäre erst noch zu beweisen,
daß es kein Denken ohne Denkendes geben könne". Es
ist dieß aber, was man eine Verschiebung der Beweislast
nennt. Affirmanti incumbit probatio, sagen die Juristen.
Wir andern Menschenkinder sind gemäß der uns zu Theil
gewordenen Gehirnorganisation außer Stand, uns irgend
eine Thätigkeit zu denken ohne ein Etwas, dem sie zu=
kommt, irgend ein Prädikat ohne Subject, irgend ein Ver=
bum im Satz ohne sein Substantiv. Am sichersten sind
wir dieses Subjectes, wo es sich um menschliche Thätig=
keiten und Zustände handelt; zum Lachen denken wir ein
Lachendes, zum Sterben ein Sterbendes und so doch gewiß
auch zum Denken, Fühlen, Wollen ein Denkendes, Fühlendes,
Wollendes. Selbst da, wo wir dieß Etwas, dem das Thun
zukommt, noch nicht zu unterscheiden oder zu benennen ver=
mögen, denken wir es wenigstens durch die sprachliche Form
als Pronomen und Neutrum an: es blizt, es klopft, es
stinkt, und wollen damit sagen: es ist ein Etwas da, was
blizt, klopft oder übel riecht. Also selbst wenn wir sagen
könnten: es denkt, es will, so würde dieß doch nichts An=
deres heißen als: ein Denkendes, ein Wollendes ist. Wenn
nun hierin der gemeine Verstand in Uebereinstimmung steht
mit aller Grammatik und Logik, die es jemals in der Welt

gegeben hat, kann man dann von uns erst noch den Beweis für das Negative fordern, daß es kein Denken ohne Denkendes geben könne? Man kommt in der Sache sofort auf die Kategorieen, auf die Stammbegriffe alles Denkens, das Ding, dessen Eigenschaften und Thätigkeiten zurück, welche allem Beweisen und aller Denknothwendigkeit zu Grunde liegen; und man könnte mit gleichem Recht erst einen Beweis dafür fordern, daß es keine Eigenschaften geben könne, die nicht die Eigenschaften eines Etwas wären. Hätte nicht vielmehr Derjenige, der den von aller Welt abweichenden Satz aufstellt: es gibt ein Denken ohne ein Etwas was denkt oder es kann ein solches geben, die Beweislast und uns eine Vorstellung davon zu entwerfen, wie eigentlich sein Kopf organisirt ist und wie wir es etwa angreifen müßten, um das Denken in ein subjectloses Geschehen zu verwandeln?

Die Einwendung war natürlich nur gegen den Gottesbegriff in theistischer Fassung gerichtet und weist im Hintergrund auf jenes geheimnißvolle Wesen der Hegelschen Lehre hin, die Idee, bei welcher wie bei Gottheiten von unaussprechbaren Namen schon verboten war zu fragen, was sie eigentlich sei, und es für gleich falsch galt zu sagen: sie denke als sie werde gedacht, die nur durch ein noch dunkleres Wort, einen verneinenden Beziehungsbegriff, zu dem das Bezogene fehlt, das Absolute, erläutert wurde.

Es ist ja nicht zu bestreiten, daß wir uns Persönlichkeit und Selbstbewußtsein nicht ohne Beschränkung, ohne Unterscheidung von einem Anderen vorzustellen vermögen;

und noch weniger ist es zu verwundern, daß wenn wir
vorher einen pantheistischen Gottesbegriff aufstellen und
dabei das AllEins in schärfster Fassung betonen, dann auch
keine Form von theistischer Vorstellung mehr einen Boden
findet. Aber wenn uns die Einbildungskraft die Mittel
versagt, den Weg nach oben zu gehen, folgt daraus, daß
wir den Weg nach unten einzuschlagen und zum Unbe=
wußten und Unpersönlichen herabzusteigen haben? Ist ein
Denken ohne Denkendes irgend vorstellbarer als ein all=
und selbstbewußter Geist? Ist es nicht folgerichtiger, lieber
ehrlich und bescheiden zu sagen: wir wissen und begreifen
das Wesen Gottes nicht, aber wir können es nicht unter=
lassen, an die Spize des Weltganzen Geist und Wille zu
sezen statt Kraft und Stoff und dabei von dem Höchsten
und Besten, was wir an unserem eigenen Wesen kennen,
aufwärts, statt abwärts zu schließen, ein potenzirtes Denken,
Fühlen und Wollen, und damit auch ein Höchstes, das
denkt, fühlt und will, wenn nicht vorzustellen, doch zu glau=
ben und — zu lieben. Etwas Anthropomorphismus läuft
dabei mit; das ist nicht in Abrede zu stellen und nicht zu
vermeiden; aber was man uns an seiner Stelle bieten will,
ist, wenn es blinde und unbewußte Kräfte sein sollen, nicht
ein Ueber= sondern ein Untermenschliches; wenn es Geseze
sein sollen, so muthet man uns zu, Ordnungen zu denken,
zu denen das Ordnende wie das Geordnete fehlt, etwa wie
wenn ein Staat nur aus Gesezen bestünde und diese sich
dann Land und Volk selbst zu schaffen hätten; soll endlich
zwar ein Denken an der Spize stehen, aber nur ein Rie=

mandsdenken, eine Idee, die weder denkt noch gedacht wird,
sondern nur ist oder geschieht, dann haben wir auch An=
thropomorphismus, sofern Denken blos ein menschliches
Attribut ist, nur einen mit Widersinn verquickten, und statt
der vorgeblichen sublimen Weisheit eine Mißhandlung der ele=
mentarsten Gesetze und Stammbegriffe aller menschlichen Logik.

11.

Die Aufgabe, die Welt zu erklären, könnte man etwa
mit derjenigen vergleichen wollen, aus einigen Fragmenten
von zweifelhaftem Text ein verlorenes Drama wiederher=
zustellen, oder wenn sich in der Ecke einer großen Wand=
fläche noch die Umrisse einiger Figuren erkennen lassen,
aus denselben den Stoff und Gehalt des ganzen Gemäldes,
das früher die Wand bedeckt hat, zu errathen, oder auch
aus einigen Algenexemplaren auf die ganze Flora eines
Landes zu schließen. Aber so wenig dieß jemals geleistet
werden wird, so sind doch diese Bedingungen noch unend=
lich leichter; denn es handelt sich hier doch immer noch
nur um eine Wahl und ein Errathen innerhalb des Um=
kreises bekannter Vorstellungen und Erscheinungen, und es
wäre denkbar, daß eine geniale Phantasie, wenn auch nicht
gerade das richtige, doch ein ähnliches und an sich denk=
bares Werk zu Stande brächte. Allein unsere Kenntniß
der Welt ist eine ganz unvergleichbar mangelhaftere und
fragmentarischere. Unter zahllosen Weltkörpern kennen wir
nur einen einzigen, unsern Planeten; von allen andern
haben wir nur einzelne Daten über Größe, Entfernung und
Bewegungen, die noch zu nichts Weiterem führen; von un=

gezählten Jahrtausenden der Geschichte unserer Erde und der Menschheit sind uns nur die drei lezten einigermaßen aufgehellt; das Stück, das der Zukunft angehört, ist ganz zugedeckt.

Nun müssen wir aber doch das Weltall als etwas Zusammenhängendes, Geordnetes, Entwicklungsstufen Darstellendes und eben damit auch unsern Planeten als ein Glied einer Reihe, etwa als die Sprosse einer Himmelsleiter vorstellen. Also etwas sehr mangelhaft Bekanntes als Glied einer Reihe von völlig unbekannten Dingen zu begreifen, wäre die eigentliche Aufgabe, die uns gestellt ist. Um von Wissenschaft gar nicht zu sprechen, auch die Phantasie des genialsten Menschen vermag keinen Schritt über die Voraussezungen unserer planetarischen Erfahrungen hinaus zu thun; sie kann einzelne dieser Bedingungen steigern, andere einschränken, aber sie kann nur Variationen des Gegebenen finden, keine neue Melodie.

Welt, Universum, Kosmos bedeuten in drei Sprachen das Gleiche, ein Ganzes, von dem wir eine winzige Parzelle einigermaßen kennen. Jedes Prädikat, das wir diesem Ganzen beilegen wollen, ist aus der Luft gegriffen. Strauß will es zwar als eine „metaphysische Nothwendigkeit" bezeichnen, daß sich die Summe des Seins im Universum nicht vergrößern könne, weil damit dessen Unendlichkeit aufgehoben würde. Was soll man sich dabei denken? Unläugbar vergrößert sich die Summe des Seins auf unserm Planeten fortwährend, schon einfach dadurch, daß die Menschenzahl wächst, ihre Wissenschaft und Bildung. Sollte deßhalb an irgend einem andern Punkt des Weltalls ein entsprechender Rückgang und Abgang stets in den gleichen Zeitmomenten geboten sein und Plaz greifen? Schwerlich würde sich bei irgend einem Theologen eine willkürlichere und unerweislichere Behauptung finden lassen.

Nichts Anderes als die Prädicirung eines unbekannten Subjects durch ein unbekanntes Prädikat ist es nun auch zu sagen: die Welt ist Gott.

Göthe sagt, und zwar am Schlusse seiner Laufbahn, daß ihm noch Niemand vorgekommen sei, der wisse, was das Wort Pantheismus bedeute. Schopenhauer zeigt in seiner geistreichen Art, daß die beiden Formulirungen des Gedankens: Gott ist die Welt, und: die Welt ist Gott, entweder überhaupt Nichts oder eine Beseitigung des Gottesbegriffs enthalten. Atheismus und Pantheismus lassen sich in der That nicht auseinander halten. Denn wenn Gott mit dem Universum zusammenfällt, so ist er ebendamit entbehrlich. „Wozu ein Gott, die Welt ist sich genug."

Wenn die pantheistische Formel sich auch auf die unbekannten Theile des Weltganzen beziehen soll, so stellt sie nur eine unlösbare Gleichung mit zwei Unbekannten, x = y, auf, die völlig werth- und sinnlos ist, wenn sie sich aber auf das unserer Erkenntniß zugängliche Weltfragment beschränken will, so läßt sie das Wesen Gottes in den Erscheinungen eines einzelnen unter den vielen Trabanten eines der zahllosen Firsterne aufgeben, was zu einer Art von Planetengott, also zum Polytheismus führen könnte, wenn sich überhaupt etwas Ernsthaftes dabei denken, wenn man dann nicht zehnmal lieber den Gottesbegriff ganz fallen ließe.

Man braucht sich gegen die Feuerbach'schen Säze, daß alle Religion anthropologischen Ursprungs sei und auf menschlichem Verlangen und Bedürfniß beruhe, nicht zu sträuben, ohne daß man darum dessen näheren Ausführungen und weiteren Consequenzen verfallen müßte. Giebt es denn überhaupt eine andere und bessere Legitimation für irgend eine Einrichtung, als daß sie einem menschlichen Bedürfniß entspreche, und worin sollte eine solche höhere Beglaubigung bestehen können? Es ist ja mit Wissenschaft und Kunst, mit Recht und Moral genau ebenso. Wie will man denn in der Begründung der Idee des Guten noch weiter kommen als dahin, daß im Menschen ein Verlangen, eine unabweisbare innere Forderung liege, nenne man sie nun Gewissen, kategorischen Imperativ, Vernunfttrieb oder wie man will, nach einer festen Ordnung für sein getheiltes und zerfahrenes Wollen und nach einem Maßstab für den Werth seiner Handlungen? Es ist eine Verwechslung der Folgerung mit der Prämisse, wenn wir die Ableitung des Guten aus einem göttlichen Willen für ein noch weiteres Zurückgreifen in der causalen Verkettung halten. Denn dieß ist erst Sache des Glaubens, dessen Quelle und lezte Bürgschaft wieder in jenem Gefühl einer inneren Nöthigung liegt. Es ist auf dem intellectuellen Gebiet nicht anders. Die Wahrheit scheint uns wie eine lichte Gestalt auf dem Grunde der Erscheinungen ein objectives Dasein zu haben; und doch ist ihre Beglaubigung auch nur subjectiven Ursprungs. Nicht weil sie irgendwo ist, suchen wir sie, sondern weil wir sie suchen und begehren, versezen wir sie dorthin. Ihr leztes Zeugniß ist ein So denken müssen, das nicht weiter bewiesen und entwickelt werden kann, sondern unmittelbar gefühlt wird. Ob die Formen und Geseze unsers Denkens selbst richtig sind und zur Wahrheit leiten können, das wissen wir nicht; wir glauben es aber und ein Zweifel daran würde uns nichts helfen.

So ruht auch alle Religion nur auf subjectivem Verlangen und Bedürfniß, nur daß wir dasselbe, gerade wie unser Verlangen nach dem Wahren, Schönen und Guten, als ein Allen gemeinsames, zur ursprünglichen Mitgift der menschlichen Natur gehöriges Streben betrachten müssen. Wir finden einen Trieb und Reiz, eine innere Forderung in uns vor, unser Ich und gesammtes individuelles Dasein, wie ein bloßes Bruchstück, in einen lebendigen, nicht blos gedachten, sondern gefühlten und gewollten Zusammenhang mit dem Weltganzen und den darin waltenden Mächten einzurücken. Die Vorstellung einer zusammenhangslosen, isolirten und verlorenen Sonderexistenz vermögen wir nicht zu ertragen. Wer und was auch die allwaltenden Mächte sein mögen, wir erheben den Anspruch an sie, daß sie nicht in unnahbarem Jenseits, in unerreichter Ferne und Gleichgültigkeit von uns abgewendet stehen, sondern daß auch unser Einzeldasein und Schicksal, unser Wohl und Wehe in irgend einer Art mit aufgenommen und verflochten sei in den Zusammenhang aller Dinge.

Es führt zu einer ganzen Kette von weitgreifenden

Irrthümern, wenn man unter leichter Verschiebung des wahren Verhältnisses mit Schleiermacher das Wesen der Religion in ein Gefühl der schlechthinigen Abhängigkeit sezt.

Man kann gegen diese Formel schon einwenden: eine gefühlte Abhängigkeit ist niemals eine schlechthinige. Denn um einen Zustand als den einer unbedingten Abhängigkeit zu fühlen, müßte ich ihn doch zuerst unterscheiden können von anderen Zuständen einer blos bedingten oder gar keiner Abhängigkeit, und ich muß diese lezteren Zustände auch kennen und in mir vorfinden. Ein Wesen aber, das mannigfache innere Zustände, darunter auch den des Freiheitsgefühls oder der blos bedingten Abhängigkeit hat, kann keinen seiner Zustände als den eines schlechthinigen Abhängigkeitsgefühls bezeichnen, weil ein solcher doch immer nur partiell und vorübergehend ist, und an den ebenso unläugbar vorhandenen Freiheitsgefühlen seine Schranken und Bedingungen findet.

In der That ist auch das Grundgefühl aller religiösen Erregungen nicht das, daß der Einzelne für sich gar nichts bedeute, daß er eine Null sei in dem Weltganzen, sondern im Gegentheil, daß auch von ihm darin Notiz genommen werde, daß auch er mitzähle und aufgenommen sei in den Rathschluß der lezten und höchsten Ordnungen und dazu berufen, leidend und handelnd zu deren Verwirklichung mitzuwirken. Nicht das Gefühl einer unbedingten Abhängigkeit, sondern einer unbedingten Zugehörigkeit zu dem Plane des Weltalls ist Religion. Sie ist das Bewußtsein eine Weltparzelle zu sein, ein wenn auch kleines, doch nicht un-

beachtetes und mit vorgesehenes Glied an dem Körper der
Schöpfung. Wäre „seines Nichts durchbohrendes Gefühl"
das entscheidende Merkmal alles religiösen Lebens, so müßten
wir das direkteste Gegentheil einer frommen Empfindung
in der tiefsinnigen und ergreifenden Sage sehen, daß der
Erzvater Jakob die Nacht hindurch mit dem Herrn bis zur
Verrenkung seiner Hüfte rang und zu ihm sprach: ich lasse
dich nicht, du segnest mich denn.

Göthe trifft das Wesen der Sache weit besser als
Schleiermacher, wenn er sagt:

> In unsers Busens Reine wogt ein Streben,
> Sich einem Höher'n, Reiner'n, Unbekannten,
> Aus Dankbarkeit freiwillig hinzugeben.
> Wir heißens: Fromm sein.

Nur ist das Motiv „aus Dankbarkeit" zwar ächt Gö=
thisch, aber nicht erschöpfend, nicht den Kern der Sache
treffend. Denn dieser liegt in dem Verlangen nach An=
lehnung und Einfügung unseres Ichs in den lezten Zu=
sammenhang der ganzen Erscheinungswelt.

Mit einem solchen Verlangen ist noch keineswegs irgend
eine bestimmte Vorstellung von göttlichen Wesen, ja nicht
einmal der Gottesbegriff selbst gegeben. Es soll und kann
nicht von angeborenen Ideen die Rede sein, wohl aber von
einer angeborenen Disposition oder Angelegtheit der Seele,
auf den Intellect einen Druck oder Reiz zu üben, daß er
Vorstellungsreihen suche und ausbilde, welche jenem Ver=
langen entgegenkommen, um dann von den ihr dargebo=
tenen Vorstellungen die einen willig hinzunehmen, die an=
dern zurückzuweisen, je nachdem sie jenem Verlangen und

zugleich den andern gleichberechtigten inneren Forderungen, wie den Denkgesezen und dem Gewissen, mehr oder weniger entsprechen.

Es ist mit den Erkenntniß= und sittlichen Trieben ganz das Gleiche; was wahr, schön und gut ist, wissen sie nicht zu sagen, aber daß es Wahres, Schönes und Gutes geben müsse, das man suchen und finden könne, stellen sie dem Intellect als Postulat und Weisung hin.

Eine höhere und noch weiter zurückgreifende Beglau= bigung für menschliche Seelenthätigkeit als dieß Nichtanders= können, als diese innere Nöthigung des Suchens giebt es nicht und man kann sich nicht einmal eine Vorstellung da= von bilden, wie eine solche beschaffen sein müßte. Die ab= stracte Möglichkeit, daß unsere Denkgesetze falsch, das Ge= fühl eines unbedingten Sollens ein Trugbild, das unserer Einfügung in einen höchsten Zusammenhang aller Dinge ein eitles Phantasiespiel wäre, wird sich niemals läugnen und widerlegen lassen, so wenig wir je zu einer Gewißheit darüber gelangen werden, daß nicht alle unsere Sinnes= wahrnehmungen Täuschungen sind. Hier tritt ein Glaube ein, dessen wir uns nicht entschlagen können, auch wenn wir es wollen. Wenn unsere psychische Ausstattung ein Gefängniß wäre, so wäre sie jedenfalls ein unentrinnbares. Alle menschliche Metaphysik und Ethik, so gut wie alle Re= ligion, steht und fällt mit der Voraussezung, daß unsere Vernunfttriebe keine Täuschungen, daß unser Verlangen nach Wahrheit, Tugend und Gottesgemeinschaft Gaben, Stimmen, Zeugnisse, Spuren und Unterpfänder höherer

27 *

und höchster Daseinsformen sind und die Möglichkeit eines
Weiterschreitens bis zu den lezten Zielen verbürgen.

Man will bestreiten, daß die religiöse Anlage zu den
angeborenen Kräften und der ursprünglichen Mitgift der
menschlichen Natur gehöre, da es ja ganze Völker und je=
denfalls eine Menge einzelner Individuen ohne alle reli=
giöse Vorstellungen gebe. Mit den ganzen Völtern ist die
Sache zum mindesten zweifelhaft; wohl aber giebt es Völker
genug, bei welchen wir keine Spur von Wissenschaft und
Kunst wahrnehmen, ohne daß Jemand den Schluß daraus
zöge, der Sinn für Wahrheit und Schönheit könne nicht
ein Inventarstück der menschlichen Ausstattung sein. Ebenso
wenig lassen wir uns dadurch, daß es Einäugige und
Blinde, Krüppel und Lahme, stumme und taube Menschen
giebt, abhalten, von dem Menschen auszusagen, daß er
zwei Augen zum Sehen, zwei Ohren zum Hören, Sprach=
werkzeuge, zwei Arme und zwei Beine habe. Ueberdieß
ist ein völliger Mangel religiöser Erregungen weit seltener
als es Vielen erscheinen mag. Wer zwischen Atheismus
und Pantheismus keinen Unterschied finden kann, wird
darum doch nicht so verkehrt sein, allen denjenigen, welche
von dem Begriff Gottes den der Persönlichkeit fern halten
zu müssen und zu können glauben, also auch einem Fichte
und Schleiermacher, die religiöse Empfindung abzusprechen.
Selbst Strauß kann es nach völliger Beseitigung des Got=
tesbegriffes nicht lassen, sein Universum doch wieder mit
allerhand gottmenschlichen Attributen auszustaffiren, von
dessen Vernunft und „Güte" zu reden, der wir uns mit

liebendem Vertrauen ergeben sollen und für dasselbe aus=
drücklich die gleiche „Pietät" zu fordern, wie der Fromme
alten Styls für seinen Gott.

Die unabweisbare Wahrheit, daß alle Religion psycho=
logischen Ursprungs sei und in menschlichen Bedürfnissen
wurzele, erhält dagegen ein völlig anderes Ansehen in der
Fassung, die Religion sei nur ein Erzeugniß menschlicher
Wünsche und Sorgen, die göttlichen Wesen eine menschliche
Erfindung aus egoistischem Interesse, um die Unzulänglich=
keit der eigenen Kräfte zu ergänzen. Vom timor fecit Deos
der Epikureer bis zu Feuerbach und Strauß ist der Ge=
danke, daß alle Götterverehrung dem Menschen nur als
Mittel diene, sich besser durch die Welt zu schlagen, in den
mannigfaltigsten Formen ausgesprochen worden. Den präg=
nantesten Ausdruck hat ihm lange vor Feuerbach Schiller
gegeben:

> Was sollen deine Götter,
> Des kranken Weltplans schlauerdachte Retter,
> Die Menschenwitz des Menschen Nothdurft leiht?

Das Possenspiel, sich zuerst höhere Wesen zu fingiren
und frei zu erfinden, um sie nachher unsern persönlichen
Zwecken dienstbar vorstellen und machen zu können, wäre
aber doch gar zu plump, als daß es zu allen Zeiten und
bei allen Völkern so viel Anklang hätte finden können. Die
Consequenz wäre nicht abzuweisen, daß gerade bei denjeni=
gen, welche die religiösen Vorstellungen zuerst ausgebildet
und weiter entwickelt haben, jenes Motiv einer interessirten
Furcht vorzugsweise stark und wirksam gewesen wäre. Wir

müßten uns die Religionsstifter und Alle, die durch die
Kraft und Eigenthümlichkeit ihrer frommen Erregungen
für Andere zu Vorbildern geworden sind, einen Moses und
Jesaias, Zarathustra und Satjamuni, Pythagoras und
Socrates, Jesus und Paulus, Augustinus und Luther als
ganz besonders ängstliche und egoistisch auf ihr persönliches
Wohl bedachte Gemüther, ja, kurz gesagt, als berechnende
Betrüger vorstellen.

Der Grund aller Religion liegt in einem metaphysischen Trieb, in einem inneren Drang, aus dem wir zwar
weitere Folgerungen ziehen, die wir aber unmittelbar nicht
selbst weiter ableiten können. Daraus folgt die Neigung,
überhaupt an höhere Wesen und Ordnungen und an die
Möglichkeit, sich in Beziehung zu ihnen zu sezen, zu glauben.
Bei der Art aber, wie nun der menschliche Intellect unter
dem Antrieb jenes Grundgefühls die religiösen Vorstellungen, die demselben Genüge leisten sollten, sich ausdachte und
weiter bildete, gesellten sich allerdings noch mancherlei Motive anderer, auch niedrigerer Gattung, Furcht, Hoffnung,
Selbstsucht in allen Formen hinzu und stellten den Kultus
in den Dienst aller möglichen besonderen Lebenszwecke. Dieß
gehört aber zur Entwicklungsstufe jenes Grundgefühls, das
sich erst allmälig zu reinerer Ablösung von fremdartigen
Zuthaten hindurchzuarbeiten hat, gerade so wie dieß auf
den andern Gebieten des geistigen Lebens der Fall ist. Das
hat man aber schon lange vor dem Feuerbach'schen und
Strauß'schen Buche gewußt.

13.

Für materialistische und pantheistische Standpunkte war
es von jeher eine sehr schwierige Sache, zu dem Begriff
eines sittlichen Sollens zu gelangen; für den Darwinismus
aber ist die Aufgabe gar eine verzweifelte. Man will doch
von allen Seiten die Kardinalpunkte der Moral unange=
fochten lassen und muß deßhalb auf irgend einem Wege
dazu gelangen, Gerechtigkeit, Wohlwollen, Mitleid, Dank=
barkeit, Vaterlandsliebe und ähnliche den Egoismus ein=
schränkende Tugenden zu empfehlen. Wenn aber der Kampf
ums Dasein das Triebrad für alle Entwicklung und allen
Fortschritt ist, dann kann die Losung nur sein: was gehen
mich die Andern an? dann ist jeder nur auf die rücksichts=
loseste Geltendmachung seiner individuellen Kräfte ange=
wiesen und es gienge etwa zu, wie der Küraffier in Wallen=
steins Lager beschreibt:

's ist hier just wie's beim Einhauen geht:
Die Pferde schnauben und sezen an:
Liege wer will mitten auf der Bahn,
Sei's mein Bruder, mein leiblicher Sohn,
Zerriß mir die Seele sein Jammerton,
Ueber seinen Leib muß ich jagen,
Kann ihn nicht sachte bei Seite tragen.

Versezen wir freilich den consequenten Darwinianer
wirklich als Soldaten in die Schlacht mit dem Feldgeschrei:
Kampf ums Dasein, dann wäre wohl die nächstliegende
Erwägung, daß er ein Thor wäre, sich den feindlichen
Kugeln auszusezen und daß „die Vorsicht das bessere Theil
der Tapferkeit sei." In einer Ethik wird man von den

Prämissen des Kampfs ums Dasein aus immer nur durch eine ganze Reihe von Lehnsäzen oder Erschleichungen aus ganz anderen Anschauungsweisen heraus gelangen können.

Man konnte deßhalb besonders begierig sein zu sehen, ob und wie es dem hellen und feinen Geist von Strauß gelingen werde, den Weg von Darwin'schen Prämissen zu einem sittlichen Sollen zu finden. Die gerechte Erwartung wird aber nur in sehr ungenügender Weise befriedigt. Denn auch hier werden die Schwierigkeiten nur durch Vergessen oder Ignoriren der Vordersäze und durch Beiziehung ganz anderer Voraussezungen zu lösen gesucht.

Nachdem zuvor der Mensch vermittelst der beiden „Dietriche der Naturwissenschaften", der kleinsten Schritte und größten Zeiträume, in der üblichen Weise als Abkömmling begünstigter Affenpaare aufgezeigt, die Unvergleichbarkeit der physischen und psychischen Vorgänge principiell geläugnet, vielmehr die Möglichkeit, daß sich Bewegung so gut wie in Wärme, auch in Empfindung umsezen könne, behauptet, die Annahme einer Seele mit Carl Vogt für eine reine Hypothese, die weder zu begründen sei noch irgend etwas nüze, erklärt worden ist, werden wir mit Einem Male auf einen ganz anderen Boden gestellt, wenn es sich darum handelt, die Grundlagen einer Sittenlehre aufzufinden.

Der Mensch, heißt es nun, ist kein bloßes Naturwesen; die Natur hat in ihm über sich selbst hinausgewollt (freilich ohne daß wir erfahren, wie sie dieß Münchhausen'sche Kunstwerk fertig bringen konnte); die Welt ist zwar nicht v o n

einer höchsten Vernunft, aber auf eine höchste Vernunft
angelegt. Die Natur, die sich im Thier nur empfunden
hat, will sich im Menschen nun auch erkennen. Es sind
dieß Hegel'sche Reminiscenzen, nur daß jezt an die Stelle
der „Idee" die Natur getreten ist.

Was man aber von einem Anhänger Darwins am
wenigsten erwarten sollte, der eigentliche Ausgangspunkt
für die Construction sittlicher Forderungen ist der Gattungs=
begriff. Alles sittliche Handeln, wird gesagt, ist ein Sich=
bestimmen des Einzelnen nach der Idee der Gattung. Wenn
irgend Jemand in der Welt, sollte man aber denken, so
müßte der Darwinist dem Nominalismus huldigen; für ihn
existirt nur das Einzelne; die Gattung ist eine Abstraction,
eine willführlich nach den Bedürfnissen des discursiven
Charakters menschlicher Erkenntniß in die Welt des Seien=
den hineingezeichnete Figur von stets wechselnden Umrissen.
Nun sollen aber aus der Gattungsgemeinschaft sogar Pflich=
ten folgen. Ich soll anerkennen, daß andere dasselbe seien,
wie ich, mit den gleichen Bedürfnissen und Ansprüchen!
Statt zu sagen: wer die gleichen Ansprüche mit mir macht,
ist mein Gegner, dessen ich mich zu erwehren oder zu ent=
ledigen habe im Kampf ums Dasein, wird die ungeheure
Forderung fast wie etwas Selbstverständliches hingestellt,
ich habe den Andern mir gleich zu achten.

Wiewohl es bei dem Darwinianer durch die Verläng=
nung der Vordersäze stärker ins Auge fällt, so steht Strauß
doch hierin keineswegs allein, sondern theilt mit Kant und
den meisten Moralphilosophen den Fehler, den Hauptpunkt

ganz in der Stille schon vorauszusezen. Wie wenn es sich
um die Gleichheit von Winkeln oder Dreiecken und um rein
logische Deductionen handelte, wird behauptet, daß die
Menschen nach ihren Gattungsmerkmalen einander gleich
oder ähnlich seien und — daß nun deßhalb der Einzelne
den Andern sich selbst gleich zu stellen habe! Aber Ich
bin Ich und alle anderen gehören zum Nichtich; daß diese
mir gleich zu halten seien, das sagt nicht die Logik, sondern
— die Liebe, ja es ist so unlogisch als möglich. Warum
sollten denn die Säze: Jeder ist sich selbst der nächste; jeder
sei auf seinen Vortheil bedacht und sehe, wie er die andern
überlistet und überwältigt; jeder ziehe die sinnlichen Genüsse als die reellen und sicheren den unsinnlichen und ein-
gebildeten vor u. s. w. weniger logisch und nicht ebenso
gut zu einer allgemeinen Formulirung geeignet sein? Inwiefern soll denn das Princip: die Maxime deines Handelns muß allgemein anwendbar sein, rationeller lauten,
als der Grundsaz: die Maxime deines Handelns braucht
für Niemand zu passen als für dich, oder: der concrete
Fall ist niemals ein allgemeiner, sondern stets ein einzelner?
Oder warum soll der Streit mißfällig sein? Der Streit,
in dem ich siege und gewinne, wird mir gefallen, denjenigen,
in welchem ich zu unterliegen fürchten muß, werde ich zu
vermeiden suchen; wenn aber Dritte streiten, so braucht es
mir nicht zu mißfallen; duobus litigantibus tertius gaudet:
jedenfalls aber kann es mir gleichgiltig sein.

Wenn uns der Bösewicht sagte: ich weiß und will
nichts von eurer Idee der Gattung und folge meinen Be-

gierden, ohne zu fragen, ob sich die Maxime meines Han=
delns zu einer Vorschrift für Alle eignet, was könnten wir
ihm darauf antworten als etwa: wir unterwerfen dich aber
unserer Ordnung, mit dem stillschweigenden Vorbehalt: so
lange wirs vermögen und deinesgleichen nicht die Mehr=
heit bilden.

Man kommt mit solch allgemeinen und formalen Ab=
leitungen aus der Idee, Natur, Gattung, Bestimmung der
Menschheit wie mit der Kant'schen Forderung einer Formel
von universeller Anwendbarkeit nicht vom Fleck. Solche
Säze sprechen zwar in der Regel etwas ganz Richtiges aus,
aber sie leiden alle an einer petitio principii. sie sezen die
Hauptsache stillschweigend voraus. Man muß auf die psy=
chologischen Grundthatsachen, über welche hinaus kein Weg
mehr führt, zurückgehen, und dort im Einzelnen die Ansäze
und Keime der sittlichen Begriffe aufzeigen.

Ein Versuch hiezu ist an einer anderen Stelle für
die Deutung des Rechtsgefühls gemacht; zu der näheren
Begründung und Ausführung, welche derselbe noch erfordern
würde, ist hier nicht der Ort.

Der Inhalt unseres Seelenlebens stammt aus den
Trieben. Nur daß über dem Gerüste unserer animalischen
Willensansäze noch ein Aufbau von humanen, metaphy=
sischen Vernunft- oder Ordnungstrieben, die zum Ersaz für
die geringere sinnliche Gewalt von einem Gefühl ihres vor=
züglicheren Werthes begleitet sind, unter gleichem Dache
angebracht ist, rückt uns über die Thierwelt hinaus und
macht uns zu bewußten Gliedern des Weltganzen.

Der Trieb des Mitgefühls, das Verlangen nach einer
festen Ordnung für unser Wollen, das Gefühl eines unbedingten Sollens sind die Quellen aller sittlichen Begriffe.

Wir suchen uns immer mit dem unbestimmten Com-
parativ des Höheren, der höheren Triebe, Anlagen, Kräfte
zu behelfen. Daß wir geneigt sind unter den doch immer
relativen Bezeichnungen der räumlichen Dimensionen das
Obere für werthvoller zu halten als das Untere und das
Höhere dem Niederen vorzuziehen, ist eine wie angeborene
Weltsymbolik. Wir richten den Blick nach Sonne und
Sternenhimmel. Suchet was droben ist; denn alle gute und
vollkommene Gabe scheint uns von oben herab zu kommen.

Man braucht noch nicht an die Idealität des Raums,
sondern nur an die Antipoden zu denken, um das Täu-
schende dieser Vorstellungen vom Oberen und Höheren zu
erkennen. Aber dennoch sagt uns ein unabweisbares Gefühl, daß hier mehr sein müsse als bloße Symbolik; es
verwehrt uns, in jenen metaphysischen Anlagen bloße subjective Wahngebilde zu sehen, denen keine Realität gegen-
überstände. Wir fühlen uns getrieben ihnen transcendenten
Ursprung beizulegen, sie als Bänder und Pfänder anzusehen, die das Bruchstück unseres planetarischen Lebens zu
dem Ganzen einer vollkommeneren Welt in Beziehung sezen.

Der menschliche Gattungscharakter kann eine höhere
Bedeutung und gar eine Verpflichtung nur in sich schließen,
wenn die Gattung mehr ist als eine blos flüchtige Station
in den Kämpfen und Wechselspielen blinder Kräfte, wenn
sie uns als ein verwirklichter Gottesgedanke, als das Glied

eines allumfassenden auf die Verwirklichung idealer Güter angelegten Weltplans erscheinen dürfte. Mit dem Begriff einer Bestimmung des Menschen mögen uns wenigstens diejenigen nicht kommen, welche alle Teleologie in der Welterklärung verwerfen. Denn wie kann von der Bestimmung einer Sache die Rede sein ohne Zwecksezung? Das Gesez der Liebe, der Grundpfeiler aller Ethik, hätte einen schweren Stand, wenn seine bindende Kraft nur in einer logischen Kette von Gleichungen läge oder der Trieb des Mitgefühls nur ein allen andern Neigungen und Begierden gleichwerthiges Glied wäre. Wir fühlen uns gedrungen, die Liebe als ein Weltprincip zu betrachten, welches die Idee einer Ordnung in dem Reiche der selbstbewußten Seelen zu verwirklichen bestimmt ist, sie auf ein allwaltendes, selbst fühlendes und liebendes Wesen zurückzuleiten, das uns in dem Drange des Mitgefühls ein Pfand und Siegel unserer ebenbildlichen Abkunft und höheren Bestimmung ins Herz gelegt hat.

Es sind dieß freilich unbewiesene und unbeweisbare Annahmen; man kann sie als bloße Wünsche, Träume oder Hypothesen bezeichnen. Ich nenne sie Säze eines Glaubens, der da berechtigt ist, wo das Wissen aufhört und aufhören muß, da wo dem Wissen nicht widerspricht, sondern dieß nur ergänzt in der Richtung, auf welche es selbst hinleitet. Ohne solche Hypothesen oder Glaubenssäze kann aber der Mensch nicht denken und nicht leben, und auch die entgegengesezten Ansichten ruhen in lezter Instanz auf Voraussezungen.

III. Wider die Formeln des alten Glaubens.

14.

Auch wenn man im Menschen eine besondere, von der Thierwelt durch den scharfen Einschnitt neuer und höherer psychischen Kräfte geschiedene Gattung erkennt, so kann man doch darüber nicht im Zweifel sein, daß die Menschheit von der Pike auf zu dienen, von Zuständen aus, welche nahe an die der höheren Säugethiere anstreifen, ihre Bahn zu höheren Zielen zu finden hatte. Alle Thatsachen der Natur- und Geschichtsforschung weisen übereinstimmend darauf hin; nichts läßt vermuthen oder auch nur denkbar erscheinen, daß die Anfänge unseres Geschlechts in paradiesischem Glück und stetiger Gottesgemeinschaft zu suchen wären. Was wir von Menschengeschichte wissen, alle Zeugnisse der Anthropologie und Geologie würden durch eine solche Annahme auf den Kopf gestellt. Die biblische Erzählung vom Paradies und Sündenfall ist zwar ansprechender, tiefsinniger und gehaltvoller, aber um nichts glaubhafter und denkbarer als die Sagen anderer Völker von einem goldenen oder saturnischen Zeitalter, wo die Pardel mit den Lämmern weideten und die Menschen im Schatten und von den Früchten der Bäume Hunderte von Jahren im Verkehr mit den seligen Göttern lebten.

Aber eben diese Fabel von einem ursprünglichen Stande der Unschuld und Gottähnlichkeit bildet den Grundstein der

ganzen kirchlichen Dogmatik, wenn wir diese in ihrer allge=
mein verständlichen Fassung nach Katechismus und Bekennt=
nißschriften, und nicht nach den Umdeutungen moderner
Theologen auslegen. Daß der thatsächliche sittliche Zustand
des Menschen eine schwere Schuld, einen Abfall von Gott,
der ihn dereinst rein und sich selbst nahestehend in die Welt
gesezt habe, enthalte; daß der Mensch unfähig sei, diese Ver=
schuldung und forterbende sittliche Verderbniß aus seinen eige=
nen Kräften zu beseitigen; daß Gott deßhalb aus unendlichem
Erbarmen sich entschlossen habe, Gnade für Recht ergehen
zu lassen, aber, weil doch die Sünde nicht ungerächt bleiben
könne, ein stellvertretendes Opfer und zwar in der Person
seines eigenen, eingeborenen Sohnes anzunehmen, der hiezu
in die Welt kommen und die Leiden der Menschheit, dazu
den schmerzlichen und schimpflichen Tod eines Missethäters
erdulden mußte; daß sodann der Einzelne, um an den
Wirkungen dieses welterlösenden göttlichen Aktes Antheil
zu nehmen, eben diese Reihe von Vorstellungen sich gläubig
anzueignen und in diesem neuerrungenen Gnadenzustand
Gott wohlgefällig zu leben habe — diese ganze Kette von
Säzen, die uns nur darum nicht so erstaunlich vorkommen,
als sie sind, weil sie uns in noch urtheilsloser Kindheit
schon eingeprägt werden, bricht haltlos in sich zusammen,
sobald das erste Glied abgelöst wird und die ersten Men=
schen nicht mit Engeln, sondern mit Wilden zu ver=
gleichen sind.

Man muß diesen ganzen Ideengang verwerfen, man
wird auf eine durchaus andere Weltanschauung gedrängt,

sobald man davon ausgeht, was Vernunft und Erfahrung
bezeugen, daß der Mensch seine Laufbahn hart an der
Schwelle thierischer Existenz zu beginnen hatte, daß ihm für
die Erreichung seines Ziels nichts mitgegeben war als einige
zarte Keime von Triebkräften einer höheren Lebensordnung,
eingesenkt in den Complex animalischer Begierden und
Fähigkeiten, bestimmt wie ein Sauerteig die trägere Masse
zu durchdringen und umzubilden. Daß der Mensch aber
unfähig sei sich aus eigener Kraft zu vervollkommnen, ist
entweder eine Spielerei mit Worten oder eine Lästerung
des göttlichen Weltplanes. Eigene Kräfte, was man ver-
nünftiger Weise dann unter dem Wort verstehen müßte,
hat er ja überhaupt gar keine, sondern nur verliehene.
Diese verliehenen aber müssen hinreichen, seine Aufgaben
zu erfüllen, wenn er nicht ein Pfuschwerk und ein Miß-
geschöpf sein soll, das zum Untergang bestimmt ist. Sicherer
ist nichts und nichts erhebender, als daß die Menschheit
in aufsteigender Entwicklung begriffen ist, wenn schon die be-
schriebene Bahn, wie Leibniß meint, der Spirallinie gleichen
mag, die auch im Abwärtsgehen, in der fallenden Windung
steigt; und der Maßstab für das Fortschreiten kann nur
in der wachsenden Leitung und Läuterung der niederen
Kräfte durch die höheren gesucht werden. Wenn der Mensch
aber damit den Anfang machen mußte, unter dem Einsaz
aller Kräfte gegen die feindlichen Elemente und wilden
Thiere um sein Dasein zu ringen und doch den Weg vom
Höhlenbewohner, Steineschleifer und Pfahlbauer bis zu
Socrates und Plato ohne die Sendung eines nachhelfenden

Gottessohnes gefunden hatte, so konnte es ihm auch an einem inneren Leitstern für die weiteren Wegstrecken nicht mehr fehlen. Die menschlichen Mängel und Sünden sind nicht der forterbende Fluch eines verschuldeten Abfalls von einst besessener Gottesgemeinschaft, sondern die Reste und Wirkungen des wahren, ursprünglichen Zustandes und der uns eigenthümlichen Mischung ungleichartiger Kräfte.

Die Kluft zwischen dieser Auffassung und dem christlichen Dogma erscheint unübersteiglich und sie ist es auch in der That, sobald uns zugemuthet wird, jener Kette von Vorstellungen auch zugleich eine Reihe entsprechender geschichtlicher Thatsachen zu unterbreiten. Anders ist es, wenn nur von uns gefordert wird, den sittlich religiösen Gehalt jener Säze gelten zu lassen. Die Verwerfung der historischen Vorgänge hindert die Anerkennung nicht, daß der Mensch nach dem Bilde Gottes angelegt und zum Gliede eines Gottesreiches berufen ist; nur sehen wir darin ein Ideal, dessen Verwirklichung wir vorwärts suchen und nicht in dem Ahnherrn unseres Geschlechtes. An diesem Ideal gemessen muß sich uns die tiefe Verwerflichkeit unserer thatsächlichen Seelen- und Gesellschaftszustände, sowie das Verlangen nach einer Erlösung von den Hemmungen jenes höheren Lebens aufdrängen. Der Einzelne ist für sich allein unfähig, diese Hemmungen zu beseitigen; nur die Ueberlieferung des von der Menschheit bereits Errungenen und die Gemeinschaft mit Andern zeigt und bahnt ihm den Weg. Der glaubige Aufschwung des Gemüths, den eine solche Auffassung von Welt und Menschenleben sub specie aeter-

nitatis erfordert, wird durch nichts so erleichtert und ge
fördert als durch den Hinblick auf die vorbildliche Gestalt
desjenigen, der diese höchste Steigerung des Menschenziels
und Menschenwerths in die Welt geführt und durch das
reinste, innigste und kräftigste Gottesgefühl in Lehre und
Leben an sich verwirklicht hat.

Freilich „wenn man's so hört, möcht's leidlich scheinen,"
aber wir verkennen keinen Augenblick, daß auch eine solche
oder ähnliche Umdeutung den ganzen Bau der orthodoxen
Kirchenlehre untergraben, daß sie nicht blos die Säze von
Paradies und Erbsünde, von dem zornigen, zur Correctur
seines Werkes veranlaßten Gott, von dem Mensch gewor=
denen Gottessohn und dessen stellvertretendem Opfertod zer=
stören, sondern auch noch die meisten weiteren Lehren von
der Inspiration, Person Christi, Trinität, Abendmahl u. s. w.
aus ihren Fugen drängen müßte. Und doch gehört der
obige Standpunkt vielleicht noch zum grünen Holze.

15.

Es war ein böses Wort und eine schlechte Prophe=
zeiung, als vor 20 Jahren gesagt wurde, die Wissenschaft
müsse umkehren, in dem Sinne, daß sie sich der Theologie
unterzuordnen habe. Unterdrückt hat man zwar die Wissen=
schaft schon; sie ist stillgestanden und in Verfall gerathen,
aber umkehren kann und wird sie niemals. Wohl aber
mag es sich nun fragen, ob es nicht Zeit wäre, nachdem
der Berg nicht zum Propheten gekommen ist, daß nun der
Prophet zum Berge käme. Die Theologie — es ist nur

die evangelische, die deutsche, die dogmatische gemeint — muß, wenn sie eine Wissenschaft heißen und sein, und nicht eine bloße Pastoreninstruction werden will, das, was für alle Wissenschaften gilt, auch für sich gelten lassen. Unser Intellect erträgt nun einmal die Abtheilung seines Wissens in verschiedene, von einander abgeschlossene Kästen und Schiebfächer nicht; es kann unmöglich in der einen Wissenschaft wahr sein, was in der andern falsch ist. Auch darf sich keine von ihnen träumen lassen, daß sie die Garbe Josephs sei, vor der sich die Garben der Andern zu verneigen hätten; es wäre denn etwa die Logik, der wenigstens eine Art von Censor- oder Ephorenamt nicht abzustreiten ist.

Die Theologie hat sonst immer in inniger Fühlung mit der Philosophie gelebt und eine dauernde Lösung dieses Bandes ist undenkbar, da ihr Thema ja auch zur Metaphysik gehört. In den früheren Jahrhunderten und nicht blos im Zeitalter der Scholastik, sondern auch noch darüber hinaus war die Philosophie die Dienerin und die unfügsamen Denker wurden ignorirt oder verbrannt. Von Leibniz bis Hegel wurde sie die Führerin oder wenigstens die Magd, die mit der Fackel vorausleuchtet. Es ist erst etwa 30 Jahre, daß die Theologie das jezt lästig und gefährlich scheinende Verhältniß abbrach und ihren Weg allein finden zu können glaubt.

Sollte die Philosophie hieran die Schuld tragen und kein Auskommen mehr mit ihr möglich sein? Sollte sie sich schroffer und unversöhnlicher zu Religion und Christenthum verhalten, als die Kritiken Kant's „des Alleszermalmenden",

28 *

als der Hegel'sche Panlogismus mit seiner zersezenden Dia-
lectif? Es wäre freilich fast mehr eine Aufgabe für den
Statistiker als den Philosophen, über den Stand der Philosophie der Gegenwart Auskunft zu geben, da die Mannigfaltigkeit so groß ist, daß schon eine sehr complicirte Tabelle zu ihrer Rubricirung nöthig wäre. Nur die Herbart'-
sche Richtung besteht noch als Schule; die Hegelianer stehen
auf dem Aussterbeetat; die Anhänger Krause's bilden ein
kleines Häuflein. Schopenhauer und, wenigstens bis jezt
noch, auch Hartmann sind glänzende Irrlichter; geistvolle
Denker und ausgezeichnete Schriftsteller, von deren Werken
es nicht zu verwundern ist, wenn sie lieber und häufiger
gelesen werden, als die schwerflüssigen Werke der alten
Meister, in welchen der Gedanke mit dem Ausdruck in nicht
immer glücklicher Weise ringt. Aber unter den eigentlichen
Fachmännern hat jener piquante Pessimismus doch noch
kaum Boden gefunden. Ebenso trifft dieß für den Materialismus zu, der seine Anhänger bis jezt mehr unter den
Naturwissenschaftlern, die in der Philosophie hospitiren, als
unter den Philosophen zählt.

Für das Gros der philosophischen Schriftsteller und
akademischen Lehrer ist wohl kein Merkmal so hervortretend
und charakteristisch, als daß das Princip der Arbeitstheilung,
das die neuere deutsche Wissenschaft fast im Uebermaaß beherrscht und deren Glanz- wie Schattenseiten begründet,
auch auf dem Gebiet der philosophischen Forschung Plaz
gegriffen hat. Wie von unsern großen Historikern keiner
mehr eine Universalgeschichte schreibt oder auch nur eine

Geschichte des Alterthums, des Mittelalters, der neuen Zeit
fertig bringt, dagegen die einzelnen Vorgänge und Jahr=
hunderte nach allen Richtungen durch die gründlichste und
umsichtigste Quellenforschung aufgehellt und für ein künf=
tiges, zusammenfassendes Verständniß des Ganzen zuge=
richtet werden, so ist jetzt auch unter den Philosophen Nie=
mand mehr, der die ganze Welt der Erscheinungen aus
dem reinen Sein oder Nichts construirend aufzubauen ver=
suchte und im Kreis das All am Finger laufen ließe. Das
Feld der eigentlichen Metaphysik wird nur mit Bescheiden=
heit und Vorsicht betreten, aber die Probleme treten in
Theilfragen auf den Gebieten der Erkenntnißlehre und Lo=
gik, der Psychologie, der Ethik und Rechtsphilosophie, der
Aesthetik aus einander und werden unter einer weit gründ=
licheren Beachtung der früheren Forschungen einzeln weiter
geführt. Wenn man auch einräumen wird, daß gerade
dem Wesen der Philosophie, als der auf das Ganze der
Erfahrung gerichteten Wissenschaft, eine solche Theilarbeit
und Isolirung der Probleme noch mehr widerstrebt als
anderen Disciplinen und daher nur als eine nothwendig ge=
wordene Uebergangsperiode aufzufassen sein mag, so kann
doch nur Unkenntniß in dieser Wendung einen Stillstand
oder Rückgang sehen und den Werth der Ergebnisse, die
auf diesem Wege gewonnen werden, unterschätzen. Auch der
unläugbare Fortschritt in der Klarheit und Verständlichkeit
der Gedankenentwicklung gegenüber von den älteren Meistern,
welche die noch widerstrebende deutsche Sprache zuerst in
den Dienst des abstracten Gedankens zu zwingen hatten,

ist nicht hoch genug anzuschlagen. Hermann Lotze gehört
zu den schärfsten und tiefsten Denkern unseres Jahrhunderts.
Seine Schriften werden noch hoch geschätzt und eifrig studiert
werden, wenn man die Hauptwerke von Fichte, Schelling,
Hegel nicht mehr durchlesbar finden, sondern nur noch aus
Compendien und Auszügen kennen lernen wird. Es ist
keine von allen Fragen, mit denen er sich beschäftigt hat,
die er nicht um ein gutes Stück Weges über ihren früheren
Standort hinausgeführt hätte. Und dabei fehlen weder die
Ansätze einer abschließenden Weltanschauung, noch die Hoff=
nung auf eine zusammenfassende Darstellung derselben.

Weder bei ihm noch bei verschiedenen Andern unter
den angesehensten Denkern der neueren Zeiten hätte die
Theologie Ursache, sich über eine gegen Religion und
Christenthum abgekehrte oder gar feindliche Richtung, über
den Mangel an Anknüpfungspunkten zu beklagen. Hier
ist nicht von Materialismus, Nihilismus, ethischem Indif=
ferentismus die Rede; seit Leibniz waren die Bedingungen
für eine Versöhnung der Theologie und der Wissenschaft,
wie man denken sollte, niemals günstiger und doch fehlt so
gut wie alle nähere Fühlung. Woher diese eigenthümliche
Erscheinung in einer Zeit, wo mehr als jemals Grund
vorläge, daß das Verwandte sich näher träte?

Es ist Ein Punkt, der zwar zu allen Zeiten Wissen
und Glauben schied, aber niemals eine so unübersteigliche
Kluft zwischen beiden bildete, als jetzt — der Wunderbegriff.
So weit ist die Wissenschaft erstarkt, in sich sicher und
übereinstimmend in allen Zweigen und Richtungen, Schulen

und Parteien, daß sie dem Wunder in jeder Art und Ge=
stalt unbedingt und ohne Weiteres die Thüre weist. Sie
erkennt nur das Eine Wunder aller Wunder an, daß es
überhaupt eine Welt giebt und gerade diese, aber innerhalb
des Cosmos verwirft sie schlechthin jeden wie immer for=
mulirten Anspruch, daß die Durchbrechung seiner Ord=
nungen und Geseze etwas Denkbares und gar etwas Vor=
züglicheres sei als deren unwandelbare Geltung. Das
Wunder ist in ganz gleicher Weise für alle Natur=, Ge=
schichts= und philosophischen Wissenschaften in eben dem,
was es sein und bedeuten will, ein begriffliches Unding,
ein directes Attentat auf alle Vernunft und die elemen=
tarsten Grundlagen aller menschlichen Wissenschaften. Wissen=
schaft und Wunder stehen einander gegenüber wie Vernunft
und Unvernunft. Alle die kleinen Künsteleien, Phrasen
und Sophismen von noch unbekannten Naturgesezen, von
der Macht des Geistes über die Natur, von der Durch=
brechbarkeit der Naturordnung als einem auch mit vorge=
sehenen Stück eben dieser Ordnung selbst, womit die Apo=
logeten jenen schneidenden Gegensaz abzuschwächen oder zu
vertuschen lieben, sind nicht mehr werth als in den Papier=
korb zu wandern. Es ist eine durchaus unerträgliche Zu=
muthung, wenn im Kreise der Wissenschaften eine derselben
erklärt, daß sie zwar im Allgemeinen die unwandelbare
Geltung der Naturgeseze anerkennen, aber doch Ausnahmen
in Anspruch nehmen müsse für einige bestimmten Personen,
Zeiten und Orte auf der Erde, wo es eben doch möglich
gewesen sei, daß ein Weib empfängt ohne Mann, daß ein

Stern über einem Hause stehen bleibt, daß ein menschlicher
Körper auf der Oberfläche des Wassers schreitet, ohne ein=
zusinken, daß man mit Speisen für Wenige ebenso viel
Tausende sättigt und das Uebriggebliebene noch mehr ist
als der ursprüngliche Vorrath, daß Todte auferstehen und
nachher verschwinden oder in den Luftraum emporschweben
u. s. w.

Der Grund, warum der Widerspruch gegen den Wunder=
begriff jezt viel intensiver und allgemeiner ist als je zuvor,
liegt nicht blos darin, daß die Natur= und Geschichtswissen=
schaften nach allen Richtungen in den lezten Jahrzehenden
größere Fortschritte gemacht haben als früher in ebenso
vielen Jahrhunderten, daß sie dabei die alten Fabeln und
Vorurtheile aus allen ihren lezten Schlupfwinkeln ver=
trieben und von nichts eine so sichere und felsenfeste Ueber=
zeugung gewonnen haben, als von der Gleichartigkeit alles
Geschehens und der Ausnahmslosigkeit aller wahren und
wirklichen Geseze. Es kommt auch noch ein ebenso wichtiger
Grund philosophischer Art hinzu.

Es ist kein neuer Gedanke, aber einer von den wenigen
zur allgemeinen Anerkennung gelangten Säze der Philo=
sophie, daß das nächste und erste Object aller Erfahrung
und alles Denkens nicht äußere Vorgänge und Erscheinungen,
sondern innere Bilder und Vorstellungen sind, und daß
deßhalb jede Annahme von Dingen außer uns schon auf
einer Schlußfolgerung aus der Form und dem Inhalt dieser
Vorstellungen beruht. Die Bürgschaft dafür, daß dieser
Schluß richtig und unsere Wahrnehmungen keine Visionen

und Einbildungen sind, liegt schließlich nur in dem Be=
wußtsein ihrer Uebereinstimmung oder Vereinbarkeit sowohl
mit unsern eigenen sonst vorhandenen und bewährten Vor=
stellungen als mit den Wahrnehmungen anderer Menschen
im gleichen Falle. Beides zusammen erzeugt die Gewißheit,
daß unsere Auffassung einer äußeren Erscheinung ein denk=
nothwendiger Act für jeden normalen, dem unsrigen ähn=
lich organisirten Intellect sei.

Diese Säze wirken aber auf den Wunderbegriff ge=
radezu vernichtend. Nicht Wunder liegen uns vor, die wir
zu erklären hätten, sondern Wundervorstellungen, ja in den
meisten Fällen nicht einmal diese, sondern bloße Wunder=
erzählungen aus zweiter, dritter bis hundertster Hand.
Wenn wir ein Wunder denjenigen Vorgang nennen, welchen
natürlich zu erklären unmöglich ist, so kann dieß Merkmal
niemals für eine bloße Wundervorstellung zutreffen, da die
Möglichkeit einer Selbsttäuschung hier nie völlig ausgeschlos=
sen sein kann. Ja selbst wenn es wirklich Wunder gäbe, so
könnten sie gar nicht als solche erkannt werden. Der nor=
mal denkende Mensch müßte seine Wahrnehmungen für
Visionen halten, weil die einzigen und entscheidenden Kri=
terien der Wahrheit nicht zutreffen würden. Daß aber
Wundervorstellungen gar nichts Wunderbares, sondern etwas
Alltägliches, für ungebildete Zeiten, Völker und Kreise fast
Normales zu nennen sind und daß die bewußte Täuschung
an ihrer Entstehung mindestens ebenso viel Antheil hat,
als die unbewußte, dafür braucht man auch heute noch die
Beweise nicht weit zu suchen.

Wissenschaft und Wunder sind so unvereinbare Dinge, daß das Eine genau da aufhört, wo das Andere anfängt. Wenn daher die Theologie selbst Wissenschaft sein oder auch nur mit ihr im Frieden leben will, so sind auf diesem Punkte keine Compromisse möglich, sondern sie muß ohne alle Klauseln und Vorbehalte, pure et nude, auf den Wunderbegriff verzichten und alle Consequenzen dieses Verzichtes auf sich nehmen. Für alle übrigen Dinge würden die Anknüpfungspunkte an eine weder wissensstolze noch glaubensfeindliche Philosophie nicht fehlen.

Die Eine Forderung schließt freilich unsagbar Vieles in sich. Der Dichter sagt nicht umsonst: das Wunder ist des Glaubens liebstes Kind. Sein liebstes, mag man zugeben, aber nicht sein einziges und gewiß nicht sein bestes Kind.

Was aber vom Dogma noch übrig bliebe und ob das Uebrigbleibende noch das Christenthum wäre, ist eine wohl aufzuwerfende Frage, die eine Entscheidung von kurzer Hand nicht erträgt. Wenn die Orthodoxie schnell entschieden sein sollte, den zweiten Theil der Frage zu verneinen, so dürfte sie darum doch noch nicht schließen: also muß es doch Wunder geben oder müssen wir wenigstens solche behaupten. Aber man darf doch daran erinnern, daß die Aufgabe, um die es sich handelt, schon vor 50 Jahren gelöst worden ist, z. B. in der christlichen Dogmatik von Schleiermacher. Sie sagt: „Aus dem Interesse der Frömmigkeit kann nie ein Bedürfniß entstehen, eine Thatsache so aufzufassen, daß durch ihre Abhängigkeit von Gott ihr

Bedingtsein durch den Naturzusammenhang schlechthin auf=
gehoben würde." Wir würden freilich lieber auch dieß
Schlechthin noch gestrichen sehen. Und man muß über jene
Lösung sagen, daß das neue Princip auch einen völligen
Neubau verlangt hätte, während hier die alten Formeln
beibehalten und nur vielfach durch eine Art geistvoller List
umgedeutet wurden.

Wie dem aber auch sei, eine Kirche, deren Dogma sich
mit den elementaren Grundvoraussetzungen aller Wissen=
schaften in Widerspruch setzt, kann diesen Zustand nicht auf
die Länge ertragen. Denn der menschliche Geist will und
kennt nur Eine Wahrheit. Wenn sie die Wissenschaft nicht
unterdrücken kann und will, so muß auch die Theologie in
deren Bahnen einlenken, da die Wissenschaft niemals um=
kehrt. Eine Religion, deren Glaubensformeln veraltet und
den intelligentesten Kreisen der Gesellschaft fremd geworden
sind, wird auf die Dauer auch die Herrschaft über die
weniger intelligenten und ungelehrten Klassen nicht be=
haupten; denn jene und nicht diese sind die geistigen Führer
ihres Zeitalters. Ist denn aber diese Herrschaft über die
ungelehrten Klassen noch vorhanden und gesichert? Die
Statistik kennt Thatsachen hierüber, an denen man er=
schrecken muß. Es ist die höchste Zeit, daß man in den
leitenden Kreisen den Ernst der Lage erkenne und auf
wirksamere Mittel sinne als die obligaten Klagen und
Predigten gegen den Unglauben, welche von den sicheren
Kanzelbrüstungen aus an die Adressen der Abwesenden er=
gehen.

16.

„Ihr seid das Salz der Erde; wo nun das Salz dumm wird, womit soll man salzen? Es ist zu nichts hinfort nütze, denn daß man es hinausschütte und lasse es die Leute zertreten."

Wer es versucht und vermag, vom Kleinen und Nebensächlichen abzusehen und mit historischem Blick auf den Kern und Gehalt der Erscheinungen zu achten, für den ist der deutsche Protestantismus in der That das Salz der Erde, das kostbarste Gut, die erste unter den geistig-sittlichen Mächten der Gegenwart. Die anderen aus der Reformation hervorgegangenen Bekenntnisse, die reformirte, die anglicanische Kirche, das scandinavische Lutherthum, die bunte Vielheit der Dissenters, so Vieles an ihnen sonst zu rühmen und vorzuziehen sein mag, sie haben doch alle den engen Gesichtskreis, die abgeschlossenen Formen in Dogma und Cultus, die Isolirung des religiösen Moments gegen die andern Gebiete des geistigen Lebens. Die deutsche Theologie, in den innigsten Verband mit den deutschen Hochschulen und in den Fluß ihrer freien und mannigfaltigen Bewegung hineingestellt, hat immer in Fühlung und freier Wechselwirkung mit allen idealen und humanen Bestrebungen des Volksgeistes gestanden, und es, wenn nicht immer direct gefördert, doch wenigstens ermöglicht, daß vom Besten, was die neuere Welt an Wissen und Kunst besizt, der größte Antheil aus dem Boden des deutschen Protestantismus herausgewachsen ist. Soll und darf dieß anders werden? Soll die evangelische Kirche Deutschlands zu den gebildeten

Klassen in die Stellung eintreten, wie die Volksculte des späteren Alterthums, wie die katholische Kirche der Gegenwart, nur ohne deren Herrschaftsmittel? Soll sie in einen amerikanischen Sektenschwarm auseinanderstieben, was schließlich für ein denkendes Volk, das nur an Eine Wahrheit zu glauben gewöhnt war, doch nicht viel anders hieße, als sich in ein Irrenhaus zu verwandeln, und was gegenüber von den neuen Anläufen der ultramontanen Partei zur Knechtung und Schändung aller Vernunft, Freiheit und Bildung die äußersten Gefahren in sich schlöße? Wer es gut mit ihr meint, wer in ihr das Palladium des deutschen Idealismus, die Bürgschaft eines geistigen und sittlichen Fortschritts unserer Nation erkennt, der kann nur mit banger Erwartung auf den Verlauf der Krisis, in die sie eingetreten ist, aber — nach meiner Auffassung — auch nur mit Sorge und Mißtrauen auf die Aerzte blicken, die ihr Krankenlager umstehen und auf die Kuren, die sie ihr anrathen.

Unzweifelhaft sind viele freidenkende und bestgesinnte Männer unter denjenigen, welche für das Nöthigste eine Verfassungsreform der evangelischen Kirche erklären, die Lösung und zum mindesten die Lockerung des Verbandes mit der Staatsgewalt, die Einführung von synodalen und presbyterialen Organen in das Kirchenregiment, die Verstärkung des Laieneinflusses.

Gegen diese Bestrebungen und ihre Argumente habe ich eine Reihe von Bedenken und Einwürfen vorzubringen.

Die evangelische Kirche ist am Dogma krank, an dem

Zwiespalt zwischen den überlieferten Glaubensformeln und der modernen Bildung und Wissenschaft. Wenn sie auch noch andere Gebrechen haben sollte, so ist dieses doch weitaus das wichtigste und entscheidende. Die Glaubensartikel sind ihrer Natur nach das Fundament von allem Uebrigen und auch den Verfassungsfragen könnte jedenfalls nur ein secundärer Werth beigelegt werden. Wir nennen denjenigen keinen guten Arzt, der das Hauptleiden verkennend oder ignorirend für ein untergeordnetes Uebel Mittel verordnet, von denen er nicht weiß, wie sie auf den Hauptsiz der Krankheit wirken werden. Auch wird demjenigen, der ein Herzleiden hat, Jedermann abrathen, so lange dasselbe nicht geheilt ist, eine große Reise anzutreten, seinen Wohnsiz oder Beruf zu wechseln oder auch nur einen Umzug vorzunehmen.

Es beruht auf einem unprotestantischen Begriff von Kirche, auf falschen Analogien des politischen Lebens, es ist ein verhängnißvoller und folgenschwerer Irrthum, wenn man die seitherige Einfügung der Organe des Kirchenregiments in die der Staatsgewalt als eine Knechtschaft, die Lösung dieses Bandes als eine Befreiung der evangelischen Kirche bezeichnet.

Die evangelische Freiheit ist darein zu sezen, daß der einzelne, selbstständige, in den wesentlichen Glaubenswahrheiten unterrichtete Christ alle Bedingungen des religiösen Lebens in sich selber trägt, in seinem Herzen und Kämmerlein erfüllen kann. Wie der schiffbrüchige Weise des Alterthums kann er sagen: omnia mea mecum porto: als ein Robinson auf einer unbewohnten Insel kann er seinem

Gott und mit seinem Gott leben. Prediger und Gotteshaus können ihm nüzlich sein, sind ihm aber doch auch entbehrlich. Das Bedürfniß der geistigen Anlehnung, der gemeinsamen Andacht und Erbauung kann er auch schon befriedigen, wo zwei oder drei beisammen sind in Seinem Namen. Er muß es aber als zweckmäßig und förderlich, als eine Wohlthat anerkennen, daß Allen Gelegenheit und Mittel dargeboten werden zur Erweckung, Befestigung und Fortbildung ihrer frommen Gemüthszustände und er wird diese Mittel in der Einrichtung von geordneten Formen eines Kultus finden. Aber beneficia non obtruduntur: die Gemeinschaft der Gleichgesinnten kann keinen Zwang und keine Gewalt gegen ihn ausüben; ihre Aufgabe beschränkt sich auf ein Einladen und Darbieten, auf die Herstellung von Wegweisern für den Irrenden, auf die Unterweisung der Unmündigen. Doch auch diese beschränktere Aufgabe erfordert schon einen Apparat von äußeren Mitteln, die Herstellung und Erhaltung von gottesdienstlichen Gebäuden, die Heranbildung, Bestellung und den Unterhalt von Geistlichen, die Anordnung des Kultus und die Führung der Aufsicht über diese Einrichtungen. Damit ist der Stoff einer fortlaufenden Verwaltungsthätigkeit und das Bedürfniß einer ständigen Behörde gegeben, welche aus rechtschaffenen und sachkundigen Gliedern der Glaubensgenossenschaft zusammenzusezen ist. Nun muß aber wieder Jemand vorhanden sein, der jene Behörde einsezt und bestellt, ihr die erforderliche Autorität leiht, sie überwacht und anhält, ihre Pflichten zu erfüllen, ihre Befugnisse nicht zu überschreiten.

Und diese Function ist es nun, welche die deutsche lutherische Kirche, abweichend von dem Presbyterial- und Synodalsystem der Reformirten, dem Staatsoberhaupt, in monarchischen Staaten dem Landesfürsten, in republikanischen der höchsten Obrigkeit zuweist. Es geschieht dieß in der Voraussezung, daß auch der Staat an einer geordneten Führung und Pflege des religiösen Lebens seiner Unterthanen ein hohes und warmes Interesse haben müsse und mit dem Vertrauen, daß ein solches Mandat in loyaler Weise geübt und nicht zu einem eigenwilligen oder gewaltsamen Eingreifen oder zu Einmischung fremdartiger Zwecke werde mißbraucht werden. Es ist dieß nicht die Uebertragung einer Kirchengewalt — denn eine solche giebt es auf dem Boden des Protestantismus überhaupt nicht — sondern einer obersten Leitung und Ueberwachung des Kirchenregiments, soweit ein solches nach dem Obigen Plaz greift.

Der geschichtliche Gang war nun freilich ein anderer und die thatsächlichen Zustände gestalteten sich vielfach abweichend von einer solchen idealen Construction des Verhältnisses. Aber um zu beurtheilen, ob diese Anlehnung des Kirchenregiments an den staatlichen Organismus an sich als ein Stand der Unfreiheit und des Zwanges anzusehen wäre, ist es doch nöthig, sich den inneren Zusammenhang der Sache zu vergegenwärtigen. Deutlicher jedenfalls und wirksamer konnte es nicht ausgedrückt werden, daß der Protestant in den kirchlichen Verfassungsformen etwas Nebensächliches sieht und nur unter allen Umständen jede Art von Hierarchie und kirchlichem Herrschaftsverhältniß ver-

mieden wissen will, als wenn er auf eine autonome gesell=
schaftliche Organisation ganz verzichtet und nicht nur die
Ueberwachung, sondern auch die oberste Leitung jener kirch=
lichen Verwaltungsgegenstände in die Hände der höchsten
Obrigkeit selbst niederlegt.

Im Großen und Ganzen ist die deutsch protestantische
Kirche bei diesem System doch nicht übel gefahren; troz
Allem und Allem war doch immer hier noch mehr geistiger
Zug und freie Bewegung und ebenso viel sittlicher Ernst
als anderswo; die Theologie stand in stetiger Fühlung mit
der Wissenschaft durch den Verband der Hochschulen; bei
der Vielheit der Territorien fanden auch neue und abwei=
chende Richtungen immer irgendwo ein Asyl. Der Fehler
lag stets viel eher darin, daß man die Consistorien zu viel
walten ließ als zu wenig; die Gefahren kamen nicht von
den unfrommen Fürsten, sondern von den frommen. Der
Eine geistreiche aber schief gerichtete Halbtheologe auf dem
Throne der Hohenzollern hat der evangelischen Kirche Deutsch=
lands mehr Leid zugefügt, als alle die hohen Herren zu=
sammen, die als Summi episcopi vielleicht kaum die Un=
terscheidungslehren ihrer Kirche kannten und auf der Parade
und Hirschjagd besser Bescheid wußten als im Katechismus
und Gesangbuch.

Wenn tabula rasa wäre und die Wahl offen stünde
zwischen dem Synodal= und Consistorialsystem, so ließe sich
Vieles für und wider sagen; und Niemand wird läugnen,
daß das reformirte Princip an sich das Verständlichere und
Näherliegende ist. Aber so steht die Sache ja nicht. Man

soll etwas aufgeben, was seit Jahrhunderten bestand. Man
will aber gleichwohl nicht zum andern System übergehen,
sondern nur eine Mischform zwischen Beidem schaffen. Die
Kirche soll zwar vom Staate abgelöst werden, aber nicht
vom Landesherrn. Dieser soll durch eine Art von Per-
sonalunion geistliche und weltliche Befugnisse in sich vereinigen. Nicht das Staatsoberhaupt als solches, sondern
der Fürst als praecipuum membrum ecclesiae — eine
Eigenschaft, die vom religiösen Gesichtspunkt aus nur dem
weisesten und frömmsten, nicht dem mächtigsten Glied der
Kirche zukommen könnte — soll im Wesentlichen die seitherigen kirchlichen Hoheitsrechte fortführen. Die Synoden
sollen keineswegs, wie in der reformirten Kirche, die entscheidende Instanz, die Inhaber des Kirchenregiments sein,
sondern nach der Analogie von Volksvertretungskörpern
controliren, bitten, debattiren, Beschwerde führen. Und
diese Veränderung soll vor sich gehen in einem Zeitpunkt,
wo ein ganz anderes und viel tieferes Gebrechen, der Bruch
zwischen dem Glauben des 16ten und dem Wissen des 19ten
Jahrhunderts, so sehr im Vordergrund steht, daß alle anderen
Fragen dagegen verschwinden oder davon beherrscht werden.

Aber, läßt sich sagen, könnten denn nicht eben die
Synoden das Organ sein, um diesen Hauptpunkt zur Sprache
und zu einem befriedigenden Austrag zu bringen? Und
dieß gerade ist es nun, was ich nicht glauben kann, wozu
ich bei ihnen weder die Competenz noch die Befähigung zu
finden vermag.

Man muß in weltlichen Dingen die Autorität der

Stimmenmehrheiten gelten lassen, schon weil es in den
meisten Fällen gar keinen andern Weg giebt zu einer Entscheidung zu gelangen und die Dinge nicht unentschieden
gelassen werden können. Auf religiösem Gebiet kann die
Mehrheit so wenig entscheiden als in der Wissenschaft und
Kunst, wenn auch immerhin das Gewicht einer allgemeinen
oder nahezu allgemeinen Uebereinstimmung von großer Bedeutung bleibt. Aber religiöse Zeit- und Streitfragen passen
nicht zum Gegenstand einer Abstimmung in repräsentativen
Versammlungen. Dieselben sind daher auch fast überall
der Competenz von Synoden entzogen, sofern diese niemals
über den Lehrbegriff berathen sollen. Direkt wird dieß
auch nicht leicht geschehen, aber indirekt läßt es sich gar
nicht verhindern oder umgehen. Wenn es sich nicht gerade
um Rechnungsprüfungen und reine Temporalien handelt,
um deren willen es aber gar nicht der Mühe werth wäre,
den Apparat von großen Wahlkörpern in Scene zu sezen,
so steckt das Dogma fast in jeder Frage in irgend einer
Form, und die Parteien, die nach ihrer Stellung zum
Dogma entstanden und gewählt sind, suchen solche Beziehungen viel eher auf, als daß sie ihnen ausweichen würden.

Man weiß in der That nicht recht, auf was man mit
bangerem Mißtrauen blicken soll, auf eine Mehrheit der
Pastoren oder der Laien, auf ein Uebergewicht der stren-
geren oder der freisinnigeren Parteien. Wenn die innere
Zuständigkeit fehlt, ist auch das Leztere nicht erfreulich.
Man ist versucht wie Hamlet zu denken: ich habe keine
Lust am Mann und am Weibe auch nicht.

Geistliche Sachen wollen nun einmal geistlich gerichtet
sein. Die Religion ist ihrem Inhalt nach eine Volksme=
taphysik, in welcher die Unsicherheit und Unzulänglichkeit
des Wissens durch vorausgreifenden Glauben ergänzt wird.
Hier ist nichts, was sich mit plumper Hand anfassen und
ohne Wissen und tiefes Nachdenken mit dem bloßen soge=
nannten schlichten Verstand oder natürlichen Gefühl des
gemeinen Mannes entscheiden läßt. Das religiöse Gefühl
in seiner psychologischen Wurzel ist nur ein dunkler Drang
nach Ergänzung, nach einem festen Punkt der Anlehnung
für unser ganzes Ich, aber es vermag sich nicht zugleich
auch die metaphysischen Vorstellungsreihen zu schaffen, welche
jenem Drang Genüge leisten könnten. Dazu gehört eine
Vereinigung sittlicher und intellectueller Eigenschaften, eine
Vertiefung des Geistes und Gemüths, die in ursprünglicher
und schöpferischer Kraft blos bei den außerordentlichsten
Menschen getroffen, von Andern nur annähernd durch ernste
Studien erlangt wird, der Masse der Menschen aber voll=
ständig fehlt. Diese bedarf in religiösen Dingen durchaus
einer Führung und gewinnt jenen Inhalt von Vorstellungen
nur durch Autorität, sei es die überlieferte einer großen
Gemeinschaft, sei es die gegenwärtige und lebendige eines
geistig überlegenen Individuums. Einer beliebigen Vielheit
von zusammengewürfelten oder gewählten Menschen fehlt
jede Initiative und Selbstständigkeit des Urtheils, zumal
wenn es sich um neue und zweifelhafte Fragen handelt.

Daraus, daß die Religion für Alle eine gleich wichtige
Herzensangelegenheit bildet, folgt keineswegs, daß auch alle

von der Ordnung und Leitung religiöser Angelegenheiten
gleich viel verstehen müßten. Die Gesundheit ist auch gleich
wichtig für Jedermann, und doch halten wir nur den Arzt
für zuständig zu unserer Berathung; das Recht ist ein gemeines Gut, und doch nehmen die Juristen seine Findung
und Auslegung in Anspruch. Wenn der protestantische
Laie den Weg zu seinem Gott ohne Priester und Führer
findet, so folgt daraus noch nicht, daß er auch in einer
für Andere brauchbaren Weise die Schrift auslegen und
das Dogma deuten könnte. Ebenso wenig ist durch eine
polemische Stellung zum herrschenden Dogma ausgeschlossen,
daß derjenige, der den philosophischen und theologischen
Studien nicht fremd geblieben ist, bei der Art, wie in Behandlung religiöser Fragen sich oft die Laienweisheit und
Juristerei breit macht, doch auch an das odi profanum vulgus
et arceo erinnert werden kann.

Daraus folgt nun aber auch, daß es ein unpraktischer,
auf idealen Voraussezungen beruhender Gedanke ist, das
Heil in einem Zurückgreifen auf das christliche Bewußtsein
der Localgemeinden finden zu wollen. Dieß mag von den
Zeitaltern eines frohen, in sich sicheren Glaubenseifers gelten, wo neue religiöse Ideen von den Massen willig aufgenommen und fortgebildet werden, wie in den Anfängen
des Christenthums und der Reformation, aber nicht da,
wo das Alte nicht mehr fest, das Neue erst zu suchen ist,
wo die leitenden Klassen der Gesellschaft, durch den Zwiespalt von Glauben und Wissen irre gemacht, sich dem kirchlichen Leben ferne halten. Hier kann auch die Localge-

meinde nichts anders sein als eine vielköpfige, in sich ge=
spaltene Menge, ohne sicheren Halt und Boden, ein Rohr
das vom Winde bewegt wird. Ist der Geistliche der Füh=
rer, so bedarf es keiner weiteren Vertretung, ist er es nicht,
so wird der Zufall bestimmen, wohin die Entscheidung fallen
wird. An die Gemeinden appelliren heißt dem Chaos ent=
gegentreiben; sie müßten die Impulse empfangen und nicht
geben.

Zum Gedeihen der evangelischen Kirche gehört nichts,
als eine Theologie, die im Frieden mit der Wissenschaft
und Bildung ihrer Zeit lebt, und gute Geistliche, für die
anständig gesorgt ist. Jenen Frieden können die Synoden
nicht bringen, sie mögen zusammengesezt sein wie sie wollen;
es ist dieß die Aufgabe der Theologen selbst, insbesondere
der theologischen Lehrer. Man kann ihn auch nicht er=
zwingen und keine Frist dafür ansezen. In der Zwischen=
zeit sollte man an den bestehenden Verfassungsformen mög=
lichst wenig rütteln und ändern und nur darauf bedacht
sein, das Ganze als das kostbarste Gefäß für die Pflege
der höchsten menschlichen Interessen zusammenzuhalten und
nicht in ein sinnloses Sektenwesen auseinandersprengen zu
lassen. Aber gar zu lange sollte die Wartezeit doch nicht dauern.

Die Synoden sind freilich nun einmal da und man
muß mit ihnen leben. Sie können sich vielleicht auch im
Kleinen und Einzelnen, zumal in ökonomischen Dingen recht
nüzlich machen, wenn sie jenen Spruch von den Weibern
auf sich anwenden, welcher diejenigen für die besten erklärt,
von denen am wenigsten gesprochen wird.

Verlag der **H. Laupp'schen** Buchhandlung in Tübingen.

Hegel

in

philosophischer, politischer und nationaler Beziehung

für das deutsche Volk

dargestellt von

Dr. Karl Köstlin,

Professor an der Universität Tübingen.

gr. 8. broch. ℳ 2. 40.

Aesthetik

von

Dr. Karl Köstlin,

Professor an der Universität Tübingen.

gr. 8. broch. ℳ 15. —

Köstlins Aesthetik ist ein Buch, welches dem Künstler, Dichter, Schriftsteller, Gelehrten, kurz jedem Angehörigen derjenigen Lebenskreise, für welche eine gründliche allgemeine und wissenschaftliche Bildung und die Erwerbung eines bewußten, ästhetischen Urtheils unerläßlich ist, durch Selbststudium: jene systematische und streng wissenschaftliche ästhetische Anschauung des Lebens, der Natur und der Kunst in gewinnender, fesselnder und anregender Form und der ächt populärsten Gemeinverständlichkeit zu vermitteln berufen und im Stande ist.

Verlag der H. Laupp'schen Buchhandlung in Tübingen.

Das

Neue Testament.

Uebersetzt

von

Carl Weizsäcker,

D. T.

ord. Professor der Universität Tübingen.

in 8. broch. ℳ 3. 60.

Ausg. Nro. 2 auf feinst Velin ℳ 4. 60.

Das Buch ist keine Verbesserung der Lutherischen Bibelübersetzung, sondern eine neue Uebersetzung aus dem griechischen Urtext. Sie verfolgt denselben Zweck, welchen zuletzt die Uebersetzung des Theologen de Wette verfolgte (3. Aufl. 1839). Eine wortgetreue möglichst genaue Uebersetzung in gemeinverständliches Deutsch soll erstens allen denjenigen dienen, welche den griechischen Urtext nicht lesen, und doch verlangen so gut als die Theologen über den Inhalt desselben unterrichtet zu sein. Fürs zweite soll sie auch als kürzestes Hilfsmittel der Erklärung sich Denjenigen darbieten, welche den Urtext selbst lesen.

Eine neue Uebersetzung dieser Art ist heutzutage schon deßwegen am Platze, weil die gründlichere Erforschung der Handschriften in den letzten Zeiten unseren griechischen Text des neuen Testamentes ansehnlich verbessert hat, so daß wir jetzt viel sicherer als früher wissen, wie dieser Text ursprünglich gelautet hat. Dadurch sind manche falsche Zusätze, welche erst durch Abschreiber hineingekommen waren, entfernt, und sehr viele Stellen, die früher dunkel waren, verständlich geworden. Wir hatten aber bisher keine Uebersetzung, welche nach diesem besseren griechischen Texte gemacht wäre.

Ebenso ist auch die Reihenfolge der einzelnen Schriften und die Ueberschrift derselben im Anschlusse an unsere ältesten Handschriften und kirchlichen Verzeichnisse hergestellt, wie es jetzt in den griechischen Textausgaben geschieht.

Unsere Capitel und Verse gehören nicht in den Text. Die Capitel sind erst im späten Mittelalter, die Verse erst im sechszehnten Jahrhundert hereingekommen. Diese ganze Eintheilung ist großentheils sinnverwirrend. Sie verhindert das Verständniß einzelner Stellen, weil dieses nur durch den anschaulichen Zusammenhang möglich ist. Noch mehr verhindert sie das Lesen und Verstehen eines größeren Abschnittes oder eines ganzen Buches. Es ist daher der Text hier ohne Capitel und Verse gedruckt, und sind dieselben nur zur Bequemlichkeit des Lesers, der vergleichen will, an den Rand gesetzt.